당태종唐太宗과

이십사장 二十四將

증산도상생문화연구총서 004

당태종과 이십사장

글쓴이 : 이재석
발행일 : 2021년 2월 8일 초판 1쇄
발행인 : 안중건
발행처 : 상생출판
전화 : 070-8644-3156
팩스 : 0303-0799-1735
홈페이지 : www.sangsaengbooks.co.kr
출판등록 : 2005년 3월 11일(제175호)
Copyright © 2021 상생출판

ISBN 979-11-91329-00-1

가격은 뒷표지에 있습니다.
이 책에 수록된 자료의 저작권은 증산도상생문화연구소에 있습니다.
파본은 서점에서 교환해 드립니다.

증산도상생문화연구총서 4

당태종 唐太宗과 이십사장 二十四將

이재석 지음

상생출판

차례

본문에 수록된 그림 목록

순서	이름	출신지	현대지명
0	이세민李世民	무공武功	섬서성陝西省 무공현武功縣 서쪽
1	장손무기長孫無忌	낙양洛陽	하남성 낙양시
2	이효공李孝恭	미상	미상
3	두여회杜如晦	경조京兆 두릉杜陵	섬서성 서안시西安市
4	위징魏徵	위주魏州 곡성曲城	하북성에 속함
5	방현령房玄齡	제주齊州 임치臨淄	산동성 치박시淄博市
6	고사렴高士廉	발해渤海 수蓨	하북성 경현景縣
7	울지경덕尉遲敬德	삭주朔州 선양善陽	산서성 삭현朔縣
8	이정李靖	경조京兆 삼원三原	섬서성 삼원
9	소우蕭瑀	남난릉南蘭陵	강소성 상주시常州市
10	단지현段志玄	제주齊州 임치臨淄	산동성 치박시淄博市
11	유홍기劉弘基	옹주雍州 지양池陽	섬서성 경양涇陽
12	굴돌통屈突通	옹주雍州 장안長安	섬서성 서안시
13	은개산殷開山	옹주雍州 호현鄠縣	섬서성 호현戶縣
14	시소柴紹	진주晉州 임분臨汾	산서성 임분현
15	장손순덕長孫順德	옹주雍州 장안長安	섬서성 서안시
16	장량張亮	정주鄭州 형양滎陽	하남성 형양
17	후군집侯君集	빈주豳州 삼수三水	섬서성 순읍旬邑
18	장공근張公謹	위주魏州 번수繁水	하북성 남락현南樂縣
19	정지절程知節	제주濟州 동아東阿	산동성 동아현東阿縣
20	우세남虞世南	월주越州 여요餘姚	절강성 여요시
21	유정회劉政會	활주滑州 조성胙城	하남성 활현滑縣
22	당검唐儉	병주并州 진양晉陽 진원진晉源鎭	산서성 태원시太原市에 속함
23	이적李勣	조주曹州 이호離狐	산동성 동명현東明縣
24	진숙보秦叔寶	제주齊州 역성歷城	산동성 제남시濟南市

이십사장 출신 지역

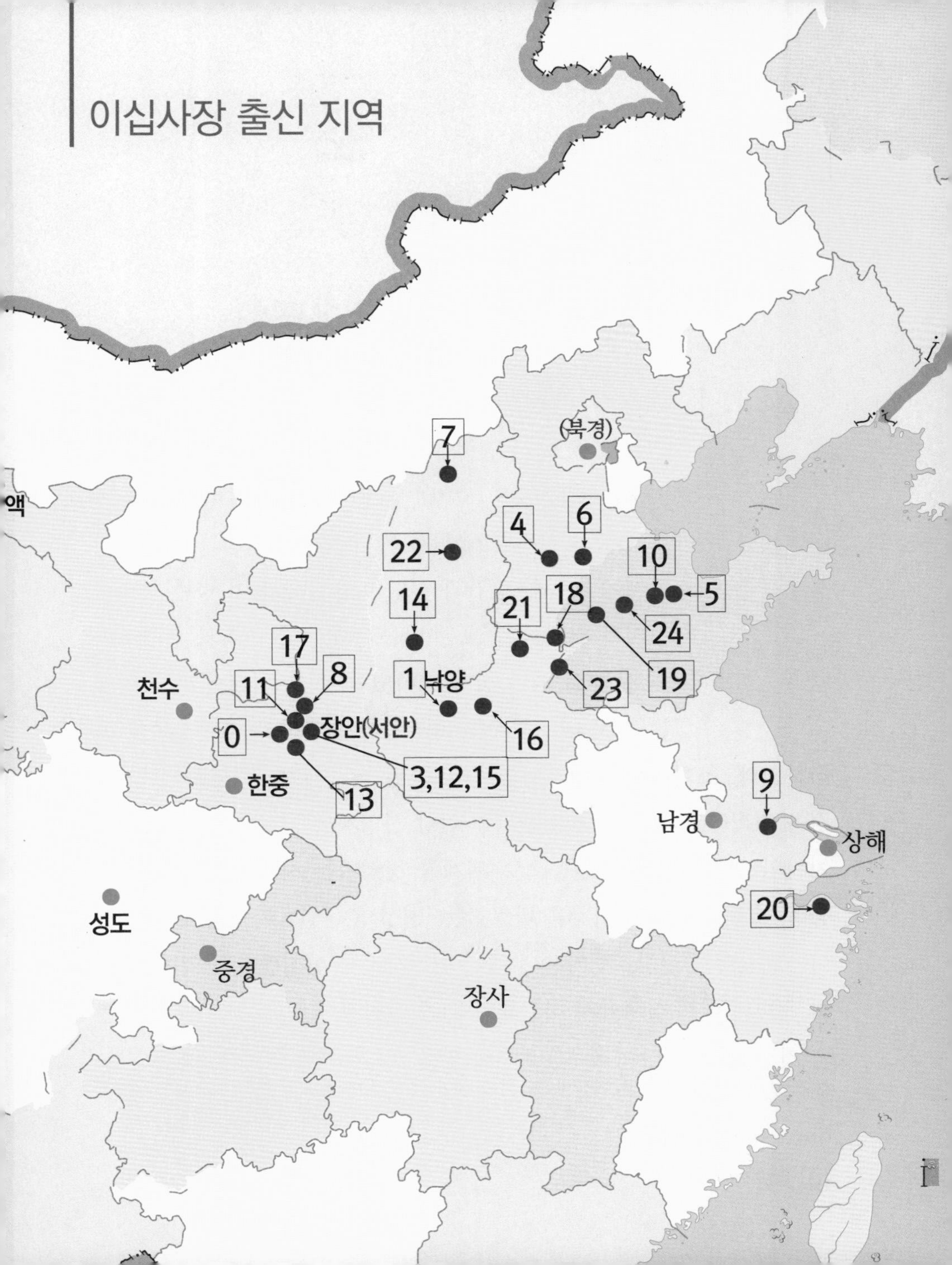

(북경)
액
7
22
4
6
10
5
14
21
18
24
19
23
17
8
11
1 낙양
16
천수
0
장안(서안)
3,12,15
13
한중
9
남경
상해
20
성도
중경
장사

프롤로그

증산도와 이십사장二十四將

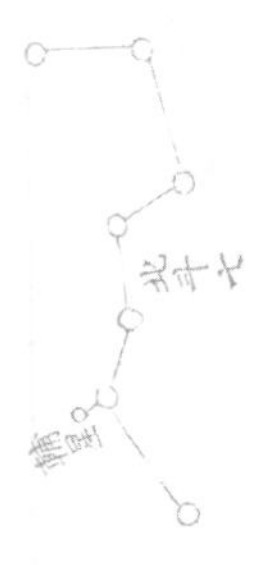

강증산姜甑山(1871~1909) 상제는 선천 상극의 역사를 마무리 짓고 천지의 새 판을 짜기 위해서는, 또 천 · 지 · 인 삼계에 가득한 인간과 신명의 원한을 풀어 병든 천지를 건지기 위해서는 '모든 법을 합한 신통변화와 천지조화의 신권'을 써야 한다고 하였다. 이를 위해서 증산 상제는 먼저 신도세계를 바로잡아 통일하고 조화정부를 조직하였다. 조화정부란 상제님의 천명을 받들어 천지개벽공사의 전 과정을 기획하고 집행할 중심 센터인 천상 신명계의 조직이며, 우주의 통치자인 상제님의 조화권능으로 세계를 경영하는 사령탑이다. 아울러 증산 상제는 천지의 기강을 바로잡는 '천상의 군인天軍 조직'도 말하였다. 즉 신병과 신장, 그 가운데 특히 이십사장과 이십팔장의 역할, 그리고 개벽의 실제 상황에서 하늘과 땅과 인간역사의 모든 죄악을 뿌리 뽑고 기강을 바로잡는 "옥추문의 사십팔장"도 말하였다.

『도전』에 의하면, 증산 상제는 이십사장을 낸 경위에 대해서 이렇게 말하고 있다.

> 이어 성도들에게 24절을 읽히시며 "그 때도 이때와 같아 천지에서 혼란한 시국을 바로잡으려고 당 태종唐太宗을 내고 다시 24절에 응하여 24장을 내어 천하를 평정하였나니 너희들도 장차 그들에 못지 않은 대접을 받으리라." 하시니라.(『도전』 5:399:5~6)

즉 천지의 혼란을 바로잡기 위하여 이십사절기(이십사절후)에 응해서 이십사장을 내었다고 한 것이다. 이십사절기는 시간적인 의미이다. 이십팔장은 『후한서』「마무전」에 명기되어 있듯이 하늘의 이십팔수에 응해서 정했는데, 이십팔수는 공간적인 개념이다. 이로 보면, 이십사장과 이십팔장을 더한 총 52명의 신장은 시간과 공간을 아울러서 정한 것으로 보인다.

증산 상제가 행한 공사는 대부분 신명계의 공사이기 때문에 지금으로서는 그 공사의 내용에 대해서 정확하게 알기 어려우며 다만 『도전』의 기록과 또 증산도의 가르침에 의해서 그것을 이해해 볼 수 있을 뿐이다.

증산 상제는 '공사'를 행할 때 이십사장과 이십팔장을 함께 대동하는 경우가 많다.

1908년인 무신년 여름에 증산 상제는 가을개벽 인종 대심판의 만국대장萬國大將으로 박공우 성도를 임명하면서 대흥리에 있는 차경석의 집 서쪽 벽에 이십팔장과 이십사장의 명단을 써서 붙이고 공사를 보기도

하였다.(『도전』 4:114, 5:256) 박공우란 인물은 증산도의 가르침에 의하면, "신명계에서 박공우 성도의 사명은 지구촌의 인종 씨를 추리는 다가오는 대병겁기의 심판 대장이다."(『도전』 5:256:5 측주 참조)

> 무신년 여름에 상제님께서 경석의 집 서쪽 벽에 '28장將'과 '24장將'을 써 붙이시니 이러하니라.
>
> 이십팔장二十八將
>
> 등우 마성 오한 왕량 가복 진준 경감 두무 구순 부준 잠팽
> 鄧禹 馬成 吳漢 王梁 賈復 陳俊 耿弇 杜茂 寇恂 傅俊 岑彭
> 견담 풍이 왕패 주우 임광 제준 이충 경단 만수 갑연 비동
> 堅鐔 馮異 王霸 朱祐 任光 祭遵 李忠 景丹 萬脩 蓋延 邳彤
> 요기 유식 경순 장궁 마무 유륭
> 銚期 劉植 耿純 臧宮 馬武 劉隆
>
> 이십사장二十四將
>
> 장손무기 이효공 두여회 위징 방현령 고사렴 울지경덕 이정
> 長孫無忌 李孝恭 杜如晦 魏徵 房玄齡 高士廉 尉遲敬德 李靖
> 소우 단지현 유홍기 굴돌통 은개산 시소 장손순덕 장량
> 蕭瑀 段志玄 劉弘基 屈突通 殷開山 柴紹 長孫順德 張亮
> 후군집 장공근 정지절 우세남 유정회 당검 이적 진숙보
> 侯君集 張公謹 程知節 虞世南 劉政會 唐儉 李勣 秦叔寶
>
> 이어 공우의 왼팔을 잡으시고 소리를 높여 "만국대장萬國大將 박공우!" 하고 외치시거늘 이후로 공우가 어디에 가든지 문밖에 나서면 어디선가 방포성放砲聲이 나더라.(『도전』 4:114:1~5)

> 여름에 대흥리에 계실 때 28장將과 24장將을 쓰신 뒤에 공우의 손을 잡으시고 마당을 걸으시며 흥을 내어 큰소리로 명하시기를 "만국대장萬國大將 박공우!" 하시니(『도전』 5:256:1)

이렇게 본다면 이십사장은 "이십팔장과 함께 가을 대개벽기에 지구촌의 인종 씨를 추리는 실무 책임자"라고 볼 수 있을 것이다.

또 증산 상제는 같은 시기에 대흥리에서 성도들과 함께 이십팔장을 정하고 각각에게 칙서勅書가 들어 있는 주머니를 주어 소위 '의통 공사'를 이십팔장에게 붙이는 공사를 보았다. 그는 다른 27개의 주머니는 성도들에게 보지 못하게 하고 다만 이십팔장 중의 하나인 왕량신장王梁神將에게 주신 '장령將令'이라는 제목의 칙서만을 공개하였다.

장령
將令

입수불익 입화불멸 수륙만리 거평안래평안
入水不溺하고 入火不滅하여 水陸萬里에 去平安來平安하라

장령이니라. 물에 들어가도 빠지지 말고 불에 들어가도 타지 말 것이며 바다 건너 아무리 먼 곳이라도 가거나 오거나 내내 평안하라.(『도전』 5:259:4)

장령이란 장수의 명령을 뜻하는데, 이것을 보면 그 정확한 용도는 알 수 없으나 내용상 아마도 개벽기에 의통을 집행할 때 증산 상제가 왕량신장에게 임무를 효과적으로 수행할 수 있도록 신통력을 부여한 것이 아닌가 한다.

한편 증산 상제는 이 해 6월에 이십사장과 이십팔장을 함께 동원하여 이른바 '개벽기의 의통구호대 육임 조직 공사'를 행하기도 하였다.

무신년 6월에 천원川原에서 새 붓으로 경면주사鏡面朱砂를 찍어 28장將과 24장將을 써서 벽에 붙이시고 겉육임을 정하신 뒤에 성도들에게 "각기 마음에 드는 대로 장수의 이름을 짚으라." 하시고 경면주사로 써서 비단으로 만든 주머니에 넣어 채우시더니 그 뒤에 불사르시니라.(『도전』 6:52:1~3)

또 1909년 기유년 초에 증산 상제는 이른바 '숙구지 공사'를 보고, 성도들을 데리고 비인庇仁에 가서 후천 대개벽 구원의 의통 집행 공사를 행하면서 태을주太乙呪에 대해서 언명하였다. 즉 태을주가 김경수로부터 전해진 것이라고 연원을 밝히고, "태을주를 문 위에 붙이면 신병神兵이 지나가다 도가道家라 하여 침범하지 않고 물러가리라"(『도전』 6:112:11)고 하여 개벽기에 구원의 한 법방으로서 태을주의 중요성을 강조한 것이다. 이때도 증산 상제는 이십팔장과 이십사장을 모두 함께 동원하여 공사를 행했다.

> 이어 성도들을 약방 네 구석에 갈라 앉히시고 상제님께서 방 한가운데 서서 '이칠륙二七六 구오일九五一 사삼팔四三八' 을 한 번 외우신 뒤에 성도 세 사람으로 하여금 종이를 지화紙貨와 같이 끊어서 벼룻집 속에 채워 넣게 하시고 한 사람이 한 조각을 집어내어 '등우鄧禹' 를 부르고 다른 한 사람에게 전하며 그 종이 조각을 받은 사람도 또 등우를 부르고 다른 한 사람에게 전하며 다른 사람도 그와 같이 한 뒤에 세 사람이 함께 '청국지면淸國知面' 이라 부르게 하시니라. 또 이와 같이 하여 '마성馬成' 을 부른 뒤에 세 사람이 '일본지면日本知面' 이라 부르고 다시 그와 같이 하여 '오한吳漢' 을 부른 뒤에 세 사람이 '조선지면朝鮮知面' 이라 부르게 하시거늘 이와 같이 28장將과 24장將을 다 맡기기까지 종이 조각을 집으니 그 종이 조각 수효가 꼭 들어맞으니라.(『도전』 6:112:3~10)

『도전』에서 설명하고 있는 것처럼, 증산 상제가 전 세계를 52개 구역으로 나누고 이십팔장과 이십사장을 불러서 개벽기에 각 구역의 인종 씨를 추리는 실무 책임자로 임명한 것으로 이해할 수 있을 것이다.

증산 상제는 여러 해 동안 각지를 유력한 후, 신축년인 1901년에 "이제 천하의 대세가 종전의 알며 행한 모든 법술로는 세상을 건질 수 없다"(『도전』 2:1:2)는 생각을 하고 수도에 더욱 정진한다. 이 해 6월초에는 정씨 부인의 시봉을 받으며 14일 동안 수도를 한다. 다시 6월 16일에는 객망리 댁을 떠나 전주 모악산 대원사에 가서 21일간 칠성각에서 도를 닦고 마침내 7월 7일 유사 이래 어떤 성자도 한 적이 없는 대도통을 한다.

대원사로 가는 길에 사람들이 도저히 이해하기 힘든 하나의 사건이 발생한다. 즉 수도하러 대원사로 가는 증산 상제를 공중에서 동서양 각국 제왕신과 이십사장이 이구동성으로 '강천자' 하고 소리치면서 수도 기간 내내 증산 상제를 옹위한 일이 발생한 것이다.

> 증산께서 대원사로 가실 때에 공중에서 동서양 각국 제왕신帝王神과 24장將이 '강 천자姜天子!' 하고 외쳤으나 듣지 못하신 듯 가시더니.(『도전』 2:3:4)

여기서 제왕신이라 함은 살아생전에 한 나라에서 천자 혹은 왕을 한 사람들의 신명을 말한다.

> 공부를 마치시고 도문道門을 여신 뒤에 각국 제왕신과 24장을 부르시어 충북 청주군 청천면淸州郡 靑川面 만동묘萬東廟에 응집시켜 놓으시고 성도들에게 말씀하시기를 "금후 이 자리가 쑥대밭이 되

면, 이 제왕신과 24장이 모두 금산사金山寺에 와서 옹위하리니 이 신명들을 잘 대접하라." 하시니라.(『도전』 2:3:5~6)

이 성구는 무신년인 1908년에 행해진 이른바 '세계일가 통일 정권 대공사' 및 '중국의 사회주의 국운 공사'와 관련이 깊은 것으로 보인다. 증산 상제는 대도통을 하고 천지대신문을 연 후에 자신의 수도를 성공적으로 마칠 수 있도록 옹위한 동서양 각국의 제왕신과 이십사장을 함께 만동묘에 응집시켜 놓는다. 그리고 이 자리가 쑥대밭이 되면 이들이 모두 금산사에 와서 옹위할 것이니 잘 대접하라는 당부를 신도들에게 한다. 실제로 만동묘는 1937년에 일본인에 의해 불에 타서 폐허가 되었다. 증산 상제의 말씀이 실현되었다면 지금 이 신명들은 금산사에서 미

1704년 송시열宋時烈(1607~1689)의 유명遺命으로 충청북도 괴산군 청천면 화양리에 명나라의 의종과 신종을 제사 지내기 위하여 세운 만동묘.

륵불을 옹위하고 있다고 이해할 수 있을 것이다.

여기서 한 가지 밝히고 넘어 가야 할 것이 있다. 다름 아닌 위징에 관한 문제이다. 위징이 당나라의 건국과 태종 이세민의 등극에 매우 큰 공헌을 한 사람이라는 것은 역사에서 이미 다 밝혀진 사실이다. 그런데 증산 상제는 위징이 낮에는 당태종을 섬기고 밤에는 상제님을 섬겼다고 하며 위징을 치죄한 것이다. 위징은 실제로 한때 도관에 들어가 도사 노릇을 한 적이 있다. 신하로서 황제를 섬기는 것은 당연한 것이라 생각되나 증산 상제에게 있어서는 이 조차도 일심의 경지에는 크게 부족함을 경계한 것이다.

예로부터 상통천문上通天文과 하찰지리下察地理는 있었으나 중통인의中通人義는 없었나니 내가 비로소 인의人義를 통하였노라. 위징魏徵은 밤이면 상제를 섬기고, 낮이면 당태종을 도왔다 하나 나는 사람의 마음을 빼었다 찔렀다 하노라.(『도전』 2:22:3~6)

상제님께서 좌정하신 후 백관에게 명하시기를 "위징魏徵을 데려오라." 하시고 대령한 위징을 꾸짖어 말씀하시기를 "너는 무슨 일로 두 마음을 품고 낮에는 당태종을 섬기고 밤에는 옥황상제를 섬겼느냐?" 하시니 위징이 크게 사죄하는지라.(『도전』 2:39:6~7)

조금 다른 예가 될 수도 있겠으나 증산 상제는 삼국시대 유명한 촉한蜀漢(221~263)의 재상인 제갈량諸葛亮(184~234)에 대해서도 유사한 비판을 한 적이 있다. 제갈량은 위魏(220~265)나라를 치기 위해 소열제昭烈帝 유비劉備(161~223)의 아들 후주後主 유선劉禪(207~271)에게 두 차례에 걸쳐 「출사표出師表」를 올리고 전쟁에 나갔다. 이 「출사표」를 읽고서 눈물을 흘리지 않는 자는 사람이 아니라고 할 정도로 충정으로 가득한 천고의 명문으로 유명하다. 그러나 그는 마침내 전쟁에서 승리를 하지 못했는데, 이것이 그의 능력이 부족해서가 아니라 그가 집안 식구들에게 남겨준 '유상팔백주' 곧 뽕나무 8백 그루 때문이라는 것이다.

> 제갈량諸葛亮이 성공치 못한 것은 유상팔백주有桑八百株로 인함이니라.(『도전』 8:22:8)

고수부에 의하면, 이십팔장 중의 만수는 증산 상제의 보호신장이요, 이십사장 중의 진숙보는 고수부 자신의 보호신장이라고 언급하고 있다.

> 상제님의 응기신應氣神은 만수萬修요, 나의 응기신은 진숙보秦叔寶니라.(『도전』 11:244:6)

여기에서 '상제님'은 '증산 상제'를 말하고, '나'는 고수부 자신을 말한다. 응기신은 다른 말로 하면 보호신장이라고 할 수 있다.

第一部 唐太宗과 二十四將

◉당태종과 이십사장◉

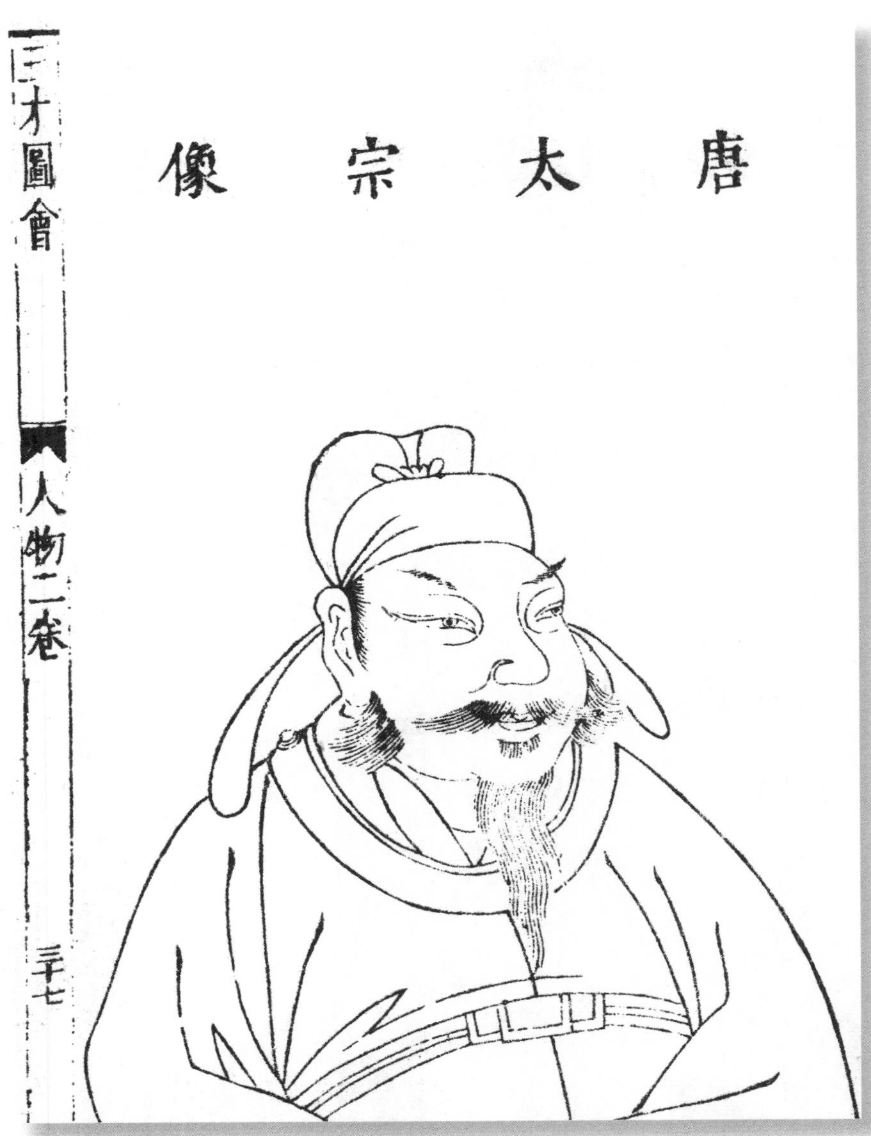

당태종 이세민(599~649), 출전: 『삼재도회』

1. 당태종唐太宗은 누구인가

"용봉龍鳳의 자태와 천일天日의 모습을 갖추었으니
이 아이의 나이가 관례를 치를 때쯤이면 틀림없이 제세안민濟世安民하리라."
이세민은 위징의 의견을 받아들여 국내 문제에 손을 대어
부국강병을 위해 온 힘을 기울였다.
그 결과 불과 4년만에 유랑하며 흩어진 사람들이 모두 고향으로 돌아오고
쌀 한 말 가격이 3,4전에 불과하게 되었다.
동으로는 바다에 이르기까지, 남으로는 오령五嶺에 이르기까지
모두 밤에도 문을 걸지 않고,
길 떠나는 사람이 식량을 지니고 다니지 않게 되었다.
이때가 바로 중국 봉건 사회의 홍성 시기로서,
역사에서는 이를 '정관貞觀의 치治' 라고 부른다.

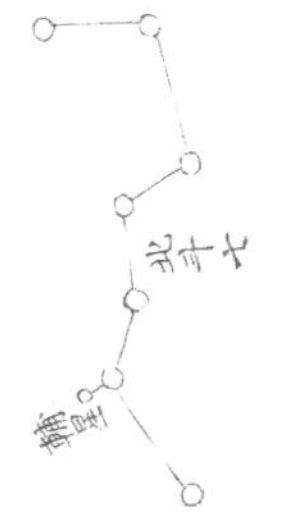

당태종 이세민은 당나라를 창건한 고조 이연의 둘째 아들이다. 이세민을 이해하기 위해서 먼저 부친 이연에 대해서부터 이야기를 시작하겠다.

이연(566~635)은 북주 천화天和 원년에 장안에서 출생하였다. 자는 숙덕叔德이며, 본적은 지금의 감숙성 진안현秦安縣 북쪽에 위치한 농서隴西의 성기成紀이다.

이연의 조부 이호李虎는 일찍이 서위의 좌복야左僕射가 되어 대야씨大野氏라는 성을 하사 받았고(수 문제가 주나라를 도왔을 때 본래의 성을 회복하였다), 후에는 북주를 보좌하여 서위西魏를 멸망시키는데 공로가 있어서 주국柱國으로 임명되었으며, 사망한 후에 당국공唐國公으로 추봉되었다. 그와 북주北周를 일으킨 우문태宇文泰(507~556)는 원래 팔주국八柱國의 한 사람이다.

이연의 부친 이병李昞은 북주의 안주총관安州總管, 주국대장군柱國大將軍이었으며 당국공으로 습봉襲封(윗대의 봉토를 물려받는 일)되었다. 이연의 모친 독고獨孤씨는 수 문제의 독고 황후(543~602)와 자매간이다.

즉 조부 이호 때의 또 다른 팔주국의 한 사람인 독고신獨孤信의 장녀는 북주 명제의 황후이고, 넷째 딸은 이연의 모친이며, 일곱째 딸은 수 문제의 황후가 되었다. 이렇게 보면, 북주와 수와 당은 외척인 독고신을 중심으로 한 혼인집단을 형성한 것이다. 이들의 출신지가 관중을 중심으로 섬서성(關)과 감숙성(隴) 일대이기 때문에 중국의 진인각陳寅恪이라는 학자는 이들을 '관롱집단關隴集團'이라고 명명하였다.

이연은 일곱 살에 당국공으로 습봉되었다. 자라서는 소탈하고 도량이 컸으며 성심으로 사람을 대해서 귀천의 분별없이 많은 사람들의 환심을 샀다. 문제가 제위를 선양받을 때 금위관禁衛官으로 있었던 까닭에 수 문제와 친분이 매우 두터웠으며 후에 초주譙周, 농주隴州, 기주岐州 등 3주의 자사를 겸하였다. 대업大業(605~618) 초기에 형양군滎陽郡과 누번군樓煩郡의 태수와 전내소감殿內少監이 되었다. 613년(대업 9년), 위위소경衛尉少卿으로 자리를 옮기고, 요동 싸움 때에는 회원진懷遠鎭에서 군량 수송을 감독하였다. 예부상서 양현감楊玄感(?~613)이 여양黎陽(지금의 하남성 준현浚縣 동쪽)에서 반란을 일으켰을 때 수나라 양제는 이연을 홍화弘化 유수에 임명해서 그를 방어하게 하였으며, 또 관우關右(즉 관서, 옛 사람들은 서쪽을 우右라고 하였는데, 곧 함곡관 혹은 동관潼關 이서의 지역임)에 위치한 여러 군郡의 군사는 모두 이연의 명령에 복종하라는 조서를 내렸다. 재직 기간에 자주 은혜를 베풀고 호걸들과 널리 사귀어서 의지할 곳이 많았으며, 이로 인해 수 양제의 의심을 받았다. 이를 알게 된 이연은 매우 두려워하여 항상 폭음을 하고 고관들에게 뇌물을 주어서 자기의 살길을 열어 나갔다. 615년(대업 11년), 산서와 하동의 위무대사慰撫大使에 임

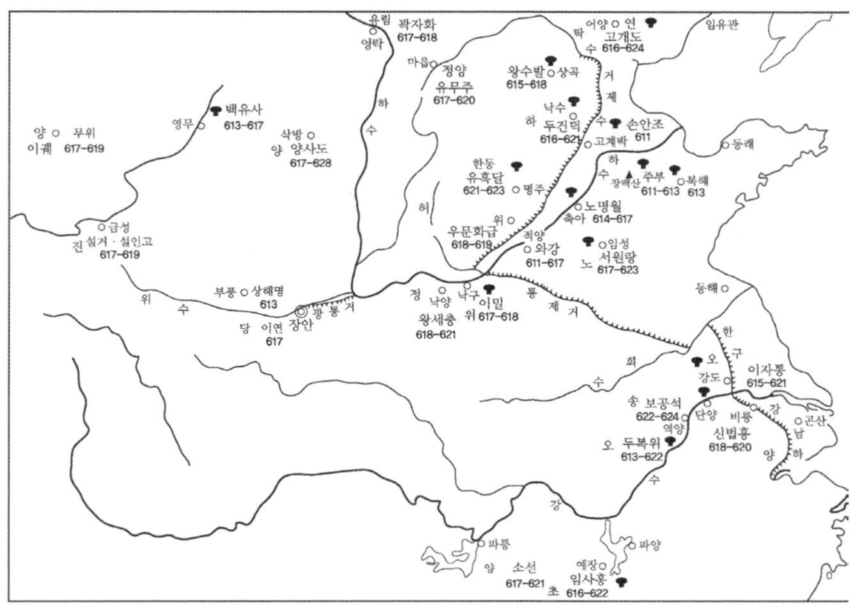

수대말기 농민봉기 및 할거세력

명되어 용문龍門과 강주絳州의 봉기군을 진압하는데 참여하였으며, 이듬해(616년) 태원太原 유수에 임명되었다. 이때 돌궐이 변경을 침범하였는데, 이연은 마읍馬邑 태수 왕인공王仁恭과 손을 잡고 그들을 쳤다. 이연과 왕인공의 군사는 채 5천 명도 되지 않았는데, 이연은 이 중에서 2천 명의 정예 기마병을 뽑아 음식과 거처를 돌궐인처럼 하면서 기회를 살펴 돌궐을 쳐서 연전연승하였으며, 마침내 돌궐을 격퇴시켰다.

617년(대업 13년), 전국이 혼란 상태에 빠졌다. 이연의 둘째 아들 이세민은 천하를 편안하게 다스리려는 큰 뜻을 품고, 수나라에 반기를 들어 군사를 일으킬 준비를 계획적으로 하면서도 이연이 동의하지 않을 것을 염려하여 오랫동안 실행을 미루면서 감히 자기의 계책을 입 밖에 내지 못하고 있었다. 이연과 친분이 두터운 진양궁감晉陽宮監 배적裴寂(573~632)은 이세민의 뜻에 따라 사적으로 이연에게 궁녀를 바쳤다. 얼마 후 그는 이연에게 이렇게 말하였다.

"둘째 자제분이 대사를 일으킬 작정으로 암암리에 병마를 훈련하였는데, 이는 바로 제가 궁녀를 바쳐 공에게 시중들게 한 일이 발각되어 주살될 것을 걱정한 것이며 이 때문에 급계急計를 마련한 것일 따름입니다."

당 왕조를 개창한 고조 이연(566~635)
출전: 『삼재도회』

이 일이 알려지면 황제에게 처벌을

당하므로, 이연은 어찌할 방도가 없어 이세민을 따랐다.

4월, 이연은 진양령 유문정劉文靜을 시켜 태원 등 네 군에 가짜 조서를 내려 나이 20세부터 50세에 이르는 장정들을 모두 징발하여 고구려를 공격하게 함으로써 민심을 어지럽히게 하였다. 이로 인해 민심은 뒤숭숭해지고 반란을 생각하는 사람이 더욱 많아졌다. 반란자 유무주劉武周가 분양궁汾陽宮(지금의 산서성 영무현寧武縣 관잠산管涔山 위에 있음)을 점령하자, 이연은 유무주를 토벌한다는 명목으로 병마들을 집결시켰는데, 열흘 동안에 근 1만 명이 모여들었다.

5월 15일, 이연은 자기의 조수이며 양제의 심복인 왕위王威와 고군아高君雅가 "비밀히 돌궐군을 이끌어서 침범하게 하였다"고 모함하고 그들을 잡아 옥에 가두었다. 17일, 과연 수만 명의 돌궐군이 진양으로 쳐들어 왔는데, 사람들은 모두 왕위와 고군아가 끌어들인 것이라고 생각하였으며, 이연은 이를 기회로 삼아 그들을 살해하는 한편 겸손한 태도와 후한 예물로 돌궐과 화약을 맺고 후방을 안전하게 하였다. 그후 장남 이건성李建成과 차남 이세민을 파견해서 서하西河(지금의 산서성 분양현汾陽縣)를 공략하여 남으로 통하는 길을 열게 하였다. 617년(의령義寧 원년) 7월, 친히 무장 군사 3만 명을 이끌고 곧장 장안으로 향했다. 대군이 가호보賈胡堡(지금의 산서성 곽현霍縣 북쪽)에 이르렀을 때, 호아낭장虎牙郎將 송로생宋老生 등의 저지를 받았으며, 또한 억수같은 비를 만나 진퇴양난에 빠진 이연은 와강군瓦崗軍의 이밀李密에게 서한을 보내서 구원을 요청했다. 이밀이 자기의 군사가 강대하다는 것만 믿고 맹주盟主가 될 야

망을 갖고 있었기 때문에 이연은 겸손한 언사로 그를 추켜세웠다. 이밀은 매우 기뻐하였으며, 이로부터 두 사람은 편지와 사신을 끊임없이 왕래하였다.

비가 오랫동안 그치지 않음에 따라 이연의 군사는 식량이 떨어졌고 또 돌궐이 진양을 습격하였다는 소식이 전해지자, 이연은 군사를 태원으로 돌리기로 결정하였다. 이세민은 이에 대해 강경한 태도로 간언을 올려 반대하였다. 이연이 말하였다.

"우리의 승패는 모두 너에게 달렸다. 무슨 대답이 나올지 나는 벌써 짐작하고 있으니 너의 뜻대로 하라."

8월초, 곽읍霍邑을 함락하였다. 이연은 공을 논하는데 신분의 귀천을 따지지 않았으며 논공행상에 차별을 두지 않았다. 곽읍의 관민을 위로하여 상을 주었고, 원래 관중의 군사 중에서 돌아가고 싶어 하는 자에게는 벼슬을 주어 돌려보냈다. 이 일로 인해 많은 인심을 얻었으며 장안성 밖에 이르렀을 때에는 군사가 20만 명에 달했다. 10월, 장안을 포위하고는 마을에 들어가 약탈과 난폭한 행동을 하지 못하게 하였으며, 다음과 같이 포고하였다.

"수나라의 칠묘七廟와 종실을 침범한 자는 삼족三族을 멸한다."

칠묘란 천자의 종묘를 말한다. 즉 태조의 종묘와 삼소三昭, 삼목三穆의 총칭이다. 소목昭穆은 종묘에 신주神主를 모시는 차례이다.

삼족이란 여러 가지 설이 있는데, 아버지, 아들, 손자 또는 아버지의

三才圖會 人物二卷 四十

唐李姓隴西成紀人今熙州其先出自顓頊苗裔西涼武昭王李暠之後承隋火德以土德王都長安始高祖戊寅篡隋即位終哀帝丁卯二十帝并武后合二百九十年朱温篡位滅之

高祖名淵祖虎事後周封唐国公父昞及淵世襲封唐公隋以淵爲太原留守煬帝南巡與子世民舉兵入長安迎立代王爲帝進爵唐王篡隋自立傳位太子號太上皇在位九年壽七十一改元者一武德九

太宗名世民高祖第二子封秦王殺太子建成立爲太子受內禪在位二十三年壽五十三改元者一貞觀二十三

高宗名治太宗第九子在位三十四年壽五十六改元者十四永徽六顯慶五龍朔三麟德一乾封二總章二咸亨四上元二儀鳳三調露一永隆一開耀一永淳一弘道一

武氏名曌武士彠之女太宗才

당고조 이연과 태종 이세민에 대한 『삼재도회』 기록

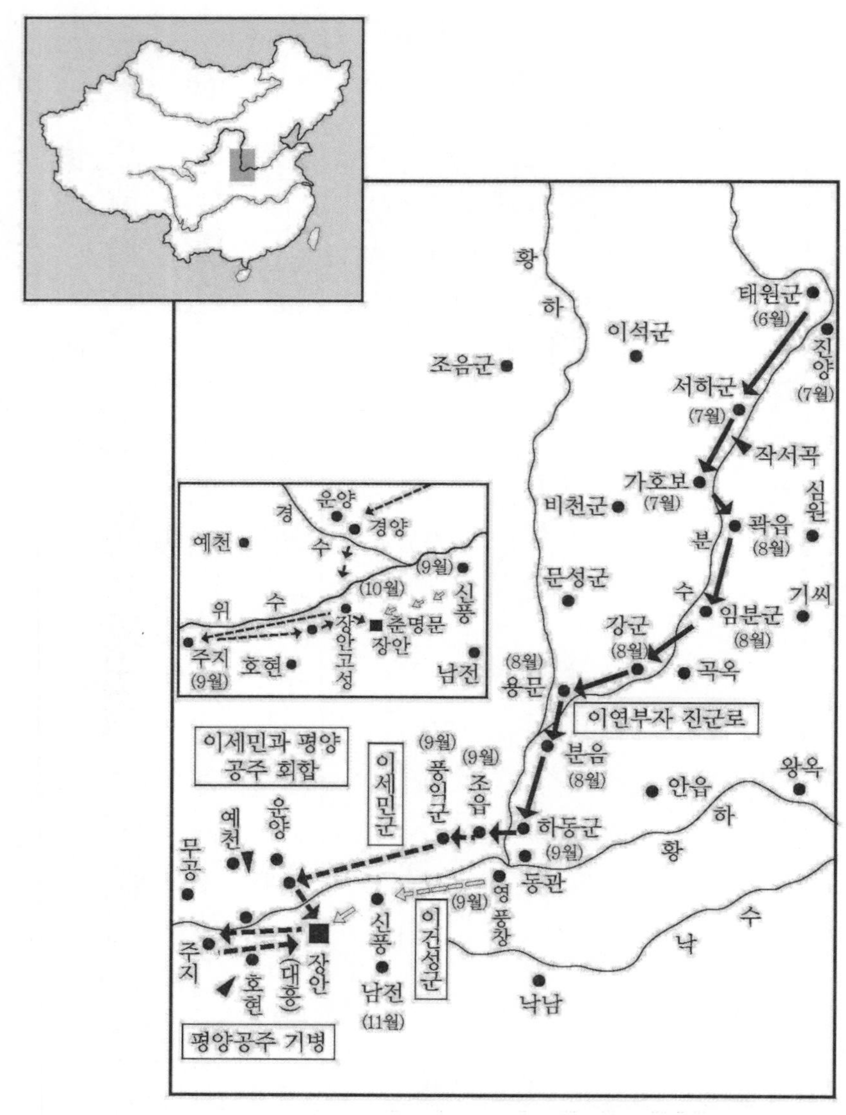

617년, 이연의 장안 진입

형제자매, 자기의 형제자매, 아들의 형제자매를 가리키는 동성삼족同姓三族과 아버지, 어머니, 처의 친족을 뜻하는 이성삼족이 있다.

11월, 장안으로 쳐들어가서는 법을 12개 조로 줄이고, 수나라의 가혹한 금법禁法을 전부 없앴다. 양제를 태상황太上皇으로 추존하고, 대왕代王 양유楊侑(605~619, 양제의 적장손으로 훗날의 공제)를 황제로 세웠으며, 이연은 당왕唐王으로 책봉되어 대권을 장악하였다. 그는 또 이 사실을 서한에 있는 여러 군현에게 알렸는데, 이에 동으로는 상락商洛으로부터 남으로는 파巴·촉蜀에 이르기까지 모두 다투어 자기들의 자제들을 조정에 파견하여 항복을 청원하였다.

618년(의령 2년) 3월, 양제가 강도江都에서 피살당하였다. 양제의 피살 소식이 장안에 전해지자 이연은 그를 위해 통곡하였다. 5월, 공제恭帝는 강압에 의해 이연에게 양위를 하였다. 이연은 태극전太極殿에서 황제로 즉위하고 국호를 당으로 정했다. 군郡의 명칭을 주州로 고치고 태수太守의 명칭을 자사刺史로 고쳤으며, 수나라 대업 연간에 제정한 율령을 폐지하고, 수나라의 과거제도는 그대로 계속 실시하였다.

군사 방면에서 진秦과 한漢의 전략을 본받아 먼저 농隴(지금의 감숙성)과 촉蜀(지금의 사천성)을 점령하고, 다음에 중원을 쟁탈하였으며 남하하여 장강과 회하淮河를 건너 전국의 혼란 국면을 수습하였다.

서쪽으로는 농서와 파촉을 점령하였다. 6월, 이세민을 서토원수西討元帥에 임명하고 경주涇州(지금의 감숙성 경천현涇川縣)에서 금성金城(지금의 감숙성 난주시)의 설거薛擧(?~618) 설인고薛仁杲(?~628) 부자와 전투를 하였다. 5개월간의 악전고투를 한 후 마침내 설인고(이때 설거는 이미 병으로 사망하였음)가 항복함으로써 서진西秦이 멸망하였으며, 당나라가 농서 지역 전부를 차지하게 되었다. 이듬해(619년) 5월, 양왕凉王 이궤李軌(?~619)를 생포하여, 또 하서河西(지금의 감숙성 무위武威로부터 돈황敦煌에 이르는 일대) 지역 전체를 점령하였다. 이에 앞서 파촉에 사신을 파견하였다. 이리하여 동관潼關과 무관武關 이서 지역으로부터 북으로는 영무靈武, 돈황, 남으로는 파촉에 이르기까지 전부 당나라에 속하게 되었다.

북으로는 유무주劉武周를 멸망시켰다. 할거割據 세력인 유무주는 돌궐의 힘을 빌려 이연과 관중關中 지역을 쟁탈할 작정이었다. 619년(무덕武德 2년) 4월, 그들은 여러 차례나 당군唐軍을 격파하고 태원을 점령하였으며, 뒤이어 진주晉州(지금의 산서성 임분현臨汾縣)와 회주澮州(지금의 익성현翼城縣)를 함락하고 산서의 광활한 지역을 석권하였다. 이듬해(620년) 4월, 유무주는 이세민에게 패배 당했다. 이리하여 당나라는 북방으로부터 오는 위협을 모두 제거하였다.

당군은 산해관山海關을 나와 동부를 정벌하였다. 정벌의 주요 전략 목표는 첫째 낙양의 왕세충王世忠(국호는 정鄭), 둘째 강릉의 소선蕭銑(국호는 양梁), 셋째 하북의 두건덕竇建德(국호는 하夏)이며, 그 다음은 장강과 회하 지역의 두복위杜伏威와 보공석輔公祏이었다. 621년(무덕 4년) 5월, 이세민이 호뢰虎牢(지금의 하남성 형양현滎陽縣에 있음)에서 두건덕을 생포하였으며, 왕세충도 항복하여 한 번의 전쟁으로 두 나라를 차지하였다. 10월,

조왕趙王 이효공李孝恭이 소선을 생포하고 양나라를 멸망시켰다. 이듬해(622년)에는 영남嶺南(지금의 광동, 광서지역을 가리킴)을 평정하고, 623년(무덕 6년)에는 두건덕의 장수 유흑달劉黑闥을 생포하여 죽였다. 장강과 회하를 차지한 두복위와 유주幽州의 나예羅藝도 차례로 입조入朝하였다. 이리하여 천하대통일의 국면이 기본적으로 완성되었다.

통일의 대업이 끝나자 황위 계승권을 쟁탈하는 싸움이 또 일어났다.

진양에서 군사를 일으킬 때, 이연은 이세민에게 이렇게 말한 적이 있다.

"만약 일이 성사되면 천하를 너에게 맡기고, 마땅히 너를 태자로 세울 것이다."

그러나 이 때 이세민은 절을 하고 사양하였다. 이연이 당왕이 되었을 때에도 그의 측근 신하들은 이세민을 세자로 봉할 것을 청원하였고, 이연도 이세민을 세자로 책봉할 뜻이었으나 이세민이 굳이 사양하는 바람에 마침내 맏아들 이건성李建成을 세자로 봉했다. 이건성은 당 왕조 개창에 대한 공로가 크지 않고, 또 주색을 즐기고 사냥을 좋아하며 소인과 가까이 하였고, 항상 도박꾼들과 어울렸다. 넷째 아들인 제왕齊王 이원길李元吉은 사치를 좋아하고 음란하였으며 과실도 많았다. 그런데 이세민의 공명功名이 날이 갈수록 높아졌기 때문에 고조 이연은 태자를 바꿀 뜻을 가졌다. 이 기미를 알고 불안해진 이건성은 이원길과 공모하여 각기 자기 사람들을 요직에 심고, 갖은 방법으로 비빈들에게 아첨하고 뇌물을 주면서 이연에게 말을 잘 해 달라고 부탁하였다. 이때 귀비가 낙양에 와서 보물을 요구하였으나 이세민은 주지 않았고, 또 친척들의 벼슬자리를 부탁하였으나 역시 허락하지 않았다. 이로 말미암아 여러 비빈들은 앞을 다투어 이건성과 이원길에 대해서는 좋게 말하고 이세민을 헐뜯었다.

622년(무덕 5년), 회안왕淮安王 이신통李神通이 공로가 컸으므로 이세민은 그에게 전답 수십 경頃을 상으로 주었다. 장첩여張婕妤는 이연의 수칙手勅을 가지고 이신통에게 준 자기 부친의 땅을 되찾아 달라고 간청하였으나 이세민은 허락하지 않았다. 장첩여가 이연에게 하소연하였다.

"조칙으로 제 부친에게 전답을 내리게 하였으나 진왕은 이 땅을 빼앗아 이신통에게 주었습니다."

이 말을 들은 이연은 노여움을 참지 못했으며, 다른 날 배적에게 불만을 토로하였다.

"아들놈이 오랫동안 병권을 맡아 밖에 있으면서 선비들의 가르침을 받아 저렇게 되었는데 이미 옛날의 내 아들이 아니오."

또 이런 일도 있었다.

윤덕비尹德妃(4명의 비 중 세 번째 비)의 부친 윤아서尹阿鼠는 거만하고 횡포하였다. 하루는 진왕부秦王府 소속의 두여회杜如晦가 그 집 문 앞을 지날 때 그 집의 동복僮僕(사내아이 종) 여러 명이 두여회를 말에서 끌어내려 손가락을 절단하였다. 윤아서는 이세민이 이연에게 알릴 것을 우려하여 먼저 윤덕비를 시켜 적반하장으로 고자질하게 하였다.

"진왕의 측근들이 첩의 집을 능욕하고 난폭하게 대했습니다."

이 말을 들은 이연은 대로하였다.

"나의 비빈들까지도 네놈의 측근들에게 능욕을 당하는데, 하물며 평민들은 말할 것도 없겠구나."

이세민이 여러 번 소상하게 해명하였으나 이연은 끝내 믿지 않았다.

궁중에서 연회가 있을 때마다 이세민은 여러 비빈들 앞에서 일찍 여읜 어머니를 생각하며 흐느끼면서 눈물을 흘렸고, 이를 본 이연은 마음속으로 유쾌하지 않았다. 여러 비빈들은 역시 때를 놓칠 새라 은밀히 이세민을 헐뜯었다.

"다행히 나라가 태평무사하고 폐하께서 춘추가 높으시니, 마땅히 서로 즐거워야 하는데도 진왕秦王은 매번 혼자서 눈물을 흘리니 이는 바로 저희 첩들을 미워하는 것입니다. 폐하의 만세 후에 첩의 모자는 틀림없이 진왕에게 배척당해 하나도 남지 않게 될 것입니다."

그러면서 서로 눈물을 흘리면서 이건성을 추켜세웠다.

"황태자는 사람됨이 어질고 효성스러우며, 폐하께서 첩의 모자를 그에게 부탁하였으니 꼭 목숨을 보전할 수 있을 것입니다."

이 말을 들은 이연은 맏아들 이건성을 애처롭게 생각하였으며, 이로부터 이세민을 멀리하고 이건성, 이원길과 나날이 가까워졌다.

624년(무덕 7년), 이건성은 제멋대로 용사들을 모집하여 동궁을 지키게 하였고, 은밀히 유주의 돌기突騎(돌격기병) 3백 명을 데려다 동궁을 수비하게 하였다. 또한 자기의 심복인 경주慶州 도독 양문간楊文幹에게 장사들을 모집하여 장안으로 보내게 하고 아울러 양문간에게 군사를 일으키라고 명령하였는데, 이연은 이 사실을 알고 대단히 진노하였다. 이건성은 머리를 조아리면서 사죄하고 스스로 몸을 내던져 거의 절명할 지경에 이르렀으나 이연은 노여움을 풀지 않고 그를 구금하였으며, 아울러 이세민을 태자로 책봉하라는 윤허를 내렸다. 후에 이원길과 여러 비빈들이 연달아서 이건성을 용서해 줄 것을 청원하자, 이연은 마침내 생각을 바꾸고 이건성의 측근들에게 죄를 돌렸다.

7월, 이연이 성남에서 교렵狡獵(짐승을 가두어 놓고 사냥하는 일)을 하였을 때, 이건성은 이세민에게 호마胡馬를 주었다. 호마는 성질이 급하고 사나운 말이라, 호마를 준 목적은 이세민을 해치는데 있었다. 이세민은 그 말을 타고 사슴을 쫓다가 말이 뒷발질을 하는 바람에 서너 걸음 밖으로 굴러 떨어졌으며, 이세민이 다시 말에 올라탔으나 세 번이나 같은 상황을 당했다. 이세민이 측근들에게 말하였다.

"그가 나를 죽이려고 하지만, 죽고 사는 것은 명에 달려 있는데 어찌 나를 해칠 수 있겠는가."

이건성은 이 말을 전해 듣고 비빈들에게 다음과 같이 이연에게 고자질하라고 시켰다.

"진왕은 스스로 '나는 천명을 받아 바야흐로 천하의 주인이 될 것인데 어찌 객사客死하겠는가'라고 말하더라."

이 말을 들은 이연은 대로하였다. 바로 이때 유사有司(담당 관리)가 돌궐이 변경을 침입하였다는 상주를 하였다. 이에 이연은 낯빛이 달라져 적을 물리칠 계책을 상의하였다. 돌궐을 물리친 다음부터 이연의 이세민에 대한 의심은 더욱 심해졌다.

626년(무덕 9년) 6월, 이건성은 야밤에 이세민을 불러서 독주를 먹였다. 이세민은 중독이 되어 많은 양의 피를 토했으며 이신통의 부축을 받아 가까스로 서궁으로 돌아왔다. 이연이 이세민에게 당부하였다.

"너의 형제가 서로 사이가 좋지 못한 것을 보니, 함께 도읍에서 살면 필연 분쟁이 생길 터이므로 너를 파견하여 행대行臺(대행정구역에 배치되어 중앙을 대표하는 기구)로 복귀시킬 테니 낙양에서 섬서 이동의 모든 일을 관장하라."

얼마 후 이 사실을 안 이건성은 아우 이원길과 공모하였다.

"진왕이 만약 낙양으로 가면 거기는 땅이 넓고 무장한 병사들이 있어 다시는 그를 통제할 수 없으나 장안에 남겨 둔다면 필부에 불과하여 처리하는 것이 쉬울 것이다."

그러고는 여러 사람에게 밀령을 내려 다음과 같이 상주하라고 시켰다.

"진왕의 측근들이 낙양으로 가게 된다는 말을 듣고 기뻐 날뛰는 것을 보아 다시는 돌아오지 않을 것이 걱정됩니다."

또 총애를 받는 신하들을 보내 이해관계로 설득시켰다. 마침내 이연은 생각을 바꾸었다.

이건성과 이원길은 진왕부의 여러 맹장들을 꾀어서 자기들의 심복으로 삼으려고 하였으나 성공하지 못하였다. 그래서 이세민의 모사 방현령房玄齡과 두여회를 이연에게 모함하여 외지로 추방시켰다. 이건성은 수만 명의 돌궐군이 오성烏城(지금의 영하자치구 은천시銀川市)을 포위 공격한 때를 기회로, 이세민을 대신해서 이원길이 출정하도록 추천하고, 또 진왕부의 명장과 정예병을 이동시키고 이원길의 군사를 강화시켰다. 그러고는 이원길의 전별연餞別宴(작별할 때에 보내는 쪽에서 베푸는 잔치)에서 이세민을 죽이기로 음모를 꾸몄다. 이 소식을 들은 이세민의 측근들은 선수를 쳐서 손을 쓰라고 권고하였으나, 이세민은 탄식하면서 골육상잔骨肉相殘은 고금을 통해 최대의 죄악이라고 말하며 결단을 내리지 못하였다. 측근들이 계속해서 강경하게 권고하자, 이에 계책을 꾸미기로 작정하였다.

이세민은 먼저 이건성, 이원길이 후궁들과 음란한 행위를 하고 자신을 모해한 일을 은밀히 상주하였다. 이연은 듣고 나서 몹시 놀랐다.

"내일 국문鞫問하리라."

이튿날(초4일), 이세민은 현무문玄武門에 군사를 매복시켰다. 장첩여는 비밀 상주 내용을 엿듣고 재빨리 이건성에게 알렸다. 이 소식을 들은 이건성과 이원길은 입조하기로 하였다가 임호전臨湖殿에 도착했을 때 이미 변이 생겼음을 알아차리고는 즉시 말을 돌려 동쪽의 궁부宮府를 향해 달렸다. 이세민은 이 광경을 보고 활로 이건성을 쏘아 죽이고, 울지경덕尉遲敬德이 이원길을 활로 쏘아 죽였으며, 또 동궁과 제왕부齊王府의 호위병을 격파하고 이건성과 이원길의 여러 아들을 살해하였다. 역사에서는 황위의 계승권을 쟁탈한 이 정변을 '현무문의 변變'이라고 부른다.

정변이 일어났을 때, 이연은 해지海池에서 뱃놀이를 하고 있었다. 이 일을 알고 난 후에 이연은 처음에는 크게 놀랐으나 곧 이어서 이세민에게 국사를 맡길 것을 생각하고 말하였다.

"이는 내가 일찍부터 생각하던 바이다."

7일, 이세민을 태자로 봉하고 다음과 같은 조서를 내렸다.

"오늘부터 군국軍國의 모든 일은 대소사를 막론하고 모두 태자가 맡아서 처결한 후에 상주하도록 하라."

8월, 이세민에게 제위를 선양하고 태상황太上皇으로 자칭하였다.

634년(정관貞觀 8년) 가을, 이연은 중풍에 걸렸으며 이듬해(635년) 정관 9년 5월에 장안 대안궁大安宮의 수공전垂拱殿에서 세상을 떠났다. 이때 그의 나이 70세였으며, 9년간 재위하였다. 10월, 헌릉獻陵(지금의 섬서성 삼원현성三原縣城 동쪽 25킬로미터 떨어진 토원土原에 있음)에 안장되었다.

시호는 신요대성광효황제神堯大聖光孝皇帝이고, 묘호는 고조高祖이다.

당나라를 창건하는 데는 이세민의 공로가 가장 컸지만, 이연의 역할도 부정할 수는 없다. 정확한 책략과 정책을 정한 것은 그의 공헌이다. 장안으로 진군할 때, 책략 차원에서 돌궐의 신하가 되어 태원의 안전을 보장받았고, 수나라를 받든다는 기치를 내걸어 수나라 관리들의 반항을 경감시켰으며, 이밀과 동맹을 맺어 동부 지역을 안정시켰다. 정책적으로는 수나라의 학정虐政을 모두 없애고, 군기를 엄격하게 하였으며, 포로를 우대하고 공을 세운 사람에게 공에 따라 상을 주어 인심을 크게 얻었다.

그러나 이연은 주색을 밝히고, 참언을 믿어서 공신 유문정을 피살하는 결과를 초래하였으며, 자기의 둘째 아들 이세민도 자칫하면 목숨을 잃게 할 뻔하였다.

이제 본론인 이세민을 중심으로 이야기를 하자.

이연의 둘째아들 이세민은 수隋나라 개황開皇 18년인 598년 12월에 무공武功(지금의 섬서성 무공현)의 별관別館에서 출생하였다. 태어날 때 두 마리의 용이 별관 문밖에서 사흘 동안 놀다가 갔다는 전설이 있다.

모친은 두竇씨이다. 훗날 태목황후太穆皇后가 되는 두씨에게는 이연과의 사이에 네 명의 아들이 있다. 맏아들 이건성李建成, 둘째 아들 이세민, 셋째 아들 이현패李玄霸, 넷째 아들 이원길李元吉이 그들이다. 또 딸도 하나 두었는데, '낭자군'을 이끌고 직접 전투에 참가한 여성으로서 시소의 부인인 평양平陽공주이다. 이중에서 셋째 현패는 요절하여 역사적인 기록이 거의 없다.

이연이 기주岐州에 갔을 때 이세민은 네 살이었는데, 스스로 상相을 잘 본다고 하는 서생이 이연을 찾아와서 말하였다.

"공은 귀인이신데, 게다가 귀한 아드님까지 두셨군요."

그러고 나서 이세민을 보고 말하였다.

"용봉龍鳳의 자태와 천일天日의 모습을 갖추었으니 스물 살이 되면 틀림없이 제세안민濟世安民하리라."

천일이란 하늘에 떠 있는 해를 말한다. 제세안민濟世安民이란 말은 세상을 구제하고 백성을 편안하게 하라는 뜻이니 그의 이 예언은 훗날 이세민이 황제가 됨으로써 적중하게 된다.

이 말은 들은 이연은 말이 새어나갈까 두려워하여 서생을 죽이려고 하였으나 서생은 홀연히 자취를 감추었다. 이연은 그의 말을 빌려 '제세'의 '세'와 '안민'의 '민'을 따서 아들의 이름을 세민이라고 지었다. 이세민은 어려서부터 총명하여 생각하는 것이 남보다 뛰어났으며, 어떤 상황이 닥치면 과단성 있게 처리하고 작은 일에 구애받지 않아서 사람들이 그의 마음을 짐작하지 못했다.

615년(대업大業 11년) 8월, 수나라 양제가 안문雁門에서 돌궐군에게 포위당하는 일이 발생하였다. 이세민은 양제를 구출하러 가서는 의병지계疑兵之計(적의 눈을 속이기 위해 거짓으로 군사를 꾸미는 계책)를 써서 돌궐군으로 하여금 대규모의 구원군이 온 것으로 오해하게 하였으며, 이로 말미암아 돌궐군은 마침내 포위를 풀고 돌아갔다.

당시 전국은 대란에 휩싸였는데, 이세민은 남몰래 천하를 편안하게 할 큰 뜻을 품고는 낮은 신분의 선비들에게 몸을 낮추고 재물을 뿌려 선비를 양성하였으며, 널리 호걸들과 친분을 맺고 군사를 동원하여 반란을 일으킬 결심을 하였다. 그러나 이연이 반대할 것을 우려하여 오랫동안 결정을 하지 못하고 감히 말을 꺼내지 못하였다. 그리하여 진양궁감 배적에게 부탁을 하였다. 배적은 개인적으로 궁녀를 보내서 이연의 시중을 들게 하고 기회를 틈타 이세민의 의중대로 설득하였는데, 이연은 달리 방도가 없어서 그의 계책을 따랐다.

617년(대업 13년) 5월, 이연은 진양에서 군사를 일으키고 이세민 등에게 서하西河를 공격하게 하여 남하하는 길을 열게 하였다. 이세민은 군기를 엄격히 하였다. 길가의 채소와 과실은 돈을 내지 않고서는 먹지 못하도록 하였으며, 병사 중에서 남의 물건을 훔친 자가 있으면 물건 주인을 찾아 배상하게 하였다. 군사가 성 밑에 이르렀을 때, 성안으로 들어가겠다는 백성들에게는 원하는 대로 하도록 허락하였다. 성을 함락한 후, 양제에게 충성을 다하는 군승郡丞들을 제외한 다른 사람들은 지위를 불문하고 원래의 업무에 복귀하게 하여 조금도 간섭을 하지 않았는데, 원근의 백성들이 이 소식을 듣고 크게 기뻐하였다. 공격기간은 총 9일에 불과하였다. 그래서 이연은 너무 기쁜 나머지 이렇게 말하였다.

"이번처럼만 싸운다면 천하를 마음대로 활보해도 되겠다."

마침내 입관入關 계획을 수립한 후, 이세민을 돈황공敦煌公으로 삼고 우령군대도독右領軍大都督에 임명하였다.

군사가 가호보賈胡堡에 이르렀을 때, 비가 오랫동안 계속 내리고 식량도 다 떨어져서 이연은 할 수 없이 군사를 철수하여 태원太原으로 돌아갈 작정을 하였다. 이세민은 이를 극구 반대하였으나 자기의 의견이 받아들여지지 않자, 마침내 밖에서 대성통곡을 하였는데 그 소리가 장막 안까지 들려왔다. 이연이 놀라 그에게 연유를 물으니 이세민은 철병의 위험성을 깊이 있게 역설하였으며, 그때서야 이연은 득실을 이해하게 되었다. 얼마가지 않아 태원에서 군량을 수송하여 왔다. 8월초, 군사가 곽읍霍邑에 이르러서야 장마도 그치고 하늘도 개었으나, 수나라의 장수 송로생宋老生은 성을 굳게 지키고 나오지 않았다. 이세민이 말하였다.

"송로생은 용감하지만 꾀가 없으니 날랜 기마로 그를 자극하면 안 나올 수 없을 것입니다."

이연은 그의 계책을 받아들였다. 송로생은 과연 노하여 3만 명의 병사를 여러 갈래로 나누어서 출격하였다. 이세민은 앞장서서 그의 진영으로 쳐들어가 손수 수십 명을 베어 죽였는데, 그의 두 칼은 모두 날이 빠지고 유혈이 온 소매를 적시었으나 이것을 닦고서 다시 싸움을 하였다. 수나라 군사는 대패를 하였으며, 수 리에 걸쳐 시체가 널렸다. 9월, 이세민은 수만 명의 군사를 이끌고 위수渭水 북부를 향해 진공하였는데, 이르는 곳마다 군령이 엄격하여 추호도 백성들에게 피해를 주지 않아 수많은 관리와 백성들이 귀순하였으며 장안에 이르렀을 때에는 병사가 13만 명으로 늘어났다. 11월, 장안을 함락하고 당국내사唐國內史에 임명되었다가 다시 진국공秦國公으로 봉해졌다.

618년(의령義寧 2년) 정월, 우원수에 임명되어 그의 형 이건성李建成(589~626)과 함께 10만 명의 군사를 인솔하여 낙양을 점령하였다. 장안으로 돌아온 후 조국공趙國公으로 책봉되었다. 6월, 상서령尙書令(상서성의 우두머리), 우무후右武侯대장군에 임명되었고 진왕秦王으로 진봉進封되었으며 옹주목雍州牧을 겸임하였다. 진봉이란 기존의 봉작을 더 높여 주는 일을 말한다.

이때 할거 세력 설거·설인고 부자가 경주涇州를 침범하였기 때문에 이연은 이세민을 원수로 삼아 설거 부자를 토벌하게 하였다. 7월, 고척高土庶(지금의 섬서성 장무현長武縣 북쪽에 있음)에서 설거와 대치하였는데, 학질에 걸려 마침내 군사를 납언納言 유문정劉文靜(568~619) 등에게 맡기면서 그들에게 이렇게 경계의 말을 하였다.

"만약 도전해 오더라도 삼가 응하지 말라."

그러나 유문정 등은 이 말을 듣지 않았으며, 결과적으로 당군唐軍은 대패하여 병사 태반을 잃었다. 8월, 설거가 죽었다. 당군은 그의 아들 설인고와 고척에서 60여 일이나 대치하였다. 그 결과, 설인고 쪽은 식량이 다 떨어져 장수와 병사의 마음이 이반하게 되었다. 이 틈을 타서 이세민은 친히 수십 기騎를 이끌고 먼저 적진을 함락시켰으며, 뒤이어 당군은 안팎에서 천지를 뒤흔드는 함성과 함께 맹공을 퍼부었다. 그 결과 설인고는 대패하여 투항하였다. 12월, 이세민은 태위太尉, 섬동도행대상서령陝東道行臺尙書令이 되었다. 619년(무덕武德 2년) 정월, 장춘궁長春宮(옛터는 지금의 섬서성 대려현大荔縣 동쪽의 북채자北寨子에 있음)에 주둔하였다. 5

월, 좌무후대장군, 양주涼州 총관이 되었다. 이때 동부의 형세는 매우 급박하게 돌아갔는데, 동도東都는 정鄭나라의 황제로 자칭한 왕세충王世充(?~621)의 수중으로 들어갔고, 하북의 두건덕은 하왕夏王으로 자칭한 후 명주洺州(지금의 하북성 영년현永年縣), 상주相州(지금의 하남성 안양현安陽縣) 등의 지역을 차례로 점령하였다. 돌궐의 괴뢰 유무주劉武周(?~622)는 군사를 통솔하고 남하하여 병주竝州(지금의 태원시)를 차지하고 지금의 산서성 지역을 점령하려고 기도하였으며, 그의 부하 장수 송금강宋金剛은 회주澮州(지금의 산서성 익성현翼城縣에 있음)를 함락하였다. 이런 정세 하에서 고조는 "적의 형세가 이러하니 싸우기 어렵다"는 이유로 황하의 이동 지역을 포기하고 관서關西만 지키려고 하였다. 그러자 이세민은, 태원은 왕업王業의 기초이고 나라의 근본이며, 하동河東(황하의 동부지역)은 물산이 풍부하고 내실이 갖추어져 경성이 의지하는 곳이라는 이유를 들어, 군사 3만 명을 요청해서 유무주를 토벌하였다. 11월, 군사를 이끌고 용문龍門을 출발하여 얼어붙은 황하를 건너 백벽柏壁(지금의 산서성 신강현新絳縣 서남쪽 20리 되는 곳)에서 송금강과 대치하게 되었다. 이때 당군은 식량이 부족하였는데, 백성들이 이 소식을 듣고 식량을 갖다 바쳐 병사들이 충분하게 먹을 수 있었다. 이세민은 병사를 쉬게 하고 말을 먹이면서 성을 굳게 지키고 싸움을 하지 않았으며, 이로 인해 적군은 식량이 다 떨어져서 이에 대한 대책에 부심하였다. 620년(무덕 3년) 4월, 송금강은 북으로 철수하고 이세민이 그 뒤를 추격하였는데, 하루 낮 하루 밤 동안 2백 리를 행군하였다. 작서곡雀鼠谷(지금의 개휴현介休縣 서남쪽)에 이르러서, 하루에 여덟 번이나 싸웠는데 이때 생포하거나 죽인 자가 수만 명이었다. 이세민은 이틀을 굶고 사흘이나 갑옷을 벗지 않았으며, 군중에 남아 있던 한 마리뿐인 양을 잡아 병사들과 나누어 먹었다. 비록 이러한 상황이었지만 여전히 용감하게 추격한 결과, 송금강이 대패하였다. 유무주는 이 소식을 듣고 대경실색하여 병주를 버리고 돌궐로 달아났으며, 송금강도 돌궐로 달아났다. 7월, 이세민은 다시 군사를 이끌고 왕세충을 공격하였다. 이듬해(621년) 5월, 왕세충을 구원하러 온 두건덕을 생포하자, 왕세충도 항복하여 당군이 낙양으로 진입하였다. 두건덕은 7월에 장안에서 이연에게 살해당하였다. 9월, 이연은 이세민의 공로가 너무 커서 전대에 규정한 벼슬로는 불충분하다고 여겨서, 마침내 왕공의 직위를 초월하는 천책상장天策上將(하느님이 책봉하였다는 뜻)이란 특별한 관직을 설치해서 그에게 임명하고, 사도司徒·섬동도대행대상서령을 맡게 하였다. 이때에는 전국이 점차 안정되었으므로 이세민은 경서를 열심히 읽었으며 황궁 서쪽에 학관을 개설하고 전국의 문학 선비들을 청하여 공부에 열중하였다.

두건덕이 피살당한 뒤 그의 부하들은 모두 놀라서 불안해 하다가 옛날의 한동공漢東公 유흑달劉黑闥(?~633)을 영수로 추대하고 다시 사람을 규합하여 반란을 일으키고 당나라 관리들을 마구 살해하였으며, 두건덕의 옛 부하들도 여기저기서 호응하였다. 12월, 이세민은 고조의 명을 받고 진압을 위해 출전하였다. 622년(무덕 5년) 3월, 명수洺水에서 접전한 결과, 유흑달이 패하여 돌궐로 달아났다.

고조는 원래 이세민을 태자로 삼을 생각을 가졌으나 이세민이 완강하게 사양하였기 때문에, 장자 이건성李建成을 태자로 삼았다. 그러나 후에도 이세민의 명성이 나날이 높아졌으므로, 고조는 다시 이세민을 태자로 세우려고 하였다. 이건성은 이 사실을 알고 마음이 불안하여 마침내 넷째 동생 이원길李元吉(603~626)과 공모하였다. 그들은 각기 일당을 만들어서 함께 이세민을 제거할 음모를 꾸몄다. 이 위급한 때, 이세민이 먼저 손을 썼다. 626년(무덕 9년) 6월 4일, 현무문玄武門에서 이건성과 이원길을 살해하였는데, 역사에서 이 사건을 '현무문의 변變'이라고 부른다. 뒤이어 태자로 책봉되었다. 8월, 고조가 선위禪位하여, 이세민이 동궁의 현덕전顯德殿에서 황제로 즉위하였다. 이듬해, 연호를 정관貞觀으로 고쳤다.

돌궐은 중국의 통일을 원하지 않아서, 비록 당나라에서 여러 차례에 걸쳐 상을 내렸으나 여전히 끊임없이 중국을 침략하였다. 이세민이 즉위한 초기에, 돌궐은 다시 10여만 명의 병사를 동원하여 경주涇州를 위협하고, 그 주력군은 곧장 장안성 북쪽의 위수渭水의 변교便橋까지 쳐들어왔다. 이세민은 "즉위한 지 오래지 않아 나라가 안정되지 않고 백성들이 부유하지 못하다"는 이유로, 시중侍中(문하성의 우두머리) 고사렴高士廉, 중서령中書令(중서성의 우두머리) 방현령房玄齡 등과 함께 6기騎로 지름길로 해서 위수가로 가서, 강 건너편의 돌궐족에게 맹약을 어긴 행위를 힐난하였다. 얼마 있다가 당군이 계속 당도하였는데, 정기旌旗와 병기가 들판을 뒤덮었으며 군용軍容이 매우 엄격하여 돌궐이 크게 놀랐다. 셋째 날, 이세민이 장안성 서쪽의 변교에 주둔하고 있는 돌궐족에게 황금과 비단을 선물로 주고 백마를 베어 힐리頡利 칸과 맹약을 맺었으며, 돌궐은 수많은 남녀들을 포로로 잡아 물러갔다. 역사에서는 이 사건을 '위수渭水의 치욕'이라고 부른다.

위수에서 맹약을 맺은 후 어떤 사람이 사이四夷(사방 이민족)를 정벌하여 당나라의 위무威武를 떨쳐야 한다고 건의하였다. 이때 대신 위징魏徵이 주장하였다.

"전쟁을 중지하고 문치文治를 하면 중국이 안정되고 사이四夷가 스스로 복종할 것이다."

이세민은 위징의 의견을 받아들여 국내 문제에 손을 대어 부국강병을 위해 온 힘을 기울였다. 그 결과 불과 4년 만에 유랑하며 흩어진 사람들이 모두 고향으로 돌아오고 쌀 한 말 가격이 3,4전에 불과하게 되었다. 동으로는 바다에 이르기까지, 남으로는 오령五嶺에 이르기까지 모두 밤에도 문을 걸지 않고, 길 떠나는 사람이 식량을 지니고 다니지 않게 되었다. 이때가 바로 중국 봉건 사회의 흥성 시기로서, 역사에서는 이를 '정관貞觀의 치治'라고 부른다. 이세민이 성공하게 된 기본 원인은 다음과 같다.

첫째, 민심을 따랐다.

이세민은 수 왕조가 매우 빠르게 멸망하는 것을 목도하고, "물은 배를 띄울 수도 있지만 배를 뒤엎을 수도 있다"는 이치를 깊이 깨달았다. 아울러 수나라의 멸망에 대하여 매우 깊이 있는 결론을 내리고 이렇게 말하였다.

"황제는 나라에 의지하고, 나라는 백성에 의지한다. 백성을 착취하여 황제를 섬기는 것은 마치 제 살을 베어서 배를 채우는 것과 같은 이치인데, 배는 비록 부르지만 몸은 죽게 되며, 황제는 부유하지만 나라는 망하게 된다."

수나라의 멸망을 교훈으로 삼아 그는 매번 조회 때마다 말 한 마디를 하는데도 심사숙고하지 않은 적이 없었는데, 백성들에게 해가 될 것을 염려하여 말을 적게 한 것이다.

이세민은 민심의 중요성을 알았을 뿐만 아니라 또 백성의 고통도 알고 있었다. 그는 백성들에게 동정심을 가졌으며, 자주 이런 말을 하였다.

"짐은 열여덟 살까지 민간에서 살았기 때문에, 백성들의 고통에 대해 모든 허실을 다 알고 있다."

628년(정관 2년), 경기 부근에 메뚜기 떼의 재해가 있었는데, 그는 몇 마리를 주어 삼키면서 이렇게 말하였다.

"백성은 곡식을 목숨처럼 여기는데 너희들이 그걸 먹으니, 차라리 나의 폐장肺臟이나 먹어라."

이 광경을 보고 좌우에서 황급히 말렸다.

"나쁜 벌레라서 병에 걸릴 수도 있습니다."

"짐이 백성을 위하다 재난을 당했는데, 무슨 병인들 피하겠는가."

이세민은 대답하면서 마침내 삼켜버렸다.

이처럼 백성들을 생각하는 마음이 지극했던 이세민은 민심을 얻기 위해 수많은 구체적인 조치를 취하였다.

첫째로, 요역과 부세를 경감시키고, 균전제均田制·조용조법租庸調法과 부병府兵 제도를 계속해서 시행하였다. 이 목적을 달성하기 위해서 검박한 기풍을 제창하였다. 즉위 초기에 이렇게 날카롭게 지적한 적이 있다.

"황제의 불행은 외부에서 오는 것이 아니라 항상 자기한테서 나오는 것이다. 대체로 화려하게 차리려고 하면 지출이 많아지고, 지출이 많아지면 부세가 과중하게 되고, 부세가 과중하면 백성들이 걱정을 하게 되고, 백성들이 걱정을 하면 나라가 위험에 처하고, 나라가 위험에 처하면 황제가 나라를 잃게 된다. 짐은 항상 이 이치를 생각하기 때문에 감히 내 마음대로 하지 못한다."

일찍이 낙양으로 쳐들어갔을 때 수나라의 궁전을 보고 단문루端門樓를 철거하고 건양전乾陽殿을 불태우며, 칙천문則天門을 허물고 모든 사찰을 폐쇄하라고 명령하였다. 낙양성 안에 있는 승려와 비구니 중에서 명망과 도덕을 갖춘 자를 각각 30명씩 남겨 놓고 나머지는 전부 돌려보냈다. 즉위 후에는 여러 차례에 걸쳐 궁녀 3천 명을 추려 내보냈으며, 고조가 어린아이까지 모두 왕으로 삼은 폐단을 날카롭게 지적하였다.

"어찌 백성들을 수고롭게 하여 자기의 종친을 먹여 살릴 수 있겠는가."

마침내 종실의 군왕郡王을 현공縣公으로 강등시키고, 또 공물을 바치는 관행을 없앤다는 조서를 내렸다. 신라新羅에서 미녀 2명을 보내 임읍林邑

국에서 오색앵무새를 보냈을 때에도 사신들에게 도로 가지고 돌아가도록 하였다. 637년(정관 11년), 자손들이 관습에 따라 사치하고 낭비할 것을 우려하여 미리 능묘를 만들고 산으로 능陵을 삼아서 관을 수용하는 정도로 그쳤다. 재위 기간에 주州·현縣을 정리해서 구획하였고, 정부의 기구를 정예로 간소화시켰으며, 관원을 줄이고, 비용을 절약하였다.

즉위한 지 얼마 안 되어 돌궐이 변경을 침공하였을 때, 관원들은 옛 장성을 수축하자고 건의하였다. 이세민은 이를 허락하지 않았다.

"어찌 백성들을 수고롭게 먼 곳까지 보내서 방어성을 쌓게 하겠는가?"

또 후에는 이렇게 말하였다.

"수 양제는 백성들을 수고롭게 해서 장성을 쌓아 돌궐을 막으려고 하였으나 결국은 아무런 효력도 보지 못하였다."

둘째로, 율령律令이 관대하였다. 627년(정관 원년), 이부상서 장손무기長孫無忌 등은 교수형 50조를 오른발을 자르는 것으로 관대하게 고쳤으나, 이세민이 이것도 잔혹하다고 꺼려서 마침내 부역형이나 유배형으로 고쳤다. 637년(정관 11년), 방현령에게 율령을 수정修定하도록 명을 내렸다. 중한 형벌을 가벼운 형벌로 고쳤는데, 사형만 하더라도 절반 이상을 삭제하게 하여 온 나라 백성들의 칭찬을 받았다.

형벌을 내리는데 신중하였다. 중죄인을 판결할 때에는 반드시 세 번 대답하고 다섯 번 아뢰도록 하였다. 사형수에 대해서는 더욱 신중하여 이틀 동안 다섯 번을 대답하고 아뢰도록 했으며, 여러 주州로 보내는 죄

수도 세 번 대답하고 아뢰어야 했다. 형을 집행하는 날에는 죄수에게 먹을 것을 주되 술과 고기는 주지 못하며, 내교방內教坊과 태상太常은 음악을 연주하지 못하고 모두 형을 집행하는 곳에 와 있어야 했다. 이로 인해 생활을 보장받은 자가 매우 많았고, 억울한 안건이 비교적 적었다. 그는 또한 몸소 사형 안건을 심리하였다. 632년(정관 6년) 12월, 사형 안건을 심리할 때 사형 당해야 할 죄수를 보고 불쌍히 여겨, 전국의 사형수 3백90명에게 귀가해서 부모처자들을 만나보고 내년 가을에 장안으로 돌아와서 사형을 받으라고 명하였다. 그런데 이듬해(633년) 9월, 감시하는 사람이 아무도 없었으나, 한 사람도 도망가거나 숨지 않고 전부 기약한 대로 장안에 돌아왔는데, 이세민은 그들을 모두 사면하였다.

둘째, 현명하고 능력 있는 사람을 등용하였다.

현명하고 능력 있는 사람을 등용한 것은 그가 성공할 수 있었던 근본적인 조건이라고 할 수 있다.

분열된 중국을 통일한 수 문제 양견(541~604)

수나라 문제 양견楊堅(541~604)은 자신이 서무를 전담하고 다른 신하들에게 맡기지 않았으며 한 사람의 지혜로 천하의 일을 결정하였다. 그러나 이세민은 전국에서 현명하고 재능 있는 사람을 선발하여 그들을 관리로 등용해서 천하의 일을 생각하게 하였다. 특히 인재를 중시하여 이런 말을 하였다.

"수백만 꿰미의 돈을 얻는 것이 어찌 착하고 재능이 있는 사람 한 명을 얻는 것만 하겠는가."

일찍이 장안으로 진군할 때 널리 호걸과 준재를 거두고 방현령을 모사로 등용하였다. 645년(정관 19년), 용문龍門 사람 설인귀薛仁貴(614~683)를 얻었을 때 다음과 같이 말하였다.

"짐은 요동을 얻은 것이 기쁜 것이 아니라 경을 얻은 것이 기쁘다."

게다가 그는 사람을 선택하는데 매우 신중하였으며, 이런 신조를 피력하였다.

"관리를 삼기 위해 인재를 선발할 때 경솔하게 해서는 안 된다. 한 사람의 군자를 등용하면 군자가 모두 모여들며, 소인을 등용하면 소인들이 다투어서 모여든다."

그가 인재를 등용하는 주요 원칙은 이러하다.

"오직 인재만을 등용한다."

"사당私黨을 만들지 않는다."

인재를 등용하는데 한 가지 격식에만 국한하지 않았다. 위징은 이건성의 심복으로서 이세민을 모해謀害하려고 기도한 장본인이었으나 재능이 출중하고 성격이 강직하였다. 현무문의 변이 있은 후, 이세민은 여러 사람 앞에서 그의 죄상을 선포하고 난 후 즉시 그를 중용하였다. 이세민이 황후의 오빠인 장손무기를 재상으로 등용할 당시였다. 외척이 권력을 장악하는 것은 역대로 금기시하였고 또 결말이 대부분 좋지 않았기 때문에 황후는 이렇게 완강한 요청을 하였다.

"진실로 제 오라버니가 또다시 국정을 집행하는 것을 원하지 않습니다."

장손무기도 사양하였다.

"천하 사람들이 폐하께서 사당을 만든다고 말할 것이 두렵습니다."

그러자 이세민은 다음과 같이 대답하였다.

"나는 인재를 선발하는데 재능이 있는 자라면 누구나 등용한다. 만일 인재가 아니면 비록 육친이라도 등용하지 않는데, 양읍왕襄邑王 이신부李神符(?~651, 이세민의 숙부)가 그 실례이다. 만일 인재인 경우에는 비록 원수라도 버리지 않는데, 위징 등이 그 실례이다. 오늘 그대를 등용하는 것은 사당을 만드는 것이 아니다."

631년(정관 5년), 이세민은 백관들에게 정치의 득실을 담론하게 하였다. 중랑장 상하常何는 20여 가지 사례를 들어 조목조목 진술하였는데 말한 바가 모두 당시 정치의 중요 사항이었다. 상하는 무관이라서 경학에 정통한 사람이 아니었으므로 이세민이 이를 이상하게 여기고 물었다. 상하가 대답하였다.

"이것은 제가 할 수 있는 것이 아니고, 저희 집 손님 마주馬周(601~618)가 저에게 말한 것입니다."

이세민은 즉시 그를 불러다 만나보았는데, 그와 이야기를 해 보니 확실히 평범치 않은 인물이라 대단히 기뻐하고 그를 감찰어사監察御史(그는 후에 벼슬이 중서령中書令에 이름)로 명하였으며, 아울러 상하가 인재를 얻게 해 주었으므로 그에게 비단 3백 통을 하사하였다. 마주는 재임 기간 동안에 여러 차례에 걸쳐 상소를 올려, 수나라를 거울로 삼아 부세와 요역을 경감시키고 검박한 기풍을 제창할 것이며, 세봉제世封制를 시행하지 말 것과 장안성 한복판에 가고街鼓(성안에서 밤에 위급함을 알리는 북) 제도를 시행해야 한다고 건의하여 모두 이세민의 칭찬을 받았다.

한번은 오래 전부터 진왕부秦王府에서 근무해왔던 한 관원이 승진하지 못하여 불만을 표시한 일이 있었다. 이세민이 현령에게 말하였다.

"왕은 지공무사至公無私하기 때문에 천하 사람들의 마음을 복종시킬 수 있다. 짐과 경들이 매일 입고 먹는 것은 모두 백성들에게서 가져오는 것이다. 그러므로 관직을 설치하고 직무를 나누는 것은 모두 백성을 위하기 때문이니, 마땅히 현명한 인재를 선발 등용해야 하는데, 어찌 신구로써 선후를 삼을 수 있겠는가?"

이처럼 이세민은 사람들이 지닌 장점에 따라 등용하면서, 상령上令 봉덕이封德彝의 "오늘날에는 기재奇才가 없다"라는 말에 대해 다음과 같이 지적하였다.

"군자는 그릇을 쓰듯 사람을 써야 하며, 각자의 장점을 취해야 한다."

후에 다시 이렇게 강조하였다.

"남에게 완전무결하기를 강요하지 말아야 하며, 그의 단점을 버리고 장점을 취해야 한다."

그가 찾아 모은 인재 중에는 지혜롭고 모략에 능한 방현령이 있는가 하면, 임기응변과 즉석 판단력이 뛰어난 두여회杜如晦가 있으며, 또 간쟁을 자기의 책임으로 삼은 위징, 악을 징계하고 선을 장려한 왕규王珪, 문무를 겸비한 이정李靖, 번잡한 일을 민첩하게 잘 처리한 대주戴冑(?~633)가 있었다.

그는 등용한 사람에 대해 의심을 품지 않았다. 어떤 사람이 노여움을 드러내는 방법을 써서 신하들이 정직한가 아니면 아첨하는가를 재보자고 건의하였다. 이에 대해 이세민은 이러한 말로 거절하였다.

"짐은 바야흐로 지성至誠으로 천하를 다스리고 있으며, 전대의 제왕들이 농간과 잔꾀를 부려서 자기의 신하를 대한 것을 알고서는 항상 부끄럽게 생각하였다."

광록대부光祿大夫 소우蕭瑀는 성격이 강직해서 여러 사람과 등져 고립되었으나 이세민의 지지를 얻었는데, 이세민은 다음과 같은 시를 하사하여 그를 격려하였다.

> 거센 바람이 불어야 강인한 풀을 알 수 있고,
> 나라가 어지러워야 참된 신하를 알 수 있다.
> 질풍지경초 판탕식성신
> 疾風知勁草, 版蕩識誠臣.

645년(정관 19년), 이세민이 출정하는 날에 어떤 사람이 수도를 수비하는 방현령을 고발하였다. 이세민은 고발한 자를 잡아다가 즉시 목을 치게 하고, 아울러 방현령에게는 이렇게 당부하였다.

"또 이와 같은 자가 있으면 단독으로 처리해도 좋다."

현신을 가까이 하고 소인을 멀리하였다. 항상 침실의 병풍에다 도독과 자사의 이름을 써 붙여 놓고, 관직에 있으면서 그들이 행한 선행과 악행을 이름 아래에 적어서 앉아서나 누어서 수시로 볼 수 있게 하였으며, 이를 승진과 강등의 자료로 삼았다. 여러 차례나 위징을 침실로 불러서 정치의 득실을 묻기도 하였다. 첨사詹事 이적李積이 갑자기 병에 걸렸을 때, "수염을 태운 재로 치료할 수 있다"고 하는 민간 처방을 따라, 즉시 자기 수염을 잘라서 그에게 약으로 쓰도록 하였다. 이적이 눈물을 흘리면서 피가 나도록 머리를 조아리며 감사의 뜻을 표하자, 이세민이 말하였다.

"경을 위한 것이 아니라 사직社稷(나라를 세울 때 천자가 제사지내는 토지신과 곡신이라는 뜻으로 나라 또는 조정을 이르는 말)을 위한 것인데 무엇을 고마워하는가."

또 우위右衛대장군 이사마李思摩가 화살에 맞았을 때, 이세민은 친히 상처에 입을 대고 피를 빨았는데, 장수와 병사들이 이 소식을 듣고 감동하지 않은 자가 없었다. 이세민은 사소한 일을 처리하는 데도 매우 조심하였다. 633년(정관 7년), 여러 신하들과 사이四夷의 군장君長들을 현무문에 초청하였다. 연회석상에서 이세민의 공덕을 노래한 「칠덕무七德舞」가

상연되었는데, 이것을 보고 태상경太常卿 소우가 건의하였다.

"칠덕무는 성상의 공덕을 노래한 것이나 미진한 점이 있으니 유무주, 설인고, 두건덕, 왕세충 등을 사로잡은 내용을 추가하는 것이 좋겠습니다."

조정의 적지 않은 관원이 원래 유무주 등의 부하였으므로 이세민은 허락하지 않고 말했다.

"만약 자기의 옛 주인의 굴욕적인 형상을 보게 된다면 어찌 속이 상하지 않겠는가."

643년(정관 17년), 공신 24명의 초상화를 그려 장안의 능연각凌煙閣에 걸게 하였다.

간신과 아첨하는 무리에 대해서는 매우 분명한 표준을 가지고 있었다. 이런 말을 한 적이 있다.

"황제는 오직 하나의 마음만 있지만, 이를 공격하는 사람은 매우 많다. 그들은 용기로, 혹은 말재간으로, 혹은 아첨으로, 혹은 간사한 수단으로, 혹은 향락으로, 집중적으로 공격하며 제각기 꾀를 부려 총애와 녹봉을 추구한다. 황제가 조금만 느슨하게 해서 그 중 한 사람의 요구만 들어준다면 곧 생사존망의 위험이 뒤따르게 될 것이다."

이세민이 일찍이 한 나무 아래에 멈추어서 그 나무를 칭찬하였더니, 전중감殿中監 우문사급宇文士及(?~642)이 기회를 놓칠세라 입에 침이 마르도록 칭찬하였다. 그러자 이세민이 정색을 하며 말하였다.

"위징이 항상 나에게 아첨꾼을 멀리하라고 권고하였지만, 나는 아첨꾼이 누구인지 몰라서 그대가 아닌가 하고 의심하였었는데 오늘 보니 과연 틀림이 없도다."

645년(정관 19년), 이세민이 요동에서 돌아오는 길에 역주易州의 경계를 지나게 되었는데, 사마 진원숙陳元璹이 백성을 동원해서 지하실에 불을 피워 채소를 길러서 바쳤다. 이세민은 그의 아첨을 미워해서 그를 파면시켰다.

셋째, 물 흐르듯이 간언을 받아들였다.

이세민은 자신을 아는 지혜를 가지고 있었다. 즉위 초기에 사람들에게 이렇게 말한 적이 있다.

"짐은 어려서 활쏘기를 좋아해서 좋은 활 십여 개를 가지고 있었는데, 내 스스로 이보다 더 좋은 활은 없으리라고 말해 왔다. 그런데 근래에 한 궁인弓人에게 보였는데, 그는 그것들이 모두 좋은 재목이 아니라는 것이었다. 그에게 그 까닭을 물으니, 목심木心이 바르지 못하면 나뭇결이 다 뒤틀리게 되어 활이 강하더라도 쏜 화살이 곧게 날아가지 못한다는 것이다. 짐은 그때서야 비로소 이전에 분별한 것이 정확하지 못하다는 것을 알게 되었다. 짐은 활과 화살로 전국을 통일했어도 이에 대해 아는 것이 미진했는데 하물며 천하의 일을 어떻게 다 알 수 있겠는가."

수나라의 군신들이 황제가 무서워 벌벌 떨면서 지령을 집행할 줄만 알지 다른 견해를 제출하지 못하는 폐단을 교훈으로 삼아 수도에 있는

오품 이상의 관원들에게 중서내성中書內省에서 숙직을 서게 하였고, 여러 차례 관원들을 데려다 민간의 질고를 묻거나 정사의 득실을 담론하였다. 또 전국의 이름 있는 학자들을 선발하여 궁내의 학사를 겸임시키고 번갈아 숙직을 서게 하였으며 때로는 조회가 끝난 다음 그들을 내전에 청하여 해가 질 때까지 정사를 상의하였다. 관리들의 상소를 모두 집안의 벽에 붙여 놓고 수시로 보면서 치국의 방도를 사색하면서 밤이 깊어서야 자리에 누었다.

역대로 황제에게 순종하는 신하는 많았으나 황제의 체면을 보아주지 않고 바른 말을 하는 신하는 적었다.

그러나 이세민은 간언을 올리도록 고무격려하고 자주 후한 상을 주었다. 위징은 유명한 간신諫臣으로서 그는 황제의 안면과 기색을 보지 않고 감히 바른 말로 간언을 올렸다. 628년(정관 2년), 본래 이세민은 남산에 순행하고자 모든 준비를 다 해 놓고도 가지 않았다. 위징이 여쭈었다.

"무슨 까닭입니까?"

이세민이 웃으면서 대답하였다.

"경이 노여워할까 두려워서요."

한 번은 이세민이 좋은 새매 한마디를 얻어 어깨 위에 올려놓고 놀다가 위징이 오니 품안에 감추었는데 위징과 많은 일을 상의하는 사이에 새매가 그만 품안에서 죽어 버렸다. 632년(정관 6년), 이세민은 위징이 직언극간直言極諫하는 바람에 조회를 끝내고 궁에 돌아와 위징을 죽이겠다고 날뛰면서 "위징은 조회 때마다 나를 모욕한다"며 대로하였다. 이 광경을 보고 황후가 축하를 하였다.

"황제가 현명하면 신하가 바른 말을 한다고 하신 폐하의 말씀을 첩이 들은 적이 있사오니 지금 위징이 바른 말로 간언을 올릴 수 있는 것은 폐하의 현명하심 때문인가 봅니다."

그러자 이세민의 노여움은 기쁨으로 변하였다. 이 일이 있은 후 위징도 이렇게 진언하였다.

"만약 폐하께서 받아드리지 않으면 신이 어찌 여러 차례나 황상의 기색을 보지 않고 감히 간언을 올릴 수가 있겠습니까?"

643년(정관 17년), 위징이 병석에 누었을 때 이세민은 사람을 보내 병문안을 하였고 약을 지어 보냈으며 또 중랑장 이안엄李安儼을 보내 병시중을 들면서 병세를 시시각각 알리게 하였으며 후에는 태자와 함께 위징의 병 문안을 갔었다. 위징이 사망한 뒤 구품 이상의 관원들을 모두 장례에 참가하게 하고 자기는 동산 서쪽 누각에 올라가 눈물을 흘리면서 슬피 울었으며 몸소 비문을 지어 써 주었다. 이세민은 시신侍臣에게 이런 말을 하면서 그를 그리워하였다.

"사람은 구리를 거울로 삼아야 의관을 바로 할 수 있고, 역사를 거울로 삼아야 흥망성쇠를 볼 수 있으며, 사람을 거울로 삼아야 득실을 알 수 있다. 위징이 죽었으니 짐은 거울을 하나 잃었다."

이세민이 이러하였기 때문에 여러 현신들은 모두 아는 것은 다 말하고 할 말은 모두 남김없이 하였다. 민부상서民部尙書 배구裴矩(?~627)는 본래 수나라의 영신寧臣이었지만 후에는 겉으로만이 아니라 진심으로 당나라에 복종하였다. 사마광司馬光은 그를 이렇게 평하였다.

"배구가 수나라의 영신이었으나 후에 당나라의 충신이 된 것은 그의 성질에 변화가 생긴 것이 아니다. 황제가 그의 잘못을 나쁘게 여기면 충성이 간사한 것으로 되고, 황제가 직언 권간을 즐겁게 들으면 간사한 것이 충성으로 된다."

정관 시기에 황제와 신하가 마치 한 사람처럼 아주 잘 융합되어 한 세대의 새로운 기풍을 수립하였다.

넷째, 안무安撫에 치중하였다.

626년(무덕 9년), 도적을 방비하는 문제를 토의할 때 어느 사람은 엄벌해야만 도적을 금할 수 있다고 주장하였으나 이세민은 그 의견에 동의하지 않았다.

"백성들 가운데 도적이 생기는 것은 부역이 과중하고 관리들이 탐욕이 많기 때문이며, 그들의 도적질은 굶주림과 추위에 시달려 염치를 불고하고 행하는 짓이다. 그렇기 때문에 짐은 으레 사치를 금하고 비용을 아껴 쓰며 요역과 부세를 경감하고 청렴한 관원을 등용하여 백성들이 의식에 여유가 있게 해서 그들로 하여금 다시는 훔치는 일이 없도록 해야 할 것이다. 어찌 엄벌에 처할 수 있겠는가!"

12월, 익도益都 대도독 두궤竇軌(?~630)는 요獠(중국 서남 지역의 소수민족)

가 반역을 꾀하자 군사를 동원하여 토벌하자고 청원하였다. 이세민은 이렇게 말하면서 토벌에 동의하지 않았다.

"요는 산을 의지해 사는 민족으로서 때로 좀도적질을 하는 것은 그들의 상습이다. 가령 도독이 은혜를 베풀어 그들을 위한다면 자연히 순종할 것인데 어찌 경솔하게 창칼을 쓰겠는가. 그들을 토벌함은 짐승과 같으니 어찌 백성의 부모로서의 뜻이라 할 수 있겠는가."

이웃 나라에 대한 태도도 신중하였으며 경솔하게 전쟁으로써 문제를 해결하지 않고 죄를 지을 때까지 기다려서 토벌한다는 원칙을 견지하였다. 전쟁 후에는 또 안무 정책을 실행하였다.

돌궐은 여러 차례 맹약을 어기고 당나라 변경을 침범하여 곡식을 짓밟고 자녀를 빼앗으며 재물을 빼앗아갔다. 630년(정관 4년) 3월, 힐리 칸을 생포하자 그의 부락민은 북쪽의 설연타薛延陀에게 넘어가거나 서역으로 도망치고 10여만 명이 당나라에 항복하였는데, 이로써 막남漠南 지방을 전부 평정하였다. 4월, 사람을 파견하여 돌궐인과 한인들의 시체를 파묻게 하였으며, 항복해 온 백성들을 변방에 편히 살게 하고 그들에게 전부 자기들 고유의 풍속을 따르게 하였다. 또 돌궐의 귀족들을 발탁하여 조정의 관직에 등용하였으며 힐리 칸을 우위대장군에 임명하여 많은 전답과 주택을 하사하였다. 634년(정관 8년), 힐리 칸이 세상을 떠났을 때 그들의 풍속에 따라 시체를 화장하고 장례를 지내도록 하였다.

돌궐이 망한 후 북방 각 민족의 군장君長들이 장안에 찾아와 이세민을 천칸天可汗(하늘이 책봉한 군주라는 뜻)으로 모셨다. 돌궐 문제를 잘 처리하였기 때문에 그 영향이 날로 커져서 여러 민족이 분분히 찾아와 당나라에 붙게 해 달라고 청원하였다. 해마다 조정에 찾아와 축하를 올리는 사람이 수백, 수천 명에 달하여 길을 덮었다. 같은 해 11월, 토번吐蕃(지금의 서장)의 찬보기종贊普棄宗 롱찬弄贊이 사신을 파견하여 공물을 바치고 청혼하였기 때문에 이세민은 사신 풍덕하馮德遐를 보내서 위문하였다. 640년(정관 14년) 10월, 토번의 찬보가 그의 재상 녹동찬祿東贊을 파견하여 황금 5천 냥과 진귀한 물건 수백 가지를 바치면서 청혼하자, 이세민은 친족의 딸 문성文成(?~680) 공주를 찬보의 배우자로 허락하였다. 이듬해(641년) 정월, 예부상서 이도종李道宗에게 문성 공주를 토번까지 배행하게 하였다.

당나라가 건립된 후 토곡혼吐谷渾은 여러 차례나 당나라의 변경을 침범하였고 또 당나라의 사신을 붙잡아 간 일이 있었다. 이세민이 사신을 파견하여 그런 일들이 발생하지 않도록 해 달라고 여러 차례 권고하였으나 십중팔구는 효과가 없었다. 635년(정관 9년) 5월, 토곡혼이 싸움에 대패하자, 칸 복윤伏允(?~635)은 그의 측근들에 의해 살해당하였다. 고창왕高昌王 국문태麴文泰는 서역 나라들이 당나라에 공물을 바치는 것을 누차에 걸쳐 방해하였고 또 언기焉耆, 이오伊吾를 공격하였다 이세민은 서한을 보내어 이해관계를 설명하면서 그에게 잘못을 뉘우치라고 권고하였으나 국문태는 아랑곳하지 않았다. 640년(정관 14년) 8월, 당나라 군사가 적구磧口(지금의 신강자치구 합밀현哈密縣 동남쪽에 있음)에 이르렀을 때 국문태는 두려워서 어찌할 바를 모르다 병이 들어 죽고 말았으며 그의 아들 국지성麴智盛이 대를 이은 후 성문을 열고 투항하여 당나라에서는 교하성交河城(지금의 토로번吐魯番에 있음)에 안서도호부安西都護部 를 설치하였다. 이리하여 당나라의 영토는 동으로는 바다에 잇대고, 서쪽으로는 언기에 이르렀고, 남쪽으로는 임읍 끝까지, 북으로는 대막에 이르러 전국에 3백58주, 1천5백11현을 설치하게 되었으며, 국토의 길이는 동서 9천5백10리, 남북 1만 9백18리가 되었다.

이세민의 민족 정책은 대단히 성공적이었다. 그가 세상을 떠났을 때 장안에 있던 수백 명의 이민족들은 머리카락을 자르거나, 얼굴을 칼로 긋거나, 귀를 자르거나 하여 피를 흘리고 통곡하였으며 자기를 죽여 순장할 것을 청원하는 사람도 있었다. 토번의 송찬간포松贊干布(617~650)는 서한을 보내 천자가 갓 즉위하였으므로 충성하지 않는 신하가 있으면 군사를 보내 토벌하겠다고 결심을 표시하였다.

다섯째, 포상과 처벌이 엄격하고 공정하였다.

낙양을 점령한 후 귀비가 이세민에게 사사로이 보물을 달라고 청하였으나 주지 않았으며 자기의 친척에게 벼슬자리를 달라는 요구도 들어주지 않았다. 장첩여張婕妤는 고조의 칙명을 손에 들고 봉지로 준 자기의 부친의 땅을 돌려 달라고 이세민에게 청원하였으나 역시 거절당하였기 때문에 여러 비빈들이 이건성을 올려 받들고 이세민을 헐뜯고 비방하여 하마터면 피살당할 뻔하였다.

즉위한 후에는 다음과 같은 원칙에 정해 상과 벌을 옳게 처리하였다.

"나라의 법률을 지켜 나가자면 오직 포상과 처벌에 의해야 한다."

"친척과 옛 친구의 잘못을 감싸주지 않는다."

626년(무덕 9년), 회안왕淮安王 이신통李神通이 공을 다투어 이렇게 말하였다.

"저는 관서에서 병사를 이끌고 맨 처음으로 거사에 호응하여 나섰으나 지금 방현령, 두여회 등은 권력을 독점하며 공로가 저보다 높으니 신은 마음속으로 승복할 수 없소이다."

이세민이 대답하였다.

"숙부는 비록 맨 먼저 병사를 이끌고 거사에 참여하였으나 그것은 제 살길을 찾아 화를 피하자는 것이었지요. 두건덕이 산동을 점령했을 때 숙부의 군사는 전멸 당했으며 유흑달劉黑闥이 패잔병을 긁어모아 다시 일어섰을 때 숙부는 소문만 듣고도 겁이 나서 북쪽으로 도망갔지요. 방현령 등은 면밀한 전략전술로써 나라를 지켰으니 논공행상에 있어서 마땅히 숙부의 직위 위에 있어야 하오이다."

이 말을 듣고 모두 기꺼이 수긍하였다.

629년(정관 3년), 복주濮州 자사 방상수龐相壽는 탐오로 인해 해임 당한 후 자기는 일찍 진왕秦王의 막부에서 직무를 맡아본 적이 있었다고 말하였다. 이세민이 그에게 훈계하였다.

"내가 이전에는 진왕으로서 한 부府의 주主였으나 지금은 천하의 주가 되었으니 옛 친구를 사사로이 돌봐줄 수 없노라. 신하들이 다 이렇게 법을 집행하였는데 짐이 어찌 어길 수 있겠는가."

이 말을 듣고 방상수도 눈물을 흘리면서 물러섰다.

635년(정관 9년), 민주岷州 도독·염택도행군鹽澤道行軍 총관 고증생高甑生은 군사 출발 일자를 어겼으며, 또 이정李靖이 반역을 꾀한다고 모함하여 귀양을 갔다. 어떤 사람이 그를 위해 이렇게 청원하였다.

"고증생은 진부秦府의 공신이므로 죄를 너그럽게 처리하여 주옵소서."

이세민이 반문하였다.

"고증생은 이정 절도사의 명령을 어기고 또 그가 모반한다고 모함하였는데 이를 너그럽게 처리한다면 장차 법률을 어떻게 집행할 것인가! 진양에서 반기를 들어 국가를 창립하기까지 많은 공신들이 있었는데 만약 고증생이 사면을 받는다면 다른 사람이 법을 위반한 경우에는 어떻게 처리할 것인가!"

그의 다섯째 아들 제왕齊王 이우李祐는 경망스럽고 하찮은 인간들과 가까이 지내곤 하여 이세민이 여러 차례나 서한으로 책망하였다. 이에 불만을 품은 이우는 643년(정관 17년) 3월, 반란을 획책하였다가 발각되어 자진하라는 명을 받았다. 태자 이승건李承乾은 여색과 가무를 좋아하고 사냥을 즐겼으며 또 거짓말을 잘 하였고 이세민의 동생 한왕漢王 이원창李元昌도 불법행위를 많이 하여 이세민이 여러 번이나 그들을 타이르고 책망하였다. 동년 4월, 태자와 이원창이 모반하였는데, 일이 사전에 발각되어 태자는 폐립되고 이원창은 집에서 자진하게 하였다.

실제적인 것을 더 추구함이 그의 장점의 하나였다. 일찍이 방현령에게 물었다.

"전세의 사관들이 쓴 글을 황제에게 보이지 않은 것은 무슨 연고인가?"

방현령이 대답하였다.

"사람들은 실속 없이 겉치레만 하는 글, 나쁜 것을 감추는 글을 쓰지 않으므로 만약 황제가 보신다면 반드시 대로하실 터이므로 감히 올려 바치지 못하는 것입니다."

이세민이 말하였다.

"짐의 마음은 전대와 다르다."

그러고는 국사國史를 읽어볼 의향을 보였다. 이에 방현령은 글을 삭제한 다음 또 현무문의 변에 대하여서는 대부분 말을 은미하게 표현하였다. 이세민은 내용 없는 말들을 지워 버리고 사실 그대로 쓰라고 명하였다. 또 저작좌랑著作佐郞 등세륭鄧世隆이 표를 올려 이세민의 문장을 모아 편찬할 것을 청원하니 이세민이 윤허하지 않으면서 이렇게 말하였다.

"짐의 문장과 명령이 백성에게 유익한 것이면 다 역사에 적어 영원히 전해지게 할 가치가 있다. 그러나 만약 무익한 것이라면 그것을 모아 편찬해서 무슨 소용이 있겠는가?"

이세민은 상서로운 조짐을 믿지 않았다. 흰 까치 한 마리가 침전 옆의 회나무에 둥지를 틀고 까악까악 하고 우는소리가 마치 요고腰鼓(허리에 차고 양쪽을 두드리는 원통형의 북) 소리와도 같아 좌우에서는 모두 좋은 징조라고 축하를 하였다. 이세민이 말하였다.

"나는 수 양제가 상서로운 조짐을 믿는다고 하여 항상 이를 비웃었소. 착한 사람을 얻어야 좋은 징조이지 까치가 어찌 좋은 징조가 될 수 있겠는가."

그러고는 둥지를 부수고 까치를 들 밖으로 날려 보내라고 명하였다.

이세민은 정치가일 뿐만 아니라 한 시대의 명장이요 서예가였다. 어려서부터 병서를 읽고 활쏘기와 말타기를 연습하였다. 16세에 싸움에 참가해서는 의병계疑兵計(적의 눈을 속이기 위해 거짓으로 군사를 꾸미는 계책)로 안문에서 수 양제를 구원하였다. 또 진양에서 군사를 일으켰을 때는 "먼저 함양咸陽으로 쳐들어가야 천하를 호령할 수 있다"는 전략을 제출하였으며, 전투 중에서는 항상 기습전술로 승리를 하거나, 보루를 막고 기다렸다가 적군의 예봉을 꺾거나, 적의 심장으로 쳐들어가 식량 보급을 끊었다. 또 각개격파를 하거나 승세를 이용해서 추격전을 벌이곤 하였다. 그리하여 북쪽에서는 유무주를 멸망시키고, 서쪽에서는 설거를 평정하고, 동쪽에서는 두건덕, 왕세충을 생포하여 나이 24세에 천하를 평정하였다. 그는 당나라를 창건한 대공신이다.

이세민은 전쟁을 하는데 용감하였다. 수십 번의 싸움에서 늘 앞장서서 돌진하였으며, 경비병을 이끌고 적진으로 쳐들어가 여러 번이나 매우 위험한 처지에 빠졌으나 시종 태연자약하였다.

이세민은 항상 병사들에게 관심을 가졌다. 병이 난 병사를 보면 어탑御榻에 불러다 위안하였고 주·현에 보내어 치료를 받게 하였기 때문에 모두들 감동해 마지않았다. 645년(정관 19년), 요동 싸움에서 사망한 병사들의 해골을 유성柳城의 동남쪽에다 수합하고 몸소 제문을 써서 읽고 제사를 지내면서 슬프게 울었다. 병사의 부모들이 이 소식을 듣고 감탄하며 말했다.

"우리 자식이 죽었다고 천자께서 우셨는데 죽는다고 해도 무슨 원한이 있겠는가!"

그리하여 백성들도 다투어 군대에 참가하였는데 10명을 모집한다면 1백 명을 얻을 수 있었고, 1백 명을 모집한다면 1천 명을 얻을 수 있었으며 심지어 어떤 이는 스스로 군복을 지어 입고 따라 나선 자도 있었고 군대에서 받아 주지 않으면 우울한 기색을 지으면서 좋아하지 않았다.

이세민의 일생을 종합적으로 살펴보면, 뛰어난 예견성과 탁월한 식견을 갖춘 황제임에 틀림이 없다. 그러나 그의 말년에는 변화가 생겼다. 정관 초기에는 간언을 올리는 자가 없을 것을 우려하여 자주 유도하였고 간언을 즐거운 마음으로 받아드렸으나, 말기에는 그렇지 않았다. 비록 억지로 따라 준다고 하더라도 난색을 표하곤 하였다. 아랫사람을 의

심하기 시작하고 또 취미궁翠微宮과 옥화궁玉華宮 등의 화려한 궁전을 지었다. 세상을 떠나기 전에는 자기의 잘못을 참회하며 이렇게 말했다.

"내가 제위에 올라 착하지 못한 일을 많이 했으면서도 온통 비단과 주옥으로 장식하고 여러 채의 궁실과 누각을 지었으며, 개와 말, 매 등이 전국 각지에서 진상되게 하였고 전국을 순유하며 백성들에게 수고를 끼쳤으니 이런 것은 모두다 나의 잘못이오."

이세민은 또 『제범帝範』 12편(「군례君體」, 「건친建親」, 「구현求賢」, 「심관審官」, 「납간納諫」, 「거참去讒」, 「계영戒盈」, 「숭검崇儉」, 「상벌賞罰」, 「무농務農」, 「열무閱武」, 「숭문崇文」)을 써서 태자 이치李治(628~683, 훗날의 고종)에게 하사하였다.

647년(정관 21년) 3월, 중풍으로 병석에 눕게 되었다. 이듬해(648년) 우위솔부장사右衛率府長史 왕현책王玄策이 천축국을 공격한 다음 방사方士 한 명을 만났는데 불로장생약을 쓰면 병을 고칠 수 있다고 하여 이세민은 그를 믿고 약을 썼으나 효력이 없었다. 649년(정관 23년) 5월에 세상을 떠났다. 이때 그의 나이 51세였으며, 24년간 재위하였다. 8월, 소릉昭陵(지금의 섬서성 예천현禮泉縣 동북쪽 90리 밖의 구종산九嵕山에 있음)에 안장되었다.

시호는 문황제文皇帝이고, 묘호는 태종太宗이다. 이듬해(650년) 8월, 문무성황제文武聖皇帝로 시호를 고쳤다가, 754년(천보天寶 13년)에 다시 문무대성대광효황제文武大聖大廣孝皇帝로 고쳤다.

寵祿人主少懈而受其一則危亡隨之此其所以難也○上命圖畫功臣趙公長孫無忌趙郡元王孝恭萊成公杜如晦鄭文貞公魏徵梁公房玄齡申公高士廉鄂公尉遲敬德衛公李靖宋公蕭瑀褒忠壯公段志玄夔公劉弘基蔣忠公屈突通鄖節公殷開山鄖于分反譙襄公柴紹邳襄公長孫順德鄖公張亮陳公侯君集郯襄公張公謹盧公程知節永興文懿公虞世南渝襄公劉政會莒公唐儉英公李世勣胡壯公秦叔寶等於凌煙閣出本紀及

『통감절요』의 능연각 이십사공신 관련 내용

2. 이십사장 명칭의 유래와 문헌상의 기록

1) 명칭의 유래

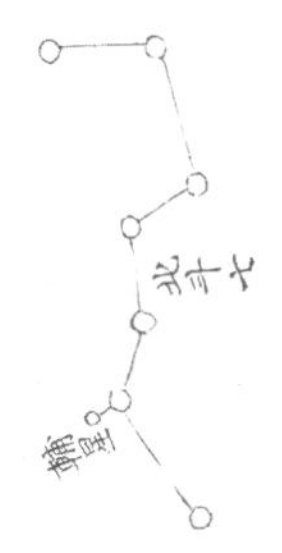

이십사장은 태원太原에서 군사를 일으킨 당국공唐國公 이연李淵을 도와 당 왕조를 건립하고, 또 현무문玄武門의 정변에서 진왕秦王 이세민李世民을 도와 그가 황제로 등극하는데 큰 공을 세운 24명의 공신을 말한다. 당 왕조를 건립하는데 가장 큰 공을 세웠고 또 '정관지치貞觀之治'라고 일컬을 정도로 나라를 부강하게 만든 당 태종 이세민은 643년(정관 17년)에 이들을 표창하기 위해서 당시 최고 화가라고 하는 염립본閻立本(?~673)에게 명해서 이들의 초상을 그리게 하여 장안長安에 있는 능연각에 안치하였다. 그래서 문헌에서는 이들을 '훈신 이십사인勳臣二十四人', '능연각공신 이십사인凌煙閣功臣二十四人'이라고 통칭한다.

염립본은 부친 염비閻毘, 형 염립덕閻立德(?~656)과 함께 공예, 건축, 회화에 뛰어난 궁정화가이다. 그가 그린 「진부십팔학사도秦府十八學士圖」와 위의 「능연각공신도」는 당시에 최고의 찬사를 받았다. 태종 이세민이 토번(지금의 티벳) 사신을 접견하는 이를 그린 그의 「보련도步輦圖」는 지금까지도 전해져 그의 회화 세계를 엿볼 수 있게 해 준다. 또 「역대제왕도」는 현재 미국 보스톤 예술박물관에 보관되어 있다. 그의 이러한 작

능연각 공신도의 일부–명대 모사본(방현령, 진숙보, 울지경덕)

품들로 미루어 볼 때 「능연각공신도」는 백화帛畵 즉 비단에다 채색으로 그린 것으로 추정할 수 있다.

'능연'에는 두 가지 의미가 있다. 하나는 '능운凌雲'과 같은 말로서 '구름 위로 올라간다'는 의미이다. 이것은 뜻이 숭고하고 기상이 높은 것을 형용하는 말이다. 또 하나는 '능연각'의 준말로 사용된다.

능연각凌煙閣은 '능연각凌烟閣'이라고도 쓰고 '능운각凌雲閣'이라고도 부른다. 이 각은 역대 왕조에서 공신을 표창하기 위해 건축한 것으로, 공신의 초상화가 그려 있는 고각高閣을 말한다. 여러 조대에 걸쳐 이 전통이 있었으나, 643년에 당 태종이 공신의 초상을 능연각에 그리게 한 일이 가장 유명하다. 그리고 능연각에 있는 공신의 초상화를 가리켜서 '능연상凌煙像'이라고 부른다. 『수호전水滸傳』 제54회에는 "공명이 아직

염립본의 보련도

능연각에 오르지는 못했으나, 이름은 먼저 취의청에 표시하노라(功名未上凌煙閣, 姓字先標聚義廳)"라는 구절이 있는데, 이로 볼 때 당시에 이미 나라에 혁혁한 공훈을 세워서 능연각에 기록되는 것이 장부의 목표였던 것으로 보인다.

여기서 한 가지 특기할 사실은, 중국의 역대 어느 문헌에도 '이십사장'이라는 말이 등장하지 않는다는 것이다. '이십팔장'의 경우는 『후한서後漢書』「마무전馬武傳」에 "영평 연간에 현종이 전대의 공신을 추념하여 남궁의 운대에 이십팔장을 그렸다(永平中, 顯宗追感前世功臣, 乃圖畫二十八將於南宮雲臺)"라고 하여 분명하게 '이십팔장'이라는 말을 명시하고 있다. 그런데 어째서 능연각의 이십사 공신은 '이십사장'이라는 말을 쓰지 않은 것인가?

염립본의 직공도

필자의 소견으로는 24인 중에 장수가 아닌 문관이 끼어 있기 때문이 아닌가 생각된다. 즉 장손무기, 위징, 방현령, 고사렴, 소우, 장손순덕, 장량, 우세남, 유정회, 당검 등은 모두 장수라기보다는 문관이었던 까닭에 '장수'라는 의미의 '장將'자를 쓰지 않은 것으로 생각되는 것이다.

2) 문헌상의 기록

능연각 24공신이 최초로 기록된 문헌은 아마도 당대 유숙劉肅이 지은 『대당신어大唐新語』가 아닌가 한다. 이 책 「포석褒錫」편에는 다음과 같은 기록이 있다.

> 643년(정관 17년), 태종은 태원 창의 및 진왕부의 공신인 조공 장손무기 · 하간왕 효공 · 채공 두여회 · 정공 위징 · 양공 방현령 · 신공 고사렴 · 악공 울지경덕 · 운공 장량 · 진공 후군집 · 우공 정지절 · 영흥공 우세남 · 투공 유정회 · 거공 당검 · 영공 이적 · 호공 진숙보 등 스물 네 사람의 초상화를 능연각에다 그렸는데 태종이 친히 그들을 위해 찬을 쓰고, 저수량이 능연각에 제를 썼으며, 염립본이 그렸다.

> 貞觀十七年, 太宗圖畵太源倡義及秦府功臣趙公長孫無忌 · 河間王孝恭 · 蔡公杜如晦 · 鄭公魏徵 · 梁公房玄齡 · 申公高

士廉·鄂公尉遲敬德·鄖公張亮·陳公侯君集·盧公程知節·永興公虞世南·渝公劉政會·莒公唐儉·英公李勣·胡公秦叔寶等二十四人於凌煙閣, 太宗親爲之贊, 褚遂良題閣, 閻立本畫.

여기에는 초상이 그려진 시기, 이유, 대상, 장소 등이 명시되어 있다. 또한 당 태종 자신이 직접 찬贊을 썼다는 것과, 구양순歐陽詢(557~641)·우세남虞世南·설직薛稷(649~713)과 함께 '초당사대가初唐四大家'로 불리는 서예가 저수량褚遂良이 '제각題閣'을 하였다는 것과, 당대 최고의 화가로서 '사진寫眞'에 뛰어났다고 평가되는 염립본閻立本이 초상을 그렸다는 것이 명시되어 있다.

남송 시대의 왕응린王應麟(1223~1296)은 『소학감주小學紺珠』의 「명신류하名臣類下」편에서 다음과 같이 기록해 놓고 있다.

훈신 이십사인[태종이 조칙으로 능연각에 그들의 초상을 그리게 하였다]:

장손무기[조공]·하간왕 효공·두여회[내공]·위징[정공]·방현령[양공]·울지경덕[악공]·이정[위공]·소우[송공]·단지현[포공]·유홍기[기공]·굴돌통[장공]·은개산[운공]·허소[초공, 「양경기」에는 시소로 되어 있다]·장손순덕[비공]·장량[운공]·후군집[진공]·장공근[담공]·정지절[노공]·우세남[영흥공]·유정회[투공]·당검[거공]·이적[영공]·고사렴[신공]·진숙보[호공].

○대중 초기에 이현에서 이등까지 서른 명이 이들을 이어 능연각에 그려졌다.

勳臣二十四人[太宗詔圖形凌煙閣]:

長孫無忌[趙公]·河間王孝恭·杜如晦[萊公]·魏徵[鄭公]·房玄齡[梁公]·尉遲敬德[鄂公]·李靖[衛公]·蕭瑀[宋公]·段志玄[褒公]·劉弘基[夔公]·屈突通[蔣公]·殷開山[鄖公]·許紹[譙公,「兩京記」, 柴紹]·長孫順德[邳公]·張亮[鄖公]·侯君集[陳公]·張公謹[郯公]·程知節[盧公]·虞世南[永興公]·劉政會[渝公]·唐儉[莒公]·李勣[英公]·高士廉[申公]·秦叔寶[胡公].

○大中初,李峴至李憕三十人續圖凌煙閣.

여기서는 능연각에 24인 공신 말고도, 대중大中 초기에 이현 등 30명의 초상이 더 그려졌다는 사실을 밝히고 있다. 또한 '시소' 대신에 '허소許紹'를 24공신의 한 사람으로 기록하고, 「양경기兩京記」라는 책에서는 '시소'로 되어 있다고 부연설명하였다. '허소'와 '시소' 둘 중에 누가 옳은가? 이 혼동은 아마도 두 사람 다 생전에 '초국공譙國公'에 봉해졌고, 이름이 비슷해서 발생한 것이 아닌가 생각된다. 필자가 여러 가지 문헌을 비교 검토한 결과 '시소'가 옳은 것으로 보인다. 결정적인 증거는 『구당서舊唐書』라고 할 수 있다. 『구당서』「장손무기전」에는 분명히 '시소'라고 명시해 놓고 있는 것이다.

명대의 학자 장구소張九韶도 『군서습타群書拾唾』「고금인품古今人品」편에서 다음과 같이 기록하고 있다.

능연각공신 이십사인[당태종조]:

장손무기[조공]·이효공[조군왕]·두여회[채공]·위징[정공]·방현령[양공]·고사렴[신공]·울지경덕[악공]·이정[위공]·소우[송공]·

단지현[포공] · 유홍기[기공] · 굴돌통[장공] · 은개산[운공] · 시소[초공] · 장손순덕[비공] · 장량[정공] · 후군집[진공] · 장공근[추공] · 정지절[우공] · 우세남[영흥공] · 유정회[투공] · 당검[거공] · 이세적[영공] · 진숙보[호공].

凌煙閣功臣二十四人[唐太宗朝]:

長孫無忌[趙公] · 李孝恭[趙郡王] · 杜如晦[蔡公] · 魏徵[鄭公] · 房玄齡[梁公] · 高士廉[申公] · 尉遲敬德[鄂公] · 李靖[衛公] · 蕭瑀[宋公] · 段志玄[褒公] · 劉弘基[夔公] · 屈突通[蔣公] · 殷開山[鄖公] · 柴紹[譙公] · 長孫順德[邳公] · 張亮[鄖公] · 侯君集[陳公] · 張公謹[郯公] · 程知節[盧公] · 虞世南[永興公] · 劉政會[渝公] · 唐儉[莒公] · 李世勣[英公] · 秦叔寶[胡公].

하간왕효공河間王孝恭을 여기서는 이효공李孝恭이라고 기록하고 있다. 하간왕 효공은 '하간 땅에 왕으로 봉해진 효공'이라는 의미이다. 효공은 성이 이씨로서 당의 종실이다. 당시에는 종실이기 때문에 성을 쓰지 않고 봉호를 붙여 하간왕 효공으로 부른 것이다. 그러나 지금은 시대가 바뀌었기 때문에 형평성을 고려하여 '이효공'으로 부르는 것이 옳다고 본다. 또한 이적李勣을 여기서는 '이세적李世勣'이라고 기록하였다. 어느 것이 옳은가? 이적은 본래 성이 서徐씨이고 이름은 세적이다. 그는 이세민에게 패한 후 당에 투항하여 황성인 이씨를 하사받고, 또 당태종 이세민李世民의 휘를 피하여 '세'자를 없애고 외자 이름을 썼던 것이다. 그러니 마땅히 최종적으로 확정된 '이적'이라고 부르는 것이 옳다.

또한 청대의 유원劉源은 「능연각공신도凌煙閣功臣圖」를 그린 것으로 유명하다.

그러나 무엇보다도 이에 대한 기록이 가장 많이 나오고 상세한 것은 『구당서』라고 할 수 있다.

> 능연각에다 초상화를 그렸다(圖形凌煙閣).(「唐儉傳」)

> 정관 17년 2월, 조서를 내려 능연각에다 초상화를 그리게 하였다.(十七年二月, 詔圖形凌煙閣.)(「高士廉傳」)

> 17년에 사도 장손무기 등과 함께 초상화가 능연각에 그려졌다. 태종은 그에 대한 찬贊을 이렇게 썼다. "재주는 화려한 문장을 겸했고, 생각은 현묘한 경지에 들어갔도다. 벼슬을 함에 절개에 힘쓰고 황상을 섬김에 자신을 돌보지 않았도다."(十七年, 與司徒長孫無忌等圖形於凌煙閣, 贊曰: "才兼藻翰, 思入機神. 當官勵節, 奉上忘身.")(「房玄齡傳」)

> 17년, 이정 및 조군왕 이효공 등 24인의 초상화를 능연각에 그리라는 조서를 내렸다.(十七年, 詔圖畫靖及趙郡王孝恭等二十四人於凌煙閣.)(「李靖傳」)

> 당초 정관 연간에 태종은 훈공을 특별히 나타내기 위하여 능연각에 그들의 초상화를 그리게 하였다. 이 때 태종은 다시 어명을 내려 그들의 모습을 묘사하게 하고 친히 서문을 썼다.(初, 貞觀中, 太宗以勳庸特著, 嘗圖其形於凌煙閣, 至是, 帝又命寫形焉, 仍親爲之序.)(「李勣傳」)

> 17년, ...얼마 안 있어 장손무기 등 24인의 초상화가 능연각에 그려졌다.(十七年, ...尋與長孫無忌等二十四人圖形於凌煙閣.)(「尉遲敬德傳」)

17년, 장손무기 등과 함께 능연각에 초상화가 그려졌다.(十七年, 與長孫無忌等圖形於凌煙閣.)(「秦叔寶傳」)

17년 정월, 조서를 내려 능연각에 그의 초상화를 그렸다.(十七年正月, 詔圖形於凌煙閣.)(「段志玄傳」)

17년, 능연각에 그의 초상화가 그려졌다.(十七年, 圖形於凌煙閣.)(「張公謹傳」)

다시 조서를 내려 능연각에 그의 초상화를 그렸다(又敕圖其形於凌煙閣).(「虞世南傳」)

위에서 본 바와 같이 『구당서』는 24인의 각 전傳에 대부분 그들이 황제의 명에 의해 능연각에 그려졌다는 것을 기술하고 있다. 그런데 그 중에서 내용이 가장 완비된 것은 「장손무기전長孫無忌傳」의 기록이다.

정관 17년, 장손무기 등 스물 네 명을 능연각에 그리라는 조서를 내렸다. 조서의 내용은 다음과 같다.

예로부터 황제는 공 있고 덕 있는 사람을 기리고 높여서 종정에다 새기고 단청에다 초상화를 그린다. 그래서 감로 연간의 훌륭한 신하들은 기린각에 그들의 아름다운 행적을 기록하였고, 건무 연간의 공신들은 운대에 그들의 자취를 기록하였다.

사도 · 조국공 장손무기, 고 사공 · 양주 도독 · 하간원왕 이효공, 고 사공 · 내국성공 두여회, 고 사공 · 상주 도독 · 태자태사 · 정국문정공 위징, 사공 · 양국공 방현령, 개부의동삼사 · 상서좌복야 · 신국공 고사렴, 개부의동삼사 · 악국공 울지경덕, 특진 · 위국공 이정, 특진 · 송국공 소우, 고 보국대장군 · 양주 도독 · 포충장공 단지현, 보국대장군 · 기국공 유홍기, 고 상서좌복야 · 장충공 굴돌통, 고 섬동도행대좌복야 · 운절공 은개산, 고 형주 도독 · 초양공 시소, 고 형주 도독 · 비양공 장손순덕, 낙주 도독 · 운국공 장량, 광록대부 · 이부상서 · 진국공 후군집, 고 좌효위대장군 · 담양공 장공근, 좌영군대장군 · 노국공 정지절, 고 예부상서 · 영흥문의공 우세남, 고 호부상서 · 투양공 유정회, 광록대부 · 호부상서 · 거국공 당검, 광록대부 · 병부상서 · 영국공 이적, 고 서주 도독 · 호장공 진숙보 등.

十七年, 令圖畫無忌等二十四人於淩煙閣, 詔曰: 自古皇王, 褒崇勳德, 既勒銘於鍾鼎, 又圖形於丹青. 是以甘露良佐, 麟閣著其美; 建武功臣, 雲臺紀其跡.

司徒 · 趙國公無忌, 故司空 · 揚州都督 · 河間元王孝恭, 故司空 · 萊國成公如晦, 故司空 · 相州都督 · 太子太師 · 鄭國文貞公徵, 司空 · 梁國公玄齡, 開府儀同三司 · 尚書右僕射 · 申國公士廉, 開府儀同三司 · 鄂國公敬德, 特進 · 衛國公靖, 特進 · 宋國公瑀, 故輔國大將軍 · 揚州都督 · 褒忠壯公志玄, 輔國大將軍 · 夔國公弘基, 故尚書左僕射 · 蔣忠公通, 故陝東道行臺右僕射 · 鄖節公開山, 故荊州都督 · 譙襄公柴紹, 故荊州都督 · 邳襄公順德, 洛州都督 · 鄖國公張亮, 光祿大夫 · 吏部尚書 · 陳國公侯君集, 故左驍衛大將軍 · 郯襄公張公謹, 左領軍大將軍 · 盧國公程知節, 故禮部尚書 · 永興文懿公虞世南, 故戶部尚書 · 渝襄公劉政會, 光祿大夫 · 戶部尚書 · 莒國公唐儉, 光祿大夫 · 兵部尚書 · 英國公勣, 故徐州都督 · 胡壯公秦叔寶等.

또 하나 문제가 되는 것은 기록마다 '이십사장'의 순서가 다르다는 것과 부르는 명칭에 약간의 차이가 있다는 것이다. 앞에서 제기한 이효공과 이적의 경우 이외에도, 누구는 이름名을 그냥 쓰고 누구는 자字을 쓰고 있는 것이다. 원래는 통일해야 하나, 자는 이름에 맞먹고 옛날에는 자로 행세하는 사람이 많으므로 통용되는 명칭을 쓰는 것이 바람직하다고 생각한다. 봉호는 여러 가지가 있어 문헌마다 차이가 있다. 죽은 후에 추봉追封되는 경우도 있으나, 살아있을 때 받은 최고의 봉호를 써주는 것이 원칙이라고 본다.

3. 이십사장과 이십사절기二十四節氣

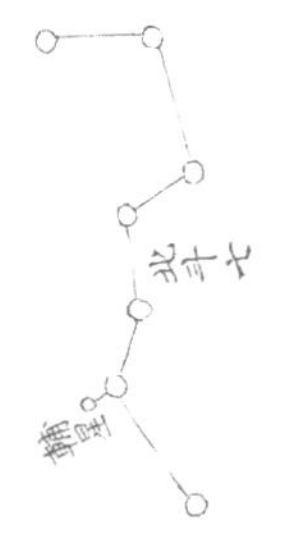

'이십사절후二十四節候', '이십사기二十四氣', '이십사절二十四節'라고도 하며 또 '이십사시二十四時'라고도 하는 이십사절기는 옛 사람들이 이룩한 지혜의 결정이다. 그 의미는 심원하며 용도는 광범하여 우리의 모든 생활 방식과 밀접한 연관을 가지고 있다. 예로부터 이십사절기는 기후 변화와 농사철을 알려주어 농업 생산에 중요한 의미를 가지고 있다. 여기서는 이십사절기가 갖고 있는 의미와 각 절기의 내용 특히 고대의 72후候와 관련된 설명을 살펴보고, 끝으로 이십사장과 이십사절기 연관 관계를 언급하기로 한다.

1) 이십사절기의 함의

절기節氣란 1년을 스물네 마디의 기후로 나눈 것을 말한다. 태양의 황경黃經에 따라 24등분한 기후의 표준점이다. 여기서 황경이란 태양이 춘분점 즉 춘분에 지나는 점을 기점으로 해서 황도黃道*에1따라 움직인 각도를 말한다. 이 황경을 15도를 간격으로 해서 0도일 때를 춘분, 15도일 때를 청명淸明이라고 하는 식으로 하면, 24개 절기의 날짜가 구분된다. 즉 360도를 15도씩 해서 나누면 24개가 된다. 그래서 이를 이십사절기 또는 이십사절후라고 부르는 것이다. 시령時令 또는 절후節候라고도 일컫는 절기는 계절의 표준이 된다.

우리는 보통 입춘立春·입하立夏·입추立秋·입동立冬을 통틀어 '사립四立'이라고 부른다. 여기서 '립立'은 무슨 뜻일까? '립立'은 옛 문헌에 보면, '시작하다'라는 뜻을 가지고 있다. 그러면 사립은 각기 춘하추동의 시작을 나타내는 것이다. 즉 천문 계절의 시작이란 뜻을 가지고 있는 것이다. 중국 후한 무렵에 편찬된 중국 최초의 천문 수학서라고 불리는 『주비산경周髀算經』이란 책을 보면, "사립은 생장수장의 처음이다(四立者, 生長收藏之始)"라고 설명하고 있다. 생장수장이란 봄에 만물을 낳고, 여름에 기르며, 가을에 거두어들이고, 겨울에 저장하는 것을 뜻한다. 해마다 입춘은 양력 2월 4일 또는 5일, 입하는 양력 5월 5일 또는 6일, 입추는 양력 8월 7일 또는 8일, 입동은 양력 11월 7일 또는 8일이다.

하지夏至와 동지冬至를 합해서 '이지二至'라고 부르는데, 여기서 '지至'는 무슨 뜻일까? '최고', '극極' 또는 '최고점에 이르다'는 뜻을 나타낸다. 그래서 가장 존귀한 위치를 '지존至尊'이라 하여 황제의 자리를 나타내고, 사람이나 사물이 가장 높은 위치에 있는 것을 '지고무상至高無上'

---

* 황도란 지구에서 보았을 때 태양이 1년 동안 하늘을 한 바퀴 도는 길을 말한다.

이라고 한다. 동짓날이나 하짓날을 '지일至日'이라고도 한다. 하지는 태양이 북위 23.5도에서 비치고, 황경 90도이며, 북반구에서 낮이 가장 길다. 동지는 태양이 남위 23.5도에서 비치고, 황경 270도이며, 북반구에서 낮이 가장 짧다. 『주비산경』의 주석에서는 "이지는 추위와 더위의 최고점이다(二至者, 寒暑之極)"라고 설명하고 있다. 해마다 하지는 양력 6월 21일 또는 22일, 동지는 양력 12월 21일 또는 22일이다.

춘분春分과 추분秋分은 '이분二分'이라고 합해서 부른다. 여기서 '분分'은 '고르게 나누다'는 뜻이다. 춘분과 추분에는 황도와 적도赤道가 평면에서 서로 교차하는데, 이때 황경은 0도와 180도가 되며, 태양이 적도상에서 비치고 낮과 밤의 시간이 똑같다. 해마다 춘분은 양력 3월 20일 또는 21일, 추분은 양력 9월 23일 또는 24일이다.

우수雨水에는 비가 내리기 시작하고 강우량이 점차 많아진다. 해마다 양력 2월 18일 또는 19일이다.

경칩驚蟄은 겨울잠 자는 동물을 깨운다는 뜻이며, 이때 봄 우레 소리가 처음 울려서 땅속에 숨어서 겨울잠을 자는 동물을 깨운다. 이때 기온이 비교적 빠르게 올라가며 봄날의 우레가 꿈틀거리기 시작한다. 해마다 양력 3월 5일 또는 6일이다.

청명淸明은 날씨가 맑고 공기가 깨끗하며 점차 따뜻해지고, 초목이 무성하다는 뜻을 가지고 있다. 해마다 양력 4월 4일 또는 5일이다.

곡우穀雨에는 강우량이 점차 많아져서 농작물의 생장에 대단히 유리하다. 해마다 양력 4월 4일 또는 5일이다.

소만小滿은 여름철 작물의 종자에 물알이 꽉 찼다는 뜻을 갖고 있다. 그러나 아직 성숙한 것은 아니기 때문에 '작을 소小'자를 써서 '소만'이라고 한 것이며, 아직 '대만大滿'은 아닌 것이다. 해마다 양력 5월 21일 또는 22일이다.

소서小暑와 대서大暑와 처서處暑에서 '서'는 '무덥다'는 뜻이다. 소서는 아직 가장 더울 때에 이르지는 않았다는 뜻이고, 대서가 되어야 가장 더운 때가 된다. 처서는 더운 날이 곧 끝나는 날이다. 해마다 소서는 양력 7월 7일 또는 8일이고, 대서는 양력 7월 22일 또는 23일이며, 처서는 양력 8월 23일 또는 24일이다.

백로白露에는 기온이 내려가기 시작해서 날씨가 서늘해지며, 이른 아침에 초목에 이슬이 맺힌다. 해마다 양력 9월 7일 또는 8일이다.

한로寒露에는 기온이 더욱 낮아져서 공기 중에 이미 이슬이 맺히고, 점점 추운 느낌이 든다. 해마다 양력 10월 8일 또는 9일이다.

상강霜降에는 날씨가 점차 추워지며 서리가 내리기 시작한다. 해마다 양력 10월 23일 또는 24일이다.

소설小雪과 대설大雪에는 눈이 내리기 시작하는데, '소'와 '대'는 눈이 내리는 정도를 나타낸다. 해마다 소설은 양력 11월 22일 또는 23일이고, 대설은 양력 12월 7일 또는 8일이다.

소한小寒과 대한大寒에는 날씨가 더욱 추워지는데, 소한은 아직 최고로 추운 것이 아니고, 대한이 1년 중 가장 추운 때이다. 해마다 소한은 양력 1월 5일 또는 6일이고, 대한은 양력 1월 20일 또는 21일이다.

이십사절기의 이름에서 알 수 있듯이, 절기의 구분은 계절과 기후 그리고 물후物候 등 자연현상의 변화를 충분히 고려한 것이다. 그 중에 입춘·입하·입추·입동·춘분·추분·하지·동지는 계절을 반영하는 데 쓰여서 1년을 춘·하·추·동의 사계절로 구분하였다. 춘분·추분·하지·동지는 천문학의 각도에서 구분한 것으로 태양의 고도가 변화하는 전환점을 반영한 것이고, 입춘·입하·입추·입동은 사계절의 시작을 반영한 것이다.

또한 소서·대서·처서·소한·대한 등의 다섯 개 절기는 기온의 변화를 반영한 것으로서 1년 중의 다른 시기에 덥고 추운 정도를 나타내는데 쓰인다. 우수·곡우·소설·대설은 네 개 절기는 비와 눈이 내리는 시간과 강도를 나타낸 것이다. 백로·한로·상강의 세 절기는 표면상으로 반영한 것은 수증기의 응결(맺힘)과 승화昇華 현상이지만 실제적으로는 기온 점차 하강하는 과정과 정도를 반영한 것이다. 즉 기온이 일정한 정도까지 내려가면 수증기에 이슬 맺힘 현상이 나타나고, 기온이 계속해서 내려가면 이슬 맺힘이 많아질 뿐만 아니라 갈수록 더 서늘해지며, 기온이 섭씨 영도 이하로 내려가면 수증기가 변하여 서리가 된다. 소만과 망종은 작물의 성숙과 수확 상황을 반영한 것이다. 경칩과 청명이 반영하고 있는 것은 자연의 물후 현상인데, 특히 경칩은 하늘 위에서 처음 우레가 치고 땅속에서 겨울잠 자는 동물이 소생함으로써 봄이 돌아옴을 예시해 주고 있다.

이십사절기는 1년의 12개월 속에 분포하고 있는데, 매달 2개의 절기가 있다. 하나는 선보름, 즉 15일 이전에 있어서 이를 '절기節氣'라 하고, 다른 하나는 후보름, 즉 16일 중후에 있어서 이를 '중기中氣'라고 부른다. 이 '기'는 기상, 기후의 의미인데, 옛사람들이 각 단계 안에 특유한 기상 혹은 기후현상 내지 농사 활동을 관찰한 후에 정한 명칭이다.

앞에서 나온 '물후物候'란 말은 만물의 기후 변화에 대한 반응이다. 중국에서 가장 오래된 역서라고 할 수 있는 「하소정夏小正」에는 물후에 대한 자세한 기록이 있다. 「하소정」은 서한 때 학자 대덕戴德이 편찬한 『대대예기大戴禮記』의 편으로서 성신星辰, 특히 북두성의 변화 규율에 대한 연구가 비교적 높은 수준에 이르렀음을 알 수 있는 자료이다. 그리고 여불위呂不韋(?~기원전 235)가 편찬한 『여씨춘추呂氏春秋』의 「십이기十二紀」편에는 이지二至(하지와 동지)와 이분二分 그리고 사립四立(입춘·입하·입추·입동) 등 8개의 절기가 기록되어 있다.

이십사절기가 처음으로 완전하게 갖추어져 기록된 문헌은 전한 때에 편찬된 『회남자淮南子』이다. 기원전 104년에 등평鄧平 등이 제정한 「태초력太初曆」에서는 정식으로 이십사절기를 역법에 정해서 이십사절기의 천문 위치를 명확하게 하였다.

2) 이십사절기의 내용

오늘날에는 통상 이십사절기의 처음을 입춘으로 삼는다. 1년의 시작이 봄이고, 봄의 시작이 입춘이기 때문이다. 1년을 춘(봄), 하(여름), 추

(가을), 동(겨울)의 사계절로 나누므로 각 계절은 석 달씩이 되는데, 옛날에는 각 계의 석 달 중에 첫 달은 맏 맹孟자를 붙여서 '맹춘孟春(음력 1월)', '맹하孟夏(음력 4월)', '맹추孟秋(음력 7월)', '맹동孟冬(음력 10월)'이라고 불렀다. 또 두 번째 달은 버금 중仲자를 써서 '중춘仲春(음력 2월)', '중하仲夏(음력 5월)', '중추仲秋(음력 8월)', '중동仲冬(음력 11월)'이라고 불렀으며, 세 번째 달은 끝 계季자를 써서 '계춘季春(음력 3월)', '계하季夏(음력 6월)', '계추季秋(음력 9월)', '계동季冬(음력 12월)'이라고 불렀다. 그러다보니 자연스럽게 입춘이 절기의 처음이 된 것이다.

그런데 옛 사람들은 대자연의 순환 원리에 따라 동짓날을 태양이 죽음으로부터 부활하는 날로 생각하고 축제를 벌여 태양신에 대한 제사를 올리기도 하였고, 중국 주周대에는 생명력과 광명의 부활이라고 생각하여 동지를 설로 삼았으며, 역경의 복괘復卦를 음력 11월, 즉 자월子月이라 해서 동짓달부터 시작한 것도 동지와 부활이 같은 의미를 지닌 것으로 판단하였기 때문이라고 본다.

또 조선시대에는 동짓날에 관상감觀象監에서 만든 새해의 달력을 백관에게 나누어 주었다. 각 부서의 관리들은 서로 달력을 선물하였으며, 이조吏曹에서는 지방 수령들에게 표지가 파란 달력을 선사하였다. 부흥을 뜻하는 동짓날부터 태양이 점점 오래 머물게 되어 날이 길어지므로 이 날을 한 해의 시작으로 보고 새 달력을 만들어 가졌던 것이다.

증산 상제는 단언적으로 동지가 후천설(『도전』 2:138:5)이라고 설파하였고, 동지에 '일양一陽이 시생始生한다'(『도전』 11:75:3)고 강조하여 1년의 처음을 동지로 삼았다.

이에 본서에서는 동지를 이십사절기의 처음으로 삼아 서술하며, 특히 전통적인 칠십이후七十二候에 대해서 비교적 상세하게 살펴본다.

(1) 동지冬至

동지는 천문에 따라 구분한 절기라서 옛날에는 '일단日短' 또는 '일단지日短至'라고도 불렸다. 이십사절기 중에서 가장 먼저 제정된 절기가 바로 동지이다.

해마다 양력 12월 21일 또는 22일이 되며, 태양이 황경 270도에 이르렀을 때가 바로 동지이다. 대설과 소한 사이에 드는 동지는 음력 11월의 중기이다.

하지와 정반대로 이때 태양이 거의 남회귀선을 비치기 때문에 북반구는 1년 중에 낮이 가장 짧은 날이 된다. 동지가 지난 후에는 날씨가 가장 추운 단계로 접어든다.

참고로, 전통적인 역법에서 1후는 5일을 말한다. 그래서 1절節은 3후가 되고 이것이 24절기이므로 1년은 총 72후가 된다. 이 72후 중에 매후마다 모두 상응하는 물후 현상이 있는데, 이를 '후응候應'이라고 한다. 72후설은 『일주서逸周書』와 『여씨춘추』「십이기」편에 최초로 등장하며, 중국 한대의 유학자들은 『예기禮記』「월령月令」편에 이를 수록하였다. 또 『회남자淮南子』「시칙훈時則訓」편에도 보이며, 역사서인 『위서魏書』에서는 「율력지律曆志」에 이 내용을 처음 수록하였다. 그러나 각 문헌에서 예로 든 월령의 물후에는 약간의 차이가 있다.

고대 중국에서는 동지를 3후候로 나누어 설명하였다.

> 초후구인결
> 초후에는 지렁이가 움츠리고(初候蚯蚓結), 중후에는 큰사슴의 뿔
> 중후미각해 말후수천동
> 이 떨어지며(中候麋角解), 말후에는 샘물이 흐른다(末候水泉動).

전설에 지렁이(蚯蚓)는 음기에 몸을 움츠리고 양기에 몸을 펴는 동물이라고 하는데, 이때 양기가 이미 생장하고 있지만 음기가 여전히 매우 강성하기 때문에 땅속의 지렁이가 아직 몸을 움츠리고 있는 것이다. 큰사슴(麋)은 사슴(鹿)과 같은 과인데 음양은 서로 다르다. 옛 사람들은 큰사슴의 뿔이 뒤를 향해 뻗어나므로 음이지만, 동지에는 양기가 생겨나기 때문에 큰사슴이 음기가 점차 물러나는 것을 느껴서 뿔이 빠진다고 생각하였다. 양기가 처음으로 생겨나기 때문에 이때 산속의 샘물이 흐르며 따뜻해질 수 있다.

동짓날에는 시절식時節食인 팥죽을 쑤어 먹는데 여기에는 신앙적인 뜻이 담겨 있다. 팥죽에는 귀신을 쫓는 기능이 있다고 보았던 것이다

팥은 색이 붉어 양색陽色이므로 음귀陰鬼를 쫓는 데에 효과가 있다고 믿었다. 동짓날에 팥죽을 쑤어 대문이나 문 근처의 벽에 뿌리는 것도 역시 악귀를 쫓는 행위이다.

애동지라고 할 때가 있다. 음력 11월 초순에 드는 동지를 가리켜 하는 말이다. 애동지 때는 팥죽을 쑤어 먹지 않는다. 또한 중순에 들면 중동

지라 하고, 하순에 들면 노동지라고 한다.

옛날부터 동짓날 일기가 온화하면 이듬해에 질병이 많다고 하며, 눈이 많이 오고 날씨가 추우면 이는 풍년이 들 징조라고 하였다. 오동지五冬至란 말이 있다. 음력 5월과 동짓달을 아울러 이르는 말인데, 동짓달에 오는 눈의 양에 비례하여 이듬해 오월에 오는 비의 양을 헤아릴 수 있다는 뜻이다.

(2) 소한小寒

소한과 대한의 '한寒'은 '춥다'는 뜻이다. 소한은 추운 정도를 표시한 것이다. 이 절기는 겨울의 추운 계절로 진입함을 나타내며, 이때 눈서리가 내리기도 한다. 『월령칠십이후집해』에 따르면 "12월의 절기 중, 월초에는 추위가 그래도 작아서 그렇게 말하는 것이다. 보름이 지나면 추위가 커진다." 소한을 지나면서 정식으로 추운 계절로 들어간다.

해마다 양력 1월 5일 또는 6일이 되며, 태양이 황경 285도에 이르렀을 때가 바로 소한이다. 동지와 대한 사이에 드는 소한은 음력 12월의 절기이다.

고대 중국에서는 소한을 3후候로 나누어 설명하였다.

> 초후에는 기러기가 북쪽으로 이동하고(初候鴈北鄕), 중후에는 까치가 둥지를 짓기 시작하며(中候鵲始巢), 말후에는 꿩이 울기 시작한다(末候雉始雊).

옛 사람들은 철새 중에서 기러기가 음양에 따라 이동한다고 여겼다. 소한부터 5일 동안에는 이미 양기가 꿈틀거리므로 기러기(鴈)가 북쪽으로 이동하기 시작한다. 소한이 지난 지 5일후에는 북방 도처에서 까치를 볼 수 있는데, 까치(鵲)들이 양기를 느껴서 둥지를 짓기 시작한다. 다시 5일후에는 꿩(雉)이 양기의 생장을 느껴서 운다.

절기의 이름으로 보면 대한이 가장 추워야 하지만 실제로 우리나라에서는 소한 때가 가장 춥다. “소한의 얼음 대한에 녹는다”라든지 “대한이 소한의 집에 가서 얼어 죽는다” 또는 “소한이 대한의 집에 몸 녹이러 간다”라는 속담은 바로 이런 데서 나온 것이다.

(3) 대한大寒

대한에는 두 가지 뜻이 있다. 하나는 소한에 상대해서 말하는 것이고, 다른 하나는 대한 기간에 날씨가 최고로 춥기 때문에 ‘대’라고 하는 것이다.

해마다 양력 1월 20일 또는 21일이 되며, 태양이 황경 300도에 이르렀을 때가 바로 대한이다. 소한과 입춘 사이에 드는 대한은 음력 12월의 중기이다.

고대 중국에서는 대한을 3후候로 나누어 설명하였다.

> 초후에는 닭이 병아리를 품기 시작하고(初候雞始乳[초후계시유]), 중후에는 맹금이 사납고 날쌔며(中候征鳥厲疾[중후정조여질]), 말후에는 수택의 한 복판이 꽁꽁 언다(末候水澤腹堅[말후수택복견]).

즉 대한부터 5일 동안에는 닭(雞)이 병아리를 품을 수 있다. 대한이 지난 지 5일후에는 맹금猛禽(征鳥)이 잡아먹는 능력이 가장 강한 상태이기 때문에 공중에서 빙빙 돌며 먹을 것을 찾아내 몸의 에너지를 보충하여 혹한에 견딘다. '정조征鳥'는 매나 독수류 따위의 맹금류를 말한다. 다시 5일후에는 물이 있는 지역에 얼음이 한 복판까지 얼며 가장 단단하고 두껍다.

중국과는 달리 우리나라에서는 소한이 더 춥다. 그래서 "추운 소한은 있어도 추운 대한은 없다" 또는 "춥지 않은 소한 없고 추운 대한 없다" 라는 속담이 생겨난 것이다.

(4) 입춘立春

입춘의 '립立'자에 관해 『월령칠십이후집해月令七十二候集解』라는 책에서는 이렇게 설명하고 있다. "입춘은 정월의 절기이다. '립'은 '처음 세우다'는 뜻이다. 입하, 입추, 입동이 동일하다(正月節, 立, 建始也……立夏秋冬同)." 이로 볼 때, '립立'은 바로 시작이라는 뜻임을 알 수 있다. 이십사절기 중에 '사립四立'이 있음은 앞에서 언급한 바와 같이 각기, 춘하추동의 시작이 바로 입춘, 입하, 입추, 입동이며, 농업의 관점에서 보면, 봄에 씨 뿌리고(春種), 여름에 기르고(夏長), 가을에 거두고(秋收), 겨울에 저장한다(冬藏). 이는 사계절이 분명한 기후 특징을 반영한 것이므로, 어느 지역에서나 적용된다고 볼 수는 없다.

우리나라에서는 입춘 때의 날씨가 매년 불규칙적이지만 이때를 전후한 시기가 1년 중 가장 추운 해도 있다. 그래서 입춘 뒤 날씨가 몹시 추운 경우에 "입춘 거꾸로 붙였나"라는 속담을 쓰기도 한다.

해마다 양력 2월 4일 또는 5일이 되며, 태양이 황경 315도에 이르렀을 때가 바로 입춘이다. 대한과 우수 사이에 든다. 음력 정월의 절기인 입춘은 봄의 시작이다.

고대 중국에서는 입춘의 15일을 3후候로 나누어 설명하였다.

> 초후에는 동풍이 녹이고(初候東風解凍[초후동풍해동]), 중후에는 칩충이 일어나기 시작하며(中候蟄蟲始振[중후칩충시진]), 말후에는 물고기가 수면으로 올라서 얼음을 지고 있다(末候魚陟負冰[말후어척부빙]).

즉 입춘부터 5일 동안에는 동풍이 따뜻한 기운을 보내 언 땅이 녹기 시작하고, 입춘이 지난 지 5일후에는 칩충(겨울잠을 자는 벌레)이 서서히 깨어나기 시작하며, 다시 5일후에는 강의 얼음이 녹기 시작해서 물고기가 수면 아래서 노니는데, 이때 수면에는 아직 완전히 녹지 않은 얼음조각들이 있어서 마치 물고기가 얼음을 등에 지고서 수면에 떠 있는 듯하다. 칩충은 겨울철에 활동하지 않고 가만히 땅에 엎드려 있는 벌레들을 말한다.

음력으로는 대개 정월이므로 입춘이 새해를 상징하기도 한다. 입춘 때에는 오늘날에도 '입춘을 맞이하여 좋은 일이 많이 생기라'는 뜻의 '입춘대길立春大吉' 같은 좋은 글을 써서 대문이나 대들보, 또는 기둥이나 천장에 붙였는데, 이를 춘축春祝 또는 입춘축立春祝, 입춘서立春書라고 하며, 춘방春榜 또는 입춘방이라고도 불렀다. 보통 대구로 된 글을 붙이므로 이를 '춘련春聯'이라고도 한다. 대궐에서는 대궐 안 기둥에 영련楹聯인 춘첩자春帖子를 써 붙였는데, 연잎과 연꽃의 무늬가 있는 종이에 제술관이 지은 축하의 시를 써서 붙였다.

음력으로 한 해에 입춘이 두 번 들어 있으면 '쌍춘년雙春年'이라고 하며, 그해에 결혼하는 것이 길하다고 여겨졌다.

(5) 우수雨水

우수는 기후학에서 두 가지 의미를 가지고 있다. 하나는 날씨가 따뜻해지면서 강수량이 점차 많아지는 것이고, 또 하나는 강수의 형식으로 볼 때, 눈이 점차 적어지고 비가 많아진다. 우수와 경칩을 지나면 아무리 춥던 날씨도 누그러진다고 해서 "우수 경칩에 대동강 물이 풀린다"는 속담이 있다.

해마다 양력 2월 18일 또는 19일이 되며, 태양이 황경 330도에 이르렀을 때가 바로 우수이다. 입춘과 경칩 사이에 드는 우수는 음력 정월의 중기이다. 곡우, 소설, 대설과 마찬가지로 강수 현상을 반영하는 절기이다.

고대 중국에서는 곡우를 3후候로 나누어 설명하였다.

> 초후에는 수달이 물고기로 제사지내고(初候獺祭魚[초후달제어]), 중후에는 큰 기러기가 날아오며(中候鴻鴈來[중후홍안래]), 말후에는 초목의 싹이 움직인다(末候草木萌動[말후초목맹동]).

즉 곡우부터 5일 동안에는 수달(獺)이 물고기를 잡기 시작하여 물고기를 물가에 늘어놓은 것이 마치 제사 후에 먹는 모습을 하고, 곡우가 지난 지 5일후에는 기러기(鴻雁)가 남쪽에서 북쪽으로 날아오기 시작하며, 다시 5일후에는 만물을 적시며 소리 없이 가늘게 내리는 봄비 속에 초목이 땅속의 양기가 올라옴에 따라 싹을 틔우기 시작한다.

(6) 경칩驚蟄

경칩은 자연의 물후 현상을 반영한 절기이다. 경칩은 봄 우레가 갑자기 치면서 땅속에 칩거하며 겨울잠을 자는 동물이 깨어난다는 뜻이다. 원래는 '놀랄 경驚'가 아니라 '열 계啓'자를 써서 계칩啓蟄이었으나 중국의 전한 경제의 휘諱(이름)가 유계劉啓여서 피휘避諱를 하기 위해 경칩으로 바꾸었다.

이 절기부터 시작해서 기온이 비교적 빠르게 올라간다. 그러나 우수를 지나 좀 따뜻해졌던 날씨가 경칩 무렵에 다시 추워질 때가 있어 "우수에 풀렸던 대동강이 경칩에 다시 붙는다"라는 속담도 생겨났다.

해마다 양력 3월 5일 또는 6일이 되며, 태양이 황경 345도에 이르렀을 때가 바로 경칩이다. 우수와 춘분 사이에 드는 경칩은 음력 2월의 절기이다.

고대 중국에서는 경칩을 3후候로 나누어 설명하였다.

> 초후에는 복숭아나무에서 꽃이 피기 시작하고(初候桃始華), 중후에는 꾀꼬리가 울며(中候倉庚鳴), 말후에는 매가 비둘기처럼 변화

말후응화위구
한다(末候鷹化爲鳩).

즉 복숭아나무(桃)의 꽃이 붉게 피고, 자두나무 꽃이 하얗게 피며, 꾀꼬리(倉庚)가 지저귀고, 제비가 날아오는 시절임을 묘사하고 있다. 이때 대부분의 지역에서는 이미 봄갈이로 접어들고, 겨울을 난 벌레 알은 부화하기 시작한다. 이로 볼 때, 경칩은 자연의 물후 현상을 반영한 절기임을 알 수 있다.

번식기인 봄을 맞아 개구리가 물이 괸 곳에 알을 까놓는데 그 알을 먹으면 허리 아픈 데 좋다고 해서 경칩일에 개구리 알을 먹는 풍속이 있다.

(7) 춘분春分

'분分'은 '반半'이라는 뜻인데, 이 날이 봄의 절반이기 때문에 춘분이라고 이름붙인 것이다. 춘분날에 태양의 위치가 적도의 바로 위쪽의 방향이라서 낮과 밤의 시간이 12시간으로 거의 같다. 춘분이 지나면 태양의 위치가 점차 북쪽으로 이동하여 낮이 길어지고 밤이 짧아진다. 그래서 옛날에는 춘분을 '일중日中', '일야분日夜分', '중춘지월仲春之月'이라고도 불렀다. 춘분이 되면 비가 뚜렷하게 많이 내린다.

춘분은 두 가지 의미를 갖는다. 하나는 하루에 낮과 밤의 시간이 딱 절반으로 나누어지고, 또 하나는 옛날에 입춘부터 입하까지를 봄으로 여겼는데 춘분은 바로 봄철 3개월 중 한 가운데 있어서 봄철을 절반으로 나눈다.

해마다 양력 3월 20일 또는 21일이 되며, 태양이 황경 0도에 이르렀을 때가 바로 춘분이다. 경칩과 청명 사이에 드는 춘분은 음력 2월의 중기이다.

고대 중국에서는 춘분을 3후候로 나누어 설명하였다.

> 초후에는 제비가 날아오고(初候玄鳥至), 중후에는 천둥이 이에 소리를 내며(中候雷乃發聲), 말후에는 번개가 치기 시작한다(末候始電).

즉 춘분일 뒤에는 제비가 남쪽에서 날아오고, 비가 올 때 천둥이 치고 아울러 번개가 친다.

(8) 청명淸明

청명은 천청지명天淸地明, 즉 하늘은 맑고 땅은 밝다는 뜻을 갖고 있다. 중국의 전통적인 청명절은 대략 주대周代에 시작되었다. 청명절은 중춘仲春(음력 2월)과 모춘暮春(음력 3월)이 교차할 때로서, 동지가 지난 뒤 106일이다. 성묘는 일반적으로 청명절의 열흘 전부터 열흘 후 사이에 한다.

청명절이 되면 기온이 높게 올라가고 강우량이 많아져서 바로 봄갈이하고 파종하는데 가장 좋은 때가 된다. 그래서 "淸明前後, 點瓜種豆" 즉 청명 무렵에 오이 점뿌림하고 콩을 심으라는 속담과 "植樹造林, 莫過淸明" 즉 나무를 심고 숲을 만드는 일은 청명을 지나지 말라는 속담이 있는 것이다.

해마다 양력 4월 4일 또는 5일이 되며, 태양이 황경 15도에 이르렀을 때가 바로 청명이다. 한식과 같은 날 또는 하루 전날이 되는데 우리나라에서는 식목일과 겹치기도 한다. 춘분과 곡우 사이에 드는 청명은 음력 3월의 절기이다.

고대 중국에서는 청명을 3후候로 나누어 설명하였다.

> 초후에는 오동나무에 꽃이 피기 시작하고(初候桐始華), 중후에는 두더지가 종달새처럼 변하며(中候田鼠化爲鴽), 말후에는 무지개가 처음으로 나타난다(末候虹始見).

즉 이때는 먼저 오동나무(桐)에 꽃이 피고, 이어서 음기를 좋아하는 두더지(田鼠)가 완전히 땅속 굴로 돌아가 보이지 않게 되며, 그런 후에 비온 뒤 하늘에 무지개(虹)가 나타나기도 한다.

(9) 곡우穀雨

곡우는 곡식이 비를 얻어 생장한다는 뜻을 갖는다. 봄의 마지막 절기이다. '곡우에 가물면 땅이 석자가 마른다'는 말도 있듯이, 곡우 때 내리는 비가 농작물에 얼마나 중요한 역할을 하는지 잘 알 수가 있다.

해마다 양력 4월 20일 또는 21일이 되며, 태양이 황경 30도에 이르렀을 때가 바로 곡우이다. 청명과 입하 사이에 드는 곡우는 음력 3월의 중기이다.

고대 중국에서는 곡우를 3후候로 나누어 설명하였다.

> 초후에는 부평초가 나기 시작하고(初候萍始生), 중후에는 염주비둘기가 깃을 떨며(中候鳴鳩拂羽), 말후에는 후투티가 뽕나무에 내려앉는다(末候戴勝降于桑).

즉 곡우 뒤에는 강우량이 많아져서 부평초(萍)가 생겨나기 시작하고, 이어서 염주비둘기(鳴鳩)가 깃을 떨면서 사람들에게 파종을 일깨워주기 시작하며, 그런 뒤에 뽕나무 위에 후투티(戴勝)라는 새가 보이기 시작한다.

곡우를 전후해서 날씨가 따뜻해지고 비가 뚜렷하게 많아지는데, 이는 곡물의 생장발육에 큰 영향을 준다. 비가 적당하게 오면 월동작물의 생장회복과 마디자라기에 도움을 줄 뿐 아니라, 또한 봄에 파종하는 작물의 파종과 싹이 트는데도 도움이 된다. 옛 사람들은 '雨生百穀'이라고 해서 비가 모든 곡식을 생장시켜 준다고 했는데, 이는 현대 농업에서 '곡우'의 기후적 의미에 맞는 말이다. 그러나 강우량이 너무 많거나 너무 적거나 하면 큰 피해를 주고 후기 농작물의 생산에 영향을 준다. 그래서 '春雨貴如油'란 말이 있지 않은가! 봄비는 귀하기가 기름 같다.

(10) 입하立夏

천문학상에서 입하는 곧 봄과 이별하고 여름날이 시작함을 나타낸다. 실제적으로 기후학의 표준에 따르면, 하루 평균 기온이 22℃ 이상을 여름의 시작으로 본다.

해마다 양력 5월 5일 또는 6일이 되며, 태양이 황경 45도에 이르렀을 때가 바로 입하이다. 곡우와 소만 사이에 드는 입하는 음력 4월의 절기이다.

고대 중국에서는 입하를 3후候로 나누어 설명하였다.

> 초후에는 개구리가 울고(初候螻蟈鳴), 중후에는 지렁이가 나오며(中候蚯蚓出), 말후에는 하눌타리가 나온다(末候王瓜生).

이때에는 청개구리가 여름이 온다고 소란스럽게 울기 시작한다. '누괵螻蟈'은 개구리를 말하기도 하지만 땅강아지를 말하기도 한다. 이때 지렁이도 흙을 파서 나온다. '구인蚯蚓'은 지렁이를 말한다. 그런 후에 하눌타리(王瓜)의 덩굴이 빠르게 타고 뻗어나간다.

(11) 소만小滿

소만으로부터 시작해서 북방의 보리나 가을밀 등의 여름철에 익는 작물은 알갱이가 이미 여물어서 점차 꽉 차는데 아직 완전히 성숙한 것은 아니다. 대략 유숙乳熟의 후기에 해당하기 때문에 소만이라고 부르는 것이다. 유숙은 곡류가 성숙하는 과정의 초기 단계를 가리킨다. 기후 특징으로 보면, 소만부터 망종 때까지는 점차 여름철로 들어서고 남쪽과 북쪽의 온도차가 더욱 줄어들며, 강수량은 한층 많아진다.

해마다 양력 5월 21일 또는 22일이 되며, 태양이 황경 60도에 이르렀을 때가 바로 소만이다. 입하와 망종 사이에 드는 소만은 음력 4월의 중기이다.

고대 중국에서는 소만을 3후候로 나누어 설명하였다.

> 초후에는 씀바귀가 꽃을 피우고(初候苦菜秀[초후고채수]), 중후에는 냉이가 시들며(中候靡草死[중후미초사]), 말후에는 보릿가을이 이른다(末候麥秋至[말후맥추지]).

소만 때에는 씀바귀(苦菜)의 가지와 잎이 이미 무성해지지만, 음기를 좋아하고 가지가 가늘고 연한 풀(靡草)은 강렬한 햇빛 아래서 시들어 죽지 시작한다. 이때에는 익은 보리를 수확하는 보릿가을(麥秋)이 다가온다.

(12) 망종芒種

망종은 원래 까끄라기(깔끄러운 수염)가 있는 곡식, 즉 벼나 보리 등을 말한다. 망종 때에는 보리나 밀 등 까끄라기가 있는 종자는 이미 성숙하여 수확이 매우 급박하다. 또한 늦작물, 기장, 조 등 여름철 파종 작물도 파종이 가장 바쁜 때이기도 하다. 중국 옛말에 '春爭日[춘쟁일], 夏爭時[하쟁시]'라는 말이 있다. 봄에는 날을 다투고 여름에는 시를 다툰다는 말이다. '시를 다툰다'는 말은 이때가 얼마나 바쁜지를 알 수 있는 가장 좋은 표현이다. 망종은 전형적으로 농업 물후 현상을 반영한 절기이다.

해마다 양력 6월 5일 또는 6일이 되며, 태양이 황경 75도에 이르렀을 때가 바로 망종이다. 소만과 하지 사이에 드는 망종은 음력 5월의 절기이다.

고대 중국에서는 망종을 3후候로 나누어 설명하였다.

> 초후에는 사마귀가 생기고(初候螳螂生), 중후에는 때까치가 울기 시작하며(中候鵙始鳴), 말후에는 개고마리가 소리를 내지 않는다(末候反舌無聲).

이 절기에는 당랑螳螂 즉 사마귀가 지난해 늦가을에 낳은 알이 음기가 처음 생겨남을 느끼고 껍질을 깨고 새끼사마귀가 되어 나온다. 음기를 좋아하는 때까치(鵙)는 나뭇가지 끝에 나타나서 음기를 느끼고 운다. 이와 반대로 다른 새가 지저귀는 소리를 배울 수 있는 때까칫과의 개고마리(反舌)는 음기의 출현을 느끼고 지저귀지 않는다.

(13) 하지夏至

하지는 이십사절기 중에 가장 일찍 확정된 절기 중의 하나이다. 하짓날은 태양이 지면에 곧장 비치는 위치가 가장 북단에 이르러서 거의 북회귀선을 비치며, 북반구의 낮 시간이 가장 길어 극한에 이르고, 정오의 태양 높이도 가장 높고, 일사 시간과 일사량도 가장 많은 날이다. '지至'는 '극한'을 뜻한다.

해마다 양력 6월 21일 또는 22일이 되며, 태양이 황경 90도에 이르렀을 때가 바로 하지이다. 망종과 소서 사이에 드는 하지는 음력 5월의 중기이다.

고대 중국에서는 하지를 3후候로 나누어 설명하였다.

> 초후에는 사슴뿔이 떨어지고(初候鹿角解), 중후에는 매미가 울기

중후선시명　　　　　　　　말후반하생
시작하며(中候蟬始鳴), 말후에는 반하가 생긴다(末候半夏生).

동지에 등장하는 '미麋'와 '록鹿'은 구별을 위해 본서에서 일단 '큰사슴'과 '사슴'이라고 각각 번역하였는데, 큰사슴은 사슴과 같은 과科이지만 옛 사람들은 큰사슴은 음에 속하고, 사슴은 양에 속한다고 생각하였다. 사슴의 뿔은 앞을 향해 뻗어나기 때문에 양에 속한다. 하짓날에는 음기가 생기지만 양기가 쇠퇴하기 시작하므로 양성陽性의 사슴뿔은 떨어지기 시작한다. 그러나 큰사슴은 음에 속하기 때문에 동짓날이 되어야 뿔이 떨어진다. 웅성雄性의 매미(蟬)는 하지 후에 음기가 생겨나는 것을 느끼기 때문에 맴맴 소리를 낸다. 반하半夏는 음기를 좋아하는 약초인데, 음력 5월에 늪 지역이나 수전水田 속에서 나기 때문에 이름을 얻었다. 이로 볼 때, 무더운 음력 5월에 음기를 좋아하는 생물이 나타나기 시작하고, 반대로 양성의 생물들은 쇠퇴하기 시작한다.

(14) 소서小暑

소서 때부터 불처럼 뜨거운 한여름이 정식으로 등장한다. '서'는 '매우 덥다'는 뜻이다. 소서는 바로 작은 더위로서 극단적으로 무더운 날씨가 막 시작됨을 뜻하지만, 아직 가장 더울 때는 아니다. 이때에는 장마전선이 우리나라에 오래 머물러서 습도가 높으며, 비가 자주 내리는 경우가 많다.

해마다 양력 7월 7일 또는 8일이 되며, 태양이 황경 105도에 이르렀을 때가 바로 소서이다. 하지와 대서 사이에 드는 소서는 음력 6월의 절기이다.

고대 중국에서는 소서를 3후候로 나누어 설명하였다.

> 초후에는 따뜻한 바람이 불어오고(初候溫風至), 중후에는 귀뚜라미가 벽에 붙어살며(中候蟋蟀居壁), 말후에는 매가 새를 잡기 시작한다(末候鷹始摯).

소서 때는 대지 위에 더 이상 시원한 바람이 불지 않고 모든 바람 속에는 맹렬한 열기를 띠고 있다. 이때에는 덥기 때문에 귀뚜라미(蟋蟀)가 들판을 떠나 정원의 담벼락 밑으로 가서 더위를 피한다. 이 절기 중에 매(鷹)는 지표면의 기온이 너무 높기 때문에 맑고 시원한 높은 공중에서 활동한다. 말후의 '지摯'는 '잡다', '손으로 쥐다'는 뜻이다.

(15) 대서大暑

대서 절기는 삼복三伏 중의 중복에 해당하며, 1년 중에 가장 더운 때이고, 기온이 가장 높아서 농작물의 생장이 가장 빠르며, 이와 동시에 많은 지역에서 가뭄, 수해, 풍해 등의 기상재해가 가장 빈번하다.

해마다 양력 7월 22일 또는 23일이 되며, 태양이 황경 120도에 이르렀을 때가 바로 대서이다. 소서와 입추 사이에 드는 대서는 음력 6월의 중기이다.

고대 중국에서는 대서를 3후候로 나누어 설명하였다.

> 초후에는 썩은 풀에서 반딧불이가 나오고(初候腐草爲螢[초후부초위형]), 중후에는 땅이 축축해지며 무더워지며(中候土潤溽暑[중후토윤욕서]), 말후에는 큰비가 자주 내린다(末候大雨時行[말후대우시행]).

지구상에 이미 알려진 반딧불이의 종류는 2천여 종인데, 수생水生과 육생陸生으로 나눈다. 육생의 반딧불이는 썩은 풀에다 알을 낳는데, 대서 때 반딧불이가 부화되어 나오기 때문에 옛 사람들은 반딧불이(螢)가 썩은 풀이 변해서 된 것이라고 생각하였다. 대서가 지난 지 5일후에는 날이 무더워지기 시작하며, 땅도 아주 축축해진다. 다시 5일후에는 자주 큰 뇌우가 발생하는데, 이 큰비가 무덥고 습한 날씨를 완화시켜 날씨는 입추를 향해 다가간다.

(16) 입추立秋

입추가 되면, 전통적인 의미의 가을이 이때부터 시작한다. 입추 후에는 곡물이 익고 기온이 점차 내려가서 달빛은 밝고 바람은 맑으며, 청명한 하늘은 높고 공기는 상쾌하다.

해마다 양력 8월 7일 또는 8일이 되며, 태양이 황경 135도에 이르렀을 때가 바로 입추이다. 대서와 처서 사이에 드는 입추는 음력 7월의 절기이다.

고대 중국에서는 입추를 3후候로 나누어 설명하였다.

> 초후에는 서늘한 바람이 불어오고(初候涼風至[초후양풍지]), 중후에는 이

> 중후백로강
> 슬이 내리기 시작하며(中候白露降), 말후에는 가을매미가 운다
> 말후한선명
> (末候寒蟬鳴).

즉 입추가 지난 후에는 바람이 불 때 사람들이 시원함을 느낄 수 있는데, 이때 부는 바람은 이미 여름날의 더운 바람과는 다르다. 이어서 아침에 대지 위에는 안개(白露)가 생겨나기 시작하며, 아울러 가을에 음기를 느껴서 우는 가을매미(寒蟬)도 울기 시작한다.

(17) 처서處暑

'처處'는 '그치다', '물러가다'는 뜻이니, 처서는 더운 여름날이 곧 물러간다는 뜻이다. "처서가 지나면 모기 입도 비뚤어진다"는 말이 있을 정도로 처서를 지나면서 더위가 수그러든다. 그러나 처서 무렵에 늦더위가 심할 때가 있어 "처서 밑에는 까마귀 대가리가 벗어진다"라는 속담이 생겨났다.

해마다 양력 8월 23일 또는 24일이 되며, 태양이 황경 150도에 이르렀을 때가 바로 처서이다. 입추와 백로 사이에 드는 처서는 음력 7월의 중기이다.

고대 중국에서는 처서를 3후候로 나누어 설명하였다.

> 초후응내제조
> 초후에는 매가 새로 제사지내고(初候鷹乃祭鳥), 중후에는 천지의
> 중후천지시숙
> 만물이 시들어 떨어지기 시작하며(中候天地始肅), 말후에는 벼가
> 말후화내등
> 익는다(末候禾乃登).

이 절기에는 매(鷹)가 먹잇감이 되는 새를 대량으로 잡기 시작하고, 천지간의 만물은 시들어 떨어지기 시작하며, 곡식이 곧 익는다. 여기서 '숙肅'은 '시들어 떨어지다'는 뜻이고, '화禾'가 가리키는 것은 벼, 수수, 기장 따위의 농작물의 총칭이며, '등登'은 '익다', '성숙하다'는 뜻이다.

(18) 백로白露

백로의 '로露'는 '이슬'을 말한다. 이슬은 온도가 낮아지기 때문에 수증기가 지면 혹은 풀잎처럼 땅 가까이에 있는 물체 상에 엉겨서 새기는 물방울이다. 이슬을 아름답게 표현하려고 흰백白자를 붙여서 백로라고 하는 것인데, 이 백로는 실제로 기온이 내려가서 날씨가 이미 서늘하게 변했음을 뜻한다.

해마다 양력 9월 7일 또는 8일이 되며, 태양이 황경 165도에 이르렀을 때가 바로 백로이다. 처서와 추분 사이에 드는 백로는 음력 8월의 절기이다.

고대 중국에서는 백로를 3후候로 나누어 설명하였다.

> 초후에는 기러기가 날아오고(初候鴻鴈來), 중후에는 제비가 돌아가며(中候玄鳥歸), 말후에는 모든 새가 양식을 저장한다(末候羣鳥養羞).

즉 백로가 되면 기러기(鴻鴈)와 제비(玄鳥) 등의 철새가 남쪽으로 가서 추위를 피할 준비를 하고 모든 새들이 건과乾果 양식을 저장하기 시작하여 겨울을 지낼 준비를 한다. 이렇게 본다면, 백로는 실제상 날씨가 추워지는 것을 상징함을 알 수 있다.

백로 때에는 구름한 점 없는 맑은 대낮에 여전히 기온이 30도 이상에 달할 수도 있지만 밤에는 20여 도로 내려가서 그 온도차가 10여 도에 달하기도 한다. 양기는 하지에 정점에 달하는데, 만물은 극에 달하면 반드시 쇠퇴하는 법이라 음기도 이때에 일어난다. 이때 사람들은 더운 여름철이 이미 지나가고 시원하고 상쾌한 가을에 이미 들어섰음을 분명하게 느낄 수 있다.

(19) 추분秋分

추분은 두 가지 뜻을 가지고 있다. 하나는 태양이 지구의 적도를 곧바로 비치기 때문에 이 날의 24시간은 낮과 밤이 고르게 나누어져 각기 12시간씩이 되며, 전 지구에 백야白夜나 극야極夜 현상이 없다. 백야는 밤에 어두워지지 않는 현상이고, 극야는 밤만 계속 되는 현상이다. 추분 이후에는 북극 부근에서는 극야의 범위가 점차 커지고, 남극 부근에서는 백야의 범위가 점차 커진다. 또 하나는 중국 고대에 입춘, 입하, 입추, 입동을 사계절 시작으로 보는 계절 구분법에 따라, 추분일은 가을철 90일의 딱 중간으로서 계절을 고르게 나눈다. 추분의 '분'은 여기서 유래한 것이다.

해마다 양력 9월 23일 또는 24일이 되며, 태양이 황경 180도에 이르렀을 때가 바로 추분이다. 백로와 한로 사이에 드는 추분은 음력 8월의 중기이다.

고대 중국에서는 추분을 3후候로 나누어 설명하였다.

> 초후에는 우레가 소리를 거두기 시작하고(初候雷始收聲), 중후에는 칩충이 문을 막으며(中候蟄蟲坏戶), 말후에는 물이 마르기 시작한다(末候水始涸).

옛 사람들은, 우레는 양기가 성하기 때문에 소리를 내는데, 추분 뒤에는 음기가 왕성해지기 시작하므로 더 이상 우레가 치지 않는다고 생각하였다.

추분날에 기후는 3가지 특징을 나타낸다. 첫째, 햇빛이 곧바로 비치는 위치가 계속 적도로부터 남반구로 이동하고, 북반구의 낮이 짧고 밤이 긴 현상은 갈수록 점점 더 뚜렷해져서 낮이 점점 짧아지고 밤이 점점 길어진다. 이렇게 해서 동짓날이 되면 밤이 가장 길고 낮이 가장 짧게 된다. 둘째, 낮과 밤의 기온차가 점차 커져서 폭이 10도 이상 차이가 난다. 셋째, 기온이 날마다 내려가서 하루가 다르게 추워지며 점점 가을철로 접어든다. 남반구의 상황은 이와는 정반대가 된다.

(20) 한로寒露

한로는 찬 이슬이라는 뜻인데, 늦가을에서 초겨울 무렵까지의 이슬을 말한다. 기온이 백로보다 더욱 낮아 지면의 이슬이 더욱 차며, 곧 맺혀서 서리가 되려 한다.

해마다 양력 10월 8일 또는 9일이 되며, 태양이 황경 195도에 이르렀을 때가 바로 한로이다. 추분과 상강 사이에 드는 한로는 음력 9월의 절기이다.

고대 중국에서는 한로를 3후候로 나누어 설명하였다.

> 초후에는 기러기가 손님으로 날아오고(初候鴻雁來賓), 중후에는 참새가 큰물로 들어가 백합조개가 되며(中候爵入大水爲蛤), 말후에는 국화에 노란 꽃이 핀다(末候鞠有黃華).

이 절기 중에는 기러기(鴻雁)가 한일一자 혹은 사람인人자 형의 대열로 대거 남쪽으로 이동하고, 늦가을에 날씨가 차서 참새(爵)들도 보이지 않는데, 옛 사람들은 바닷가 갑자기 출현한 수많은 대합조개가 껍데기의 무늬와 색깔이 참새와 매우 흡사하기 때문에 참새가 변한 것이라고 생각하였다. '합蛤'은 '백합조개', '동죽조개' 등으로 번역되는데, 여기서는 '백합조개'로 번역하였다. 입동 때 꿩류의 큰새가 변한 '蜃(신)'을 '대합'이라고 번역했기 때문이다. 또 국화(鞠)에 노란 꽃이 핀다는 것은 이때 국화가 이미 널리 피었음을 말하는 것이다.

(21) 상강霜降

상강은 날씨가 더욱 추워져서 이슬이 맺혀서 서리가 내림을 나타낸다. 서리는 수증기가 찬 공기를 만나서 맺히는 것이다. 이때 나뭇잎이 시들어 누렇게 되며 낙엽이 떨어지기 시작한다.

해마다 양력 10월 23일 또는 24일이 되며, 태양이 황경 210도에 이르렀을 때가 바로 상강이다. 한로와 입동 사이에 드는 상강은 음력 9월의 중기이다.

고대 중국에서는 상강을 3후候로 나누어 설명하였다.

> 초후에는 승냥이가 곧 짐승으로 제사를 지내고(初候豺乃祭獸), 중후에는 초목이 누렇게 되어 떨어지며(中候草木黃落), 말후에는 칩충들이 모두 구부리고 있다(末候蟄蟲咸俯).

이 절기에는 승냥이(豺)나 이리가 포획한 사냥감을 진열한 후에 먹이로 쓰는데 이 모습이 마치 잡은 짐승으로 제사를 지내는 듯하다. 대지의 나뭇잎은 누렇게 시들어져 땅에 떨어진다. 칩충蟄蟲들은 모두 구멍 속에서 움직이지도 않고 먹지도 않으며 머리를 구부리고 동면 상태로 들어간다.

(22) 입동立冬

옛날부터 민간에서는 관습상 입동을 겨울의 시작이라고 생각한다. '립立'은 '입춘'에서 언급한 것처럼 '처음', '시작'의 의미이다. '동冬'은 『칠십이후집해』의 해석에 따르면, "종終은 '마치다'는 뜻이고, 만물을 거두어서 간직하다는 말이다.(冬, 終也, 萬物收藏也)" 즉 가을철 작물이 전부 거두어져 곳간에 저장되는 것을 말하며, 동물도 이미 몸을 감추고 겨울잠을 준비하는 것을 말한다. 이렇게 보면 입동은 겨울이 오는 것을 대표하는 것만은 아니다. 종합해서 말하면, 입동은 겨울이 시작되고, 만물을 거두어 저장해서 추위를 피한다는 뜻을 나타내는 것이다.

해마다 양력 11월 7일 또는 8일이 되며, 태양이 황경 225도에 이르렀을 때가 바로 입동이다. 상강과 소설 사이에 드는 입동은 음력 10월의 절기이다

고대 중국에서는 입동을 3후候로 나누어 설명하였다.

> 초후에는 물이 얼기 시작하고(初候水始冰), 중후에는 땅이 얼기 시작하며(中候地始凍), 말후에는 꿩이 큰물로 들어가 대합이 된다(末候雉入大水爲蜃).

이 절기에 물은 이미 얼음으로 얼기 시작하고, 대지도 얼기 시작한다. 말후의 '치稚'는 꿩류의 큰새를 가리키고 '신蜃'은 '대합'을 말한다. 입동이 지나면 꿩류의 큰새는 많이 보이지 않게 되고 바닷가에는 껍데기가 꿩의 선이나 색깔과 비슷한 대합을 볼 수 있다. 그래서 옛 사람들은 꿩이 입동 후에는 대합으로 변한다고 생각했던 것이다.

(23) 소설小雪

소설은 눈이 내리기 시작하는 시간과 정도를 나타낸다. '소'는 아직 성하지 않다는 뜻이다. 이 시기에는 날씨가 점차 추워지는데 눈이 오더라도 양이 비교적 적다. 만일 찬 공기의 세력이 강한데다 따뜻하고 습한 기류가 형성된다면 큰 눈이 내릴 수도 있다.

해마다 양력 11월 22일 또는 23일이 되며, 태양이 황경 240도에 이르렀을 때가 바로 소설이다. 입동과 대설 사이에 드는 소설은 음력 10월의 중기이다.

고대 중국에서는 소설을 3후候로 나누어 설명하였다.

> 초후에는 무지개가 숨어서 보이지 않고(初候虹藏不見), 중후에는 천기는 위로 올라가고 지기는 아래로 내려오며(中候天氣上昇地氣下降), 말후에는 생기가 막혀서 겨울이 된다(末候閉塞成冬).

(24) 대설大雪

대설의 뜻은 날씨가 더욱 추워져서 눈이 내릴 가능성이 소설 때보다 훨씬 커진다는 것이다. 그러나 이때 강설량이 반드시 아주 많음을 뜻하는 것은 아니다. 반대로, 대설이 지난 후에는 강수량이 한층 적어진다.

해마다 양력 12월 7일 또는 8일이 되며, 태양이 황경 255도에 이르렀을 때가 바로 대설이다. 소설과 동지 사이에 드는 대설은 음력 11월의 절기이다.

고대 중국에서는 대설을 3후候로 나누어 설명하였다.

> 초후에는 멧박쥐가 울지 않고(初候鶡鴠不鳴), 중후에는 호랑이가 짝을 찾기 시작하며(中候虎始交), 말후에는 여정초에 새싹이 돋는다(末候荔挺出).

즉 이때 날씨가 더욱 추워지기 때문에 멧박쥐(鶡鴠)도 더 이상 울지 않는다. 이때는 음기가 가장 성한 시기이기 때문에 이른바 '물극즉반物極則反', 즉 만물이 극에 달하면 쇠퇴한다는 이치처럼 양기가 이미 움트고 있어서 호랑이가 짝을 찾는 행위를 시작하는 것이다. '여정荔挺'은 난초의 일종인데 역시 양기의 움틈을 느끼고 있어서 새싹을 뽑아내는 것이다.

3) 이십사장과 이십사절기

이십팔장은 이십팔수와 관련이 깊으며, 여러 문헌에서 "중흥 이십팔장은 전대에 이십팔수에 상응해서 만든 것이다(中興二十八將, 前世以爲上應二十八宿)"라는 표현이 등장한다.

마찬가지로 이십사장도 이십사절기와 깊은 관련성이 있다. 다만 이십사절기에 응해서 이십사장을 만들었다는 내용을 문헌상에서 찾기는 쉽지 않다. 그런데 증산 상제가 이에 대한 분명한 언명을 하였다.

> 이어 성도들에게 24절을 읽히시며 "그 때도 이때와 같아 천지에서 혼란한 시국을 바로잡으려고 당 태종唐太宗을 내고 다시 24절에 응하여 24장을 내어 천하를 평정하였나니 너희들도 장차 그들에 못지않은 대접을 받으리라." 하시니라.(『도전』 5:399:5~6)

이에 이십사장과 이십사절기의 대응 관계 및 관련 내용을 표로 정리하면 다음과 같다.

◈ 이십사장과 이십사절기의 대조표 ◈

이십사장	절기	황경	일자	음력	절기節氣 중기中氣	계절
장손무기	동지 冬至	270도	12월 21일 또는 22일	11월	중기	겨울
이효공	소한 小寒	285도	1월 5일 또는 6일	12월	절기	
두여회	대한 大寒	300도	1월 20일 또는 21일	12월	중기	
위징	입춘 立春	315도	2월 4일 또는 5일	정월	절기	봄
방현령	우수 雨水	330도	2월 18일 또는 19일	정월	중기	
고서렴	경칩 驚蟄	345도	3월 5일 또는 6일	2월	절기	
울지경덕	춘분 春分	0도	3월 20일 또는 21일	2월	중기	
이정	청명 清明	15도	4월 4일 또는 5일	3월	절기	
소우	곡우 穀雨	30도	4월 20일 또는 21일	3월	중기	
단지현	입하 立夏	45도	5월 5일 또는 6일	4월	절기	여름
유홍기	소만 小滿	60도	5월 21일 또는 22일	4월	중기	
굴돌통	망종 芒種	75도	6월 5일 또는 6일	5월	절기	
은개산	하지 夏至	90도	6월 21일 또는 22일	5월	중기	
시소	소서 小暑	105도	7월 7일 또는 8일	6월	절기	
장손순덕	대서 大暑	120도	7월 22일 또는 23일	6월	중기	

이십사장	절기	황경	일자	음력	절기節氣 중기中氣	
장량	입추 立秋	135도	8월 7일 또는 8일	7월	절기	가을
후군집	처서 處暑	150도	8월 23일 또는 24일	7월	중기	
장공근	백로 白露	165도	9월 7일 또는 8일	8월	절기	
정지절	추분 秋分	180도	9월 23일 또는 24일	8월	중기	
우세남	한로 寒露	195도	10월 8일또는 9일	9월	절기	
유정희	상강 霜降	210도	10월 23일 또는 24일	9월	중기	
당검	입동 立冬	225도	11월 7일 또는 8일	10월	절기	겨울
이적	소설 小雪	240도	11월 22일 또는 23일	10월	중기	
진숙보	대설 大雪	255도	12월 7일 또는 8일	11월	절기	

第二部

二十四將의 生涯

◉이십사장의 생애◉

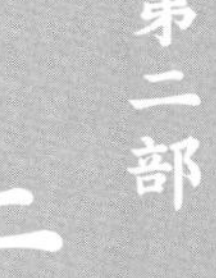

세찬 바람이 불어야 억센 풀을 알 수 있고,
나라가 어지러워야 진실된 신하를 알 수 있다.
(疾風知勁草, 板蕩識誠臣.)

長孫輔機像

三才圖會　人物六卷　七

長孫無忌字輔機性通悟博涉書史封齊國公嘗以外戚
位三公爲嫌固辭相位不聽初承乾廢帝欲立晋王未決
無忌一言遂定後受遺詔輔高宗以諫立武昭儀事削官
爵置黔州卒

이십사장의 수장 장손무기(?~659), 출전: 『삼재도회』

1. 가득차는 것을 깊이 경계한

장손무기長孫無忌

"폐하가 즉위한 후로는 정치교화가 잘 시행되고
법령 조항이 실로 빠진 것이 없습니다.
일을 말하는 자가 자기의 천박한 견해에 따라 함부로 요행을 바란다면
그 상소는 풍속과 교화에 전혀 도움이 될 게 없습니다.
그러나 모름지기 이 길을 열어 두어야만
그래도 때때로 직언이 있기를 바랄 수 있으며,
만약 이 길을 막아버린다면
아래 사람들의 마음이 위로 전달되지 못할까 두렵습니다.

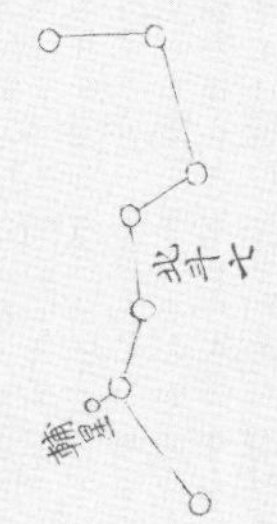

장손무기(?~659)는 성이 장손(복성)이고, 자가 보기輔機이며, 지금의 하남성 낙양시인 하남 낙양洛陽 출신이다.

그의 가계는 남북조시대에 북위北魏(386~534년)*1 헌문제獻文帝 탁발홍拓跋弘(454~476년)의 셋째형으로부터 시작된다. 이 북위는 원래의 국호가 '위魏'인데, 전국시대 위

* 또한 뒤에 세워졌기 때문에 후위後魏라 하기도 하고, 국성을 고친 후 원元씨가 지배했다 하여 원위元魏, 황실이 선비족 탁발부에 속하기 때문에 탁발위拓拔魏라 하기도 한다.

魏나라 및 삼국시대 조조의 위魏나라와 구별하기 위해 역사에서는 북위라고 부른다. 처음에는 탁발拓拔(혹은 拓跋)씨이고 위나라 황실을 위한 공로가 가장 많아 대인大人이라는 호칭을 세습하였다.

493년에 효문제孝文帝 원굉元宏(467~499년)은 수도를 평성平城지금의 산서성 대동에서 낙양洛陽으로 천도하고 나서 대대적인 한족화漢族化 정책을 추진했다. 국성國姓 즉 황실의 성씨를 탁발씨에서 원씨元氏로 고쳐서 효문제 이후로는 일률적으로 북위의 황제가 원씨 성을 사용하였다. 또 선비족의 복장과 언어를 금지하고, 관직의 품계를 아홉 단계로 나누어서 실시한 구품관인법九品官人法을 부분 채용하여 남조의 한족 제도를 모방한 귀족제도를 만들었다. 또 선비족과 한족 명문세가의 통혼通婚 장려를 통해 한족 문화에 동화하는 정책을 추진하여 북위의 문화를 크게 발전시켰다.

이 때 장손무기의 선조도 성을 종실의 장이라는 의미인 '장손'으로 고쳤다. 장손무기의 집안은 대대로 높은 벼슬을 하였다. 7대조 장손도생長孫道生은 북위에서 사공司空, 상당정왕上黨靖王을 지냈다. 6대조 장손전長孫旃은 북위에서 특진特進, 상당제왕上黨齊王을 지냈다. 5대조 장손관長孫觀은 북위에서 사도司徒, 상당정왕上黨定王을 지냈다. 고조부 장손치長孫稚는 서위西魏(535~556년)에서 태보太保, 풍익문선왕馮翊文宣王을 지냈다. 증조부 장손자유長孫子裕는 서위에서 위위경衛尉卿, 평원군공平原郡公을 지냈다. 조부 장손시長孫兕는 주나라에서 개부의동삼사開府儀同三司를 지내고 평원왕의 봉호를 세습하였다. 부친 장손성長孫晟(552~609은 수나라에서 우효위右驍衛장군을 지냈다.

장손무기는 귀척貴戚 즉 황제의 인척姻戚으로서 학문을 좋아하여 문학과 역사에 관한 해박한 지식을 갖고 있으며, 비상한 책략을 가지고 있었다. 당 태종 이세민의 부인 문덕황후는 바로 그의 누이동생이다. 어려서 이세민과 친하게 지낸 장손무기는 이연 부자의 봉기군蜂起軍이 황하를 건너자 장춘궁長春宮으로 가서 이연 부자를 알현하고 위북도渭北道 행군전첨行軍典籤에 임명되었다. 이세민이 정벌을 하러 갈 때 항상 참가하였으며, 여러 차례 승진하여 비부낭중比部郎中에 임명되고 상당현공上黨縣公에 봉해졌다. 626년(무덕武德 9년)에 태자太子 이건성과 제왕 이원길이 이세민을 해치려고 모의했을 당시, 장손무기는 먼저 손을 써서 그들을 주살할 것을 이세민에게 권했다. 그의 뜻을 받아들인 이세민은 은밀히 방현령과 두여회 등을 불러 함께 대책을 마련하였다. 6월 4일 장손무기는 울지경덕, 후군집, 장공근, 유사립劉師立, 공손무달公孫武達, 독고언운獨孤彦雲, 두군작杜君綽, 정인태鄭仁泰, 이맹상李孟嘗 등 아홉 명과 함께 현무문으로 들어가 이건성과 이원길을 쳐서 그들의 세력을 평정하였다. 장손무기는 이세민이 춘궁春宮(즉 동궁東宮. 황태자를 말함)에 오른 후 태자좌서자太子左庶子에 임명되었고, 황제로 즉위한 후에는 좌무후左武候대장군에 임명되었다.

627년(정관貞觀 원년), 이부상서로 영전하고 공로가 으뜸이라서 제국공濟國公으로 진봉되었으며, 실봉實封 1천3백 호를 하사 받았다. 고대에, 공로가 있는 왕족이나 공신 또는 대신에게 특별 보상으로 내려준 영지領

地를 식봉食封이라고 했다. 이를 식읍食邑, 식토食土, 채읍采邑, 채지采地라고도 했으며, 죄를 짓지 않는 한 봉작封爵과 함께 자손들에게 대대로 상속되었다. 또한 실봉이란 봉읍 안의 과호課戶(과역課役의 부담자)가 바치는 조세를 실제로 취득할 수 있는 식봉食封을 말한다. 진식眞食 혹은 진식읍眞食邑이라고도 한다.

태종 이세민은 장손무기가 천자를 보좌한 원훈元勳이고 게다가 외척의 지위를 겸하였기 때문에 예우를 특히 중하게 하였으며 언제든지 침실을 출입해도 좋다는 어명을 내렸다. 그 해(627년)에 상서우복야에 임명되었다. 당시 돌궐의 힐리 칸은 당과 새로 화친의 맹약을 맺었다. 그러나 당의 여러 대신들은, 지금 돌궐의 정교政教가 문란하니 이 틈을 타서 공략해서 취하자는 계책을 내놓았다. 태종이 소우와 장손무기를 불러 물었다.

"북쪽의 돌궐은 군신 간에 질서가 문란하여 무고한 사람들을 죽이고 있소. 우리나라가 이전의 좋은 관계를 저버리지 않으면 혼란한 때를 틈타 공격할 수 있는 기회를 잃게 될 것이요, 지금 그들의 어지러움을 틈타 멸망시킨다면 또한 동맹의 의를 저버리게 될 것이오. 이 두 길을 아직 결정하지 못했는데 어느 것이 낫겠소?"

소우가 말하였다.

"혼란한 때를 틈타 공격한다면 치는 것이 낫겠습니다."

장손무기가 말하였다.

"지금 우리나라는 무기를 거두어들이는데 힘을 써야 할 때이니, 저들이 변경을 침략했을 때를 기다려 치는 것이 좋겠습니다. 저들은 이미 세력이 미약해져서 틀림없이 침범할 수가 없습니다."

태종은 장손무기의 말을 따랐으며, 돌궐은 얼마 안 있어 정치가 쇠약해져 멸망해버리고 말았다.

어떤 사람이 은밀히 표表를 올려 장손무기의 권세가 지나치게 성하다고 말하니 태종이 그 표를 장손무기에게 보여주면서 말하였다.

"짐과 경은 군신지간이라 모든 일에 의심이 없어야 하오. 만약 각자들은 바를 가슴에 품고 말하지 않으면 군신의 의미는 얻어질 수가 없소."

이어서 백관을 불러 장손무기를 일러 말하였다.

"짐에게는 지금 자식이 있는데 모두 아직 어리고, 장손무기는 짐에게 실로 큰 공이 있으니 이제 그에게 자식들을 맡기겠소. 소원한 사람들끼리는 친하게 지내고, 낯선 사람들끼리는 오랜 친구처럼 지내야 할 것이오. 앞으로 그를 일러 순종하지 않는 사람이라고 말한다면 짐은 취하지 않을 것이오."

장손무기는 가득 차는 것을 깊이 경계하여 중요 직책을 간절하게 사양하였으며, 문덕황후도 그를 위해 사정을 말하자, 태종은 그에게 개부의동삼사를 제수하고 상서좌복야의 직책을 해임하였다. 이 해에 태종이 친히 남쪽 교외로 나가 제사를 지내고 돌아오는 길에 장손무기와 사공 배적裴寂에게 함께 금로金輅(천자가 타는 황금장식 수레)에 오르라는 명을 내렸다. 631년(정관 5년), 장손무기와 방현령, 두여회, 울지경덕 등 네 사람은 원훈元勳의 신분이었기 때문에 각기 자식 한 명씩 군공郡公으로 봉해지는 은전을 받았다.

633년(정관 7년) 10월에 태종은 장손무기를 사공으로 임명하였는데, 장손무기가 고사를 하였으나 윤허하지 않았다.

태종이 왕업의 어려움과 천자를 보좌한 힘을 회상하고 다시 「위봉부威鳳賦」를 지어 장손무기에게 하사하였다.

637년(정관 11년), 여러 공신에게 자사를 세습시키라는 조칙을 내렸다.

> 장손무기는 조주趙州 자사를 윤허하고, 조국공趙國公으로 개봉한다. 상서좌복야尙書左僕射인 위국공魏國公 방현령은 송주宋州 자사를 윤허하고, 양국공梁國公으로 개봉한다. 사공司空이었던 작고한 채국공蔡國公 두여회는 밀주密州 자사를 추증하고, 내국공萊國公으로 개봉한다. 특진特進인 대국공代國公 이정은 복주濮州 자사를 윤허하고, 위국공衛國公으로 개봉한다. 특진, 이부상서인 허국공許國公 고사렴은 신주申州를 윤허하고, 신국공申國公으로 개봉한다. 병부상서인 노국공潞國公 후군집은 진주陳州 자사를 윤허하고, 진국공陳國公으로 개봉한다. 형부상서인 임성군왕 이도종李道宗은 악주鄂州 자사를 윤허하고, 강하군왕江夏郡王으로 개봉한다. 진주晉州 자사인 조군왕趙郡王 이효공은 관주觀州 자사를 윤허하고, 하간군왕河間郡王으로 개봉한다. 동주同州 자사인 오국공吳國公 울지경덕은 선주宣州 자사를 윤허하고, 운국공鄂國公으로 개봉

한다. 병주도독부장사幷州都督府長史인 조국공曹國公 이적李勣은 기주蘄州 자사를 윤허하고, 영국공英國公으로 개봉한다. 좌효위대장군左驍衛大將軍인 초국공楚國公 단지현은 금주金州 자사를 윤허하고, 포국공褒國公으로 개봉한다. 좌령군대장군左領軍大將軍인 숙국공宿國公 정지절은 보주普州 자사를 윤허하고, 노국공盧國公으로 개봉한다. 태복경太僕卿인 임국공任國公 유홍기는 낭주朗州 자사를 윤허하고, 기국공夔國公으로 개봉한다. 상주도독부장사相州都督府長史인 우국공鄅國公 장량張亮은 예주澧州 자사를 윤허하고, 운국공鄖國公으로 개봉한다. 나머지 관작과 식읍은 이전과 같이 하고, 자손들로 하여금 세습하게 한다

장손무기 등이 아뢰었다.

"신 등은 형극荊棘(고난을 뜻함)을 헤치고 폐하를 섬겨서 지금 해내海內(나라 안)는 한결같이 평안하여 멀리 떨어져 있기를 원치 않는데도 대대로 외주外州를 다스리라 하심은 그곳으로 이주하라는 것과 무엇이 다르겠습니까?"

그러고 나서 방현령 등과 함께 표를 올려 불가함을 역설하였다.

태종이 표를 보고 나서 말하였다.

"땅을 나누어서 공신에게 봉함은 고금의 통의通義이며, 짐의 뜻은 공들의 후사가 짐의 자손을 도와 울타리 노릇을 하여 영원히 이 나라를 보전하고자 하는 것이오. 공들이 산하山河의 맹세를 가볍게 여기고 원망하는 말들을 해대니 짐 역시 어찌 공들에게 땅으로써 강요를 하겠소?"

이에 마침내 이 일을 없던 일로 하였다.

638년(정관 12년), 태종이 그의 집에 행차하여 그의 모든 친족에게 차등 있게 하사품을 주었다. 642년(정관 16년), 장손무기를 사도로 제수하였다.

643년(정관 17년), 장손무기 등 24명의 초상화를 능연각凌煙閣에 그렸다. 조칙은 다음과 같다.

> 정관 17년 장손무기 등 스물 네 명을 능연각에 그리라는 조서를 내렸다. 조서의 내용은 다음과 같다. 예로부터 황제는 공 있고 덕 있는 사람을 기리고 높여서 종정에다 새기고 단청에다 초상화를 그린다. 그래서 감로甘露 연간의 훌륭한 신하들은 기린각麒麟閣에다 그들의 아름다운 행적을 기록하였고, 건무建武 연간의 공신들은 운대雲臺에다 그들의 자취를 기록하였다. 사도司徒 · 조국공趙國公 장손무기, 고故 사공司空 · 양주揚州 도독 하간원왕河間元王 이효공, 고 사공 · 내국성공萊國成公 두여회, 고 사공 · 상주相州 도독 · 태자태사太子太師 · 정국문정공鄭國文貞公 위징, 사공 · 양국공梁國公 방현령, 개부의동삼사開府儀同三司 · 상서좌복야尙書右僕射 · 신국공申國公 고사렴, 개부의동삼사 · 악국공鄂國公 울지경덕, 특진特進 · 위국공衛國公 이정, 특진 · 송국공宋國公 소우, 고 보국대장군輔國大將軍 · 양주揚州 도독 · 포충장공褒忠壯公 단지현, 보국대장군 · 기국공夔國公 유홍기, 고 상서좌복야 · 장충공蔣忠公 굴돌통, 고 섬동도행대좌복야陝東道行臺右僕射 · 운절공鄖節公 은개산, 고 형주荊州 도독 · 초양공譙襄公 시소, 고 형주荊州 도독 · 비양공邳襄公 장손순덕, 낙주洛州 도독 · 운국공鄖國公 장량, 광록대

부光祿大夫 · 이부상서 · 진국공陳國公 후군집, 고 좌효위대장군左驍衛大將軍 · 담양공郯襄公 장공근, 좌영군대장군左領軍大將軍 · 노국공盧國公 정지절, 고 예부상서 · 영흥문의공永興文懿公 우세남, 고 호부상서 · 투양공渝襄公 유정회, 광록대부 · 호부상서 · 거국공莒國公 당검, 광록대부 · 병부상서 · 영국공英國公 이적, 고 서주徐州 도독 · 호장공胡壯公 진숙보 등.

그 해에 태자 이승건李承乾이 죄를 지었다. 태종은 이승건을 폐하고 진왕晉王 이치李治를 후계자로 세우려고 하였으나 차자次子는 안 된다는 제한 때문에 결정을 내리지 못하고 있었다. 당시 양의전兩儀殿에 거둥擧動(임금의 나들이) 하였는데, 백관이 다 나가고 장손무기를 비롯하여 사공 방현령, 병부상서 이적 세 사람만이 남아 있었다. 태종이 그들에게 말하였다.

"나에게는 아들 셋에 동생 하나가 있는데, 하는 행동이 하나같이 그러하니 내 마음이 의지할 곳이 없소."

그러면서 스스로 상에서 뛰어내려 허리에 차고 있던 칼을 뽑아 자신을 찌르려고 하였다. 장손무기 등은 놀라고 두려워하면서 앞 다투어 태종을 끌어안고 칼을 뺏어 진왕에게 주었다. 장손무기 등이 태종에게 하고자 하는 바를 여쭈니 태종이 대답하였다.

"나는 진왕을 세우고 싶소."

장손무기가 말하였다.

"삼가 조칙을 받들겠습니다. 이의가 있는 자는 신이 목을 베도록 하겠습니다."

태종이 진왕에게 말했다.

"너의 외삼촌이 너를 허여하였으니, 절을 하여 사례를 해야 할 것이야."

진왕이 아래로 내려와 절을 하였다. 태종이 장손무기 등에게 말하였다.

"공들의 뜻은 내 뜻과 부합하는데, 세론世論(여론)은 어떤지 알 수가 없소."

장손무기가 대답하였다.

"진왕께서는 어질고 효성스러워서 천하 사람들의 마음이 그에게 향한 지 오래되었습니다. 백관을 불러 하문하셔도 틀림없이 다른 말이 없을 것입니다. 만약 같은 소리를 하지 않는다면 신이 폐하께 책임을 지고 만 번 죽겠습니다."

이리하여 마침내 진왕을 태자로 세우기로 결정하였으며, 이 일로 인해 장손무기에게 태자 태사太師를 덧붙여 제수하였다. 얼마 후에 태종은 다시 오왕吳王 이각李恪을 태자로 세우려고 하였으나 장손무기가 은밀히 태종과 쟁론을 하여 이 일은 마침내 철회되었다.

645년(정관 19년), 태종이 고구려를 정벌하러 가면서 장손무기에게 시중侍中을 맡겼다. 정벌에 실패하고 돌아오자, 장손무기는 사부의 자리를 고사하였다. 태종은 조서를 내려 태자태사를 그만 두게 하였다. 647년(정관 21년), 태종은 장손무기를 멀리 떨어진 양주揚州 도독으로 임명하였다. 649년(정관 23년), 태종의 병환이 심해지면서 장손무기와 중서령中書令 저수량褚遂良(596~658) 두 사람에게 명을 내려 정사를 돕게 하였다. 태종이 저수량에게 말하였다.

"장손무기는 나에게 충성을 다한 사람으로서, 내가 천하를 갖게 된 것은 대부분 이 사람의 힘이오. 그대가 정사를 보필하면서부터는 비방하는 무리들이 장손무기에게 해를 끼치지 못하도록 하시오. 만약 그렇지 못하면 그대는 더 이상 나의 신하가 아니오."

태종이 세상을 떠나고 고종 이치가 즉위하자 장손무기는 태위太尉에 임명되고, 이전처럼 양주 도독을 겸하고 상서성尙書省과 문하성門下省의 일을 맡았다. 당 왕조는 정치제도 방면에서 수나라와 마찬가지로 삼성육부제三省六部制를 시행하였다. 삼성은 중서성, 문화성과 상서성尙書省을 말하며, 각 기관의 최고책임자는 중서령中書令, 시중侍中, 상서령尙書令으로서 모두 재상이다. 태종 이세민이 일찍이 상서령을 지낸 적이 있어 나중에는 상서령을 임명하지 않았기 때문에 좌우의 복야僕射 즉 좌복야, 우복야가 상서성의 책임자가 되어 재상의 권한을 행사하였다. 중서성에서 황제의 명령을 기초하면, 문하성에서 심의한 후에 황제의 인가를 거치며, 이를 상서성에서 하부인 이부吏部, 호부戶部, 예부禮部, 병부兵部, 형부刑部, 공부工部 등 육부를 통해 집행한다.

장손무기가 상서성의 일을 고사하자, 이를 윤허하고 태위의 신분으로 중서문하삼품中書門下三品을 함께 하도록 하였다. 651년(영휘永徽 2년), 장손무기는 국사國史를 감수하였다.

고종이 일찍이 공경들에게 말하였다.

"짐은 글을 올리는 길을 열어 두어 기록할 만한 의견이 있으면 장차 그를 발탁하기를 바랐소. 근래에 상소는 비록 많으나 받아들일 만한 것은 없구려."

장손무기가 대답하였다.

"폐하가 즉위한 후로는 정치교화가 잘 시행되고 법령 조항이 실로 빠진 것이 없습니다. 일을 말하는 자가 자기의 천박한 견해에 따라 함부로 요행을 바란다면 그 상소는 풍속과 교화에 전혀 도움이 될 게 없습니다. 그러나 모름지기 이 길을 열어 두어야만 그래도 때때로 직언이 있기를 바랄 수 있으며, 만약 이 길을 막아버린다면 아래 사람들의 마음이 위로 전달되지 못할까 두렵습니다."

당시 장손무기의 지위는 원구元舅에 해당하였으며, 고종은 여러 차례 그가 제시한 계책을 받아들이지 않은 것이 없었다. 이듬해(652년), 여러 차례 상소를 하여 사직을 청하였으나 고종은 그 때마다 윤허하지 않았다. 654년(영휘 5년), 고종은 친히 장손무기의 집에 행차하여 그의 세 아들을 보고 모두 조산대부朝散大夫로 임명하였다. 또 어명을 내려 장손무기의 초상화를 그리게 하고 친히 화찬畵贊(그림에 곁들여 놓은 찬사의 글)을 써서 하사하였다.

655년(영휘 6년), 고종이 소의昭儀 무씨武氏(훗날의 측천무후)를 황후로 삼으려고 하였는데, 장손무기가 누차에 걸쳐 불가하다고 강력하게 반대하였다. 그러자 고종은 그의 마음을 돌리기 위해 은밀히 금, 은, 보기寶器 각각 한 수레와 비단 열 수레를 보냈다. 소의의 모친 양楊씨도 장손무기의 집에 찾아가 여러 차례나 간청을 하였다. 당시 예부상서 허경종許敬宗(592~672)이 또 여러 번이나 거듭 청하였으나 장손무기는 좋지 않은 얼굴빛을 하며 거절하였다. 고종은 후에 다시 장손무기, 좌복야 우지령于志寧(588~665), 우복야 저수량을 불러서 말하였다.

"무 소의는 훌륭한 덕을 갖추고 있어 짐이 황후로 삼으려고 하는데 경들의 생각은 어떠하오?"

장손무기가 대답하였다.

"정관 23년(649년) 이후로 선대의 조정이 저수량에게 부탁을 하였으니 그에게 가부를 하문하시기를 바랍니다."

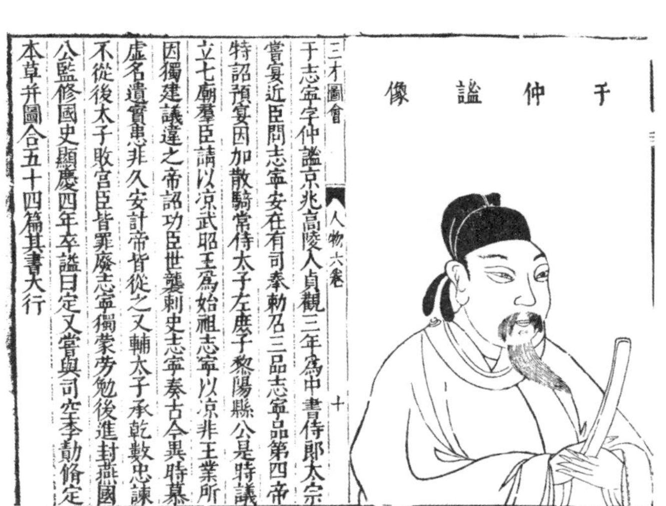
三才圖會 人物六卷 十

于志寧字仲謐京兆高陵人貞觀三年爲中書侍郎太宗嘗宴近臣問志寧安在有司奏勑召三品志寧品第四帝特詔預宴因加散騎常侍太子左庶子黎陽縣公是時議立七廟羣臣請以凉武昭王爲始祖志寧以凉非王業所因獨建議違之帝詔功臣世襲刺史志寧奏古今異時慕虛名遺實患非久安計帝皆從之又輔太子承乾數忠諫不從後太子敗宮臣皆罪廢志寧獨蒙勞勉後進封燕國公監修國史顯慶四年卒謚曰定又嘗與司空李勣脩定本草幷圖合五十四篇其書大行

우지령(588~665). 자는 중밀中謐이다. 선비족. 귀족 출신의 집안에서 태어났다. 정관 3년에 중서시랑, 태자좌서사로 임명되어 태자 이승건의 교육을 전담하게 되었다. 영휘 2년에 상서좌복야로 승진하였다. 『수서隋書』를 비롯해서 각종 율령, 예전 편찬에 참여하였으며 저서로는 『간원諫苑』 20권이 있다. 출전: 『삼재도회』

그러나 고종은 장손무기 등의 말을 따르지 않고 마침내 소의를 황후로 삼았다. 황후는 장손무기가 이전에 자기에게 중상重賞을 받고도 도와주지 않은 것을 마음속에 담아두고 있었다.

656년(현경顯慶 원년), 장손무기는 사관史官이며 국자좨주國子祭酒인 영호덕분令狐德棻(583~666)과 함께 무덕과 정관 시기의 역사를 80권으로 모아 편찬하고 표를 올렸으며, 이 공으로 물품 2천 단段을 하사 받았으며, 그의 아들 장손윤長孫潤은 금성현자金城縣子로 봉해졌다.

659년(현경 4년), 중서령 허경종이 사람을 보내 감찰어사 이소李巢와 장손무기가 서로 내통하여 모반을 하였다는 봉사封事를 올리자, 고종은 허경종과 시중 신무장辛茂將에게 그들을 국문하라는 어명을 내렸다. 봉사란 남에게 새어 나가지 않도록 밀봉해서 천자에게 올리는 서장書狀을

許延族像

三才圖會　人物六卷　二四

許敬宗字延族杭州新城人幼善屬文太宗聞其名貞觀中除著作郎兼修國史高麗之役岑文本卒帝驛召敬以本官檢校中書侍郎駐驆山破賊命草詔馬前帝愛其藻警由是專掌誥令太子承乾廢官臣皆除名敬宗爲言帝悟多所甄復比高宗朝遷禮部尚書乃以女嫁蠻酋勸帝立武才人廢王后太子而立代王又陰連后殺梁王長孫無忌故史列之姦臣傳耳

허경종(592~672).
출전: 『삼재도회』

말한다. 허경종은 장손무기가 모반한 단서가 있다고 아뢰었다. 고종이 말하였다.

"우리 집안이 행복하지 못하여 친척들한테 자주 나쁜 일이 생기는 게요. 고양高陽 공주는 짐과 동기간이나 왕년에 결국 방유애房遺愛와 모반을 하였는데, 지금은 외삼촌이 나쁜 마음을 가지고 있구려. 가까운 친척이 이러하니 내가 만백성을 대하기가 부끄럽구려."

허경종이 말하였다.

"방유애와 같은 젖비린내 나는 아이가 여자와 모반을 하는 것이 어찌 성사될 수 있겠습니까? 그러나 장손무기는 선황과 천하를 함께 도모하여서 많은 사람들이 그의 지혜에 감복을 하고 있고, 재상을 30년 동안이나 지내서 백성들이 그의 위세를 두려워하고 있으니 그야말로 위세는 만물을 복종시킬 수 있고 지혜는 대중을 선동할 만하다고 말할 수 있습니다. 신은 장손무기가 이 일이 탄로 난 것을 알고 곧바로 급계를 써서 소매를 걷어 올리고 뜻을 같이한 사악한 무리들에게 한 번 호령할 것을 두려워하고 있으니 이는 반드시 종묘에 깊은 우환거리가 될 것입니다. 진실로 원컨대 폐하께서는 결단을 내리셔서 신속하게 그를 잡아들이시고 법에 따라 그의 집안을 없애버리소서."

고종이 눈물을 흘리며 말하였다.

"나는 그러한 처벌을 차마 할 수가 없소. 후대의 훌륭한 사관은 내가 친척들과 화합하지 못해 일이 이 지경에 이르렀다고 할 것이오."

허경종이 말하였다.

“한나라 문제文帝는 한 황실의 명군이며, 박소薄昭는 바로 황제의 외삼촌입니다. 당시 박소도 큰 공훈이 있어 지금의 장손무기의 경우와 상황이 다르지 않습니다. 훗날 박소가 살인에 연좌되었을 적에, 문제는 나라의 법을 애석해하면서 조정의 신하들에게 상복을 입고 그의 집에 가서 울면서 그를 죽이라고 하였는데, 후세의 훌륭한 사관들은 그 조치를 잘못이라고 여기지 않았습니다. 지금 장손무기가 선조의 대덕을 잊고, 폐하의 지친至親(매우 가까운 친족)이라는 신분을 버린 채 사악한 모의를 듣고 마침내 패역悖逆을 마음속에 품었으니 이는 만백성을 도탄에 빠뜨리는 데 뜻을 둔 것입니다. 만약 박소의 죄악과 비교한다면 시대가 같다고 말할 수는 없으나 여러 형법서를 살펴보건대 오족五族을 주살해야 마땅합니다. 신이 듣건대 처단해야 할 것을 처단하지 않으면 오히려 반역을 당한다고 합니다. 천하의 대권과 같은 일은 터럭만큼이라도 틈을 용납하지 않는 법이며, 만약 조금이라도 지체하신다면 곧바로 변이 발생할 것으로 염려되니 청컨대 조속히 결단을 내려 주시옵소서.”

황제는 마침내 장손무기가 모반한 연유를 묻지 않고 오직 허경종이 무고로 얽은 말만 듣고서 그의 관작官爵을 몰수하고 검주黔州로 유배를 보냈으며, 병사들이 유배지까지 호송하게 하였다. 비서감祕書監이자 부마도위駙馬都尉인 장손충長孫沖 등 그의 아들들도 모두 제명除名되고 영외嶺外로 유배되었다.

허경종은 얼마 후에 이부상서 이의부李義府와 함께 대리정大理正 원공

유袁公瑜을 검주로 보내 장손무기의 반역 죄상을 거듭 추궁하게 하였는데, 원공유는 장손무기를 핍박하여 목을 매어 자살하게 하고 그의 집을 적몰籍沒(중죄인의 재산을 몰수하고 가족까지 처벌하는 것을 말함)하였다. 당 왕조를 위해 대공을 세운 장손무기의 무고한 죽음 때문에 천하 사람들은 오늘날에 이르러서도 그를 애도하고 있다. 674년(상원上元 원년), 고종은 조서를 내려 장손무기의 관작을 복원시키고 특별히 장손무기의 손자 장손연長孫延에게는 제헌공齊獻公의 제사를 주관하게 하였다.

장손무기는 이십사절후 중에서 동지冬至를 관장한다.

【출전】『구당서』 권65(「열전」 제15), 『신당서』 권105(「열전」 제30)

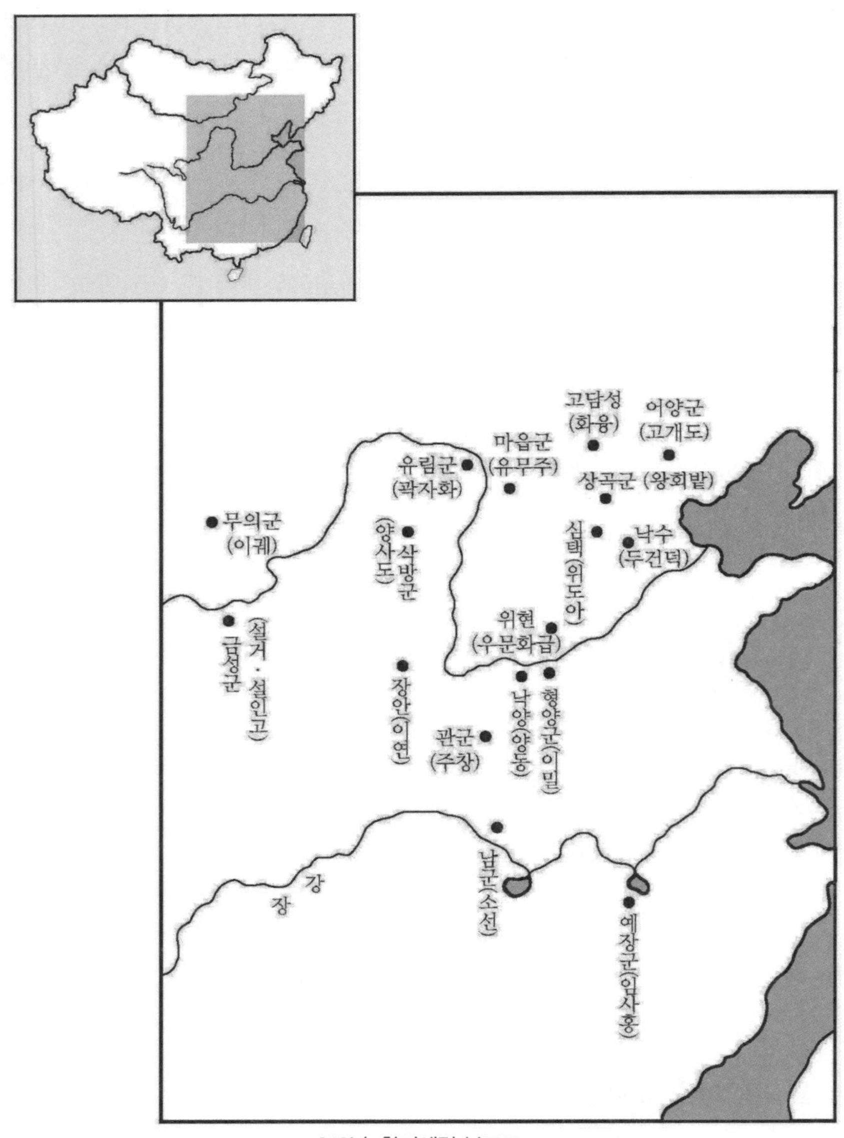

618년, 할거세력 분포도

2. 화와 복은 일정한 문이 없다고 한

이효공李孝恭

출정을 앞두고 이효공은 연회를 마련하여 여러 장수들을 한 자리에 불렀다.
물을 가져오라는 명을 받고 시종이 물을 들고 들어왔는데,
이 물이 갑자기 피로 변하여 좌석에 있던 사람들이 모두 대경실색을 하였다.
그러나 이효공은 전혀 동요함이 없이 행동거지가 태연자약하였으며
천천히 그들을 깨우쳐 주었다.
"화와 복은 문이 없고 오직 사람이 부르는 것이오.
스스로 돌아보아 등에 진 물건이 없는데
공들은 무엇 때문에 깊은 근심을 하시오!"

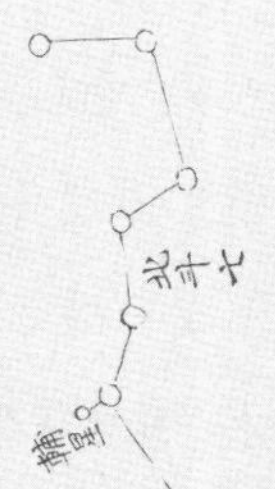

하간왕河間王 이효공(591~640)은 양무왕襄武王 이침李琛의 동생이다.

이연은 수도 장안을 함락하고 나서 그를 좌광록대부左光祿大夫로 제수하였으며, 얼마 후에 다시 산남도山南道 초위대사招慰大使로 임명하였다. 이효공은 금주金州로부터 파촉巴蜀으로 나왔는데, 가는 곳마다 예를 갖추어서 설득하였더니 항복한 곳이 30여 주에 달했다. 이효공이 주찬朱粲(?~621)을 공격해서 격

파할 때 여러 장수가 말했다.

"이 자는 사람을 잡아먹는 도적으로서 그 피해가 실로 크니 구덩이를 파서 묻어 버립시다."

이효공이 말하였다.

"옳지 않소. 여기부터 동쪽은 모두 도적의 땅인데 만약 이 일이 알려진다면 어느 누가 와서 항복을 하겠소?"

마침내 주찬을 비롯하여 그의 부하들을 죽이지 않고 모두 풀어주었는데, 이 일이 알려지면서 항복을 권유하는 서한과 격문을 받은 곳들은 서로 줄을 이어 항복을 하였다.

619년(무덕 2년), 고조 이연은 이효공을 신주信州 총관으로 임명하였다. 당시 소선蕭銑(583~621)은 강릉江陵에 웅거하고 있었는데, 이효공이 소선을 평정하는 계책을 올렸더니 고조가 가상히 여기고 이를 받아들였다. 620년(무덕 3년), 소선은 왕의 작위를 받았다. 당시 신주의 명칭을 기주夔州로 고쳤는데, 이효공을 기주의 총관으로 임명하고서, 조칙을 내려 큰 배를 만들고 수전水戰을 교습敎習하여 소선을 정벌하게 하였다. 이효공은 파촉 수령의 자제들을 불러서 그들의 재주를 헤아려 능력에 맞게 등용을 하고 자신의 좌우에 두었는데, 겉으로는 그들을 발탁한 것으로 보이나 실제로는 인질로 삼은 것이었다. 얼마 안 있어 이효공은 형상도荊湘道 행군총관에 임명되어 수륙 12총관을 통솔하고 협주硤州를 출발해서 강릉을 공격하였다. 이효공은 소선의 수성水城을 공격해서 함락시켰으며 이 싸움에서 노획한 배들을 모두 장강으로 흘어보냈다. 여러 장수가 이구동성으로 말하였다.

"적의 배를 노획하였으면 마땅히 그것을 이용해야지 어찌 그것을 버려서 적을 도와주십니까?"

이효공이 말하였다.

"그렇지 않소. 소선의 땅은 남으로는 영외嶺外에 달하고, 동으로는 동정洞庭에 이릅니다. 만약 성을 공격하다가 함락시키기도 전에 그들의 원병이 도착하면 우리는 안팎으로 적을 맞게 되어 진퇴를 할 수 없게 되는데, 그렇게 된다면 우리에게 비록 배가 있다한들 무슨 소용이 있겠소?"

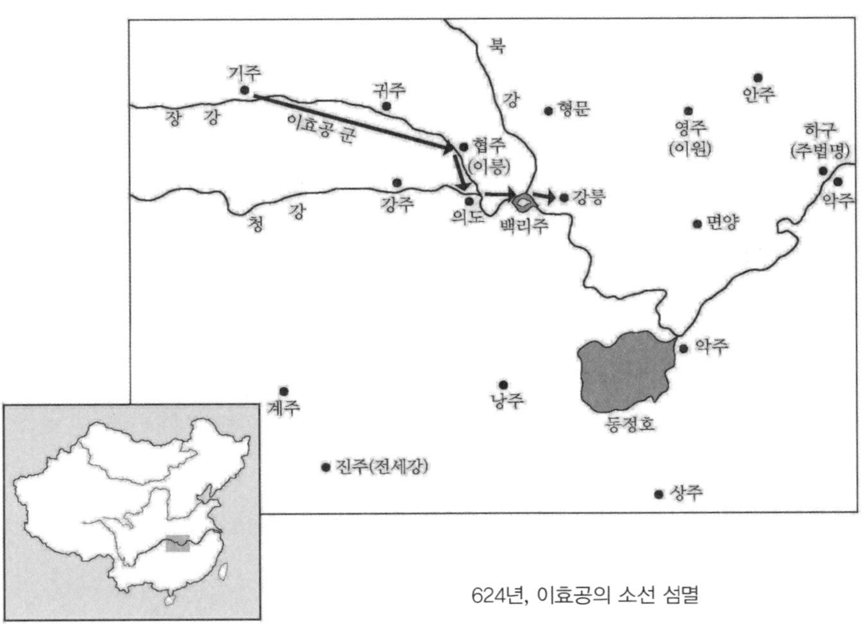

624년, 이효공의 소선 섬멸

소선의 구원병은 파릉巴陵에 당도한 후 배들이 장강을 따라 떠내려 오는 것을 보고 과연 의심을 하고 감히 함부로 진격을 하지 못했다. 안과 밖이 차단되자 할 수 없이 소선은 성을 나와서 항복을 하였다. 고조가 크게 기뻐하여 이효공을 형주荊州 대총관으로 삼고는, 화공을 시켜 그의 초상을 그리게 해서 늘 가까이에 두고 보았다. 형주로 간 이효공은 둔전을 개간하고 구리 대장간을 처음으로 세워서 백성들의 생활을 크게 향상시켰다. 둔전이란 변경이나 군사 요지에 주둔한 군대의 군량을 마련하기 위하여 설치한 토지를 말한다.

623년(무덕 6년)에 양주도襄州道 행대상서좌복야로 옮겼다. 당시에 형주와 양주는 비록 평정하였다고는 하나 영표嶺表가 아직 평정되지 않았는데, 이효공이 사람을 각주各州로 나누어 파견해서 그들을 위로하였더니 영남 49주가 모두 와서 항복을 하였다.

보공석輔公祏(?~624)이 강동에 웅거해서 반기를 들고 군사를 일으켜서 수양壽陽을 점령하자, 고조는 이효공을 행군원수行軍元帥로 임명하고 그를 공격하게 하였다. 624년(무덕 7년), 이효공은 형주로부터 구강九江으로 나아갔는데, 당시에 이정, 이적, 황군한黃君漢, 장진주張鎭州, 노조상盧祖尙이 함께 이효공의 지휘를 받았다. 장차 출정을 앞두고 이효공은 연회를 마련하여 여러 장수들을 한 자리에 불렀다. 물을 가져오라는 명을 받고 시종이 물을 들고 들어왔는데, 이 물이 갑자기 피로 변하여 좌석에 있던 사람들이 모두 대경실색을 하였다. 그러나 이효공은 전혀 동요함이 없이 행동거지가 태연자약하였으며 천천히 그들을 깨우쳐 주었다.

"화와 복은 일정한 문이 없고 오직 사람이 부르는 것이오. 스스로 돌아보아 등에 진 물건이 없는데 공들은 무엇 때문에 깊은 근심을 하시오! 보공석은 악행이 쌓여 화가 차고 넘쳤기 때문에 이제 조정에서 의결한 계책을 받들어 토벌을 하기에 이르렀소. 사발 속의 피는 바로 보공석의 머리를 받는다는 징조이오."

이효공이 말한 화와 복은 일정한 문이 없고 오직 사람이 부르는 것이라는 뜻의 '화복무문禍福無門, 유인소소唯人所召'라는 말은 원래 『춘추좌씨전』「양공襄公 23년」에 나오는 말이다. 이야기는 이러하다.

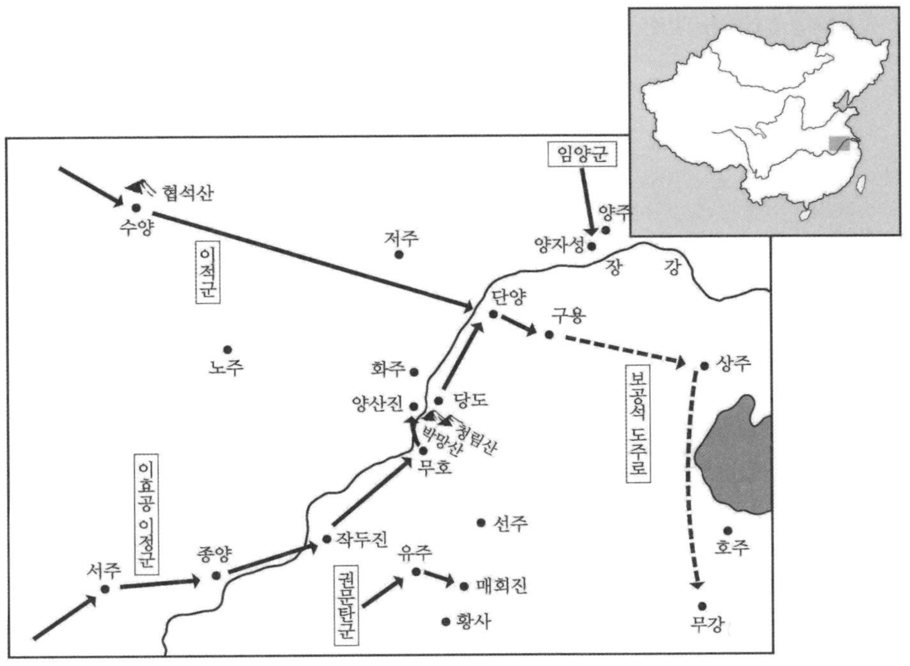

624년, 이효공의 보공석 섬멸

노魯나라 양공 23년, 즉 공자가 태어난 지 얼마 안 된 기원전 550년에 있었던 일이다.

노나라 대부 계손숙季孫宿에게는 정부인한테서 낳은 적자嫡子가 없었다. 희첩姬妾의 소생인 공미公彌(즉 공서公鉏)가 장남이었지만, 계손숙은 어린 도자悼子를 사랑하여 후계자로 세우려고 하였다. 공미를 대부 집안의 병마兵馬를 담당하는 마정馬正으로 삼았으나, 공미는 원한이 생겨 일을 하려 하지 않았다.

민자마閔子馬란 대부가 공미를 만나서 말했다.

"그대는 그렇게 하면 아니 되오. 화와 복은 일정한 문이 없고 오직 사람이 부르는 것이오. 자식 된 사람은 부모에게 효도하지 못함을 근심해야지 지위가 없음을 근심하지 않는 법이라오. 부모의 명령을 공경스럽게 따른다면 일이 어찌 고정 불변하리오? 만약 효도하고 공경한다면 부富가 계씨보다 배로 늘어날 것이요, 간사한 마음으로 법도를 어긴다면 화가 백성들보다 배나 될 것이오."

공미는 이 말을 옳게 여겨, 공경하는 마음으로 아버지에게 조석으로 문안하고 성심껏 직무를 처리하였다. 계손숙은 매우 기뻐서 공미에게 자기를 집으로 초대하라고 한 후 함께 술을 마시고 가지고 간 연회에 필요한 그릇들을 전부 남겨두었다. 그래서 공미는 부유해질 수 있었고, 또한 양공을 보좌하는 좌재左宰 벼슬도 하였다.

오늘날에도 '화복무문'이라는 성어로 많이 쓰이는데, 화복은 운명으로 결정되어 있는 것이 아니라 사람이 선한 일을 하면 복을, 악한 일을 하면 화를 받는다는 말이다.

말을 마친 이효공이 마침내 물을 다 마시고 연회를 마쳤는데, 당시 사람들은 그가 학식과 도량으로 많은 사람들을 안정시킨 일에 탄복을 하였다.

보공석은 부하 장수 풍혜량馮惠亮과 진당시陳當時에게 수군을 이끌고 박망산博望山에 주둔하게 하고, 진정통陳正通과 서소종徐紹宗에게는 보병과 기병을 이끌고 청림산靑林山에 군영을 세우게 하였다. 이효공은 이곳에 이르러서 벽을 굳게 쌓을 뿐 나와서 싸우지 않고 기병을 시켜 그들의 식량보급로를 끊었다. 적들은 점차 먹을 것이 떨어지자 밤에 이효공의 군영을 침범하였다. 그래도 이효공은 편안하게 누워서 움직이지 않았다. 이튿날 약한 군사들을 풀어놓아 적의 보루를 공격하게 하고, 노조상을 시켜 정예기병을 이끌고 진을 벌려서 그들을 기다리게 하였다. 얼마 후에 보루를 공격하던 군사들이 패해서 달아나자 적은 추격을 하느라 보루에서 나와 수 리를 달려왔다가 뜻밖에 노조상의 군사를 만나 대패하였다. 진정통은 군영을 버리고 달아나서 다시 풍혜량과 함께 양산梁山을 방어하였다. 이효공이 승세를 타서 그들을 공격하여 양산의 별진別鎭을 격파하였는데, 이때 물에 뛰어들어 죽은 자가 수천 명이었으며 진정통은 보병을 이끌고 밤에 달아났다. 총관 이정이 다시 광릉성廣陵城을 함락시키고 양자진楊子鎭을 빼앗았다. 보공석이 궁지에 몰려 단양丹陽을 버리고 동쪽으로 달아나자, 이효공은 기마병에게 명하여 그를 추격하게 하였다. 무강武康에 이르러 보공석을 사로잡고 그의 복야 서문군의西門君儀 등 수십 명이 이효공의 휘하에 들어오면서 강남은 모두 평정되었다. 고조는 옥새 찍은 문서로 포상을 하고, 훌륭한 저택 한 채와 여악女樂 두 부대, 노비 7백 명 및 엄청난 양의 금은보화와 진귀한 물건 등을 하사하였으며, 이효공을 동남도 행대상서좌복야로 제수하였다. 후에 행대가 폐지되고 양주揚州 대도독에 제수되었다.

이효공이 보공석을 격파하자, 강회江淮 및 영남이 모두 그의 관할이 되었다. 대업(605~618) 말엽부터 여러 세력이 다투어 일어났으나 모두 이세민에게 평정되었으며, 휘하에 있는 모신謀臣과 맹장들 중에 특별히 큰 공을 세운 사람은 적었으나 오직 이효공만이 탁월한 공을 세워 명성이 대단하였다. 그는 자신을 중하게 여기고 멀리까지 위명이 떨치기를 바랬으며 석두石頭에 저택을 짓고 주위에 오두막을 늘여 세워서 자신을 지켰다. 얼마 후에 부름을 받고 종정경宗正卿에 제수되었다. 626년(무덕 9년), 실봉 1천2백 호를 하사 받았다. 정관 초엽에 예부상서로 옮겼으며, 공신이라는 이유로 하간군왕河間郡王에 봉해지고, 관주觀州 자사에 제수되고, 장손무기 등과 함께 봉호가 대대로 세습되었다.

이효공은 성격이 사치하고 호화스런 것을 좋아하였으며, 놀고 연회를 베푸는 것을 즐겨서 집안에 가희와 무녀가 1백여 명에 달했다. 그러나 한편으로는 너그럽고 겸양하였으며, 교만하거나 자기를 자랑하는 기색은 없었다. 태종은 다른 종실과는 비할 수 없을 정도로 그를 친하게 대했다. 이효공이 언젠가 한탄하면서 친한 사람에게 이런 말을 한 적이 있다.

"내가 사는 집은 넓고 큰데, 사실은 내 마음이 아니오. 마땅히 팔아야 할 것이오. 내가 죽은 뒤에 자식들이 만약 재주가 있으면 이 풍족함을 지킬 것이요, 만약 재주가 없다면 남이 탐하는 것을 면하기를 바라오."

640년(정관 14년)에 갑자기 세상을 떠났는데, 이때 그의 나이 50세였다. 태종은 소복素服을 입고 애도를 하였으며, 심하게 애통해하며 곡을 하고 그에게 사공司空 · 양주도독揚州都督을 추증하였다. 헌릉獻陵에 장사지냈으며, 원元이라는 시호를 내려주고, 고조의 묘당에 배향하였다.

아들 이숭의李崇義가 관작을 승계하였다. 그는 초국공에 봉해지고 포주蒲州과 동주同州의 자사, 익주益州 대도독장사大都督長史를 역임하였으며, 대단한 위명威名을 떨쳤다. 후에 종정경으로 생을 마쳤다.

이효공은 이십사절후 중에서 소한小寒을 관장한다.

【출전】『구당서』 권60(「열전」 제10), 『신당서』 권78(「열전」 제3)

2

李孝恭

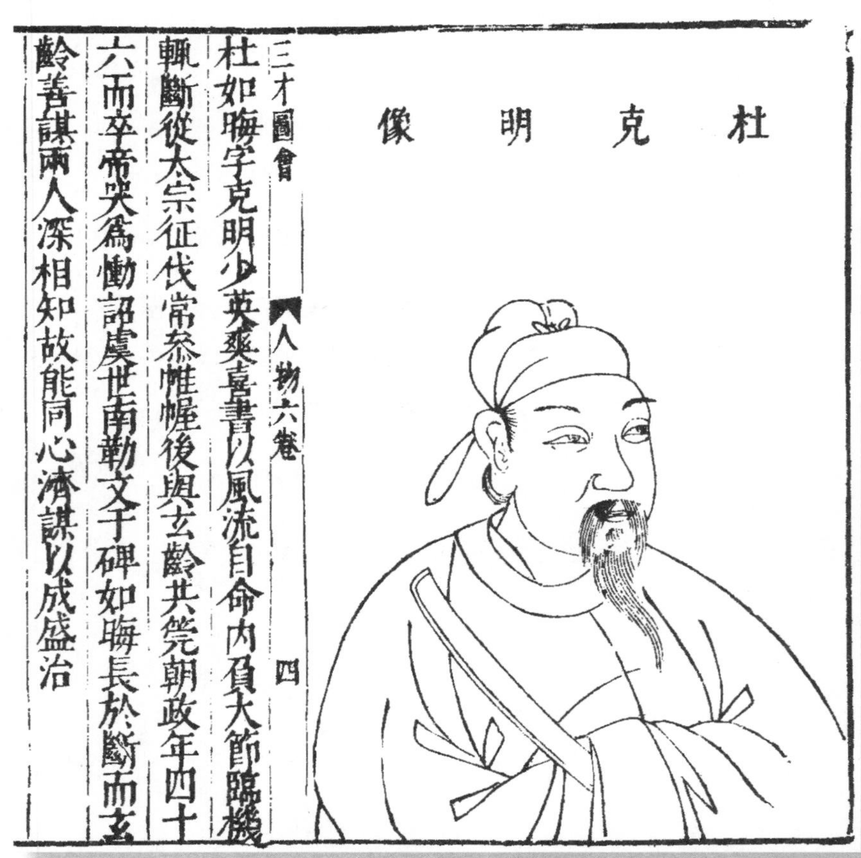
杜克明像

三才圖會 人物六卷 四

杜如晦字克明少英爽喜書以風流自命內負大節臨機輒斷從太宗征伐常參帷幄後與玄齡共筦朝政年四十六而卒帝哭爲慟詔虞世南勒文于碑如晦長於斷而玄齡善謀兩人深相知故能同心濟謀以成盛治

두여회(585~630), 출전: 『삼재도회』

3. 임기응변의 재주를 갖춘 왕좌의 재목

두여회杜如晦

"공은 응변應變의 재주를 갖추고 있어서
응당 동량으로 쓰여야 하니
아름다운 덕을 지키도록 하시오.
지금은 우선 몸을 낮추어 낮은 벼슬을 하시오.
잠시 녹봉이 적을 뿐이오."
"두여회는 문아하고 훌륭하여 광채가 있다.
충忠을 마음속에 품고,
의義를 실천해서 입신을 하고 이름을 날렸도다."

두여회(585~630)는 자가 극명克明이고, 지금의 섬서성 서안시西安市인 경조京兆 두릉杜陵 출신이다.

증조부 두교杜皎는 주周나라에서 개부의동대장군開府儀同大將軍, 수주遂州 자사를 지냈다. 조부 두휘杜徽는 주나라에서 하내河內 태수를 지냈다. 종조부 두과杜果는 주나라에서 온주溫州 자사를 지내고, 수나라에 들어가서 공부상서, 의흥공義興公을 지냈으며, 『주서周書』에 그의 전기가 실려 있다. 부친 두타杜吒는 수나라에서 창주장사昌州長史를 지냈다.

두여회는 어려서 총명하였으며 늘 문학과 역사에 대해 이야기하기를 좋아하였다. 수나라 대업大業 연간에 관리로 임용되었는데, 그가 매우 뛰어난 인재임을 간파한 이부시랑吏部侍郎 고효기高孝基가 그를 불러 말했다.

"공은 임기응변臨機應變의 재주를 갖추고 있어서 응당 동량棟梁(나라의 기둥)으로 쓰여야 하니 아름다운 덕을 지키도록 하시오. 지금은 우선 몸을 낮추어 낮은 벼슬을 하시오. 잠시 녹봉이 적을 뿐이오."

마침내 부양滏陽의 위尉를 돕는 미관말직에 임명된 두여회는 얼마 안 되어 벼슬을 버리고 고향으로 돌아갔다.

이세민이 장안을 평정하고 그를 불러 진왕부의 병조참군兵曹參軍으로 삼았으며, 얼마 후에 섬주총관부陝州總管府의 장사長史로 옮겨주었다. 당시 진왕부에는 영준한 인물이 많았으나 외부로 옮겨간 사람이 상당수 있어 이세민은 이를 근심하였다. 기실記實 직책을 맡고 있는 방현령이 말했다.

"왕부의 막료 중에 떠난 사람이 비록 많기는 하지만 애석해할 일이 아닌 줄 압니다. 두여회는 총명하고 식견이 출중해 왕좌王佐의 재목입니다. 만약 대왕께서 번藩을 지키며 두 손을 맞잡고 있겠다고 하시면 쓸데가 없는 사람이지만, 기필코 사방四方을 경영하겠다고 하신다면 이 사람이 아니면 안 될 것입니다."

이세민이 크게 놀라며 말하였다.

“그대가 말해주지 않았다면 이 사람을 잃을 뻔했소!”

마침내 고조에게 상주하여 그를 부속府屬으로 삼았다. 후에 두여회는 설인고薛仁杲, 유무주劉武周, 왕세충王世充, 두건덕竇建德을 정벌하는데 참가해서 막사에서 참모 역할을 하였다. 당시에 군국軍國에 관한 일이 많았는데 그가 일 처리하는 것이 물 흐르듯 해서 사람들이 깊이 탄복하였다. 여러 차례 승진하여 섬동도대행대사훈낭중陝東道大行臺司勳郎中이 되었고, 건평현남建平縣男으로 봉해졌으며, 식읍 3백 호를 하사받았다. 얼마 후에 본관本官이면서 문학관학사文學館學士를 겸하였다. 본관이란 원래의 관직을 말하며, 겸직兼職에 상대해서 말하는 것이다. 당시 단청에 초상화가 그려진 사람이 18명 있었는데, 두여회가 첫 번째였으며, 이세민은 문학文學 벼슬을 하고 있는 저량褚亮(558~645)에게 명을 내려 그를 위한 찬贊을 짓도록 하였다. 찬의 내용은 이러하다.

“두여회는 문아文雅하고 훌륭하여 광채가 있다. 충忠을 마음속에 품고, 의義를 실천해서 입신을 하고 이름을 날렸도다.”

그가 중시됨이 이와 같았다.

태자 이건성은 그를 몹시 꺼려서 동생인 제왕 이원길에게 말했다.

“진왕부에서 탄핵해야 할 사람은 오직 두여회와 방현령 뿐이다.”

이건성은 고조 이연에게 그들을 참소하였으며, 마침내 두여회는 방현령과 함께 진왕부에서 내쫓기고 말았다. 후에 다시 진왕부로 몰래 들어와서 이세민에게 계책을 진언하였으며 마침내 거사를 성공으로 이끌었다. 그 공으로 방현령과 함께 발탁되어 태자좌서자太子左庶子에 임명되고, 얼마 후에 병부상서로 옮겼으며, 채국공蔡國公으로 진봉되고 실봉 1천3백 호를 하사받았다.

628년(정관 2년)에 본관 검교시중檢校侍中으로서 이부상서를 맡고 여전히 동궁병마사東宮兵馬事를 총감독하여 '칭직稱職'이라고 일컬어졌다. 칭직이란 덕이나 재주가 직위에 걸맞아 맡은 바 임무를 잘 해낼 수 있다는 의미이다.

629년(정관 3년)에 장손무기를 대신해서 상서우복야가 되고 여전히 선사選事를 맡았으며 방현령과 함께 조정의 정사를 관장하였다. 대각臺閣의 규모 및 전장典章 문물 제도는 모두 이들 두 사람이 정하여 당대에 대단한 명예를 누렸으며, 훌륭한 재상을 말하는 사람들은 지금까지도 '방두房杜'라고 해서 방현령과 두여회를 일컫는다. 두여회는 고효기가 지인지감知人之鑑(사람을 잘 알아보는 능력)이 있다고 생각해서 신도비神道碑를 세워 그의 공덕을 기념하였다.

그 해 겨울에 병에 걸리자 표를 올려 사직을 청하였는데, 태종 이세민이 이를 윤허하고 녹봉은 특별히 이전과 똑같이 하사하였다. 태종은 그의 병을 매우 걱정하여 자주 사람을 보내 병문안을 하고 명의에게 약을 지어 올리게 하였으며, 길에서 그의 집을 바라보곤 하였다. 630년(정관 4년), 두여회의 병세가 위중해지자 태종은 황태자를 그의 집에 보내 병문안을 하게 하였다. 또 태종이 친히 행차하여 그를 어루만지며 눈물을 흘렸으며, 물품 1천 단을 하사하고 임종하기 전에 자식이 높은 벼슬하는 것을 보게 하기 위해 좌천우左千牛라는 낮은 벼슬을 하고 있는 장남 두구杜構를 상사봉어尙舍奉御로 승진시켜 주었다. 얼마 후에 46세를 일기로 세상을 떠났다. 태종은 그를 위해 곡을 하며 매우 애통해하여 사흘 동안 조회를 열지 않았다. 또 사공이라는 벼슬을 추증하고 내국공萊國公으로 봉하였으며, 성成이라는 시호를 내려주었다. 태종이 손수 조서를 써서 저작랑 우세남에게 말했다.

"짐은 두여회와 군신간의 의가 매우 중하였소. 불행하게도 그가 갑자기 세상을 떠남에 옛 공로를 추모하고 통곡하며 마음으로 애도하였소. 경은 짐의 이 뜻을 실행해서 그를 위해 비문을 짓도록 하시오."

이세민은 훗날 참외를 맛있게 먹다가, 불현듯 두여회 생각이 나자 슬퍼서 상심한 나머지 더 이상 먹지 않고 사람을 보내 그의 영좌靈座에 제사를 지냈다. 또 한 번은 방현령에게 황은대黃銀帶를 하사하면서 말하였다.

"옛날에 두여회는 공과 더불어 한 마음으로 짐을 보필하였는데, 오늘 짐이 선물을 하사하는데 유독 공만이 보이는구려."

그러고는 눈물을 줄줄 흘렸다. 이어서 말하였다.

"짐은 황은을 보면 귀신들이 대부분 두려워한다고 들었소."

말을 마치고는 명을 내려 황금대를 가져다가 방현령을 통해 영전에 보냈다. 그 후에 태종은 홀연히 꿈에서 생시의 모습을 한 두여회를 보았다. 아침이 되자 방현령에게 꿈 이야기를 해 주었는데, 말을 하는 동안 흐느끼며 울었으며 어찬御饌을 보내서 그에게 제사지냈다. 이듬해(631년) 두여회의 기일에 태종은 다시 상궁尙宮을 그의 집에 보내 두여회의 처자식을 위로하였다. 태종이 두여회의 경우처럼 처음부터 끝까지 은혜로 대한 것은 이전에 그 어느 누구에게서도 예를 찾아볼 수가 없는 것이었다.

두여회의 아들 두구杜構가 작위를 승계하였으며, 벼슬이 자주慈州 자사에 이르렀다. 그는 동생 두하杜荷가 역모를 꾸민 것에 연루되어 영표嶺表로 옮겼다가 죽었다. 당초에 두하는 공신으로서 성양城陽 공주와 혼인을 하고 양양군공襄陽郡公이라는 관작을 하사받고, 상승봉어尙乘奉御로 임명되었는데, 정관 연간에 태자 이승건李承乾과 함께 모반하였다가 참형을 당했다.

두여회는 이십사절후 중에서 대한大寒을 관장한다.

【출전】『구당서』 권66(「열전」 제16), 『신당서』 권96(「열전」 제21)

4. 범안간쟁의 화신

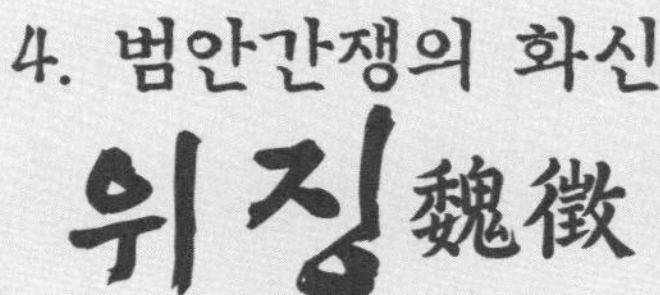

> ““원컨대 폐하께서는 신으로 하여금 양신良臣이 되게 하시고,
> 충신忠臣이 되게 하지 말아 주십시오.”
> “양신은 자신으로 하여금 아름다운 이름을 얻게 하고,
> 군주로 하여금 세상에 명예를 뚜렷이 나타나게 해 주어서,
> 자손 대대로 세상에 전해 복록이 무궁하도록 합니다.
> 충신은 자신을 죽여 자손을 없애는 형벌을 당하고,
> 군주로 하여금 큰 악의 구렁텅이에 빠지게 해서
> 집안과 나라를 함께 망하게 하면서
> 쓸데없이 자기 이름을 남깁니다.”

위징(580~643)은 자가 현성玄成이며, 지금의 하북성에 속하는 거록鉅鹿 곡성曲城 출신이다.

부친 위장현魏長賢은 북제北齊에서 둔류현屯留縣의 현령縣令을 지냈다.

위징은 어려서 고아가 되는 바람에 가난하였으나, 도량이 커서 큰 뜻을 품고는 생업을 돌보지 않고 출가하여 도교를 신봉하

4

魏徵

魏玄成像
三才圖會
人物六卷
二十五
魏徵字玄成少孤落魄棄貲產不營事隱太子爲洗馬秦
王即位拜諫議大夫徵狀貌不踰中人有志膽每犯顏進
諫雖逢帝甚怒神色不徙凡二百餘奏無不剴切當帝心
者

위징(580~643), 출전: 『삼재도회』

는 도사道士가 되었다. 그는 책 읽는 것을 좋아하고 아는 것이 많았으며, 천하가 점차 어지러워지는 것을 보고 특히 전국시대 종횡가縱橫家의 학설에 뜻을 두었다.

대업大業 말기에 무양군武陽郡의 승상 원보장元寶藏이 군사를 일으켜서 이밀李密(582~618)에게 호응하고 위징을 불러서 그에게 서기書記 일을 시켰다. 이밀은 매번 원보장의 소를 볼 때마다 잘 썼다고 칭찬을 하지 않은 적이 없었는데, 나중에 위징이 쓴 것임을 알고는 서둘러서 사람을 시켜 그를 불렀다. 위징이 열 가지 계책을 이밀에게 건의한 바, 이밀은 위징을 비록 기재奇才로 생각하였으나 등용하지는 않았다.

왕세충王世充이 낙구洛口에서 이밀을 공격하였을 때, 위징이 이밀의 장사長史 정정鄭頲에게 말하였다.

"위공魏公께서 비록 여러 차례 전쟁에서 이기셨지만 용맹한 장수와 날랜 병사의 사상자가 많습니다. 또한 진중에 부고府庫가 없어 공을 세워도 상을 주지 못해 사졸들의 마음이 나태한데, 이 두 가지 문제 때문에 적에게 맞설 수가 없습니다. 이렇게 하는 것이 좋을 듯 합니다. 깊은 도랑과 높은 성채를 만들어서 오랜 시간을 버티면 적은 한 달을 넘기지 못하고 식량이 다 떨어져서 한번 제대로 싸워보지도 못하고 물러날 것이며, 그 때 추격해서 공격하면 승리할 수 있을 것입니다. 게다가 동도는 식량이 다 떨어졌고, 왕세충은 계책이 없어 결사적인 싸움을 하려고 하니, 그야말로 궁지에 몰린 도적과 싸우기 어렵다고 할 만합니다. 삼가 싸움을 하지 말아 주십시오."

정정이 말하였다.

"이 말은 늙은이들의 일상적인 이야기가 아닌가!"

위징이 말하였다.

"이것은 기묘한 꾀요 심오한 계책인데, 어찌 일상적인 이야기라고 하십니까?"

그러고는 옷을 떨치고 나가버렸다.

이밀이 왕세충에게 패하자 위징은 이밀을 따라 항복하고, 장안에 이르렀으나 오랫동안 알아주는 사람이 없었다. 이에 산동을 안정시키겠다고 자청하여, 비서승祕書丞으로 임명되어 말을 몰아 여양黎陽으로 갔다. 당시 이적李勣이 이밀을 위해 무리를 끌어 모으자 위징이 이적에게 서한을 보냈다.

이적이 서한을 받고 마침내 계획을 정하고 사신을 보내고 돌아와서는 창고를 열어 양식을 운송해서 회안왕淮安王 이신통李神通의 군에게 보냈다.

얼마 안 되어 두건덕竇建德은 군사를 총동원해서 남하하여 여양黎陽을 함락시키고 위징을 사로잡은 후 그의 능력을 아껴서 기거사인起居舍人으로 임명하였다. 다시 두건덕이 사로잡히자, 배구裴矩와 함께 서쪽으로 해서 관중關中으로 들어갔다.

태자 이건성은 그의 명성을 듣고 세마洗馬라는 벼슬을 주고 융숭한 대우를 하였다.

위징은 이세민의 공적이 나날이 커지는 것을 보고 매번 이건성에게 서둘러 도모하라고 권하였다.

태자가 패한 후에, 이세민이 사람을 시켜 그를 불러 말했다.

"그대가 우리 형제를 이간시킨 것은 무엇 때문인가?"

위징이 말하였다.

"황태자께서 제 말을 들으셨다면 틀림없이 오늘의 화는 없었을 것이오."

이세민은 평소에 그를 그릇이라고 생각하고 있었던 터라 벌하지 않고 첨사주부詹事主簿로 임명하였다. 이세민은 황제로 등극한 후 위징을 간의대부諫議大夫로 발탁하고 거록현남鉅鹿縣男으로 봉하여 하북을 안정시키게 하였으며, 편의종사便宜從事를 윤허하였다. '편의종사'란 '편의시행便宜施行', '편의행사便宜行事'라고도 하는데, 정세를 판단해서 법령 조문의 규제에 구애받지 말고 황제에게 요청할 필요 없이 스스로 일 처리를 할 수 있는 권한을 부여받는 것을 말한다.

위징이 자주磁州에 이르러서, 전궁천우前宮千牛 이지안李志安과 제왕齊王의 호군護軍 이사행李思行이 묶여서 장안으로 호송되어 가는 것을 보았다. 위징이 부사 이동객李桐客에게 말했다.

"우리들이 명을 받은 날에, 전궁과 제왕부의 사람들은 모두 죄를 묻지 않고 놓아주라는 명을 받았습니다. 그런데 지금 다시 이사행을 호송

한다면 누가 스스로 의심하지 않겠습니까? 한갓 사람을 보내서 오게 한다면 저들이 틀림없이 믿지 않을 것이니, 이것이 바로 처음에는 터럭만큼 차이가 난 것이 나중에는 천리나 멀어진다(差之毫厘(차지호리), 失之千里(실지천리))는 것입니다. 게다가 조정을 이롭게 하는 것이라면 온 마음과 힘을 다해서 해야 하거늘, 차라리 자신을 염려할지언정 국가의 대계를 폐해서는 안 될 것입니다. 지금 만약 이사행을 풀어주고 그 죄를 묻지 않는다면 조정의 신의에 감복하여 먼 곳에서 귀순하지 않는 사람이 없을 것입니다. 옛날에는 대부가 변경을 나설 때 진실로 사직社稷을 이롭게 한다면 그에게 모든 일을 맡기는 것이 옳았습니다. 하물며 오늘의 행동은, 편의종사를 윤허하시고 주상께서 이미 나라의 선비로서 대우하셨는데도 어찌 나라의 선비로써 그에게 보답하지 않는 것입니까?"

그리하여 이사행 등을 풀어주었는데, 장계狀啓를 받고 이 사실을 안 태종은 대단히 기뻐하였다.

태종은 즉위한 후, 정무에 힘을 쓰면서 여러 차례 위징을 침소로 불러들여서 정치의 득실을 물었다. 위징이 본래 나라를 경영하는 재주를 가지고 있었고 성격 또한 올곧아서 굽힐 줄을 몰랐기 때문에 태종은 그와 말을 하면 흔쾌히 받아들이지 않을 수 없었다. 위징도 자기를 알아주는 군주를 만나서 기뻐하였으며, 자신이 옳다고 생각한 것은 반드시 쓰이게 하고, 자신이 알고 있는 것을 말하지 않은 적이 없었다. 태종이 일찍이 그를 위로하였다.

"경이 간언을 한 것이 선후로 2백여 가지 일인데, 경이 지성으로 나라를 받드는 것이 아니라면 어찌 이와 같을 수 있겠소?"

그 해, 위징은 상서좌승尙書左丞으로 자리를 옮겼다.

위징이 친척과 당파를 만들었다고 말하는 사람이 있어, 태종이 어사대부 온언박溫彦博(574~637)을 시켜 조사하였으나 증거를 찾을 수 없었다. 온언박이 아뢰었다.

"위징은 신하로서 모름지기 형적形迹은 있으나 멀리 혐의를 피할 수 없어서 마침내 이 비방을 초래한 것 같습니다. 비록 정황상으로는 사사로움이 없으나, 역시 책망할만한 점은 있습니다."

태종이 온언박에게 위징에 대한 안건을 넘겨달라고 명하고 이렇게 말하였다.

"금후로는 마땅히 형적이 있지 않으면 아니 되노라."

다른 날, 위징이 들어와서 아뢰었다.

"신이 듣건대, 군신 간에는 합심을 하고, 뜻이 한 몸으로 같아야 한다고 합니다. 공도公道가 존재하지 않는데 오직 형적만을 일삼고 있으니, 만약 군신 상하가 모두 이 길을 따른다면 나라의 흥망은 알 수가 없을 것입니다."

태종이 놀라서 눈을 휘둥그렇게 뜨고 쳐다보며 낯빛을 바꾸고 말하였다.

"내가 이미 그것을 후회하고 있노라."

위징이 두 번 절하고 말하였다. 이른바 유명한 위징의 '양신론良臣論' 이다.

"원컨대 폐하께서는 신으로 하여금 양신良臣이 되게 하시고, 충신忠臣이 되게 하지 말아 주십시오."

태종이 물었다.

"충신과 양신에 차이가 있소?"

위징이 대답하였다.

"양신은 직稷, 설契, 고요皐陶와 같은 사람들이며, 충신은 용봉龍逢, 비간比干과 같은 사람들입니다. 양신은 자신으로 하여금 아름다운 이름을 얻게 하고, 군주로 하여금 세상에 명예를 뚜렷이 나타나게 해 주어서, 자손 대대로 세상에 전해 복록이 무궁하도록 합니다. 충신은 자신을 죽여 자손을 없애는 형벌을 당하고, 군주로 하여금 큰 악의 구렁텅이에 빠지게 해서 집안과 나라를 함께 망하게 하면서 쓸데없이 자기 이름을 남깁니다. 이로써 말한다면 양자는 서로 멀리 떨어져 있습니다."

태종은 그의 말에 깊이 받아들이고 비단 5백 필을 하사하였다.

628년(정관 2년), 위징은 비서감으로 승진하고 조정의 정사에 참여하였다. 위징은 왕조가 바뀌고 전란이 있은 이후로 제도와 문물이 어지러워졌다고 파악하고 학자들을 불러서 경사자집經史子集 사부四部의 도서를 교정校定해야 한다고 주청하였다. 경사자집은 동양의 전통적인 문헌 분류법이다. 고대 중국에서는 모든 종류의 문헌을 경서, 사서, 제자서諸

子書, 문집으로 분류하였는데, 즉 경서는 경부經部, 사서는 사부史部, 제자서는 자부子部, 문집은 집부集部 등 사부로 각각 분류하였다. 이리하여 수 년 동안에 비부祕府의 서적이 찬연粲然하게 모두 갖추어졌다.

당시에 고창왕高昌王 국문태麴文泰가 당나라에 입조入朝하기로 결정하자, 서역의 다른 나라들이 모두 국문태를 따라 사신을 보내고 공물을 바치려고 하였다. 이에 태종이 어명을 내려 국문태의 사신 염달흘간厭怛紇干더러 직접 가서 영접하게 하였다. 이 말을 듣고 위징이 간언을 올렸다.

"나라 안이 비로소 평정되었으나 전란으로 인한 피해는 아직 복구되지 않았는데, 만약 조금이나마 노역이 있게 되면 백성들이 편안치 않을 것입니다. 지난해 국문태가 입조했을 때 그들이 지나온 주와 현들은 재정이 부족하여 그들을 융숭하게 대접할 수 없었는데, 더구나 이번에는 그들 무리보다 훨씬 더 심각합니다. 만약 그곳 상인들의 내왕을 내버려두면 변경 사람들은 이익을 얻을 것이며, 만약 빈객으로 대우한다면 중국은 고스란히 그 피해를 입을 것입니다. 옛날 한나라 건무 22년(46년)에 천하가 이미 안정되자, 서역의 여러 나라들은 도호부都護府를 설치해 달라거나 시자侍子를 보내게 해 달라고 요청하였습니다. 그러나 광무제는 이를 윤허하지 않았는데, 이는 이민족으로 인해 중국을 수고롭게 하고 피폐하게 만들지 않으려는 까닭입니다. 지금 만약 열 나라의 입공入貢을 허락한다면 그들의 사자는 1천 명을 내려가지 않을 것인데, 그럼 변방의 여러 주를 어떻게 구제하려 하십니까? 사람의 마음은 만 가지이니,

4 위징

나중에 비록 후회한다 해도 아마 미치지 못할 것입니다."

태종이 그의 말을 옳게 여기고, 이미 출발한 염달흘간을 서둘러 뒤쫓아가서 만류시켰다.

후에 태종이 구성궁九成宮으로 행차하였는데, 궁인들이 장안으로 돌아왔기 때문에 위천현湋川縣의 관사에서 휴식을 하였다. 얼마 안 되어 우복야 이정, 시중 왕규王珪(570~639)가 뒤이어 당도했는데, 관속官屬이 궁인들을 다른 곳으로 보내고 이정 등을 머물게 했다. 태종이 이 소식을 듣고 노하여 말하였다.

"위엄과 은혜로 복종시키는 권력이 어찌 이정 등으로 말미암는가? 어째서 이정은 예로써 대하고 내 궁인들은 소홀히 안단 말인가!"

그러고는 곧바로 위천현의 관속과 위징 등을 조사하라는 조명을 내렸다. 그러자 위징이 간언을 올렸다.

"이정 등은 폐하의 심려心膂(심장과 등골뼈, 즉 심복) 대신이고, 궁인은 황후의 청소하는 노예입니다. 그 위임한 바를 논한다면 일의 이치가 같지 않습니다. 또한 이정 등이 바깥으로 나가면 조정법식을 묻고, 돌아오면 폐하께서 백성들의 질고疾苦를 하문하십니다. 이정 등은 스스로 관리들과 상견하는 일을 담당하고, 관리들도 알현하지 않을 수 없습니다. 궁인을 말한다면, 음식을 제공할 때 말고는 수레에 함께 모시고 타는 것이 합당치 않습니다. 만약 이 죄를 가지고 현명한 관리들을 책망하신다면 덕음德音(좋은 평판)을 보태지 못하고, 한갓 천하의 이목耳目을 놀라게

할까 두렵습니다."

태종이 말하였다.

"공의 말이 옳소."

이에 관속의 죄를 따지지 않고 이정 등이 머무르는 것도 불문不問에 부쳤다.

얼마 후에 단소루丹霄樓에서 주연을 베풀었는데, 한창 주연이 무르익자 태종이 장손무기에게 물었다.

"예전에 짐이 동궁에 있을 때 위징과 왕규가 마음을 다 해서 한 일이 당시에는 진실로 미웠었소. 짐이 발탁해서 그들을 등용하였지만 오늘에 이르러서 옛사람들에게 부끄러움이 없기에 충분하오. 그러나 위징은 매번 나의 말을 따르지 않고 간언을 올리며, 내가 말을 하면 곧바로 응답하지 않으니 어째서 그렇소?"

장손무기가 대답하였다.

"신의 생각에는, 일 처리가 옳지 않다고 판단하면 자기주장을 말하는 것인데, 따르면서 곧바로 응답하지 않는 것은 이 일이 곧바로 시행될 것을 염려하는 것입니다."

태종이 물었다.

"그렇지만 당시에 일단 응답을 하고 나서 나중에 자기 주장을 한다면 어찌 아니 되겠소?"

위징이 말하였다.

“옛날에 순舜은 여러 신하에게 이렇게 말하였습니다. ‘경들은 내 앞에서 복종하지 말고 물러난 후에 간언을 하시오.’ 만약 신하가 폐하의 안전에서 복종을 한 후에 비로소 간하기 시작하면 이것이 바로 ‘물러난 후에 간언을 한다’는 것이니, 어찌 직稷과 설契이 요와 순을 섬긴 뜻이겠습니까?”

태종이 크게 웃으며 말하였다.

“사람들이 위징의 거동이 느리다고 말하지만 짐은 그저 그가 어여쁘다고만 느꼈는데, 그건 다만 이런 점들 때문일 뿐이오.”

위징이 절을 하여 사례하고 말하였다.

“폐하께서 신하가 말을 하도록 이끄시므로 신하가 감히 간언을 올리는 것인데, 폐하께서 만약 신하의 간언을 받아들이지 않으신다면 제가 어찌 감히 자주 용린龍鱗을 범할 수 있겠습니까?”

용린은 ‘용의 비늘’이란 뜻으로 임금이나 영웅의 위엄을 비유해서 이르는 말이다.

그 달에 장락長樂 공주가 출강出降을 하게 되었다. 황제는 지존의 위치에 있기 때문에 황제의 딸이 시집가는 것을 ‘내려가다’는 뜻의 ‘강降’으로 표현한다. 태종은 장락 공주가 자신과 황후의 소생이므로 조칙을 내려 재물을 누이인 영가永嘉 장공주長公主보다 갑절이나 많이 보내주려 하였다. 『사기정의史記正義』 「고조본기高祖本紀」편에 보면, “한나라의 제도에 황제의 딸을 '공주公主'라 하며 의례는 제후에 맞먹고, 황제의 자매는 '장공주長公主'라 하며 의례는 제후왕에 맞먹고, 황제의 고모는 '대장공주大長公主'라 하며 의례는 제후왕에 맞먹는다고 하였다.*

위징이 말하였다.

"불가합니다. 옛날에 한나라 명제明帝는 자기 자식을 봉하려고 하면서 '내 자식이 어찌 선제의 자식과 같겠는가? 초楚와 회양淮陽을 반으로 하라'라고 말하였는데, 이는 전대 역사에서 미담으로 전해집니다. 천자의 누이는 장공주이고 자식은 공주인데, 장공주라고 이미 '장長'자를 붙였으며 존숭한다는 의미가 있는 것입니다. 혹 정에는 깊고 얕음이 있으나 예가 법도를 넘어서는 것을 용납하지 말아 주십시오."

태종이 그 말을 옳게 여기고 장손황후에게 이 일을 말해주었더니, 황후가 사람을 시켜 돈 40만 냥, 비단 4백 필을 위징의 집에다 하사하였다. 얼마 안 있어 위징의 작위가 군공郡公으로 올라갔다.

633년(정관 7년), 왕규를 대신해서 시중이 되었다. 상서성에 미처 해결이 안 되어 밀린 소송이 있었는데 태종은 조명을 내려 위징에게 처리하게 하였다. 위징은 법을 익혀서 적용하는 것이 아니라 다만 큰 줄기를 파악하고 사정에 따라 적절히 처결하였으므로 그에게 열복悅服하지 않는 사람이 없었다.

당초에 영호덕분令狐德棻과 잠문본岑文本(595~645)은 『주사周史』를 편찬

---

* 漢制, 帝女曰'公主', 儀比諸侯; 姊妹曰'長公主', 儀比諸侯王; 姑曰'大長公主', 儀比諸侯王.

하고, 공영달孔穎達(574~648)과 허경종許敬宗은 『수사隋史』를 편찬하고, 요사렴姚思廉(557~637)은 『양사梁史』와 『진사陳史』를 편찬하고, 이백약李百藥(565~648)은 『제사齊史』를 편찬하라는 조서를 내렸다. 『수사』의 서론은 모두 위징이 지은 것이며, 『양사』, 『진사』, 『제사』에서는 그가 총론을 썼다. 그래서 당시에 그를 '훌륭한 역사가'라는 뜻의 양사良史라고 일컬었다. 역사서가 완성되어, 좌광록대부를 더하고, 정국공鄭國公으로 진봉되었으며, 물품 2천 단을 하사받았다.

위징은 스스로 나라에 공이 없이 한갓 변설로써 정사에 참여하였다고 생각하여 깊은 두려움을 가지게 되었고 나중에는 눈병을 구실로 삼아 자주 자리에서 물러나겠다는 표를 올렸다. 태종이 말하였다.

요사렴(?~637). 이름은 간簡. 사렴은 자이다.
태종 즉위 후 기용되어 저작랑 · 홍문관학사가 되었다. 십팔학사의 한 사람이다. 저서에 위징과 함께 엮은 『양서』, 『진서』가 있다.
출전: 『삼재도회』

"짐은 경을 원수들 포로 속에서 발탁하였고, 경에게 나라의 가장 중요한 직책을 맡겼소. 경은 짐의 잘못을 보면 간언을 하지 않은 적이 없소. 공이 홀로 금이 광산에 있는 것을 보지 못한다면 어찌 귀하다고 할 수 있겠소? 솜씨 훌륭한 대장장이가 쇠를 잘 불려서 그릇을 만들면 사람들에게 보배로 간주되는 법인데, 짐은 나 자신을 금에 비유하고 경을 솜씨 훌륭한 대장장이로 생각하고 있소. 경이 비록 질병이 있으나 아직 늙지는 않았는데, 내 어찌 그대를 편하게 놔둘 수 있겠소?"

그 해에 위징은 다시 대면하여 자리에서 물러나게 해 달라고 간청하였으나 태종이 이를 어렵게 만류하고 위징에게 특진을 제수하고 여전히 문하성門下省의 일을 맡게 하였다. 그 후에 다시 네 차례에 걸친 상소를 통해 득실을 진언하였다.

三才圖會 人物六卷 十八

孔仲達像

孔穎達字仲達冀州衡水人八歲就學誦記日千餘言闇記三禮義宗及長明服氏春秋傳鄭氏尚書十禮記王氏易善屬文通步曆嘗造同郡劉焯焯名重海內初不之禮及請質所疑遂大畏服隋大業初舉明經高第授河內郡博士煬帝召天下儒官集東都詔國子秘書學士與論議穎達爲冠又年最少老師宿儒耻出其下陰遣客則之匿楊玄感家得免補太學助教隋亂避地虎牢太宗平洛授文學館學士遷國子博士貞觀初封曲阜縣男轉給事中帝幸太學觀釋菜命穎達講經上釋奠頌有詔褒美

공영달(574~648). 자는 중달仲達 태종 때 국자감의 좨주가 되고, 위징과 함께 『수서』를 편찬하였다. 또 『오경정의五經正義』를 편찬하여 오경 해석의 통일을 시도하였다. 출전: 『삼재도회』

신이 보건대, 예로부터 하도河圖를 얻어 천명을 이어받고 국가의 대업을 승계하며, 예악제도를 굳게 지키고 국가의 법령을 보호하며, 여러 인재들을 제어하고 쓰며 남면해서 천하를 다스리는 제왕들은 모두 자신의 후덕함이 천지와 짝을 하고, 자신의 고명함이 일월과 가지런하며, 뿌리가 튼튼하여 오래도록 이어지고 제위가 무궁하게 전해지기를 희망하였습니다. 그런데도 끝맺음을 잘 한 사람은 드물고 패망한 사람이 서로 줄을 잇고 있는데 그 원인은 무엇입니까? 그것을 캐어보면 치국의 도리를 따르지 않았기 때문입니다. 전대의 교훈이 멀리 있지 않으니 이것으로 말씀드릴 수 있습니다.

옛날에 수隋나라는 천하를 통일하고 군대가 강성하여 30여 년 동안 나라의 명성이 만리에 이르고 위엄이 다른 나라까지 진동시켰지만, 하루아침에 온 나라를 저버려서 완전히 남의 소유가 되어 버렸습니다. 저 수 양제가 어찌 천하가 잘 다스려져 안정되기를 싫어했을 것이며, 어찌 사직이 장구히 이어지지 않게 하고자 걸桀의 학정을 시행해서 멸망에 이르렀겠습니까! 그는 자신의 부강함만을 믿고 후환을 고려하지 않았던 것입니다. 천하 사람들을 내몰아 자신의 욕심에 순종하게 하고, 천하의 재물을 다 써서 자신을 받들게 하고, 온 나라의 미녀들을 뽑아들이고, 먼 곳의 기이한 보물을 찾았습니다. 궁궐과 나라의 동산은 화려하게 장식하고, 누대樓臺와 정자는 높게 지었으며, 백성들의 요역은 일정한 때가 없이 아무 때나 행해졌고 전쟁은 그칠 날이 없었습니다. 겉으로는 위엄이 있고 진중하게 보였지만 속으로는 음흉하고 시기심이 많아 아첨하고 비뚤어진 사람들은 반드시 그가 주는 복록을 받았고 충성되고 바른 사람들은 자신의 생명을 보전할 수 없었습니다. 상하가 서로 속이고 군신간의 도리가 어긋나 있으며, 백성들은 이러한 폭정을 감당할 수 없었으며, 국토는 산산조각이 나고 민심은 뿔뿔이 흩어졌습니다. 결국은 사해 안의 지존인 황제가 필부의 손에 죽었으며, 그의 자손이 진멸하여 천하 사람들의 웃음거리가 되었으니 심히 통탄할 일입니다.

비범한 재능이 있는 사람이 이 때를 틈타 위태로운 나라와 도탄에 빠진 백성들을 구하고, 기울어진 나라를 다시 바로잡고 단절된 예, 의, 염, 치의 사유四維를 다시 회복하였습니다. 먼 곳의 사람들이 와서 절을 하고 가까운 곳의 사람들이 편안하게 생업에 종사하게 하는데 1년을 넘기지 않았으며, 잔포한 사람을 교화시켜 사형을 없애는데 1백 년을 기다리지 않았습니다. 지금 수나라의 궁궐과 망루, 누대와 정자는 모두 점유되었고, 기이하고 진귀한 보물은 모두 수장되었으며, 궁중의 미녀들은 모두 군왕 곁에서 시중을 들고 있고, 사해 구주의 사람들은 모두 신하와 노비가 되었습니다. 만약 수나라가 망한 까닭을 거울 삼고 우리나라가 성공한 까닭을 생각한다면 날마다 삼가야 할 것이고, 비록 아름다움이 있다 하더라도 스스로 자랑하지 말아야 할 것입니다. 녹대鹿臺의 보의寶衣를 불사르고, 아방궁阿房宮의 넓은 궁전을 무너뜨리고 높다란 궁전으로부터 위망危亡을 두려워하며, 낮은 궁실로부터 안전을 생각한다면 신명의 조화가 남몰래 통하여 무위이치無爲而治에 이를 수 있을 것입니다. 이것이 덕으로 다스리는 최상의 방법입니다. 만약 공을 이루고서 무너뜨리지 않고 여전히 옛 모습을 유지하며 급하지 않은 것을 제거하면 줄이고 또 줄일 수 있습니다. 계수나무 기둥의 화려한 집과 초가지붕의 허름한 집이 서로 섞여있고, 옥 계단과 흙 계단이 섞여 있어도 따지지 않아야 하며, 백성들에게 일을 시킬 때에는 기뻐하는 일을 찾아줄 것이요, 백성들의 힘을 고갈시켜서는 안 됩니

4
위징

다. 항상 거주하는 사람이 편안하고 일하는 사람이 수고롭다는 것을 생각하시면 온 백성들이 기뻐하며 아들처럼 달려올 것이고 모든 사람들이 성상을 우러를 것이요 성정이 순박하게 될 것입니다. 이것이 덕으로 다스리는 차상의 방법입니다. 만약에 성상께서 이런 점을 생각지 않으시고 그 끝마침을 삼가지 않으며 창업의 어려움을 잊고서 천명을 믿을 만하다고 하시면서, 궁궐 서까래의 채색을 검소하게 해야 함을 소홀히 하고 조각한 담의 화려함을 추구하며, 궁궐의 토대에 따라 넓히고 그 옛 모습을 추가시켜서 화려하게 장식하며, 이런 식으로 확장하고 그치거나 만족할 줄을 모르면 백성들이 황상의 덕을 보지 못하고 노역을 시킨다는 소리만을 들은 것입니다. 이것이 최하의 방법입니다. 이를 비유한다면, 섶을 짊어지고 불을 끄고, 끓는 물을 부어 끓는 것을 그치게 하며, 난폭한 것으로 난폭한 것을 바꾸는 것과 같아 원래의 혼란함과 길을 함께 하는 것이니 그 후과後果를 짐작하기가 어려우며, 전 왕조를 계승한 제왕이 무슨 볼 만한 업적이 있겠습니까? 볼 만한 업적이 없으면 백성이 원망하고 신명이 노할 것이며, 백성이 원망하고 신명이 노하면 재앙이 반드시 생기고, 재앙이 생기면 화란이 반드시 일어나게 마련입니다. 화란이 일어나고 나서 목숨과 명예를 온전하게 보존한 사람은 매우 적습니다. 하늘의 뜻에 따라서 왕조를 바꾼 뒤에 7백 년간 융성하게 하고 아울러 자손에게 남겨주어 그것을 만세에 전하게 해야 합니다. 나라를 얻는 것은 어렵고 잃는 것은 쉬우니 어찌 신중하게 생각하지 않을 수 있겠습니까!

두 번째 상소는 다음과 같다.

신이 듣건대, 나무가 무성하게 자라기를 바라는 사람은 반드시 그

뿌리를 튼튼하게 해야 하고, 물이 멀리까지 흐르게 하려는 사람은 반드시 그 원천을 깊게 파야 하며, 나라의 안정을 생각하는 사람은 반드시 덕과 의를 쌓아야 합니다. 원천이 깊지 않은데 어찌 물이 멀리까지 흐르기를 바라며, 뿌리가 튼튼하지 않은데 어찌 나무가 무성하게 자라기를 바라겠습니까? 덕이 두텁지 않으면서 나라의 안정을 바라는 것은 저같이 어리석은 사람도 그 불가함을 알진데 하물며 명철한 성인이겠습니까? (이하 줄임)

태종은 위징의 상소를 다 읽고 나서 손수 조서를 내려 훌륭하다고 칭찬을 하고는 그의 의견을 모두 받아들였다. 태종이 일찍이 장손무기에게 이런 말을 한 적이 있다.

"짐이 즉위한 초기에 글을 올리는 자들 중에 어떤 이들은 '군주는 반드시 위세와 권력을 혼자 운용해야지 신하들에게 위임하면 안 된다'고 하고, 또 어떤 이들은 군사력을 막강하게 길러 사이四夷가 두려워서 복종하게 해야 한다고 하였소. 그런데 오직 위징만은 짐에게 '병기를 거두어 창고에 넣어두고 문文을 흥하게 해야 하며, 덕과 은혜를 베풀어서 나라 안이 안정되면 먼 곳의 사람들이 스스로 복종할 것이라'고 권하였소. 짐은 그의 말을 따랐으며 마침내 천하는 크게 안정되었소. 먼 곳의 군장들이 모두 와서 조공을 하고 구이九夷의 역관譯官이 길에서 서로 바라보게 되었소. 이것은 모두 위징의 힘이오."

태종은 일찍이 봉사封事(남에게 새어 나가지 않도록 밀봉해서 천자에게 올리는 서장書狀)를 올리는 자가 많은 것을 꺼려 사실에 가깝지 않은 것은 처벌을 하려고 한 적이 있었다.

위징이 아뢰었다.

"옛날에는 비방하는 나무를 세워 자기의 허물을 듣고자 하였으나, 지금의 봉사는 비방하는 나무와 같은 부류입니다. 폐하께서는 그들의 말을 듣고 득실을 판단하시기 위해 다만 그 진술하는 길을 내버려두십시오. 만약 그들이 말한 바가 참마음이라면 폐하께 도움이 될 것이고, 참마음이 아니라도 나라에 손해되는 일은 없습니다."

태종이 말하였다.

"이 말이 옳다."

아울러 그들을 위로하고 보내주었다.

후에 태종이 낙양궁에 있을 적에 적취지積翠池에 행차해서 여러 신하들에게 주연을 베풀었는데 술자리가 무르익자 각기 시를 한 수씩 읊었다. 태종이 『상서尙書』를 가지고 시를 읊었다.

날이 저물 때까지 『상서』 1백 편을 읽다가
등불을 켤 즈음 「오전五典」을 펼쳤네.
하나라의 걸왕은 노는 데 정신이 팔렸고,
상나라의 주왕은 술독에 빠졌다네.
감정을 제멋대로 한 못난 군주는 많으나
자신을 극복한 훌륭한 군주는 적구나.
자기를 멸망시키는 것은 악행을 쌓기 때문이요,
공명을 이루는 것은 선행을 쌓기 때문이라네.

일 측 완 백 편　임 등 피 오 전
日昃玩百篇, 臨燈披五典.
하 강 기 일 예　상 신 역 류 면
夏康既逸豫, 商辛亦流湎.
자 정 혼 주 다　극 기 명 군 선
恣情昏主多, 克己明君鮮.
멸 신 자 누 악　성 명 유 적 선
滅身資累惡, 成名由積善.

위의 시에서 오전五典이란 말은 일반적으로 '오상五常'을 뜻하는 말이다. 그러나 여기서는 상고시대 오제五帝 때의 글이란 뜻으로 이해된다.

이에 위징은 『한서漢書』를 가지고 시를 읊었다.

항복을 받으려 지도軹道에 이르고,
장유의 순서를 다투어 홍문鴻門으로 달려가네.
말 달려 위교渭橋 위에 이르러
세류細柳에 주둔한 군사를 관찰하네.
야밤의 연회는 백곡柏谷을 지나고
아침 나들이는 두원杜原을 나왔다네.
마침내 숙손叔孫의 예를 빌어
바야흐로 황제의 존엄을 알았다네.

수 강 림 지 도　쟁 장 취 홍 문
受降臨軹道, 爭長趣鴻門.
구 전 위 교 상　관 병 세 류 둔
驅傳渭橋上, 觀兵細柳屯.
야 연 경 백 곡　조 유 출 두 원
夜宴經柏谷, 朝遊出杜原.
종 자 숙 손 례　방 지 황 제 존
終藉叔孫禮, 方知皇帝尊.

태종이 말하였다.

"위징의 말은 한 마디 한 마디가 모두 나를 예로써 묶어주는 구려."

얼마 후에 『오례五禮』를 편찬한 공으로 위징의 자식 한 명을 현남縣男으로 봉하자, 위징이 형의 아들 위숙자魏叔慈에게 양도해 달라고 간청하였다. 오례는 국가에서 행하는 다섯 가지 의례를 이르는 바, 길례吉禮, 흉례凶禮, 군례軍禮, 빈례賓禮, 가례嘉禮를 말한다. 조선시대에도 오례에 대해서 규정한 책이 편찬되었는데, 이 책이 바로 1474년 성종 때 완성된 『국조오례의國朝五禮儀』이다.

그러자 태종이 말하였다.

"경의 이 마음은 세상을 권면勸勉할 수 있을 것이오."

마침내 이를 윤허하였다.

638년(정관 12년), 예부상서 왕규가 아뢰었다.

"삼품 이상의 관원이 길에서 친왕親王을 만나면 모두 수레에서 내리는데, 법을 어기면서 거듭 공경하는 것은 예의에 어긋납니다."

태종이 말하였다.

"경들은 모두 자신들은 높이면서 내 아들들은 낮추겠다는 것이오?"

위징이 나서서 말하였다.

"예로부터 지금까지 친왕의 서열은 삼공의 아래였습니다. 지금 삼품 이상의 관원들은 모두 천자의 열경列卿 및 팔좌八座의 장인데 왕을 위해서 수레에서 내림은 왕이 감당할 바가 아닙니다. 옛일에서 아무리 찾아도 전거로 삼을 것이 없는데 지금에 와서 이를 행함은 나라의 법을 어기는 일이 됩니다."

태종이 말하였다.

"나라에서 태자를 세움은 군주로 삼으려고 함이오. 그렇다면 사람의 길고 짧음은 노소에 있는 것이 아니니, 가령 태자가 없다면 같은 어머니 소생의 아우를 세워야 하오. 이를 가지고 말한다면 어찌 내 아들을 가볍게 여길 수 있겠소?"

위징이 말하였다.

"은나라 왕실은 바탕을 숭상하기 때문에 형이 죽으면 아우가 잇는 의로움이 있었습니다. 주나라 이후로 후사를 반드시 장자로 세운 것은 서얼들의 엿보는 것을 막아서 화란의 근원을 차단시키기 위함으로서, 이는 나라를 가진 자가 깊이 삼가는 바입니다."

이에 마침내 왕규의 주청을 허가하였다. 때마침 황손이 탄생하여 공경들을 불러 연회를 베풀었는데, 태종이 측근의 신하들에게 말하였다.

"정관 이전에 나를 따라 천하를 평정하면서 온갖 고생을 극복한 것이 방현령의 힘임은 양보할 수 없는 것이오. 정관 이후로 나에게 온 마음을 다해서 충언을 받쳐 나라를 안정시키고 백성들을 이롭게 하였으며, 얼굴을 범하면서 똑바로 직간하여 짐의 잘못을 바로잡아 준 사람은 오직 위징뿐이오. 옛날의 명신들이 어찌 이보다 더 할 수 있겠소!"

그러면서 친히 허리에 찬 칼을 풀어서 두 사람에게 하사하였다.

위징은 대성戴聖이 펴낸 『예기』의 편차가 잘못되었다고 보고 『유례類禮』 20권을 편찬하였다. 이 책은 같은 부류를 한데 모으고 중복된 것을 삭제하고 선대 유학자들의 훈고와 주석을 채용하면서 잘 된 해설들만을 따르는 방식을 취했는데, 수년이 걸려서야 작업을 끝마칠 수 있었다. 태종은 이 책을 열람한 후 잘 되었다고 칭찬하고 물품 1천 단을 하사하였다. 또 여러 본을 베껴서 태자와 여러 왕들에게 하사하였으며, 비부에 보관하게 하였다.

당시에 공경대신들이 모두 봉선封禪을 간청하였으나 오직 위징만이 이를 불가하다고 말렸다.

황태자 이승건李承乾이 덕업을 닦지 않아 위왕魏王 이태李泰에 대한 태종의 총애가 나날이 깊어지자 조정 내외의 신하들이 모두 의아하다는 말들을 하였다. 태종이 이를 알고는 듣기 싫어서 시신侍臣에게 말하였다.

"당금의 조정 신하들의 충성은 위징을 뛰어넘지 못하니 내가 황태자의 스승으로 보내는 것은 천하의 바람을 없애기 위함이오."

642년(정관 16년)에 위징에게 태자태사를 제수하고 문하성의 일은 예전처럼 맡게 하였다. 위징이 스스로 병이 있다고 아뢰자 조칙을 내려 답하였다.

"한漢나라의 태자는 사호四皓가 도와주었는데, 내가 공에게 의지하는 것은 바로 그 뜻이오. 공의 질병을 알고 있으니 누워서 몸을 잘 돌보도록 하시오.”

사호는 진秦나라 말엽의 은사인 동원공東園公, 각리선생角里先生, 기리계綺里秀, 하황공夏黃公을 말한다. 이들은 진나라 때 전란을 피해 지금의 섬서성陝西省 상현商縣의 동남쪽에 있는 상산商山에 은거하였는데, 나이가 모두 80여 세였고 수염과 눈썹이 모두 희어서 당시 사람들이 ‘흴 호皓’자를 써서 ‘상산사호商山四皓’라고 불렀다. 이들은 한漢 고조高祖 유방劉邦이 예를 갖추어 초빙하였으나 응하지 않았다. 여후呂后의 슬하에는 태자인 유영劉盈과 딸 노원魯元 공주가 있었다. 그러나 유방은 태자의 성격이 나약하다는 것을 이유로 그가 총애하던 비빈妃嬪 척부인戚夫人의 아들 조왕趙王 유여의劉如意를 태자로 삼으려고 하였다. 급기야 여후는 장량張良의 계책에 따라 태자에게 말을 겸손하게 하고 편안한 수레에 이

상산사호

4

위징

네 분을 태우고 함께 유람하게 하였다. 고조가 태자의 날개가 이미 완성되었다고 판단하도록 조치를 한 것이다. 그 결과 태자를 바꾸려고 하였던 고조의 의도는 무산되고 말았으며 유영은 황제로 등극하여 2대 혜제惠帝가 되었다. 바로 흰 수염을 기른 노인 네 명이 산속 정자에 앉아서 바둑 두는 동양화를 본 적이 있다면, 그 노인들이 대개 이 상산사호를 상징하는 경우가 많다.

며칠 있다가 태종이 밤에 꿈을 꾸었는데 위징이 살아있는 것 같더니 다음날 아침 위징이 세상을 떠났다는 부음을 들었다. 당시 위징의 나이 64세였다. 태종은 친히 문상하러 가서 통곡하였으며, 닷새 동안 조회를 열지 않았고, 사공司空, 상주相州 도독을 추증하고, 문정文貞이라는 시호를 내렸다.

위징은 이십사절후 중에서 입춘立春을 관장한다.

【출전】『구당서』 권71(「열전」 제21), 『신당서』 권97(「열전」 제22)

5. 소하에 비견되는 동량

방현령房玄齡

이세민은 그를 보자마자 곧 오래 전부터 알던 사이처럼 느껴져서
위북도渭北道 행군기실참군行軍記室參軍에 임명했다.
방현령은 이미 자신을 알아주는 사람을 만난 터라
온 마음과 힘을 다하여 자기가 지닌 실력을 유감없이 발휘하였다.
적들을 평정할 때마다 대부분의 사람들은 다투어서 진귀한 물건을 찾았으나,
방현령은 보물에는 관심을 갖지 않고
먼저 인재를 찾아서 진왕의 막부로 데리고 갔다. 급
기야 참모와 맹장들은 모두 그와 교제를 맺고
제각기 죽을힘을 다해 이세민을 도왔다.

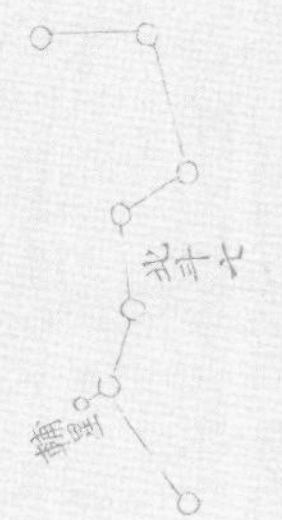

방현령(579~648)은 이름이 교喬이고, 자가 현령이며, 지금의 산동성 치박시淄博市인 제주齊州 임치臨淄 출신이다.

증조부 방익房翼은 북위에서 진원鎭遠장군, 송안宋安 군수를 지냈고, 장무백壯武伯을 세습하였다. 조부 방웅房熊은 자가 자표子彪이고 갈주褐州의 주부主簿 벼슬을 하

房高年像

三才圖會 人物六卷 三

房玄齡字高年幼警敏善屬文毋從太宗征伐獨收人物
置幕府王嘗曰漢光武得鄧禹門人益親今我有玄齡猶
禹也玄齡引杜如晦協判大討太宗卽位論功以玄齡爲
第一宰相十五年女爲王后男尚主自以權寵隆極累辭
不聽疾甚帝命鑿苑垣以便候問親握手與訣而卒

방현령(579~648), 출전: 『삼재도회』

였다. 부친 방언겸房彦謙은 학문을 좋아하여 유가의 경전인 오경五經에 통달하였고, 수나라에서 경양현涇陽縣의 현령縣令을 지냈으며, 『수서』에 그의 전기가 있다.

방현령은 어려서 총명하고 영민하였으며, 경서와 역사서를 널리 읽었다. 또 초서와 예서를 잘 썼으며, 문장을 잘 지었다. 일찍이 부친을 따라 장안에 간 적이 있었는데, 당시에 사람들은 천하가 편안하여 수나라가 오래 갈 것이라고들 말하자, 방현령이 좌우 사람들을 피해 부친에게 이렇게 고했다.

"수나라 황제는 본래 공덕이 없으면서 백성을 속이고 후사를 위해 장구한 계책을 세워두지 않아 여러 적자와 서자들이 혼란스러워 서로 다투도록 하니 나라를 보전하지 못할 것입니다. 지금은 비록 평안해 보이나 오래지 않아 틀림없이 멸망할 것입니다."

부친 방언겸은 이 말을 듣고 놀라는 한편 그를 기이하게 보았다. 열여덟 살에 출신지 제주에서 진사에 뽑혀 우기위羽騎尉에 임명되었다. 이부시랑 고효기高孝基는 본래 사람을 잘 알아본다고 일컬어졌는데, 방현령을 보고는 깊이 탄식하며 배구裴矩에게 말하였다.

"제가 많은 사람을 보아 왔지만 이 분 같은 사람은 본 적이 없습니다. 틀림없이 훌륭한 그릇이 될 것이나 그가 산골짜기에서 솟아나 하늘 위로 치솟는 사람을 보지 못하고 있음을 한할 따름입니다."

부친이 병에 걸려 열흘 동안 누워 있었는데 방현령은 온 마음을 다해서 약과 음식을 봉양하였으며 옷을 갈아입지도 않고 눈을 붙이지도 않았다. 부친이 돌아가시자 물 한 방울 입에 넣지 않은 날이 닷새나 되었다. 후에 습성隰城의 위尉가 되었다.

때마침 이세민은 정의의 깃발을 치켜들고 관중으로 들어가서 위북渭北 지역을 순행하고 있었다. 방현령은 말을 채찍질해서 군문에서 이세민을 배알하였고, 온언박도 그를 추천하였다. 이세민은 그를 보자마자 곧 오래 전부터 알던 사이처럼 느껴져서 위북도渭北道 행군기실참군行軍記室參軍에 임명했다. 방현령은 이미 자신을 알아주는 사람을 만난 터라 온 마음과 힘을 다하여 자신의 실력을 유감없이 발휘하였다. 적을 평정할 때마다 대부분의 사람들은 다투어서 진귀한 물건을 찾았으나, 방현령은 보물에는 관심을 갖지 않고 먼저 인재를 찾아서 진왕 이세민의 막부로 데리고 갔다. 급기야 참모와 맹장들은 모두 그와 교제를 맺고 제각기 죽을힘을 다해 이세민을 도왔다.

얼마 안 있어 태자 이건성은 이세민의 공훈과 덕망이 더욱 성해지는 것을 보고 시기하는 마음이 생겨났다. 일찍이 이세민이 태자의 처소에 갔다가 식사를 한 후 중독이 되어 돌아온 적이 있었다. 진왕부가 온통 놀랐으나 특별히 계책을 내놓는 사람이 없었다.

방현령이 이 일로 인해 장손무기에게 말하였다.

"지금 형제분들 간에 사이가 이미 벌어져서 화가 장차 발생하려고 하고 있으며, 천하의 인심이 흉흉하고 사람들이 딴 생각을 품고 있어 정변이 한번 일어나기만 하면 큰 난리가 반드시 일어날 것이오. 그렇게 되면 화가 진왕부에만 미치는 것이 아니라 곧바로 사직社稷이 위태롭게 될 것이오. 이러한 때에 어찌 깊이 생각하지 않을 수 있단 말이오! 나에게 어리석은 계책이 하나 있는데, 주공周公의 선례를 따라 밖으로 구하區夏(화하華夏, 즉 중국을 가리킴)를 평안하게 하고 안으로 종사宗社(종묘와 사직이란 뜻으로 나라를 이름) 안정시키려면 효양孝養의 예를 행하는 것이 가장 좋을 듯 하오. 옛사람들의 말에 '나라를 다스리는 사람은 작은 절개를 돌아보지 않는다'(爲國者不顧小節)고 한 것이 바로 이를 두고 한 말이 아니겠소! 나라가 멸망하면 우리의 목숨과 이름도 함께 없어지지 않겠소?"

장손무기가 말하였다.

"오랫동안 이 계책을 품고 있었으나 감히 발설하지 못하였는데, 공이 지금 말한 것은 바로 내가 오래 전부터 생각하던 바였소."

장손무기가 바로 들어가서 이세민에게 이 일을 아뢰었다. 이세민이 방현령을 불러 말하였다.

"위태로운 조짐이 이미 나타났으니 장차 이를 어찌해야 하오?"

방현령이 대답하였다.

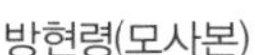

방현령(모사본)

"나라의 환난이 지금과 옛날이 어찌 다르겠습니까? 대왕의 공은 천지를 뒤덮고 신명이 돕고 있으니 사람이 도모한다고 될 일이 아닌 줄 압니다."

이리하여 왕부에 속한 두여회와 함께 마음을 합쳐 이세민을 위해 온 힘을 기울였다. 왕부가 이전하면서 진왕부 기실에 임명되고 임치후臨淄侯에 봉해졌으며 다시 본직을 수행하면서 섬동도陝東道 대행대고공낭중大行臺考功郎中을 겸하였고 문학관학사를 더했다. 방현령은 진왕부에 있던 10여 년 동안 언제나 기록하는 일을 맡았으며 군무에 관계된 문서를 올릴 때마다 말을 세워놓고 그 자리에서 작성하였는데, 문장이 간략하고 이치가 풍부했으며 애당초 초벌로 쓴 원고 즉 초고草稿라는 것이 없었다. 고조가 측근에 있는 신하에게 이런 말을 한 적이 있다.

"이 사람은 학식이 깊고 일 처리가 마땅해서 임무를 맡기기에 충분하다. 매번 우리 아이를 위해 일을 진술할 때마다 반드시 사람의 마음을 이해하고 있어서 천리 밖에 있어도 오히려 얼굴을 맞대고 말을 하는 것 같다."

태자는 방현령과 두여회가 이세민의 심복이라고 여기고 매우 미워하던 차에, 마침내 고조에게 그들을 참소하였다. 이로 말미암아 그와 두여회는 모두 진왕부에서 쫓겨나고 말았다.

태자가 장차 병변을 일으켜서 이세민을 제거하려고 하자, 이세민은 장손무기에게 명해 방현령과 두여회를 부르고 도사의 복장을 입고 몰래 들어가서 거사를 계획하게 하였다.

거사가 성공한 후, 이세민은 태자가 되어 춘궁에 들어갔으며 그를 발탁하여 태자우서자에 임명하고 비단 50필을 하사하였다.

627년(정관 원년), 방현령은 소우를 대신해서 중서령中書令이 되었다. 태종 이세민은 등극 후 논공행상을 하였는데, 방현령을 비롯하여 장손무기, 두여회, 울지경덕, 후군집 등의 다섯 사람이 첫 번째였다. 방현령은 형국공邢國公으로 봉해지고 실봉 1천3백 호를 하사받았다.

태종이 이 일로 인해 여러 공신들에게 말하였다.

"짐이 공들의 공훈 순서를 정하면서 여러 가지를 참작하여 봉읍을 정했는데 완벽하게 타당하다고는 할 수 없을 것이니 각자 자신의 의견을 말해보시오."

황제의 숙부인 회안왕淮安王 이신통李神通이 나서서 말하였다.

"정의의 깃발이 처음 일어났을 때 신은 군사를 이끌고 가장 먼저 도착하였습니다. 지금 방현령, 두여회 등과 같은 도필刀筆(대나무 조각에 글자를 새기는 칼)이나 움직이는 관리의 공훈이 첫 번째를 차지하니 신은 은근히 불복하는 마음이 있습니다."

태종이 말하였다.

"정의의 깃발이 처음 일어났을 때 사람들은 모두 제각기 다른 마음을 가지고 있었습니다. 숙부님은 비록 군사를 이끌고 오셨지만 직접 싸움에 참가한 적이 없습니다. 산동이 아직 평정되지 않았을 때 정벌을 위임받았으나 두건덕竇建德이 남쪽으로 치고 내려오자 전군이 함몰되고 말았습니다. 유흑달劉黑闥이 공격을 하자 숙부님은 손 한번 제대로 써보지도 못하고 그냥 바라보다가 패하였습니다. 지금 공훈을 따져 상을 주는데 방현령 등은 훌륭한 계책을 내어 사직社稷을 안정시킨 공이 있으니, 이는 한나라 때의 소하蕭何가 비록 말을 땀나게 한 적은 없으나 대업을 도와서 성취시켰기 때문에 첫 번째 공을 차지하게 된 까닭입니다. 숙부님은 나라의 지친至親이라 실로 아낄 바가 없으나 반드시 사사로운 인연으로 인해 함부로 공신들과 같은 상을 줄 수 없을 뿐입니다."

당초에 장군 구사리丘師利 등도 모두 자신들의 공을 자랑하거나 소매를 걷어 올리고 하늘에 삿대질을 하면서 손으로 땅에 그림을 그렸으나 이신통이 사리에 굴복하는 것을 보고는 자기들끼리 서로 이렇게 말하였다.

"폐하께서 지극히 공정하게 상벌을 행하셔서 육친한테도 사사로이 하지 않으시는데 우리들이 어찌 함부로 하소연을 하겠는가?"

629년(정관 3년), 방현령은 태자 소사少師로 임명되었으나 굳이 사양하며 받지 않고, 태자 첨사詹事를 맡고 예부상서를 겸했다. 이듬해(630년), 장손무기를 대신해서 상서좌복야가 되고 위국공魏國公으로 개봉되었으며, 국사를 감수하였다.

총백사總百司 일을 맡으면서는 아침 일찍부터 밤늦게까지 경건하고도 공손한 태도로 일에 임하였으며, 온 정성을 다해 어느 한 물건이라도 잃지 않으려고 하였다. 누가 선하다는 말을 들으면 마치 자기에게 그 선함이 있는 듯이 생각하였다. 관리의 일에 대해 밝았으며 문장에 뛰어나 법령을 심의 제정하였는데, 생각이 넓고 공평하였다. 남에게 완벽할 것을 요구하지 않았고 자기의 장점을 내세워 사물을 대하지 않았으며 능력에 따라 사람을 쓰고 신분상의 귀천을 따지지 않았다. 당시 사람들은 그를 훌륭한 재상 즉 양상良相이라고 일컬었다. 일 때문에 견책을 당하면 여러 날 조당朝堂에 나아가 머리를 조아리며 죄를 청하였으며 송구스럽고 두려워하는 모양이 마치 용납함이 없는 듯했다.

635년(정관 9년)에 고조의 산릉山陵 제도를 보호한 공로로 인해 개부의 동삼사를 더했다. 637년(정관 11년)에 사공 장손무기 등 14명이 함께 자사 벼슬을 대대로 세습하게 되었는데, 방현령은 본관을 송주宋州 자사로 삼고 양국공梁國公으로 개봉하였으나, 이 일은 끝내 시행되지 않았다.

639년(정관 13년), 태자소사를 더하게 되자 방현령은 여러 차례 표를 올려 복야를 그만두게 해 달라고 청했다. 태종이 조서를 내려 불가하다는 대답을 하였다. 방현령은 마침내 본관으로서 그 관직에 나아갔다.

643년(정관 17년)에 사도 장손무기 등과 함께 능연각에 초상화가 그려졌다. 태종은 그에 대한 찬贊을 이렇게 썼다.

"재주는 화려한 문장을 겸했고, 생각은 현묘한 경지에 들어갔도다. 벼슬을 함에 절개에 힘쓰고 황상을 섬김에 자신을 돌보지 않았도다."

이치李治가 태자가 되어 춘궁春宮에 있을 때 방현령에게 태자태부를 더하고, 여전히 문하성의 일을 맡게 하였으며, 예전처럼 국사를 감수하게 하였다. 얼마 후에 『고조실록』과 『태종실록』을 완성한 공으로, 훌륭함을 포상한다는 황제의 새서璽書가 내려졌으며 물품 1천5백 단을 하사받았다. 그 해에 방현령은 계모의 상을 당해 관직을 떠났으며 특별 조칙으로 소릉昭陵의 장지를 하사 받았다. 얼마 안 있어 본관으로 돌아왔다. 태종이 요동(고구려를 말함)을 친히 정벌하러 떠날 때 방현령을 경성 유수留守로 명하면서 손수 조칙을 썼다.

"공이 소하의 임무를 맡으니 짐은 서쪽에 대한 근심이 없노라."

전쟁에 소용되는 각종 무기와 군사들의 양식을 보급하는 책임이 모두 그에게 맡겨졌다. 방현령은 적을 가볍게 보지 말고 신중하게 대해야 한다고 여러 차례 간언을 올렸다. 얼마 뒤 중서시랑 저수량과 『진서晉書』를 다시 찬수하라는 황명을 받고 태자좌서자 허경종許敬宗, 중서사인中書舍人 내제來濟(610~662), 저작랑 육원사陸元仕와 유자익劉子翼, 전 옹주雍州 자사 영호덕분令狐德棻, 태자사인 이의부李義府(614~666)와 설원초薛元超, 기거랑起居郎 상관의上官儀(608?~664) 등 여덟 사람을 추가해서 부문별로 집필하겠노라고 주청하고, 장영서臧榮緖의 『진서』를 위주로 하고 여러 학설을 참고하여 매우 상세하게 기록하였다. 그러나 사관들이 대부분 문학을 하는 선비들이라서 기이하고 허무맹랑하고 자잘한 일들을 취해서 기이한 이야기를 담기 좋아하였으며, 또 평론 부분은 화려한 문장 쓰는 것에 치중하고 독실한 내용을 추구하지 않았다. 이로 말미암아 학자들에게 많은 비난을 받았다. 오직 이순풍李淳風(602~670) 만은 천문역법에 깊은 조예가 있고 저술에 뛰어나 그가 쓴 「천문지天文志」, 「율력지律曆志」, 「오행지五行志」는 가장 볼 만하였다. 태종 자신도 선제宣帝와 무제武帝 및 육기陸機(261~303)와 왕희지王羲之(321~379) 등에 대한 전기를 집필하였다. 그래서 어찬御撰이라는 총제總題를 달았다. 646년(정관 20년)에 『진서』는 1백30권으로 완성되었으며 황명으로 비부祕府에 보관이 되었다.

방현령이 경미한 견책을 당해 집에 돌아간 적이 있는데, 이때 황문시랑黃門侍郎 저수량이 상소를 하였다.

"폐하께서는 반드시 방현령의 나이를 불쌍히 여기셔서 그의 행위를 가볍게 여겨 주소서. 옛날에는 풍유대신諷諭大臣의 벼슬을 그만 두게 함에 법은 이전의 일을 따르고 예로써 물러나게 해서 좋은 소리를 잃지 않도록 하였습니다. 이제 수십 년 동안의 훈구 대신에게 한 가지 일을 가지고 밖으로 내쫓겠다고 하심은 옳지 않은 줄 압니다. 무릇 천자가 대신을 중히 여기면 사람들은 자기의 힘을 다하고, 거취를 가볍게 하면 모든 사람들은 스스로 편안치 못할 것입니다."

647년(정관 21년)에 태종이 취미궁翠微宮으로 행차하여 사농경司農卿 이위李緯를 민부상서民部尙書로 임명하려 하였다. 방현령은 이때 경성 유수로 있었는데 때마침 장안에서 오자 태종이 그에게 물었다.

"공의 생각에는 이위를 상서로 제수하는 것이 어떻소?"

방현령이 대답하였다.

"저는 다만 이위가 수염이 좋다고 말씀드릴 수 있을 뿐 달리 드릴 말씀이 없습니다."

태종은 이 말을 듣고 황급히 이위를 낙주洛州 자사로 낮추어 임명하였다.

648년(정관 22년)에 옥화궁玉華宮으로 행차하였다. 당시 방현령은 지병이 도져 있었는데 황명으로 총류대總留臺에 누워 있게 하였다.

얼마 후에 70세를 일기로 세상을 떠났다. 태종은 사흘 동안 조회를 열지 않았으며, 태위太尉, 병주幷州 도독을 추증하고 문소文昭라는 시호를 내려 주었으며, 동원비기東園祕器를 하사하고 소릉에 장사지냈다.

동원은 원래 한나라 때에 관곽棺槨을 제조 관리하였던 관청의 이름이며, 비기는 관곽을 뜻한다. 이후로 궁궐에서 쓰는 관곽(內棺外槨)을 동원비기라고 하였으며, 조선 시대에도 궁궐에서 쓰는 관곽을 이렇게 지칭하였다. 조선에서는 장생전長生殿에서 미리 만들어 보관하였다가 필요할 때에 썼다.

방현령은 이십사절후 중에서 우수雨水를 관장한다.

【출전】『구당서』 권66(「열전」 제16), 『신당서』 권96(「열전」 제21)

6. 촉 지방의 풍속을 바꾸고 학교를 부흥시킨

고사렴高士廉

"영장진의 군사는 비록 수효가 많으나 현의 군사가 멀리서부터 당도하면 안에서 흩어지고 밖에서 밀어닥치는 형국이 되어 오랫동안 지탱할 수가 없습니다. 게다가 성안의 승병勝兵이 그들을 충분히 당해낼 수 있는데, 어찌해서 남의 통제를 받으려고 하십니까?"

말을 논리적으로 분명하게 하고 행동거지가 신중한 고사렴은 항상 뇌물을 헌납을 하는 모든 벼슬아치들을 주의 깊게 보았다.

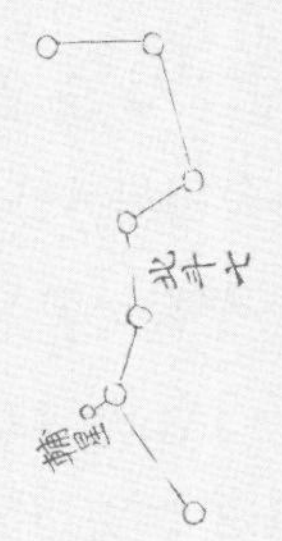

고사렴(575~647)은 이름이 검儉이고 자가 사렴이며, 지금의 하북성 경현景縣인 발해渤海 수蓨 출신이다.

증조부 고비작高飛雀은 북위에서 태위를 추증했다. 조부 고악高嶽은 북제北齊에서 시중, 좌복야, 태위 청하왕淸河王을 지냈다. 부친 고려高勵는 자가 경덕敬德이고, 북제에서 낙안왕樂安王, 상서좌복야를 지냈으며, 수나라에서 조주洮州의 자사를 지냈다.

고사렴은 어려서부터 기국이 있었으며, 문학과 사학에 관한 지식을 많이 섭렵하였다. 당시 수나라의 사례대부司隷大夫 설도형薛道衡(540~609)과 기거사인起居舍人 최조준崔祖濬은 '선달先達'이라고 병칭되었는데, 고사렴은 이들과 망년지우忘年之友를 맺었으며 이로 말미암아 공경들의 평판이 좋았다. 대업大業 연간에 치예랑治禮郞이 되었다. 고사렴의 누이동생은 이보다 앞서 수나라 우효위장군 장손성張孫晟에게 시집가서 장손무기와 딸을 낳았다. 그러므로 고사렴은 장손무기의 외삼촌이 된다. 장손성이 죽자, 고사렴은 집으로 누이동생과 조카들을 데려 왔으며, 그들에 대한 은정이 대단히 깊었다. 이세민이 잠룡潛龍으로 있을 때 고사렴은 그가 보통 사람이 아님을 알아보고 장손성의 딸을 그에게 시집보냈는데, 이 사람이 바로 문덕文德 황후이다. 그러므로 이세민은 고사렴의 조카사위가 되는 셈이다.

수나라 군사가 요동을 정벌할 때 병부상서 곡사정斛斯政(?~614)이 고구려로 망명하였는데, 고사렴은 그와 교유하였다는 이유로 주연朱鳶의 주부主簿로 좌천되었다. 부모에게 효성이 극진하여 효자로 이름이 난 고사렴은 영남嶺南에 풍토병과 전염병이 창궐하여 부모를 모시고 갈 수 없게 되자, 아내 선우鮮于씨를 남겨서 시봉하게 하였으나 생활비를 넉넉하게 대어 주지는 못하였다. 또 누이가 의탁할 데가 없음을 생각하고는 큰집을 팔고 작은 집을 사서 살고 나머지 여분의 돈은 나누어주고 간소한 차림으로 떠났다. 얼마 후에 천하의 대란이 일어나 왕명이 두절되었으며, 교지交趾 태수 구화丘和(552~637)가 그를 사법서좌司法書佐로 삼았다. 고사렴은 남방에 오랫동안 있으면서 어머니의 안부를 알 수가 없어

북쪽을 돌아보는 마음이 더욱 간절했다. 하루는 낮에 잠을 자다가 꿈을 꾸었는데 꿈속에서 어머니와 이야기를 한 것이 마치 슬하에 있을 때와 같았으며, 깨어나 보니 눈물과 콧물이 얼굴에 뒤범벅이 되어 있었다. 이튿날 과연 어머니의 소식이 왔는데, 사람들은 이를 두고 그의 효성이 지극하여 신명이 감동하여 응한 것이라고들 했다.

당시 흠주欽州의 영장진甯長眞(?~626)이 무리를 이끌고 구화를 공격하자, 구화가 성문을 열고 나가서 그를 맞이하여 싸우려고 하였다. 이 때 고사렴이 나서서 말하였다.

"영장진의 군사는 비록 수효가 많기는 하지만 현의 군사가 멀리서부터 당도하면 안에서 흩어지고 밖에서 밀어닥치는 형국이 되어 오랫동안 지탱할 수가 없습니다. 게다가 성안의 승병勝兵이 그들을 충분히 당해낼 수 있는데, 어찌해서 남의 통제를 받으려고 하십니까?"

구화는 그의 말을 받아들이고 고사렴을 행군사마行軍司馬로 삼아 수륙 양쪽에서 함께 진군하여 역으로 그들을 격파하니 영장진은 목숨만 가까스로 건져 달아나고 살아남은 그의 군사들은 모두 항복을 하고 말았다.

소선蕭銑이 패하자 이연은 사람을 시켜 영남을 순행하게 하였다.

622년(무덕 5년), 고사렴은 구화와 함께 표를 올려 당나라로 복귀하고 여러 차례 승진하여 옹주雍州의 치중治中이라는 벼슬로 자리를 옮겼다. 당시 이세민은 옹주雍州의 목牧이었는데, 고사렴이 처외삼촌이고 평소부터 재주와 명망이 있음을 알고 있던 터라 그를 매우 친하게 대하고 공경하였다.

태자太子 이건성을 주살하려 할 즈음에 고사렴은 생질 장손무기와 함께 미리 은밀한 모의를 하였다. 6월 4일, 고사렴은 관리와 병사를 이끌고 방림문芳林門으로 달려가서 이세민과 합세하여 거사를 성공시켰다. 이 때 그는 죄수들을 석방하여 그들에게 갑옷과 무기를 주고서 함께 이끌고 갔다. 이세민이 태자가 되어 춘궁春宮에 오른 후, 고사렴은 태자우서자太子右庶子에 임명되었다.

627년(정관 원년), 고사렴은 시중侍中으로 발탁되고 의흥군공義興郡公에 봉해졌으며, 실봉 9백 호를 하사받았다.

말을 논리적으로 분명하게 하고 행동거지가 신중한 고사렴은 항상 뇌물을 헌납하는 모든 벼슬아치들을 주의 깊게 보았다. 당시 황문시랑黃門侍郎 왕규王珪가 은밀히 자신에 대한 표를 올렸다는 소문이 있자, 고사렴은 누워서 아무 말도 하지 않고 있다가 이윽고 죄를 받고 지방관으로 나와 안주安州 도독이 되었으며 다시 익주대도독부益州大都督府의 장사長史로 옮겼다. 촉蜀 땅은 풍속이 각박한데, 귀신을 두려워하고 병을 아주 싫어하여 부모가 위태로운 병에 걸리면 대부분 친히 부축하지 않고 멀리 떨어져서 막대기 끝에다 음식을 걸어 병자를 먹였다. 고사렴은 적절한 방법으로 그들을 가르치고 이끌어서 짧은 동안에 그곳의 풍속을 확 바꾸어 놓았다. 진秦 왕조 때 이빙李冰이라는 사람이 촉 지방을 다스리고 있었는데, 문강汶江을 끌어다가 물을 대는 수리 사업을 처음 시행한 이후로 지금까지 강 근처의 땅은 한 이랑 당 천금의 가치가 있어서 부유하고 세력이 강한 집은 대부분 서로 침탈을 하고 있었다. 그래서 고사렴은 원래 있던 도랑 바깥에다 별도로 다시 물길을 터서 촉 백성들에게 큰 이익을 가져다주었다. 또 한가한 날에는 문학인사들을 불러 들여 문회文會를 만들고 아울러 유생들에게 명해 경학과 사학을 강론하게 하고 후진을 면려하였는데, 이리하여 촉 지방에는 학교가 찬란하게 부흥하였다.

촉 지방 주도추朱桃椎는 담박함을 일로 삼고 벼슬길에 나아가지 않고 은거한 인물로서, 갖옷을 입고 흰 명주 띠를 매고 보통 사람들과 함께 생활하였다. 두궤竇軌가 익주에 진을 치고 있을 때 그에 관한 소문을 듣고 그를 만나서 의복을 주며 향정鄕正이라는 직책을 맡으라고 강요하였다. 주도추는 끝내 아무 말도 하지 않다가 받은 옷을 땅에다 내팽겨 치고 달아나 산 속으로 들어가서 산골짜기에 암자를 지었다. 여름에는 벌거벗고 지내고 겨울에는 나무껍질을 걸치고 살았는데 사람들이 갖다 주는 것은 일절 아무 것도 받지 않았다. 그가 매번 짚신을 삼아서 길에 갖다 놓으면 사람들이 보고 "주 거사居士의 짚신이다"라고 하고 그곳에다 쌀을 갖다 놓는다. 그러면 주도추가 저녁이 되어서 그것을 가져갔으며 끝내 사람들과는 만나지 않았다. 당시 사람들은 주도추가 초선焦先과 같은 무리라고 말하였다. 고사렴은 그가 산다는 곳을 찾아가서 수레에서 내려 예를 갖추어 그를 만났다. 두 사람은 계단을 내려가면서 이야기를 하였는데, 주도추는 한 마디도 대답을 하지 않고 똑바로 쳐다보고는 그냥 가버렸다. 고사렴이 매번 사람을 시켜 그의 안부를 묻게 하였으나, 주도추는 심부름꾼을 볼 때마다 숲에 들어가서 숨어버렸다. 근대 이래로 대부분의 사람들은 은둔해서 살고 있는 사람을 경시하였는데, 오직 고사렴만이 그들을 기렸으므로 촉 사람들은 이를 미담으로 여겼다.

631년(정관 5년), 고사렴은 조정에 들어가서 이부상서가 되고 허국공許國公으로 진봉되었으며, 아들 한 명이 현공으로 봉해졌다. 인륜을 장려하고 살폈으며, 성씨를 잘 알고 있어서 모든 임용하는 자들은 집안과 출신지를 함께 고려하였다. 고조가 세상을 떠나자 고사렴은 사공을 대신해서 산릉山陵 제도를 맡았으며, 일을 마친 후 벼슬이 특진特進, 상주국上柱國으로 높아졌다.

당시 산동 출신 인사들은 자긍심이 대단해서 비록 누대累代의 능지처참陵遲處斬 제도를 부활시켰으나 오히려 자기들의 옛 땅을 믿고 여자가 다른 곳으로 시집가면 반드시 많은 폐백을 요구하였는데, 조정에서 이 문제를 논의하였다. 능지처참은 대역죄를 범한 죄인을 죽인 뒤 시신의 머리, 몸, 팔, 다리를 토막 쳐서 각지에 돌려 보이는 극형이다. 태종은 이런 관습을 미워하였으며, 이것이 교육의 본뜻을 심하게 훼손시킨다고 생각하고, 바로 고사렴과 어사대부 위정韋挺, 중서시랑 잠문본岑文本, 예부시랑 영호덕분令狐德芬 등에게 조칙을 내려 성씨를 바로 잡게 하였다. 이에 천하의 보첩譜牒을 두루 가져다가 역사 전기에 근거해서 그 진위를 고찰하고 충현자忠賢者는 포상해서 진급시키고, 패역자悖逆者는 강등시켜서 지방으로 내보냈으며, 『씨족지氏族志』를 편찬하였다. 고사렴은 그 등급을 분류해서 진언하였다. 태종이 말하였다.

"짐은 산동의 최씨, 노씨, 이씨, 정씨 집안에 대해 옛날부터 아무런 불만이 없었으며, 그들의 세력이 쇠미해진 것은 전적으로 고관대작이 없었기 때문이거늘 오히려 스스로를 상대부上大夫라 부르고 혼인을 할 때 많은 돈과 폐백을 요구하고 있소. 재주와 식견은 보통 이하이고 별로 하는 일도 없으면서 자기들만을 높이며, 소나무와 개오동나무를 파느라고 부귀한 자들에게 의탁하고 있소. 짐은 사람들이 어째서 그들을 중시하는지 이해할 수가 없소. 단지 제가齊家는 하북에 붙어 있고, 양梁과 진陳은 강남에 치우쳐 있기 때문에 당시에 비록 인물들이 있었지만 작은 나라에 치우쳐 있어 귀할 만한 것이 없는데, 오히려 지금까지도 최씨, 노씨, 왕씨, 사씨 집안은 중시되고 있소. 짐은 사해를 평정하고 천하를 일가로 만들었으며, 조정에 있는 모든 인사들은 공로가 현저하거나, 충효로 이름나거나, 학예에 통달하였기 때문에 발탁해서 등용한 것이오. 벼슬이 삼품 이상인 사람들을 보면 쇠약해진 가문들이 함께 친하고자 하여 제멋대로 많은 돈과 비단을 보내고는 오히려 하는 일은 아무것도 없소. 짐이 지금 특별히 정하는 족성族姓은 현 왕조의 벼슬을 중시하려고 하는데, 어째서 최간崔幹이 제일등급이 되어야 하오? 옛날에 한나라 고조는 산동의 한 필부에 불과하였으나 천하를 평정하였기 때문에 군주는 지존이 되고 신하는 귀하게 되었던 것이오. 경들은 독서를 통해 그의 행적을 보고 지금까지도 미담으로 삼고 있으며 마음속으로 존경하고 중시하고 있을 것이오. 경들은 짐의 관작이 귀하다고 여기지 않소? 여러 세대 이전은 거론할 필요 없고, 다만 오늘의 관작의 고하를 취해 등급을 정하겠노라."

마침내 최간을 제삼등급으로 정했다. 총 1백 권으로 구성된 책이 완성되자, 조칙으로 천하에 이를 반포하고 고사렴에게는 물품 1천 단을 하사하였으며, 동중서문화삼품으로 제수하였다.

638년(정관 12년), 고사렴은 장손무기 등과 함께 천자를 보좌한 공으로 대대로 자사 벼슬을 세습하게 되었으며, 신국공申國公에 제수되었다. 그 해에 상서우복야로 임명되었다. 고사렴은 일이 더욱 많아져 표를 많이 올리고자 하였으나 표를 완성한 후에는 매번 불살라버려 사람들이 이를 알지 못했다. 태자의 소사를 맡고, 특별히 관리 선발을 담당하였다. 642년(정관 16년), 벼슬이 개부의동삼사로 높아졌으나 얼마 안 되어 표를 올려 사직을 요청하였는데, 태종이 이를 윤허하여 상서우복야에서 해임하고 개부의동삼사로써 예전대로 평장사平章事의 일을 보게 하였다. 다시 조서를 받고 위징 등과 함께 문학 인사들을 모아서 『문사박요文思博要』 1천2백 권을 찬집하겠다고 주청하여 물품 1천 단을 하사받았다. 643년(정관 17년) 2월, 능연각에 그의 초상화가 그려졌다.

645년(정관 19년), 이세민이 고구려를 정벌함에, 황태자가 정주定州에서 감국監國을 하고 고사렴은 태자태부가 되어 여전히 조정의 정사를 맡게 하였다.

고사렴이 감당할 수 없다는 이유로 굳이 사양하였다.

646년(정관 20년)에 병에 걸렸는데, 태종이 그의 집에 행차하여 병문안을 하였으며, 지나간 세월을 이야기하면서 눈물을 흘리며 탄식하고 작별을 하였다. 647년(정관 21년) 정월 임신일에 장안 숭인리崇仁里 자택에서 72세를 일기로 세상을 떠났다. 태종이 다시 명을 내려 어가를 타고 그 집에 가 보려 하자, 사공 방현령이 초상집에 가는 것이 불가함을 표를 올려 간절하게 간했다. 태종이 말했다.

"짐의 이 행차가 어찌 군신의 예일 뿐이겠는가! 겸해 옛 친구의 정이 깊어서 또 인척의 의가 중해서 그리 하는 것이니 경은 다시 말을 하지 말라."

태종이 수백 기를 거느리고 흥안문興安門을 나와 연희문延喜門에 이르자 장손무기가 말 앞으로 달려와 또다시 불가함을 간하였다.

그의 말이 매우 간절하였으나 태종은 윤허하지 않았다. 급기야 장손무기가 말 앞에 엎드려 눈물을 흘리자 태종은 비로소 환궁하였다. 고사렴에게 사도, 병주幷州 도독을 추증하였으며, 소릉昭陵에 장사지내고 문헌文獻이라는 시호를 내렸다. 영구가 횡교橫橋를 나서자 태종은 옛 성의 서북쪽 망루에 올라가서 그 행렬을 바라보고 통곡을 하였다. 고종 이치는 즉위한 후 고사렴을 태위로 추증하였고, 방현령, 굴돌통과 함께 태종의 묘당에 배향하였다.

고사렴의 조부와 부친은 청렴결백하여 모두 복야僕射 벼슬을 지냈고, 아들은 상서尙書, 조카는 태위太尉가 되었으니 당시 사람들이 이를 영광으로 생각하였다. 여섯 아들은 고리행高履行, 고지행高至行, 고순행高純行, 고진행高眞行, 고심행高審行, 고신행高愼行이다.

고사렴은 이십사절후 중에서 경칩驚蟄을 관장한다.

【출전】『구당서』 권65(「열전」 제15), 『신당서』 권95(「열전」 제20)

6

고사렴

◈ 십팔학사十八學士 ◈

이세민이 진왕秦王으로 있을 때 문학관 학사學士로서, 염입본閻立本에게 상像을 그리게 하고, 저량褚亮에게 찬贊을 짓게 하여 진왕부秦王府에 소장所藏케 한 18명 있었는데, 두여회가 첫 번째였다. 이렇게 본관이면서 문학관학사를 겸한 이들을 십팔학사十八學士라고 부르며, 나머지 17명은 방현령房玄齡, 우지령于志寧, 소세장蘇世長, 설수薛收, 저량褚亮, 요사렴姚思廉, 육덕명陸德明, 공영달孔穎達, 이현도李玄道, 이수소李守素, 우세남虞世南, 채윤공蔡允恭, 안상시顔相時, 허경종許敬宗, 갑문달蓋文達, 설원경薛元敬, 소욱蘇勖이다. 소욱이 죽은 후에는 유효손劉孝孫으로 충원되었다. 염립본이 그린 그림을 「십팔학사사진도十八學士寫眞圖(진부십팔학사도)」라고 한다.

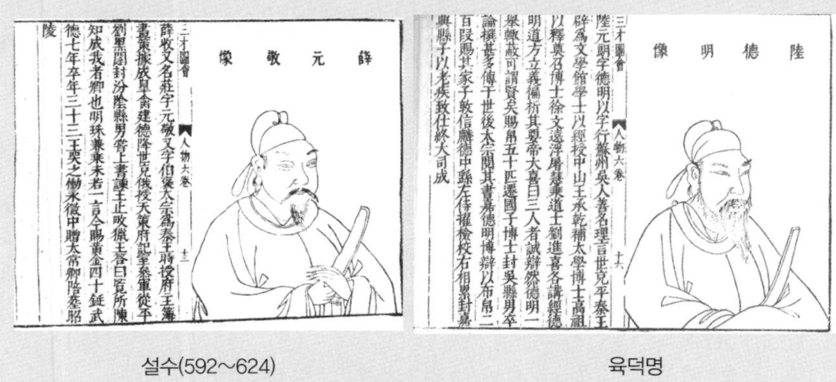

설수(592~624) 육덕명

7. 삼지창의 명수

울지경덕 尉遲敬德

"죽기를 두려워하는 것은 인지상정인데
수많은 사람들이 죽음으로써 왕을 받드는 것은
하늘이 내려준 바입니다.
만약 하늘이 내려 준 것을 받지 않는다면
거꾸로 그 허물을 받게 됩니다(天與不取, 反受其咎).
인애라는 작은 정만 있고 사직이라는 큰 계획을 잊으신다면
화가 닥쳤는데도 두려워할 줄 모르고,
곧 망하려는 데도 스스로를 안전하다고 생각하게 됩니다. …
실패를 성공으로 바꾸는 것은 명현들의 고견으로 인함이요,
화를 바꾸어 복으로 만드는 것은
지혜로운 선비들이 유리한 시기를 선점했기 때문입니다."

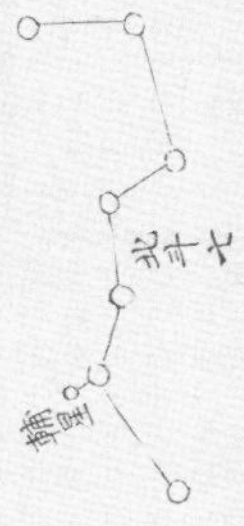

울지경덕(584~658)은 성이 울지(복성), 이름이 공恭이고, 자가 경덕이며, 지금의 산서성 삭현朔縣인 삭주朔州 선양善陽 출신이다.

대업(605~617) 말기에 고양高陽에서 종군하여 여러 도적들을 토벌하고 용맹으로 이름이 났으며, 여러 차례에

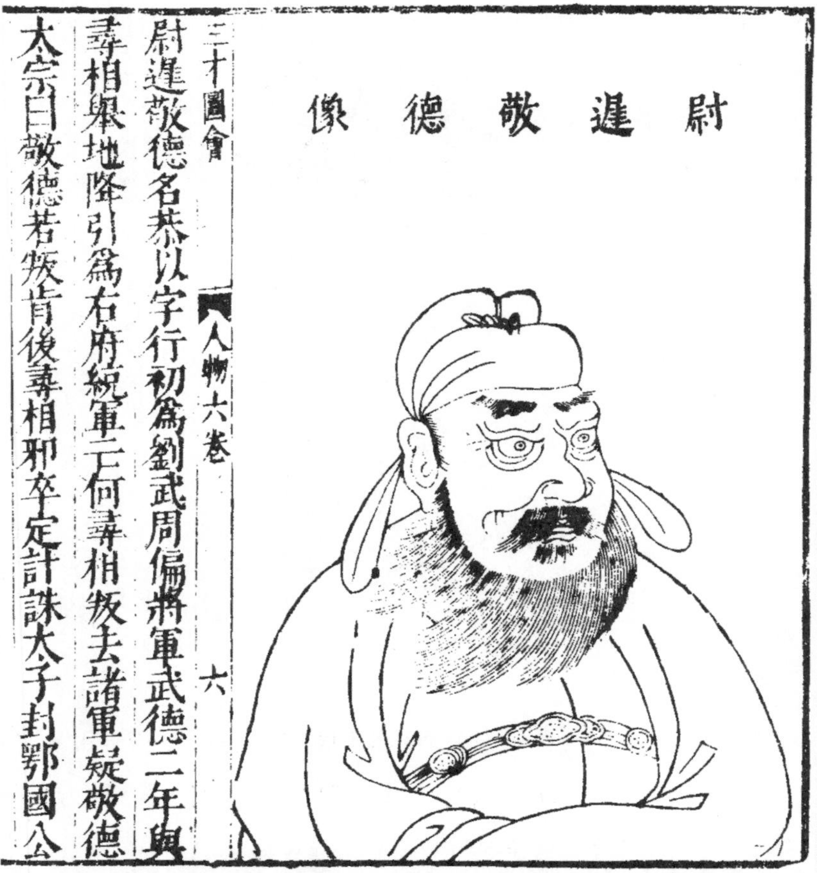

尉遲敬德像

三才圖會 人物六卷 六

尉遲敬德名恭以字行初為劉武周偏將軍武德二年與
尋相舉地降引為右府統軍亡何尋相叛去諸軍疑敬德
太宗曰敬德若叛肯後尋相耶卒定計誅太子封鄂國公

울지경덕(584~658), 출전:『삼재도회』

걸쳐 승진하여 조산대부朝散大夫로 임명되었다. 유무주는 군사를 일으킨 후에 그를 편장偏將으로 삼고 송금강과 함께 남침하여 진주晉州와 회주澮州를 함락시켰다. 울지경덕은 하현夏縣까지 깊숙이 들어가 여숭무呂崇茂와 접응해서 영안왕永安王 이효기李孝基를 습격하여 쳐부수고 독고회은獨孤懷恩과 당검 등을 사로잡았다. 620년(무덕 3년), 이세민이 백벽柏壁에서 유무주를 토벌하려고 하였더니, 유무주가 울지경덕과 송금강에게 개휴介休에서 당의 군사를 막으라는 영을 내렸다. 그러나 송금강은 싸움에 패하여 돌궐로 달아나고, 울지경덕은 남은 무리를 수습해서 개휴성을 지켰다. 이세민이 임성왕任城王 이도종李道宗과 우문사급宇文士及을 보내 효유曉諭(깨달아 알아듣도록 타이르다는 뜻)하자, 울지경덕과 심상尋相은 성을 바치고 투항하였다. 이세민은 크게 기뻐하여 곡연曲宴을 베풀었다. 곡연은 황제가 궁중의 금원禁苑에서 가까운 사람들만 불러 베푸는 작은 연회를 말한다. 울지경덕은 우일부통군右一府統軍이 되어 동도로 왕세충을 치러 가는데 참가하였다.

얼마 후에 투항했던 심상과 유무주의 부하 장수들이 다시 모두 배반하자, 이세민의 수하 장수들은 울지경덕도 반드시 배반할 것이라고 의심하여 군중에다 가두었다. 행대좌복야 굴돌통, 상서 은개산이 모두 말하였다.

"울지경덕은 처음에 우리나라로 귀순하였다가 마음을 붙이지 못하였습니다. 이 사람은 용맹하고 강건한 것이 보통 사람과 다르며, 그를 다시 오래 잡아둔다면 이미 의심을 받았기 때문에 원망이 반드시 생겨날 것입니다. 그를 남겨두면 아마도 후회하게 될 것이니, 즉시 그를 죽이도록 해 주십시오."

이세민이 말하였다.

"과인이 본 바는 그 말과 차이가 있소. 울지경덕이 만약 배반할 생각을 품고 있었다면 어찌 심상의 뒤에 있었겠소?"

말을 마치자마자 그를 풀어주라고 명하고 침소로 불러 들여 금은보화를 하사하며 말하였다.

"장부는 의기로써 서로 기약하는 법이니 작은 의심을 마음에 두어서는 안 될 것이오. 과인은 끝까지 참언讒言(거짓으로 남을 헐뜯는 말을 꾸며서 윗사람에게 고해바치는 말)을 듣고 충량한 신하를 해치지 않을 것이니, 공은 마땅히 이를 실행해야 할 것이오. 기어코 떠나고자 한다면 지금 이 물건을 주어 한 때 일을 같이 한 정을 표시하고자 하오."

이 날 울지경덕은 이세민이 유과楡窠로 사냥하러 가는데 따라갔다가 싸우러 오는 왕세충이 이끄는 보병과 기마병 수만 명을 만났다. 왕세충의 효장 단웅신單雄信이 이끄는 기마가 곧장 이세민에게 달려들자, 울지경덕이 말에 뛰어올라 큰 소리를 지르며 옆에서 돌진하여 단웅신을 찔러 말에서 떨어뜨렸다. 왕세충의 무리가 조금 물러나자 울지경덕은 이세민을 호위해서 적의 포위를 빠져나갔으며, 또한 경기병을 이끌고 왕세충과 교전하여 그 무리를 크게 궤멸시키고 적장 진지략陳智略을 사로잡고 삼지창을 쓰는 병사 6천 명을 얻었다. 이세민이 울지경덕에게 말했다.

"근래에 여러 사람들은 공이 틀림없이 배반할 것이라고 하였지만 하늘이 나의 뜻을 잘 이끌어 주어 나만이 홀로 공을 보증하였는데, 마침내 복으로 증명이 되었으니 어찌 속히 보답치 않겠는가."

말을 마치고서 그에게 특별히 금은 한 상자를 주었으며, 이후로 갈수록 더 큰 은혜로 그를 돌보아 주었다.

울지경덕은 삼지창 피하는 법을 잘 알고 있었는데, 매번 단기로 적진에 들어가서는 적들의 삼지창이 한꺼번에 찔러 들어와도 끝내 상처를 입지 않았으며 또한 적의 삼지창을 빼앗아서 역으로 그들을 찌를 수 있었다. 이 날, 여러 겹의 포위를 드나들었으며, 가고 오는데 아무런 장애도 있지 않았다. 제왕 이원길도 말 모양의 삼지창을 잘 썼는데, 울지경덕의 소문을 듣고는 그를 우습게보고 직접 시험해 볼 요량으로 삼지창의 창날을 빼고 창대만 가지고 한 번 겨루어 보자고 하였다. 울지경덕이 말하였다.

"설사 창날이 있어도 끝내 상처를 입히지 못할 것이니 창날을 빼지 마십시오. 저의 삼지창은 삼가 창날을 막기만 하겠습니다."

그리하여 창날을 빼지 않고 오랫동안 겨루어 보았으나 이원길은 결국 한 번도 울지경덕의 몸에 적중시키지 못했다. 이세민이 물었다.

"삼지창을 빼앗는 것과 피하는 것은 어느 것이 더 어려운가?"

울지경덕이 대답하였다.

"삼지창을 빼앗는 것이 더 어렵습니다."

이에 울지경덕에게 명을 내려 이원길의 삼지창을 빼앗아 보라고 했다. 이원길이 삼지창을 잡고 말에 뛰어 올라 그를 찌르려고 하였는데, 울지경덕은 잠깐 동안에 세 차례나 그의 삼지창을 빼앗았다. 이원길은 평소에 날쌔고 용감한 사람인지라 비록 이 날 울지경덕의 솜씨가 출중하다고 감탄하였으나 마음속으로는 이를 매우 치욕으로 생각하였다.

두건덕竇建德이 판저板渚에 진영을 세웠는데, 이세민이 싸움을 도발할 생각으로 먼저 이적, 정지절, 진숙보 등의 군사를 매복시켰다. 이세민은 활과 화살을 쥐고, 울지경덕은 삼지창을 쥐고 참전하였으며, 두건덕의 성채 아래에 이르러 이세민의 군사들이 함성을 지르며 밀어닥쳤다. 적의 무리가 크게 놀라 어지러워지자, 이세민은 수천 기를 이끌고 돌진하였다. 이세민은 적이 뒷걸음치면서 점점 물러나는 것을 보고 달려나가 앞뒤로 여러 명을 사살하였고, 울지경덕도 십여 명을 사살하면서 마침내 적을 매복 속으로 끌어들였다. 그리하여 이적 등과 합세하여 적을 크게 쳐부수었다.

왕세충의 조카형의 아들인 대왕代王 왕완王琬이 두건덕의 군중에 사신으로 가면서 수 양제가 탔던 청총마青驄馬(갈기와 꼬리가 푸르스름한 백마)를 타고 색이 매우 고운 갑옷을 입고서 멀리 군사들 앞에 나와서 과시하였다. 이세민이 말하였다.

"저 사람이 타고 있는 말은 정말 좋은 말이로다!"

울지경덕이 가서 가져오겠노라고 청하고 고증생高甑生, 양건방梁建方

과 함께 세 사람이 말을 타고 곧장 적군 속으로 들어가 왕완을 사로잡고 그의 말을 끌고 돌아왔는데, 적의 무리에서는 감히 이들을 당할 자가 없었다.

또 유흑달劉黑闥을 토벌하러 가는데 참가하여 임명臨洺으로 갔는데, 유흑달의 군사가 이적을 습격하자 이세민이 군사를 통솔해서 적을 불시에 친 후에 그를 구출하였다. 얼마 안 있어 유흑달의 군사들이 당도해서 사방에서 합세하자, 울지경덕은 장사들을 이끌고 포위를 무릅쓰고 들어가서 적진을 크게 쳐부수었으며, 이세민과 강하왕江夏王 이도종은 이를 틈타서 빠져 나왔다. 또 서원랑徐圓朗(?~623)을 토벌하는데도 공을 세웠다. 이밖에도 여러 차례 전공을 세워 진왕부 좌이부호군에 임명되었다.

태자와 소자왕 이원길이 장차 이세민을 해칠 요량으로 은밀히 서신을 보내 울지경덕을 불렀다.

"윗사람의 은혜를 멀리하고 포의布衣의 사귐을 돈독히 하여 우리의 바람을 도와주기 바라오."

그러면서 금은과 각종 진귀한 물건을 실은 수레 한 상자를 주었다.

울지경덕(모사본)

울지경덕이 사양하며 말하였다.

"저는 빈천한 출신으로서 수나라가 망해서 천하가 붕괴되는 것을 당한 후 달아났으며 몸을 의탁할 데가 없어 오랫동안 반역의 집단에 있었는데 이는 죽임을 당할 죄입니다. 실제로 진왕의 은혜를 입어 목숨을 구하고 지금은 또 번저藩邸에 속해 있기 때문에 마땅히 목숨을 바쳐 은혜에 보답해야 합니다. 전하께는 공을 세운 바가 없어 감히 중상을 받을 수가 없습니다. 만약 사사로이 전하에게 허락한다면 이는 두 마음이요, 이익을 따르고 충을 망각한 것이 되니 전하께서도 이런 사람을 어디에 쓰겠습니까?"

이건성은 이 말을 듣고 노하였으며, 이후로는 결국 왕래가 끊어졌다. 울지경덕이 얼마 후에 이 일을 아뢰었더니, 이세민이 말하였다.

"공의 평소 마음은 울창하기가 산악과 같아, 막대한 금전을 가지고 있어도 공의 마음을 바꿀 수 없다는 것을 잘 알고 있소. 보내 주는 것은 일단 받고서 신중하게 생각을 해야 할 것이오. 만약 그렇지 않으면 아마 공의 목숨이 위태로울 것이오. 게다가 저들의 음모를 알고 있으니 이것이 가장 좋은 계책이라 생각하오."

이원길 등은 울지경덕을 매우 증오하여 장사를 시켜 그에게 가서 찔러 죽이게 하였다. 울지경덕은 그들의 계책을 알고 중문을 활짝 열고 편안하게 누워서 움직이지 않았는데, 적은 여러 차례 그 집 정원에 왔으나 끝내 감히 들어오지 못했다. 이원길은 마침내 고조에게 울지경덕을 참소하였으며, 고조는 조칙을 내려 그를 하옥해서 심문하고 장차 죽이려고 하였다. 그러나 이세민이 완강하게 간청하여 석방되었다.

때마침 돌궐이 오성烏城을 침략하자, 이건성이 이원길을 천거하여 장군으로 삼고 함께 은밀히 이세민을 청해 곤명지昆明池로 보내 살해하자는 계획을 세웠다. 울지경덕이 그들의 계획을 듣고서 장손무기와 함께 황급히 이세민에게 아뢰었다.

"대왕께서 만약 신속하게 바로잡지 않으시면 그들에게 해를 당해 사직社稷이 위태로워질 것입니다."

이세민이 탄식하며 말하였다.

"지금 두 궁에서 골육간에 사이가 안 좋아 부황父皇을 저버리고 위급한 때에 직면해 있음은 모두 알고 있는 바이오. 과인이 비록 깊이 시기를 당하여 화가 경각에 닥쳐 있으나 동기간의 정이 있어 끝내 차마 하지 못하겠소. 그들이 먼저 일어나기를 기다린 후에 의로써 그들을 토벌하고자 하는데 공의 생각은 어떠하시오?"

울지경덕이 말하였다.

"죽기를 두려워함은 인지상정인데, 수많은 사람들이 죽음으로써 왕을 받듦은 하늘이 내려준 바입니다. 만약 하늘이 내려 준 것을 받지 않는다면 거꾸로 그 허물을 받게 됩니다(天與不取, 反受其咎). 인애仁愛라는 작은 정만 있고 사직社稷이라는 큰 계획을 잊으신다면 화가 닥쳤는데도 두려워할 줄 모르고, 곧 망하려는 데도 스스로를 안전하다고 생각하게 됩니다. 신하가 어려움에 처해도 피해서는 안 되는 절개를 잃었음과 선현들이 대의를 위해 육친을 죽인 일이 없음은 들은 바가 없습니다. 신의 우직한 성의로 말씀드리건대, 먼저 그들을 주살하십시오. 대왕께서 만약 저의 말씀을 따르지 않으실 것이라면 달아나서 망명을 하십시오. 그러면 그들의 손에 죽임을 당하지 않을 것입니다. 또한 실패를 성공으로 바꿈은 명현名賢들의 고견으로 인함이요, 화를 바꾸어 복으로 만듦은 지혜로운 선비들이 유리한 시기를 선점했기 때문입니다. 제가 지금 만약 달아난다면 장손무기도 함께 가려 할 것입니다."

이세민이 머뭇거리며 결정하지 못하자, 장손무기가 말하였다.

"대왕께서 지금 울지경덕의 말을 따르지 않으시면 틀림없이 울지경덕 등은 대왕의 소유가 아니라고 알려질 것입니다. 일이 지금 잘못되면 어떻게 하시겠습니까?"

이세민이 말하였다.

"과인이 한 말을 완전히 버릴 수는 없으니 공이 다시 이 일을 도모하도록 하시오."

울지경덕이 말하였다.

"대왕께서 지금 일 처리에 의심을 가지고 계심은 지혜롭지 못함이요, 어려움에 처해서 결정을 못하심은 용감하지 못함입니다. 대왕께서 저의 말씀을 따르지 않으신다면 나라는 어찌할 것이며 또 목숨은 어찌할 것인지 결정을 내려주십시오. 게다가 밖에 있던 용사 8백여 명이 지금

궁으로 들어와서 갑옷을 입고 활시위를 당기고 있습니다. 사세가 이미 이 지경까지 이르렀는데 대왕께서 어떻게 이들을 물리실 수 있겠습니까?"

울지경덕이 다시 후군집과 낮부터 밤까지 계속 권한 후에야 마침내 계획이 정해졌다.

이 때 방현령과 두여회는 모두 고조에게 내쫓겨서 진왕부를 나와서, 다시 들어가지 못하고 있었다. 이세민은 장손무기를 시켜 그들을 은밀히 불렀다. 방현령 등이 말하였다.

"더 이상 대왕을 섬기는 것을 허락하지 않는다는 조칙이 내렸는데, 지금 만약 사적으로 알현하면 반드시 죽임을 당할 것이라 감히 명을 받들지 못하겠습니다."

이세민이 대로하여 울지경덕에게 말하였다.

"방현령과 두여회가 어찌 나를 배반하려는가?"

그러고는 허리에 찬 칼을 뽑아 울지경덕에게 주며 말하였다.

"공이 가 보시오. 그들에게 올 마음이 없음을 보면 그들의 머리를 모두 잘라서 가져오도록 하시오."

울지경덕이 다시 장손무기에게 일깨워주었다.

"대왕께서는 이미 기일을 정해 적을 평정한다는 계획을 결정하셨으니 공은 곧바로 들어가서 계책을 세워 주시오. 우리 네 사람이 길에서 무리

지어 행동해서는 안 될 것이오.”

이에 방현령과 두여회가 도사 복장을 하고 장손무기를 따라 들어갔으며, 울지경덕은 다른 길로 해서 역시 진왕부로 들어갔다.

6월 4일에 이건성이 죽은 후, 울지경덕이 70명의 기마병을 이끌고 달아나는 이원길의 뒤를 쫓자, 이원길은 말을 달려 동쪽으로 달아나다가 좌우에서 활을 쏘자 말에서 떨어졌다. 이세민도 말을 타고 수풀 아래를 달려가다가 끈에 걸려 말에서 떨어져서 일어날 수가 없었다. 이때 이원길이 재빨리 달려와서 이세민의 활을 빼앗아 내리 누르려고 하였다. 상황이 다급해지자 울지경덕이 말에 올라타며 이원길을 꾸짖었더니, 이원길은 무덕전武德殿으로 돌아가려고 도보로 달아났다. 울지경덕이 뒤쫓아 달려가서 활로 쏘아 그를 죽였다. 그 궁부宮府의 장수인 설만철薛萬徹(?~652), 사숙방謝叔方, 풍립馮立 등은 수많은 군사를 이끌고 몰려와서 현무문에 주둔하며 둔영의 장군을 죽였다. 울지경덕이 이건성과 이원길의 머리를 높이 쳐들어 그들에게 보였더니 궁부의 병사들은 마침내 흩어져버렸다. 이 무렵 고조는 해지海池에서 배를 띄워 놀고 있었다. 이세민은 울지경덕에게 고조를 모시고 호위하라고 명하였다. 울지경덕은 갑옷을 걸치고 창을 들고서 곧장 고조가 있는 곳으로 달려갔다. 고조가 크게 놀라서 물었다.

“오늘 난을 일으킨 자가 누구인가? 경이 이곳에 온 것은 무엇 때문인가?”

울지경덕이 대답하였다.

"태자와 제왕이 난을 일으키자 진왕이 군사를 일으켜 그들을 주살하고 폐하께서 놀라실 것을 염려하여 저를 보냈습니다. 저는 호위하러 온 것입니다."

그때서야 고조는 마음이 안정되었다. 남아南衙와 북문의 병마 및 두 궁의 좌우 측근들이 서로 저항을 하였는데, 울지경덕이 고조에게 친히 칙서를 내려달라고 주청하자 여러 군사들이 모두 진왕의 처분을 받게 해 달라고 간청하였으며, 이에 윤허가 내려짐으로써 정국이 마침내 안정되었다. 고조가 울지경덕을 위로하며 말하였다.

"경은 나라를 위해 사직社稷을 안정시킨 공이 있도다."

말을 마치고 그에게 대단히 많은 양의 진귀한 물건을 하사하였다. 이세민이 태자가 되어 춘궁에 오르면서 울지경덕은 태자 좌위솔左衛率에 임명되었다. 당시에 주위의 모든 사람들이 이건성 등의 측근 1백여 명을 모두 연좌시켜 적몰籍沒하자고 주장하였으나 오직 울지경덕만이 고집을 굽히지 않고 이렇게 말하였다.

"죄를 지은 두 흉수가 지금 이미 주살되었는데, 만약 다시 그 벌이 남은 무리에게 미친다면 이는 안정을 취하는 계책이 아니오."

그리하여 남은 무리들은 모두 죄를 면하였다. 논공행상을 하는데 울지경덕과 장손무기가 첫 번째로서 각기 비단 1만 필을 하사 받았으며, 제왕부의 재물과 기물은 모두 집과 함께 울지경덕에게 하사되었다.

627년(정관 원년), 우무후右武候대장군으로 제수되고 오국공吳國公이라는 작위를 받았으며, 장손무기, 방현령, 두여회와 함께 네 사람 모두 실봉 1천3백 호를 식읍으로 받았다. 당시에 돌궐이 침입을 하였는데, 울지경덕은 경주도涇州道 행군총관으로 임명되어 그들을 쳤다. 적이 경양涇陽에 당도하자, 울지경덕은 경기병을 이끌고 싸움을 걸어 적의 명장을 죽였으며, 적은 마침내 패하고 말았다.

울지경덕은 남의 단점을 들추어내는 것을 좋아하고 자기의 공을 믿었는데, 매번 장손무기, 방현령, 두여회 등의 단점을 볼 때마다 반드시 면전에서 말싸움을 해서 조정이 늘 평안하지 못했다.

629년(정관 3년), 울지경덕은 지방으로 나와서 양주襄州 도독이 되었다. 634년(정관 8년), 여러 차례 승진하여 동주同州 자사로 옮겼다. 경선궁慶善宮에서 태종을 모시고 연회를 한 적이 있었는데, 그 때 자신보다 상석上席에 앉은 자가 있자 울지경덕이 화를 내며 말했다.

"당신은 무슨 공이 있어서 내 윗자리에 앉아 있는 거야?"

임성왕 이도종이 마침 그 아래 자리에 앉아 있었기 때문에 그에게 설명을 해 주었다. 울지경덕은 발끈하여 주먹으로 이도종의 눈을 때려 거의 애꾸눈이 될 뻔하였다. 태종은 기분이 좋지 않아 연회를 파하고 울지경덕에게 말했다.

"짐이 한漢 왕조의 역사책을 읽다가 한 고조의 공신 중에 성명을 보존한 자가 적은 것을 보고는 마음속으로 항상 그를 나무랐소. 그래서 보위에 오르고서는 항상 공신을 보호하고, 그 자손들이 끊이지 않게 하려고 생각하였소. 그러나 경은 벼슬을 하면서 번번이 국법을 범하니, 바야흐로 한신韓信(?~기원전 196)과 팽월彭越(?~기원전 196)의 죽음이 한 고조의 허물이 아니라는 것을 알아야 할 것이오. 국가 대사는 오직 상과 벌뿐이며, 분에 넘치는 은혜는 자주 베풀어질 수 없으니 스스로 힘써 행하여 후회를 남기지 않도록 하시오."

한신과 팽월은 모두 유방劉邦을 도와 한나라를 개창하는데 결정적인 역할을 한 공신들이었으나 후에 모반했다는 죄명으로 황후인 여후呂后에게 살해당한다.

637년(정관 11년), 공신들을 봉해 자사 벼슬을 대대로 세습하게 하였는데, 울지경덕은 선주宣州 자사에 제수되고, 악국공鄂國公으로 개봉되었으며, 후에 부주鄜州와 하주夏州의 도독을 역임하였다. 643년(정관 17년), 울지경덕은 표를 올려 사직을 청하였는데, 그 결과 개부의동삼사開府儀同三司에 제수되었으며, 조칙으로 삭망朔望(음력 초하룻날과 보름날)에 조회에 나오도록 하였다. 얼마 안 있어 장손무기 등 24인의 초상화가 능연각에 그려졌다.

태종이 장차 고구려를 정벌하려고 하자, 울지경덕이 아뢰었다.

"천자의 수레가 만약 요좌遼左(요동遼東의 별칭. 요서遼西는 요우遼右라고 함)로 가고 황태자도 정주定州에 있으면, 동경과 서경은 부고府庫가 있는 곳인데 비록 군사들이 주둔해서 지킨다고 해도 마침내는 비게 될 것입니다. 요동은 길이 멀어 양현감의 변이 있을까 두렵습니다. 게다가 변방의 작은 나라는 친히 만승萬乘을 수고롭게 할 만하지 못하니 엎드려 바라건대 양장에게 맡기시면 저절로 때에 응해 멸망할 것입니다."

만승은 만대의 병거兵車라는 뜻으로, 천자 또는 천자의 자리를 이르는 말이다. 중국 주나라 때에 천자가 병거 1만 대를 직례直隸에서 출동시켰던 데서 유래한다. 그래서 만승지국萬乘之國은 천자가 다스리는 나라를 뜻한다. 또 천승千乘은 1천 대의 병거兵車라는 뜻으로 제후를 이르는 말이고, 천승지국千乘之國은 병거 1천 대를 갖출 힘이 있는 나라로서, 제후가 다스리는 나라를 이른다. 백승百乘은 1백 대의 수레이고, 백승지가百乘之家는 전쟁이 일어나면 수레 1백 대를 내놓을 수 있는 집이라는 뜻으로, 경대부卿大夫의 집을 이르던 말이다.

태종은 그의 말을 받아들이지 않았다. 울지경덕은 본관으로써 태상경太常卿을 맡고 좌일마군총관左一馬軍總管이 되어 주필산駐蹕山에서 고구려를 정벌하는데 참여하였으며, 실패하고 군사가 귀환하자 예전대로 벼슬을 내놓았다.

울지경덕은 말년에 선방仙方(仙術, 즉 신선의 술법)을 독실하게 믿고 바깥사람과 왕래를 하지 않았다. 658년(현경 3년), 고종 이치는 울지경덕의 공을 평가하여 그의 아버지에게 유주幽州 도독을 추증하였다. 그 해에 울지경덕은 74세를 일기로 세상을 떠났다. 고종은 그를 애도하고 경관京官 5품 이상 및 조집사朝集使에게 명해 그의 집에 찾아가 곡을 하게 하였다. 사도, 병주幷州 도독을 추증하고 충무忠武라는 시호를 내렸으며, 동원비기東園祕器를 하사하고 소릉에 장사지내 주었다.

그의 아들 울지보림尉遲寶琳이 승계하였으며, 벼슬이 위위경衛尉卿에 이르렀다.

울지경덕은 이십사절후 중에서 춘분春分을 관장한다.

【출전】『구당서』 권68(「열전」 제18), 『신당서』 권89(「열전」 제14)

울지경덕 묘비

李藥師像

三才圖會　人物六卷　五

李靖字藥師京兆三原人姿貌魁奇嘗謂人曰大丈夫當以功名取富貴何至作章句儒其舅韓擒虎與論兵曰可與孫吳侔矣牛弘見之曰王佐才也貞觀間出將入相封衛國公

이정(571～649), 출전: 『삼재도회』

8. 당대 최고의 병법가

이정李靖

"왕자王者의 군사는 의로써 존재하고 정벌을 애통해 하는 법입니다.
백성들은 이미 무수한 핍박을 받았는데
항거해서 싸운 것이 어찌 그들이 원하는 바였겠습니까?
지금 새로 형주와 영주郢州를 평정하였으니
마땅히 관대함을 베풀어서 원근에 있는 사람들의 마음을 위로해야 할 것이며,
항복했는데도 적몰하는 것은 아마도 불난 사람을 구하고
물에 빠진 자를 건져주는 의義가 아닐 것입니다."

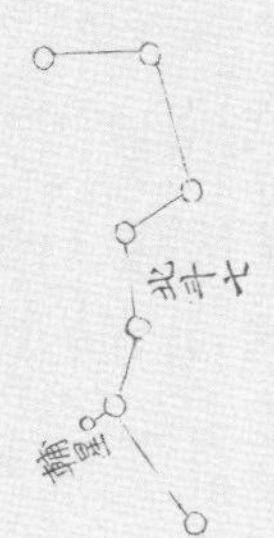

이정(571~649)은 본명이 약사藥師이고, 지금의 섬서성 삼원三原인 경조京兆 삼원 출신이다.

조부 이숭의李崇義는 북위에서 은주殷州 자사 및 영강공永康公이라는 벼슬을 하였다. 부친 이전李詮은 수나라에서 조군趙郡의 군수를 지냈다.

이정은 용모와 자태가 뛰어나고 덩치가 컸으며, 어려서부터 문무를

겸비하고 재주와 지략을 갖추고 있었다. 그는 친한 사람들에게 매번 입버릇처럼 이렇게 말하곤 했다.

"대장부가 주군을 만났을 때는 반드시 공을 세우고 큰일을 해서 부귀를 얻어야 한다."

그의 외삼촌 한금호韓擒虎(538~592)는 명장으로 이름이 난 사람인데 매번 이정과 병법을 이야기할 때면 선善해야 함을 강조하였다. 한번은 한금호가 이정을 어루만지며 이렇게 말하였다.

"함께 손자와 오자의 병법을 이야기할 수 있는 사람은 이 사람 밖에 없다."

처음에는 수나라에서 벼슬하여 장안현의 공조功曹가 되었다가 나중에는 가부원외랑駕部員外郎을 역임했다. 좌복야 양소楊素, 이부상서 우홍牛弘 등이 그가 선하다고 칭찬했다. 하루는 양소가 자기의 평상을 쓰다듬으며 이정에게 이렇게 말하였다.

"경은 훗날 여기에 앉을 것이오."

대업 말기에 여러 차례 승진하여 마읍군馬邑郡의 승丞에 임명되었다. 때마침 이연이 돌궐을 치느라고 변방에 있었는데, 이정은 이연을 관찰하고는 그가 천하를 경략할 뜻을 가지고 있다는 것을 알게 되었으며, 장차 강도江都를 거쳐서 장안으로 가려다가 길이 막혀서 가지 못했다. 이연이 경성을 함락시키고 이정을 붙잡아다 목 베려 하였더니, 이정이 큰소리로 말했다.

“공이 의병을 일으킨 것은 본래 천하를 위해 난리를 없애고자 함일진대, 큰일을 하려고 하지는 않고 사적인 원한으로 장사壯士의 목을 베려고 하시오!”

이연은 그의 말을 장하게 여겼으며, 이세민도 살려줄 것을 굳이 간청을 하기에 마침내 그를 놓아주었다. 이세민이 얼마 후에 그를 자신의 막부로 불러들였다.

619년(무덕武德 2년), 이정은 왕세충을 토벌하는데 참가하였으며, 그 공으로 개부開府로 임명되었다. 당시 소선蕭銑이 형주荊州에 웅거하고 있었는데, 이정을 그곳으로 보내 안정시키게 하였다. 이정이 경기병을 이끌고 금주金州에 이르러 오랑캐 수만 명을 만났다. 오랑캐들은 산골짜기에 주둔하고 있었는데 이미 여강왕廬江王 이원李瑗이 여러 차례 공격하였으나 번번이 실패하고 있었다. 이정이 이원과 전략을 짜서 그들을 공격하여 여러 번 승리를 거두었다.

협주硤州에 이르러서는 소선에게 막혀서 오랫동안 진군을 하지 못했다. 고조 이연은 그가 늦는 것에 화가 나서 은밀히 협주 도독 허소許紹에게 칙서를 내려 그를 목베라고 명하였다. 그의 재주를 아깝게 여긴 허소가 고조에게 살려줄 것을 간청한 덕분에 이정은 참형을 면하였다. 때마침 개주만開州蠻의 수령 염조칙冉肇則이 반란을 일으켜서 무리를 이끌고 기주夔州를 약탈하였는데, 당시 조군왕趙郡王 이효공이 그와 싸움을 하였으나 형세가 불리하였다. 이정은 군사 8백 명을 이끌고 적의 진영을 공격하여 처부수고, 후에 다시 요해처에 매복을 해서 싸움을 승리로 이끌었으며 염조칙을 목베고 포로 5천여 명을 사로잡았다. 고조는 매우 기뻐하여 공경들에게 이렇게 말하였다.

"짐이 듣건대, 공로를 활용하는 것이 허물을 활용하는 것보다 낫다고 하더니 이정이 과연 그 효력을 발휘했구려."

이리하여 새서璽書를 내려 위로하면서 말하였다.

"경은 온 정성과 힘을 다하여 공을 이루었으니 특히 표창할 만하도다. 멀리까지 지성이 보이니 지극히 가상하므로 부귀는 걱정하지 말지어다."

다시 손수 이정에게 칙서를 내렸다.

"이미 지나간 일은 허물하지 않는다고 하였나니 과거의 일은 내가 잊은 지 오래되었도다."

621년(무덕 4년), 이정은 다시 소선을 정벌하는 열 가지 계책을 올렸다. 고조는 그의 계책을 따르기로 결정하고 이정을 행군총관으로 삼고 이효공의 행군장사 직책을 겸해서 맡게 하였다. 고조는 이효공이 아직 융려戎旅를 바꾸지 않았다는 이유로 삼군의 책임을 모두 이정에게 일임하였다. 그 해(621년) 8월, 기주에 군사를 집결시켰다. 소선은 때가 가을 장마철이라 장강의 물이 불 것이고, 삼협의 길이 험준하므로 이정이 틀림없이 진군할 수 없을 것이라고 호언장담하고 마침내 군사들을 쉬게 하고 아무런 대비도 하지 않았다. 9월, 이정이 군사를 이끌고 나아가서 협峽을 함락시킬 즈음에 모든 장수들이 진격을 멈추고 물이 빠지기를 기다리자고 청했다. 이정이 말하였다.

"전쟁은 신속神速한 것을 귀중하게 여기는 바, 기회를 놓칠 수 없소. 지금 군사가 막 집결하여 소선이 아직 이 사실을 모르고 있을 테니, 만약 물이 불어나는 기세를 이용해서 갑자기 성 아래로 밀어닥치면 이는 이른바 빠른 천둥소리에 귀를 막을 겨를이 없다(疾雷不及掩耳, 질뢰불급엄이)는 것으로 병가에서 상책이라 하오. 설사 저들이 우리를 알고 있다손 치더라도 창졸간에 군사를 모아서 대응할 수가 없을 것이니, 이리하면 틀림없이 사로잡을 수 있을 것이오."

이효공이 그의 계책에 따라 군사를 이끌고 이릉夷陵에 이르렀다. 소선의 장수 문사홍文士弘은 정병 수만 명을 이끌고 청강淸江에 주둔하였다. 이효공이 그를 습격하려고 하자, 이정이 말하였다.

"문사홍은 소선의 맹장이라 병사들이 날쌔고 용감한데다, 지금 새로 형문荊門을 잃고 전 병력을 다 출전시켰으니 이는 패배를 구원하는 군사들이라 아마도 대적하기가 어려울 듯합니다. 우선 잠시 남쪽 기슭에 정박하고 있으면서 나가서 싸우지 말고 있다가 그들의 기세가 수그러든 후에 일제히 분발하여 공격하면 그들을 반드시 깨부술 수 있을 것입니다."

이효공은 이정의 말을 듣지 않고 그를 남겨 군영을 지키게 하고는 군사를 이끌고 나아가 적과 싸움을 벌였다. 과연 이효공이 패하여 남쪽 기슭으로 달아났다. 적들은 배를 버려두고 약탈을 대대적으로 자행해서 모두 짐들이 무겁게 되었다. 이정은 적들이 어수선한 것을 보고 군사를 풀어 습격하여 대승을 거두었다. 이 싸움으로 이정은 전함 4백여 척을 빼앗았으며, 참수 당하고 익사한 적은 그 수효가 1만 명이나 되었다.

이효공은 이정에게 날랜 병사 5천 명을 이끌고 선봉이 되게 하였는데, 이정은 강릉江陵에 당도한 후 성 아래에 주둔하였다. 문사홍이 이미 패한 뒤라 소선은 매우 두려워하여 비로소 강남에서 병사를 모집하기 시작하였으나 결국 진격할 수가 없었다. 이효공은 대군을 계속 진격시키고, 이정은 다시 소선의 효장 양군무楊君茂와 정문수鄭文秀를 쳐부수고 갑졸 4천여 명을 포로로 잡았으며 다시 군사의 대오를 정돈해서 소선의 성을 포위하였다. 이튿날 소선이 사자를 보내 항복을 청하자, 이정은 즉시 들어가서 성을 점거하였는데 군령이 엄숙하여 병사들이 감히 사사로운 행동을 하지 못했다. 당시 모든 장수들이 이효공에게 청했다.

"소선의 장수와 관리와 군사들 중에서 항거하다가 전사한 자들은 죄상이 너무 중하니 청컨대 그들의 집을 적몰해서 장수와 병사들에게 상으로 주시기 바랍니다."

이정이 말하였다.

"왕자王者의 군사는 의로써 존재하고 정벌을 애통해 하는 법입니다. 백성들은 이미 수없이 많은 핍박을 받았는데 항거해서 싸운 것이 어찌 그들이 원하는 바였겠습니까? 자기 주인이 아니라고 개가 짖은 것이라면 용서하여 반역의 죄로 다스리지 않는 법인데, 이는 괴통蒯通이 한 고조에게 사형을 면한 이유입니다. 지금 새로 형주와 영주郢州를 평정하였으니 마땅히 관대함을 베풀어서 원근에 있는 사람들의 마음을 위로해야 할 것이며, 항복했는데도 적몰하는 것은 아마도 불난 사람을 구하고 물에 빠진 자를 건져주는 의義가 아닐 것입니다. 다만 이로부터 이남의 성진城鎭이 각기 굳게 지켜 함락시키지 못할까 염려되며, 이는 훌륭한 계책이 못될 것입니다."

이로 말미암아 항장들의 집을 적몰하는 안은 마침내 중지되고 말았다.

장강과 한수 지역은 이 소문을 듣고 다투어 투항을 하였다. 이 공으로 이정은 상주국上柱國에 제수되고, 영강현공永康縣公에 봉해졌으며, 물품 2천 5백 단을 하사받았다. 또 검교檢校 형주자사에 제수되었다. 그리하여 영嶺을 넘어 계주桂州에 이르기까지 사람을 보내 길을 나누어서 초무招撫하게 하자, 그들의 대수령인 풍앙馮盎, 이광탁李光度, 영장진甯長眞 등은 모두 자제들을 보내 황제를 알현하였으며, 이정은 황제의 뜻을 받들어 그들에게 관작을 제수하였다. 그가 회유한 곳이 총 96주였고 가구 수는 60여 만 호에 이르렀다. 고조는 조서를 내려 그를 두터운 은혜로 위로하고 격려하였으며 영남도嶺南道 무위대사撫慰大使와 검교 계주桂州 총관으로 임명하였다.

623년(무덕 6년), 보공석輔公祏이 단양丹陽에서 반란을 일으키자, 조칙으로 이효공을 원수로 삼고 이정을 부원수로 삼았으며 이적 · 임괴任瓌 · 장진주張鎭州 · 황군한黃君漢 등 일곱 총관이 모두 지휘를 받도록 하였다. 이들이 군사를 서주舒州에 주둔시키자, 보공석은 장수 풍혜량馮惠亮에게 전함과 군사 3만 명을 이끌고 당도當塗에 주둔하게 하고, 진정통陳正通 · 서소종徐紹宗에게는 보병과 기마병 2만 7천 명을 통솔해서 청림산青林山에 주둔하게 하여, 양산梁山에서 쇠사슬을 연결해서 장강의 길을 끊게 하고 길이가 10여 리에 이르는 각월성却月城을 쌓아 풍혜량과 기각지세犄角之勢를 이루게 하였다. 기각지세란 사슴을 잡을 때 사슴의 뒷발을 잡고 뿔을 잡는 기세를 뜻하는 말로, 앞뒤에서 적을 몰아침을 비유적으로 이르는 말이다. 이 소식을 듣고 이효공은 장수들을 소집해서 회의를 하였는데, 모두들 이렇게 말하였다.

"풍혜량과 진정통은 모두 강병을 장악하고 있는데, 그들이 싸우지 않는다는 계책을 쓴다면 성책城柵이 견고하여 끝내 공략할 수 없을 것입니다. 청컨대 곧장 단양으로 가서 불시에 그들의 소굴을 치십시오. 단양이 함락되면 풍혜량은 스스로 투항할 것입니다."

이효공이 그 의견을 따르려고 하였다. 이정이 말하였다.

"보공석의 군사는 정예라 비록 수륙 양군으로 나뉘어 있지만 그가 통솔하는 군사는 모두 강하고 용맹스럽습니다. 풍혜량 등의 성책이 아직은 공략할 수 없고 보공석이 이미 석두石頭를 보호하고 있는데 어찌 쉽게 빼앗을 수 있겠습니까? 만약 우리 군사가 단양에 도착하면 꽉 찬 한 달 동안은 머물러야 하는데, 그리되면 나아가자니 보공석이 아직 평정되지 않았고, 물러나자니 풍혜량이 걱정될 것입니다. 이는 바로 배와 등에서 적을 만나는 것으로서 아마도 만전의 계책은 아닐 것입니다. 풍혜량과 진정통은 모두 수없이 많은 싸움을 한 자들이라 틀림없이 야전野戰을 꺼리지 않고 보공석을 위한 계책을 세워서 그들의 소중한 것을 지키게 하고 일단 우리 군사와 싸우려고 하지 않을 것입니다. 지금 만약 저들의 성책을 공격한다면 저들은 미처 예상하지 못할 것이라 적을 섬멸하는 기회는 오직 이번의 공격에 달려 있습니다."

이효공은 그의 말을 옳다고 여겼다.

이에 이정은 황군한 등을 이끌고 풍혜량을 먼저 쳐서 힘든 싸움을 한 끝에 깨부수었다. 이 싸움에서 살상되고 물에 빠져 죽은 적군의 수는 1만여 명이었으며, 풍혜량은 달아나고 말았다. 이정이 날쌘 병사들을 이끌고 먼저 단양에 이르니 보공석은 크게 놀랐다. 먼저 수하의 장수 좌유선左遊仙에게 군사를 이끌고 가서 회계를 지키게 하여 마치 구원하는 것처럼 가장하고 보공석 자신은 군사들을 데리고 동쪽으로 달아나서 좌유선을 좇아 오군吳郡에 이르렀으나 풍혜량, 진정통과 함께 차례로 사로잡혔다. 이로써 강남은 모두 평정되었다. 이에 동남도 행대를 설치하고 이정을 행대 병부상서에 제수하고 물품 1천 단과 노비 1백 명, 말 1백 필을 하사하였다. 그 해에 행대가 폐지되고, 이정은 다시 검교 양주대도독부 장사에 임명되었다. 단양은 연이은 전쟁으로 말미암아 백성들이 피폐해졌는데, 이정이 그들을 잘 위로하여 오와 초 지역을 안정시켰다.

625년(무덕 8년), 돌궐이 태원太原을 침략하였다. 이정은 행군총관으로 임명되어 강회 지역의 군사 1만 명을 통솔하고 장근張瑾과 함께 태곡太谷에 주둔하였다. 당시 다른 지역의 군사들은 모두 불리하였지만 이정의 군사만은 홀로 온전하였다. 얼마 후에 이정은 검교 안주 대도독이 되었다. 고조는 매번 이런 말을 하였다.

"이정은 소선과 보공석의 고황膏肓인데, 옛날의 한韓, 백白, 위衛, 곽霍 같은 명장들이 어찌 미칠 수 있겠는가!"

고황이란 심장과 횡격막의 사이를 말하는데, 고는 심장의 아랫부분이고, 황은 횡격막의 윗부분이다. 이 사이에 병이 생기면 낫기 어렵기 때문에 여기서는 아주 힘겨운 상대를 뜻하는 말로 쓰였다.

626년(무덕 9년), 돌궐의 막하돌설莫賀咄設이 변경을 침범하자, 위징을 불러 영주도靈州道 행군총관으로 삼았다. 힐리 칸이 경양涇陽을 쳐들어왔는데, 이정은 군사를 이끌고 빈주豳州로 가서 적의 귀로를 들이쳤으며, 얼마 후에 포로를 넘겨주고 화친하여 싸움을 마무리지었다.

태종은 등극한 후 이정을 형부상서에 제수하고 아울러 전후의 공을 기록하여 실봉 4백 호를 하사하였다. 이정은 628년(정관 2년)에 본관 겸 검교 중서령이 되었고, 629년(정관 3년)에는 병부상서로 옮겼다. 돌궐의 여러 부족이 서로 갈라진 틈을 타서 당나라 조정에서는 그쪽으로 나아가기 위해 이정을 대주도代州道 행군총관으로 삼았다. 이정은 사람들의 예상 밖으로 날쌘 기마병 3천을 이끌고 마읍을 나와 곧장 악양령惡陽嶺으로 달려가 그들을 압박하였다. 힐리 칸은 이정을 대수롭지 않게 생각하고 있었는데 당나라 군사가 갑자기 눈앞에 다다른 것을 보고는 대경실색하여 주위 사람들에게 말하였다.

"만약 당나라 군사가 온 나라를 기울여서 쳐들어 온 것이 아니라면 이정이 어찌 감히 홀로 군사를 이끌고 왔겠는가!"

힐리 칸이 하루에도 여러 차례 놀라곤 한다는 사실을 척후병을 통해 안 이정은 은밀히 간첩을 풀어 그의 심복을 이간시켰다. 마침내 힐리 칸이 가깝게 여기는 강소밀康蘇密이 투항하였다. 630년(정관 4년), 이정이 정양定襄으로 진격해서 적을 쳐부수고 수나라 때의 제왕齊王 양간楊暕의 아들인 양정도楊正道와 양제의 소후蕭后를 얻어 수도 장안으로 호송하였으며, 힐리 칸은 가까스로 자기 혼자만 몸을 숨겼다. 이 공으로 대국공代國公으로 진봉되고, 물품 6백 단과 명마, 보물 등을 하사받았다. 태종이 그에게 이런 말을 한 적이 있다.

"옛날에 이릉李陵이 보졸 5천 명을 이끌고 몸을 피하지 않고 흉노를 항복시켜 아직까지도 죽백竹帛에 그의 이름이 기록되어 있소. 경이 3천의 경기병을 이끌고 적의 앞뜰까지 깊숙이 들어가서 정양을 수복하여 위명이 북방 이민족에게 떨쳤으니 이는 고금을 통하여 없었던 일이오. 이제 왕년의 위수渭水 싸움을 설욕하였소."

죽백이란 죽간竹簡과 백서帛書로서 책, 특히 역사를 기록한 책을 이르는 말이다. 종이가 발명되기 전에 죽간이나 비단에 글을 써서 기록한 데서 생긴 말이다.

정양을 깨부순 후로 힐리 칸은 크게 두려워하며 철산鐵山으로 후퇴하고 사자를 입조시켜 사죄를 하며 속국이 될 것을 청원하였다. 태종은 다시 이정을 정양도 행군총관으로 삼아 힐리 칸을 맞이하게 하였다. 힐리 칸은 비록 밖에서 조정에 배알하기를 청했으나 마음을 확실히 정하지는 못했다. 그 해(630년) 2월, 태종은 힐리 칸을 위로하고 달래라고 홍려경鴻臚卿 당검과 장군 안수인安修仁을 보냈는데, 이정은 태종의 뜻을 헤아려 알고는 장군 장공근에게 말하였다.

"조서를 받들고 간 사신이 저들에게 이르면 오랑캐들은 반드시 스스로 느슨해질 것입니다. 정예 기병 1만 명을 뽑아 20일치 식량을 준 다음에 군사를 이끌고 백도白道로부터 그들을 습격합시다."

장공근이 말하였다.

"조서로 그들의 항복을 허락하였고 사신들이 저들에게 있으니 그들을 치는 것은 마땅치 못하오."

이정이 말하였다.

"이것은 전쟁의 기회입니다. 한신韓信이 제나라를 깰 수 있었던 것은 때를 놓치지 않았기 때문입니다. 당검 등과 같은 사람들이 어찌 애석하겠습니까?"

마침내 군사들을 독려하여 질풍처럼 내달아서 음산陰山에 당도하여 척후斥候 군막 1천여 개를 만났는데, 이들을 포로로 잡아 부대를 따르게 하였다. 힐리 칸은 사자를 보고는 크게 기뻐하여 당군이 도착한 것을 개의치 않았다. 그러나 이정의 군사가 그들의 아장牙帳 15리까지 다가오자 비로소 사태를 깨닫고 힐리 칸은 겁을 집어먹고 먼저 달아났고 그의 군사들은 이로 인해 궤멸되고 말았다. 아장牙帳이란 군중軍中에서 쓰던 장막이다. 군문軍門에 세운 기를 상아로 장식한 데서 유래한다.

이정은 1만여 명의 수급을 베고 남녀 10여 만 명을 포로로 잡았으며, 힐리 칸의 처인 수나라의 의성공주義成公主(?~630)를 죽였다. 힐리 칸은 천리마를 타고 달아나서 토곡혼에게 투항하려다가 서도행군총관 장보상張寶相에게 붙잡혀서 압송되었다. 얼마 후에 돌리突利 칸이 투항함으로써 마침내 정양과 상안常安의 땅이 수복되었으며, 영토는 음산으로부터 북으로 대막大漠까지 확대되었다.

태종은 당초에 이정이 힐리 칸을 쳐부수었다는 소식을 듣고 크게 기뻐하여 시신들에게 이렇게 말하였다.

"짐이 듣건대, 군주가 근심하면 신하는 수치로 생각하고, 군주가 수치로 생각하면 신하는 죽는다고 했소. 지난날 나라가 처음 창건되었을 때 태상황(고조 이연을 말함)께서는 백성들을 살리기 위해 돌궐에게 신하의 예를 갖춘 적이 있는데, 짐은 이 때문에 마음이 아프고 머리가 아프

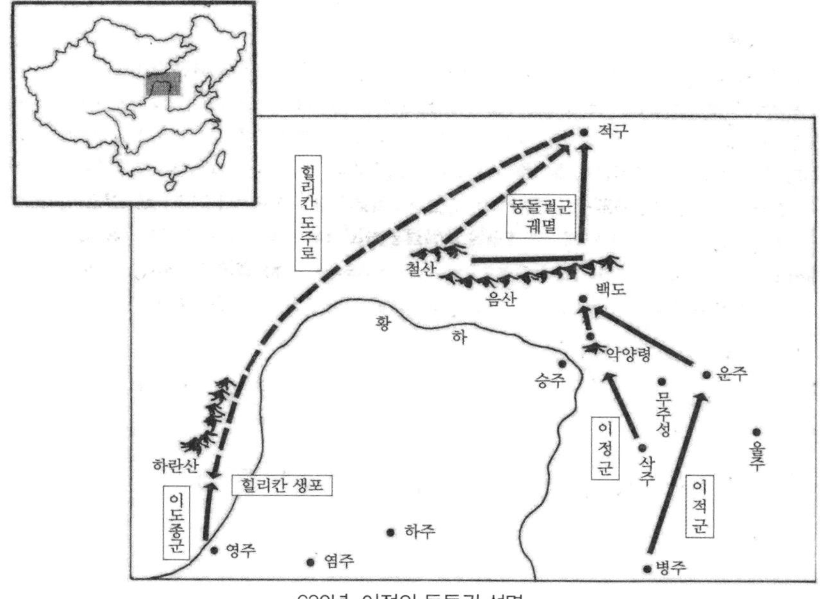

630년, 이정의 동돌궐 섬멸

8

李靖

지 않은 적이 없었으며, 흉노를 멸망시키는데 온 정신을 쏟아 앉아도 자리가 편안하지 않았고 음식을 먹어도 단 맛을 느끼지 못했소. 이제 우리 군사들이 어디를 가도 승리하지 않음이 없어 선우單于가 변방으로 쫓겨 갔으니 그 때의 치욕을 씻었다고 할 것이오."

이에 전국적으로 대 사면령을 내리고 닷새 동안 연회를 베풀었다. 이정의 공을 시기한 어사대부 온언박이 이정의 군사가 기강이 없으며 오랑캐로부터 얻은 진기한 보물을 무질서한 병사들에게 나누어 주었다고 거짓 날조된 보고를 했다. 태종은 그를 크게 꾸짖었으며 이정은 머리를 조아리고 사죄하였다. 한참 후에 태종이 말하였다.

"수나라의 장수 사만세史萬歲는 달두達頭 칸을 쳐부수고 공을 세웠는데도 상을 받지 못하고 죄로 인해 죽임을 당하였소. 짐은 그렇지 않으니 마땅히 공의 죄를 용서하고 공의 공훈을 잊지 않을 것이오."

조서를 내려 그를 좌광록대부로 삼고 비단 1천 필을 하사하였으며 진식읍眞食邑 5백 호를 내려주었다. 얼마 지나지 않아 태종이 이정에게 이렇게 말하였다.

"이전에 어떤 사람이 공을 참소하였는데, 지금 짐이 이미 깨닫고 있으니 공은 마음 두지 말기를 바라오."

그러면서 비단 2천 필을 하사하고 상서우복야에 제수하였다. 이정은 성격이 침착하고 진득하며, 매번 회의를 할 때마다 진실하여 마치 말을 할 줄 모르는 사람 같았다.

634년(정관 8년), 태종은 조서를 내려 기내도畿內道 대사로 삼고 풍속을 사찰하게 하였다. 조금 후에 다리에 병이 나서 표를 올려 사직을 청했는데 언사가 매우 간절하였다. 태종은 중서시랑 잠문본岑文本을 보내서 이렇게 말하였다.

"짐이 보건대, 자고이래로 재산이 많고 지위가 높으면서 만족을 할 줄 아는 사람은 적소. 어리석고 지혜로운 것을 막론하고 스스로를 알 수가 없으며, 재주가 비록 감당하지 못할지라도 강하게 직책을 수행하고자 하면 설사 질병이 있다 하더라도 오히려 자신을 격려할 수 있는 법이오. 공은 대체大體를 잘 알고 있어 깊이 가상하게 여길 만하므로 짐은 지금 공의 훌륭한 뜻을 이루게 해줄 뿐 아니라 공을 일대의 모범으로 삼고자 하는 것이오."

이에 조서를 내려 특진을 더 보태고 집에서 섭양攝養(즉 요양)을 하게 하였으며 물품 1천 단과 말 두 필을 하사하고, 녹사祿賜(관원에게 내리는 녹봉과 물품)와 국관國官*부좌府佐(고급 관서의 보좌 관리)는 예전처럼 지급하고, 병이 좀 나아지면 2,3일마다 문하성과 중서성에 가서 정사를 보게 하였다. 635년(정관 9년) 정월, 이정에게 영수장靈壽杖을 하사하여 다릿병에 도움이 되게 하였다.

얼마 후에 토곡혼이 변경을 침입하자, 태종은 좌우의 시신들을 둘러보고 말하였다.

"이정을 원수로 삼은 것이 어찌 잘한 일이 아니겠는가!"

* 국관國官 : 번왕藩王의 속관.

이정이 방현령을 보고 말하였다.

"제가 비록 나이가 많기는 하나 한 군데는 반드시 맡고 싶습니다."

태종은 크게 기뻐하며 이정을 서해도 행군대총관으로 삼아 병부상서 후군집, 형부상서 임성왕 이도종, 양주凉州도독 이대량李大亮, 우위장군 이도언李道彦, 이주利州 자사 고증생高甑生 등 다섯 총관을 통솔해서 그들을 치게 하였다. 635년(정관 9년), 군사들이 복사성伏俟城에 주둔하자 토곡혼은 야초野草들을 모두 불살라서 당군이 굶주리게 하고는 대비천大非川으로 물러났다. 당의 장수들은 모두 이구동성으로 봄풀이 아직 자라지 않아 말들이 너무 수척해져 적을 따라갈 수 없다고 말하였다. 오직 이정만이 계책을 결정하고 진격하여 적의 국경 깊숙한 곳까지 들어가서 마침내 적석산積石山을 넘었다. 선후로 수십 합合을 싸운 결과 수없이 많은 적들을 죽이고 큰 승리를 거두었다. 토곡혼은 마침내 자기들의 칸을 죽이고 투항하였으며, 이정은 다시 대령왕大寧王 모용순慕容順을 칸으로 내세우고 돌아왔다. 당초에 이주 자사 고증생은 염택도鹽澤道 총관이었는데, 작전 기일에 늦었기 때문에 이정이 그를 야박하게 나무랐다. 고증생은 이 일로 인해 이정에게 유감을 가졌다. 이러한 때에 광주廣州도독부 장사 당봉의唐奉義가 이정이 모반하였다고 고변告變하였다. 태종은 법관에게 명하여 그 일을 조사하게 하였으며, 고증생 등은 결국 없는 일로 무고誣告했다는 죄로 처벌되었다. 이정은 이로부터 문을 굳게 닫아걸고 자신을 지켰는데 손님들의 출입을 막아 비록 친척이라 할지라도 함부로 들어올 수 없었다.

637년(정관 11년), 이정은 위국공衛國公으로 개봉되고, 복주濮州 자사에 제수되었으며, 대대로 세습하라는 조서를 내렸으나 이것은 끝내 한 번도 시행되지 않았다.

643년(정관 17년), 이정 및 조군왕 이효공 등 24인의 초상화가 능연각에 그려졌다.

644년(정관 18년), 태종이 친히 그의 집에 행차하여 병문안을 하고, 비단 5백 필을 하사하고 위국공, 개부의동삼사開府儀同三司로 벼슬을 높여주었다. 태종이 요동을 정벌할 작정을 하고 이정을 불러 어전御前에서 앉는 특권을 내리고, 그에게 말했다.

"공은 남쪽으로는 오회吳會를 평정하고, 북쪽으로는 사막을 깨끗하게 하였고, 서쪽으로는 모용慕容을 평정하였는데, 오직 동쪽에 있는 고구려만은 복속을 시키지 못했소. 공의 생각은 어떠하오?"

이정이 대답하였다.

"신은 지난날 천위天威(황제의 위엄)에 힘입어 미력微力을 다 했으나, 지금은 나이가 많고 뼈가 썩어 이번 정벌에 어려울 것 같습니다. 폐하께서 만약 버리지 않으신다면 노신의 병이 심해질 것이옵니다."

태종은 그가 마르고 늙은 것을 민망하게 생각하였으나 윤허하지 않았다.

649년(정관 23년) 집에서 79세를 일기로 세상을 떠났다. 태종은 사도, 병주幷州도독을 추증하고, 소릉에 장사지냈으며, 경무景武라는 시호를 내려 주었다.

그의 아들 이덕건李德謇이 승계하였으며, 벼슬이 장작소장將作少匠에 이르렀다.

이정은 이십사절후 중에서 청명淸明을 관장한다.

【출전】『구당서』 권67(「열전」 제17), 『신당서』 권93(「열전」 제18)

◈ 십팔학사十八學士 ◈

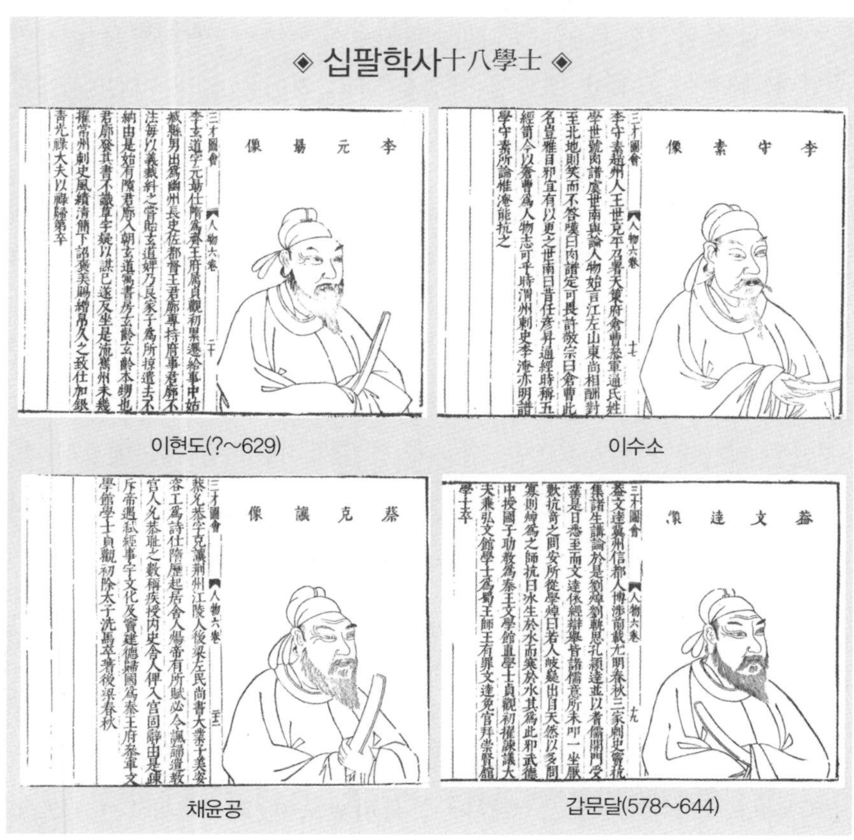

이현도(?~629) / 이수소 / 채윤공 / 갑문달(578~644)

9. 질풍지경초의 주인공
소우蕭瑀

"신하가 법을 집행하느라 대중을 거슬려도
명군은 충성이라고 그를 용서하고,
신하가 절개를 지키느라 홀로 외로우나
명군은 굳세다고 그를 용서한다고 합니다.
옛날에 그 말을 듣기만 하고 지금 그 실제 상황을 목도하게 되었으니,
소우가 밝은 성황을 만나지 못했더라면
틀림없이 어려움을 당하였을 것입니다."(위징)

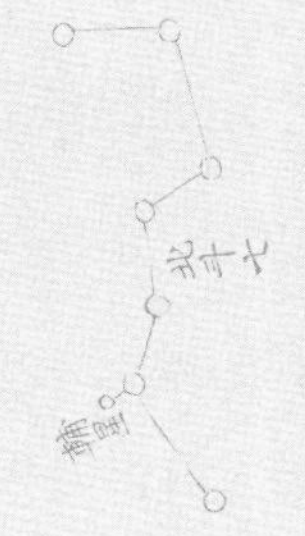

소우(574~647)는 자가 시문時文이며, 지금의 강소성 상주시常州市인 정편貞編 남난릉南蘭陵 출신이다.

고조부는 양나라의 무제 소연蕭衍(464~549)이고, 증조부는 소명태자昭明太子 소통蕭統이다. 조부 소찰蕭詧(519~562)은 후량後梁의 선제宣帝이고, 부친 소귀蕭巋는 명제明帝이다.

소우는 9세 때 신안군왕新安郡王에 봉해졌으며, 어려서부터 효행으로

이름이 났다. 그의 누나가 수나라 진왕晉王의 비가 되자, 따라서 장안으로 들어왔다. 마을에서 글 짓는 법을 배웠으며, 항상 몸가짐이 단정하고 뜻이 굳고 곧았다. 불교를 좋아하여 항상 범행梵行(불도의 수행)을 닦고 매번 스님들과 함께 토론할 때마다 반드시 정미한 뜻에 도달하였다. 일찍이 유효표劉孝標가 쓴 「변명론辯命論」을 보고는 그가 선왕先王(옛날의 훌륭한 제왕)의 가르침을 훼손하고 성명性命의 이치를 미혹되게 만들었다고 하여 미워하였으며, 이에 「비변명론非辯命論」을 지어 그것을 해석하였다. 대체적인 뜻은 다음과 같다.

"사람은 천지에서 생명을 주어 태어나는 것이니 누가 운명이 아니라고 말하겠는가마는 그러나 길흉화복도 사람으로 인해 생기는 것이니 만약 모든 것을 운명으로 귀결 지으면 그 폐단이 너무 심각하다."

당시 진부晉府의 학사 유고언柳顧言, 제갈영諸葛穎 등이 이 글을 보고 그를 칭찬하였다.

"유효표 이후로 수십 년 동안 성명의 이치를 말했던 사람들이 그의 잘못을 들추어낼 수 없었다. 이제 소우의 이 비평은 유효표의 오류를 바로잡기에 충분하다."

양광(훗날의 양제)이 태자가 되면서, 그는 태자 우천우右千牛로 제수되었다. 양광은 황제의 자리에 오른 후 그를 상의봉어尙衣奉御, 검교좌익위응양낭장檢校左翊衛鷹揚郎將으로 승진시켰다. 한번은 그가 갑자기 병에 걸렸는데 집안사람들에게 의원을 부르지 말라고 명하고 이렇게 말했다.

"만약 하늘이 나에게 남은 인생을 빌려준다면, 속세를 떠나서 살고 싶다."

누나인 소蕭 황후가 이 말을 전해 듣고 그를 꾸짖었다.

"너의 재능과 지혜는 이름을 날리고 부모를 드러내기에 충분한데, 어찌 함부로 몸을 훼손시켜서 세상을 피해서 숨어살려고 하느냐? 만약 이 때문에 견책을 당한다면 그 죄를 예측하기가 어렵다."

병이 완쾌되자 그는 소 황후의 권유로 다시 벼슬길에 나아갈 생각을 가졌다. 여러 차례의 승진을 통해 은청광록대부銀青光祿大夫, 내사시랑內史侍郎이 되었다. 황후의 동생이라는 친분이 있기에 기무機務를 그에게 맡겼으나 나중에는 자주 양제의 비위를 거스르는 말을 하여 점차 소외되고 배척당하였다.

수 양제 양광(염립본)

양제가 안문鴈門으로 갔다가 돌궐에게 포위되는 일이 발생하였다. 소우가 나서서 계책을 말하였다.

"만일 시필始畢 칸이 이곳에 이르러 사냥을 하게 해달라는 부탁을 들었다면 의성義成 공주는 애초에 그가 거스르려는 마음이 있다는 것을 알지 못했을 것입니다. 게다가 북방 오랑캐의 풍속에는 가하돈可賀敦(돌궐왕 칸의 아내를 말함)이 병마의 일을 맡습니다. 옛날에 한漢 고조가 평성平城의 포위를 푼 것은 바로 연씨閼氏(흉노왕 선우의 아내를 말함)의 힘이었습니다. 하물며 의성 공주는 황제의 딸로서 칸의 처가 된 사람이므로 반드시 대국의 원조를 믿을 것입니다. 만약 필마단기匹馬單騎를 보내 의성 공주에게 알린다면 설사 보탬은 되지 않을지언정 손해가 되지는 않을 것입니다. 신이 가만히 수레 모는 사람의 말을 듣자하니, 폐하가 돌궐을 평정한 다음에 다시 요동을 도모할 것이라고 염려하고 있는데, 그래서 인심이 통일이 되지 않아 혹 좌절이 될지도 모릅니다. 청컨대 폐하께서 조서를 내려 고구려를 용서하고 오로지 돌궐만을 공략할 것이라고 군중에 고해 주신다면 백성들의 마음이 안정되어 그들 스스로 싸움에 나설 것입니다."

양제가 그의 말에 따라 가하돈에게 사자를 보내 이 뜻을 알렸다. 얼마 안 있어 돌궐이 포위를 풀고 돌아갔는데, 뒤에 처진 염탐꾼을 잡아 물어보니 의성 공주가 시필 칸에게 사자를 보내 북방이 위험하다고 급히 고했다는 것이었다. 이로 말미암아 돌궐이 포위를 푼 것은 아마도 의성 공주의 도움이었을 것이라고 당시 사람들은 생각하였다.

양제가 다시 요동을 정벌하려는 생각을 굳히고 신하들에게 말했다.

"돌궐은 난폭하고 인륜에 어긋난 행동을 하는 도적인데 어찌 세력이 될 수 있겠는가? 그들의 세력이 미약했을 때 흩어버리지 않았고 소우는 마침내 움직이는 것을 두려워하니 용서할 수가 없노라."

이리하여 그를 지방으로 내쳐 하지군수河池郡守에 임명하고 그 당일로 보내버렸다. 하지군에 당도해보니 1만 명도 넘는 산적들이 도적질과 난폭한 행동을 자행하고 있었는데, 소우는 비밀히 용감한 사람들을 모집해서 기묘한 계책을 써서 그들을 공격하여 수많은 산적들을 항복시켰다. 그들에게서 얻은 재물과 가축을 모두 공 있는 사람에게 상으로 주었더니 이로 말미암아 사람들은 온 힘을 다해 그에게 충성하였다. 설거薛擧는 수만 명의 무리를 보내서 하지군의 경계를 침략하였지만 소우가 그들을 물리쳤으며, 이후로 여러 도적들은 감히 나오지 못하였고 하지군은 다시 안정을 되찾았다.

이연이 경성을 평정하고 글을 보내 소우를 불렀다. 소우는 하지군을 당나라에 귀속시키고, 그 공으로 광록대부光祿大夫에 제수되고 송국공宋國公에 봉해졌으며, 민부상서民部尙書에 임명되었다. 이세민은 우원수右元帥가 되어 낙양을 공격할 때 소우를 부사마府司馬로 삼았다. 618년(무덕武德 원년), 소우는 내사령內史令으로 옮겼다. 당시는 군국軍國이 시작되는 단계라 변방이 아직 안정되지 않았기 때문에 고조 이연이 심복에게 모든 정무를 맡기니 그가 관장하지 않는 정무가 없었다. 고조가 매번 소우가 집무하는 곳에 들러서 정사를 들을 때마다 언제나 어탑御榻(임금이 앉는 상)에 오르는 은전을 내렸고, 소우가 이미 독고獨孤씨의 사위이므로 함께 말할 때 그를 '소랑蕭郎'이라고 불렀다. 국가와 조정의 전례典禮와 의식儀式을 제정하는 것은 모두 소우가 맡았다. 소우는 스스로 부지런하게 힘썼으며, 잘못된 것을 바로잡고 허물을 들추어내서 사람들이 모

9
소우

두 그를 꺼렸다. 현실적으로 타당한 수십 조條의 안건을 상주하였으며 그것들은 고조에게 대부분 받아들여졌다. 한번은 고조가 다음과 같은 내용의 칙서를 손수 작성하였다.

“공의 말은 사직社稷이 믿고 의지하는 바이오. 지혜로운 사람의 말을 운용해서 남의 아름다움을 이루어줄 수 있고, 간언하는 사람의 말을 받아들이면 금은보화로 그의 덕을 갚는 법이오. 오늘 황금 한 상자를 하사하여 지혜로운 사람에게 보답하노니 물리치지 마시오.”

소우가 한사코 사양하였으나 허락하지 않았다. 그 해, 주에 일곱 가지 직책을 설치하고 재주와 명망을 겸비한 훌륭한 인재들을 뽑아 그 임무를 맡겼다. 이세민은 옹주雍州 목牧으로 부임한 후 소우를 옹주의 도독으로 삼았다.

고조가 항상 칙서를 내리면 중서성에서 제때에 시행하지 않은 적이 많았다. 고조가 그들의 더딤을 책망하니 소우가 말하였다.

“저는 대업이 이루어진 날, 내사內史에서 작성한 칙서 중에 때로 앞뒤가 서로 맞지 않는 것들을 백관들이 시행하는 것을 보았는데, 그 칙서들이 어떻게 계속 사용되는 것인지 모르겠습니다. 이른바 처리하기 쉬운 것들은 반드시 앞에 있고 어려운 것들은 반드시 뒤에 있는 법인데, 제가 중서성에 있은 날이 오래되어 그 일들을 두루 겪었습니다. 이제 황실의 기초가 이루어지기 시작하는 단계라 일이 나라의 안위에 관련되고, 멀리 변방에는 소요의 의심이 있어 기회를 잃을까 두렵습니다. 매번 조칙을 하나씩 받을 때마다 제가 반드시 이전의 칙서와 서로 어긋나는 것이 있나 자세히 조사하고, 나름대로 깊이 생각을 한 후에 비로소 감히 시행합니다. 더디고 늦은 허물은 실로 이로 말미암은 것입니다."

고조가 말하였다.

"경이 이처럼 마음을 쓰고 있으니 내가 무슨 근심을 하겠는가?"

당초에, 소우가 조회에 갔을 때 관내關內의 산업이 모두 먼저 공 있는 사람들에게 주어졌다. 이때에 이르러 특별히 그들의 전답과 주택이 환수되었는데, 소우는 모두 친척 자제들에게 나누어주고 오직 사당 한 채만을 남겨두었다. 이는 증상烝嘗을 받들기 위함이었다. 증은 겨울 제사이고, 상은 가을 제사를 말한다.

왕세충을 평정하고 나서, 소우는 작전 계획에 참여한 공으로 마을 2천 호를 더 하사받고 상서우복야에 제수되었다. 조정과 지방의 관리들의 인사고과는 모두 그에게 맡겨졌고, 그의 재무 담당 능력은 모든 관료들의 나침반이 되었으며, 수없이 많은 정무가 그에게 집중되었다. 소우는 일이 때때로 치우치고 야박하게 처리되는 것을 보고 점점 법을 엄격하게 집행하였으며, 이로 인해 당시에 호평을 받았다.

소우가 일찍이 봉륜封倫(568~627)을 고조에게 천거하였더니, 고조는 봉륜을 중서령으로 삼았다. 태종이 즉위하자, 소우는 상서좌복야가 되고 봉륜은 우복야가 되었다. 평소에 음흉한 생각을 갖고 있던 봉륜은 어떤 일을 소우와 상의해서 주청을 하기로 하였으나 태종 앞에 이르자 태도를 180도로 바꾸었다. 이 때 방현령과 두여회는 이미 새로운 일을 하면서 소우와는 멀어지고 봉륜과 친한 상태였는데, 소우는 마음이 편치 않아 마침내 봉사(남에게 새어 나가지 않도록 밀봉해서 천자에게 올리는 서장書狀)를 올려 이 문제를 논했으나 문장과 의미가 예전만 못하였다. 태종은 방현령 등의 공을 높이 평가하고 있었기에 소우의 뜻을 저버리고 그를 집에다 유폐시켰다. 얼마 후에 태종은 그를 특진, 태자소부에 임명하였다. 다시 시간이 조금 더 지나자 상서우복야로 복직시키고 실봉 6백호를 하사하였다.

태종이 일찍이 소우에게 말했다.

"짐이 자손들을 장구하게 이어지게 하고 사직社稷이 영원히 안정되도록 하고 싶은데 그 이치가 어떠하오?"

소우가 대답하였다.

"신이 전대의 국조國祚(나라의 복)가 장구한 까닭을 보건대, 제후를 봉하여 반석처럼 견고하게 하는 것이 가장 좋습니다. 진秦나라는 여섯 나라를 병합하였으나 제후를 없애고 군수를 두면서 2대 만에 망했고, 한나라는 천하를 차지하고 군국을 설치하여 4백여 년을 얻었으나, 위魏나라와 진晉나라는 이를 폐지하여 영존할 수 없었습니다. 봉건의 법은 실로 따라 행할 만합니다."

태종이 이 말을 옳게 여기고 비로소 봉건제封建制를 의논하였다.

얼마 후에 소우는 황제 앞에서 시중 진숙달陳叔達과 성내며 다투었는데 목소리와 낯빛이 너무 불손하여 불경죄로 면직되었다. 1년여 뒤에 진주晉州 도독으로 임명되었다. 이듬해 태종은 그를 불러서 좌광록대부로 제수하고 겸해서 어사대부로 임명하였다.

조정에서 재상이나 다른 대신들과 논의를 하면서 소우는 항상 말이 많았는데, 매번 평의評議가 있을 때면 방현령 등이 그를 두둔할 수는 없었으나 마음속으로는 그가 옳다는 것을 알면서도 그의 말을 쓰지 않았다. 이 때문에 소우는 더욱 화를 내었다. 방현령, 위징, 온언박 등이 경미한 잘못을 저지른 적이 있었는데 소우가 그들을 탄핵하였으나 그들의 죄는 끝내 불문에 부쳐지고 오히려 이 일로 인해 자신이 해를 입었다. 이 일로 말미암아 그는 어사대부에서 파직되고, 태자소부가 되어 더 이상 정사에 참여하지 못하였다.

632년(정관 6년), 특진에 제수되고 태상경太常卿을 맡았다. 634년(정관 8년), 하남도 순성대사巡省大使가 되었을 때 실정도 제대로 파악하지 못한 채 어떤 사람을 고문으로 죄를 엮어 사형에 처한 잘못을 범한 적이 있는데 태종이 특별히 그의 책임을 면해 주었다. 635년(정관 9년), 특진에 제수되고 태종의 칙명으로 다시 정사에 참여하게 되었다.

태종이 일찍이 조용하게 방현령에게 이렇게 말한 적이 있었다.

"소우는 대업 연간에 수나라 황제에게 간언을 올렸다가 지방으로 내쳐져서 하지군수가 되었소. 응당 심장을 가르는 화를 당하였으나 신세가 뒤바뀌어 지금은 태평한 날을 보게 되었으니, 북쪽 변방의 늙은이가 말을 잃었다고 하는 새옹지마塞翁之馬라는 말도 있듯이 어떤 일도 일정하기는 어려운가 보오."

소우가 머리를 조아리고 절을 하며 사례하였다.

태종이 다시 말하였다.

"무덕 6년(623년) 이후로 태상황께서는 황태자를 폐립할 마음을 갖고 계셨으나 미처 결정하지 못하고 있었는데, 나는 이 날을 당해 형제들에게 용납되지 못하고 실로 공은 높으면서 상을 받지 못하는 근심이 있었소. 이 사람은 큰 재물로 유혹할 수도 없고 형륙刑戮(죄지은 사람은 법에 따라 죽이는 일을 말함)으로 두렵게 할 수도 없으니 진정한 사직社稷의 신하로다."

이로 인해 소우에게 시를 하사하였다.

> 거센 바람이 불어야 강인한 풀을 알 수 있고,
> 나라가 어지러워야 참된 신하를 알 수 있다.
> 질풍지경초 판탕식성신
> 疾風知勁草, 版蕩識誠臣.

그러고는 다시 소우에게 말하였다.

"경이 정도正道를 지키고 지조가 변하지 않음은 옛사람이 능가할 수 없소. 그런데 선악이 너무 분명하면 때때로 과실이 있게 되는 법이오."

소우가 두 번 절하며 사례를 하였다.

"신이 특별히 황상의 가르침을 받고 또 충량忠諒한 신하로 인정을 받았으니 비록 죽는 날이라도 태어난 해로 여길 것입니다."

위징이 나와서 아뢰었다.

"신하가 법을 집행하느라 대중을 거슬려도 명군은 충성이라고 그를 용서하고, 신하가 절개를 지키느라 홀로 외로우나 명군은 굳세다고 그를 용서한다고 합니다. 옛날에 그 말을 듣기만 하고 지금 그 실제 상황을 목도하게 되었으니, 소우가 밝은 성군을 만나지 못했더라면 틀림없이 어려움을 당하였을 것입니다."

태종이 그의 말을 듣고 기뻐하였다.

643년(정관 17년), 장손무기 등 스물 네 명의 초상화가 능연각에 그려졌다. 이 해에 진왕 이치李治가 황태자로 책봉되고 소우는 태자태보에 임명되어 여전히 정사에 참여하였다.

태종이 요동을 정벌함에 낙읍을 요충지로 삼고 관중關中과 황하를 요해처要害處(전쟁에서 자기편에는 꼭 필요하면서도 적에게는 해로운 지점)로 삼았으며, 소우를 낙양궁수洛陽宮守로 삼았다. 황제의 수레가 요동에서 돌아오자 태보 자리에서 물러나기를 청하고 여전히 동중서문하 벼슬을 하였다.

태종은 소우가 불도를 좋아한다는 것을 알고 일찍이 비단으로 수를 한 불상佛像 하나를 선사하였는데, 불상 옆에 소우의 형상을 수놓아 공양하는 모습을 담았다. 또 왕포王褒가 쓴 『대품반야경大品般若經』 1부와 가사를 하사하여 강송講誦할 때 입도록 하였다.

한번은 소우가 이런 말을 하였다.

“방현령 이하 동중서문화의 내신들은 모두 붕당朋黨으로서 지극한 마음으로 황상을 받드는 것이 아니다.”

그러고는 여러 차례 단독으로 상주하였다.

“이들이 서로 권력을 잡기 위해 함께 아교阿膠와 칠漆처럼 친밀한 관계에 있음을 폐하께서 자세히 알지 못하십니다. 그들은 다만 아직 반란을 일으키지 않았을 뿐이옵니다.”

태종이 소우에게 말하였다.

“임금 된 사람은 영재를 부리고 마음을 미루어서 선비를 대해야 하거늘 공의 말은 너무 심한 것이 아닌가? 어찌 이 지경에 이른단 말이오!”

태종이 며칠 후에 소우에게 말했다.

“신하를 아는 것은 임금만한 사람이 없소. 저들이 모든 것을 다 갖추고 있기를 바랄 수는 없고 그들의 단점을 버리고 장점을 쓰기만 하면 되는 것이오.”

태종은 이 일로 여러 차례 소우에게 서약을 하였다. 소우는 만족하게 여기지 않았으나 태종은 오랫동안 이 일에 대해서 입을 다물었고 마침내는 소우가 충성스러운 신하이기에 내치지 않았다.

때마침 소우가 출가하기를 청하자 태종이 그에게 말했다.

“공이 평소에 불가의 가르침을 좋아하는 것을 너무 잘 알기에 이제 공의 뜻을 어길 수 없노라."

소우가 잠시 후에 아뢰었다.

"신이 잠깐 생각해서 헤아려 보니 출가를 해서는 안 되겠습니다."

태종은 항상 신하들이 한 말이 서로 어긋나면 취사선택하였으므로 소우의 태도가 마음속으로 편안치가 못했다. 소우는 얼마 후에 다릿병이 났다고 하며 조당朝堂에 갔다가 다시 들어가서 알현을 하지 않았는데, 태종이 시신에게 이렇게 말하였다.

"소우가 어찌 제 자리를 얻지 못하고 이처럼 스스로 만족한다 말인가"

그러고는 조서를 내려 소우를 상주商州자사로 내보냈다.

647년(정관 21년), 태종은 소우를 불러서 금자광록대부金紫光祿大夫로 제수하고 다시 송국공宋國公에 봉하였다. 소우는 태종의 옥화궁玉華宮 행차에 따라갔다가 병에 걸려 74세를 일기로 그곳에서 세상을 떠났다. 태종이 이 소식을 듣고는 식사를 하지 않았으며, 훗날 고종이 되는 황태자 이치는 그를 애도하고 사람을 보내 조상하고 제사를 지냈다. 숙肅이라는 시호를 내렸다. 사공, 형주 도독을 추증하고 동원비기東園祕器를 하사하였으며, 소릉에 장사지내 주었다. 자식들이 소우의 유언에 따라 장례를 검박하게 치렀다.

소우는 이십사절후 중에서 곡우穀雨를 관장한다.

【출전】『구당서』 권63(「열전」 제13), 『신당서』 권101(「열전」 제26)

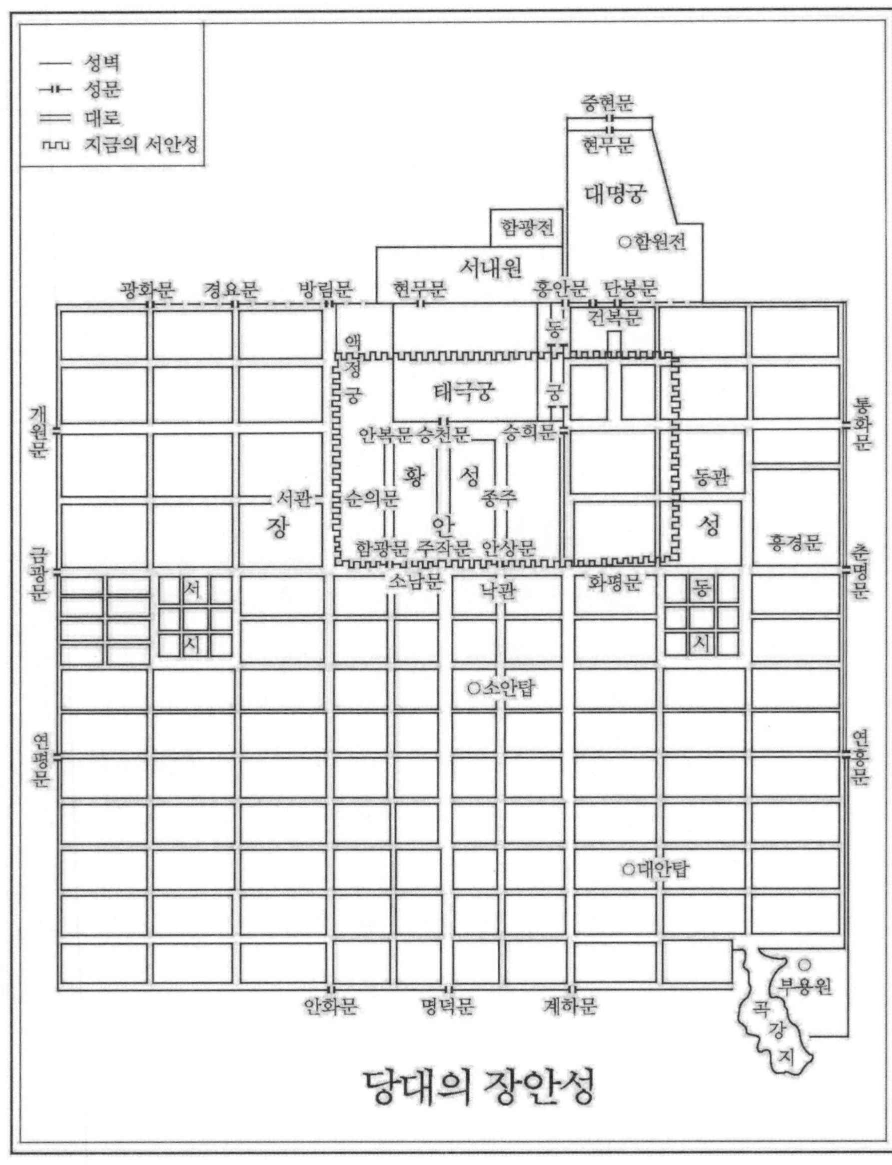

성벽
성문
대로
지금의 서안성
중현문
현무문
대명궁
함광전
함원전
서내원
광화문
경요문
방림문
현무문
홍안문
단봉문
건복문
동
궁
액
정
궁
태극궁
개원문
통화문
안복문
승천문
승희문
황
성
서관
순의문
종주
동관
장
안
성
금광문
함광문
주작문
안상문
흥경문
춘명문
소남문
낙관
화평문
서
시
동
시
소안탑
연평문
연흥문
대안탑
부용원
곡
강
지
안화문
명덕문
계하문

당대의 장안성

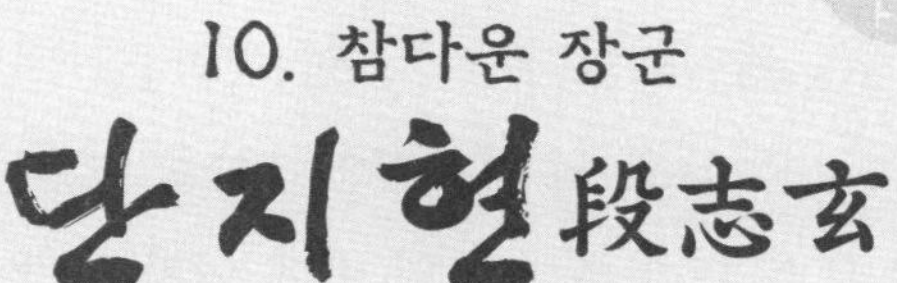

10. 참다운 장군 단지현段志玄

왕세충을 토벌하는데 참가하였는데,
깊이 들어가서 적진을 함락시키다가
말이 거꾸러지는 바람에 적에게 사로잡혔다.
두 기마병이 양옆에서 그의 상투를 잡고 낙수洛水를 건너려고 할 즈음
단지현은 몸을 솟구쳐 두 사람을 모두 말에서 떨어뜨렸다.
그리고 날쌔게 다시 말에 뛰어 올라 돌아갔는데
뒤쫓던 수백 기가 감히 가까이 다가가지 못하였다.
두건덕을 격파하고, 동도東都를 평정하는데 그의 공이 컸다.

단지현(?~642)은 지금의 산동성 치박시淄博市인 제주齊州 임치臨淄 출신이다.

수나라 말엽에 태원군 사법서좌司法書佐였던 부친 단언사段偃師는 이연을 따라 봉기에 참여하였으며, 벼슬이 영주郢州 자사에 이르렀다. 단지현은 부친을 따라 태원에 있었는데, 이세민에게 매우 후한 대접을 받았다. 의병이 일어나자, 단지현은 1천여 명을 모집하고, 우령대도독부右領大

都督府의 군두軍頭에 임명되었다. 곽읍霍邑을 평정하고, 강군絳郡을 함락하고, 영풍창永豊倉을 공격하는데 참가하여 모두 선봉이 되었으며, 여러 차례 승진하여 좌광록대부로 옮겼다. 유문정을 따라 출전하여 동관潼關에서 굴돌통을 막았는데, 유문정은 굴돌통의 장수 상현화桑顯和의 습격을 받아 군영이 이미 궤멸되었다. 단지현은 20기를 데리고 가서 공격하여 수십 명을 죽이고 돌아오다가 다리에 화살을 맞았다. 그렇지만 병사들의 마음이 동요할 것을 염려하여 입 밖에 내지 않았으며 아픔을 참고 다시 두세 차례 더 적진으로 들어갔다. 상현화의 군사가 어지러워지자 유문정의 대군이 다시 기세를 떨치고 공격하여 크게 쳐부수었다. 굴돌통이 달아나자 단지현은 여러 장수와 함께 추격하여 그를 사로잡고 그 공으로 낙유부樂遊府의 표기驃騎장군으로 임명되었다.

후에 왕세충을 토벌하는데 참가하였는데, 깊이 들어가서 적진을 함락시키다가 말이 거꾸러지는 바람에 적에게 사로잡혔다. 두 기마병이 양옆에서 그의 상투를 잡고 낙수洛水를 건너려고 할 즈음 단지현은 몸을 솟구쳐 두 사람을 모두 말에서 떨어뜨렸다. 그러고는 날쌔게 다시 말에 뛰어 올라 돌아갔는데 뒤쫓던 수백 기가 감히 가까이 다가가지 못하였다. 두건덕을 격파하고, 동도東都를 평정하는데 그의 공이 커서 진왕부의 우이호군右二護軍으로 영전되고 물건 2천 단을 상으로 받았다.

태자 이건성과 소자왕 이원길이 앞 다투어 금과 비단으로 그를 꾀었으나 단지현은 이를 거절하고 받지 않고, 오히려 이세민에게 은밀히 이 사실을 알려 주었으며, 마침내 울지경덕 등과 함께 이건성, 이원길을 주

10 段志玄

살하였다. 이세민이 황제로 즉위한 후, 여러 차례 승진하여 좌효위左驍衛대장군이 되었으며, 번국공樊國公에 봉해지고 실봉 9백 호를 하사받았다. 문덕황후의 장례를 치를 때, 단지현과 우문사급이 병사와 군마를 나누어 통솔하고 숙장문肅章門을 나왔다. 태종이 밤에 궁관을 보내 두 장수가 있는 곳에 이르렀는데, 우문사급은 군문을 열어 사자를 맞이하였으나, 단지현은 문을 닫고 안으로 들이지 않으며 이렇게 말했다.

"군문은 밤에 열 수 없소이다."

사자가 말하였다.

"여기 황제의 칙서가 있소이다."

단지현이 말했다.

"밤중에는 진위를 판별할 수 없소이다."

마침내 사자를 밖에 세워두고 새벽에 이르렀다. 태종이 이 말을 전해 듣고 감탄하며 말하였다.

"이 사람은 참다운 장군이다. 주아부周亞夫가 이보다 더하지는 않았을 것이다."

637년(정관 11)년에 세봉제世封制를 정하였는데, 그를 금주金州 자사에 임명하였으며, 포국공褒國公으로 개봉하였다. 638년(정관 12년)에는 우위대장군에 제수되었으며, 640년(정관 14년)에는 진군鎭軍대장군을 더했다.

642년(정관 16년)에 병이 깊어지자, 태종이 친히 병문안을 하고 눈물을 흘리면서 이별을 하였는데 그를 돌아보면서 말하였다.

“경의 아들에게 오품五品을 주도록 하겠소.”

단지현이 머리를 조아리며 아들 대신에 동생 단지감段志感한테 벼슬을 내려달라고 간청하자 태종이 마침내 단지감을 좌위낭장左衛郎將으로 임명하였다. 이윽고 단지현이 세상을 떠남에, 황제가 친히 애도하고, 매우 애통하게 곡을 하였다. 아울러 보국장군輔國將軍·양주도독揚州都督을 추증하고, 소릉에 장사지내 주었으며, 충장忠壯이라는 시호를 내렸다.

643년(정관 17년) 정월, 조칙으로 능연각에 그의 초상화가 그려졌다.

아들 단찬段瓚은 포국공이란 작위를 승계하였고 측천무후 때 벼슬이 좌둔위左屯衛대장군에 이르렀다.

아들 단회간段懷簡이 작위를 세습하였으며, 현종 개원開元(713~741) 연간에 벼슬이 태자첨사에 이르렀다.

단지현은 이십사절후 중에서 입하立夏를 관장한다.

【출전】『구당서』 권68(「열전」 제18), 『신당서』 권89(「열전」 제14)

11. 장안 격파의 수훈갑
유홍기劉弘基

이세민의 군사가 크게 불리하여 여덟 총관이 모두 패배하고
오직 유홍기의 일군만이 고군분투하였으나
화살이 다 떨어져 설거에게 사로잡히고 말았다.
이연은 그가 어려움에 처했어도 굴하지 않는 것을 가상히 여겨
그의 집에 곡식과 비단 등을 매우 후하게 하사하였다.

유홍기(581~650)는 지금의 섬서성 경양涇陽인 옹주雍州 지양池陽 출신이다.

부친 유승劉昇은 수나라에서 하주河州 자사를 지냈다.

유홍기는 어려서부터 기상이 커서 경박하게 호걸 흉내를 내는 사람들과 내왕하였으며 집안의 생업에 힘쓰지 않았다. 부친의 음덕蔭德으로 우훈시右勳侍가 되었다. 대업 말년에 수양제를 따라 요동을 정벌하게 되었는데, 집이 가난하여 정벌에 진력할 수가 없었다. 분음汾陰에 이르렀을 때 기일을 어기면 참형을 당하리라고 생각하였으나 달리 방도가 없어 마침내 코뿔소를 타고 돌아다니다가

풍리에게 붙잡혀서 감옥에 갇혔다. 1년여 뒤에 결국 벌금을 내는 것으로 판결되었다.

일이 해결되자 타지로 가서, 말을 도둑질하며 생활하다가 태원에 이르렀다. 때마침 이연이 태원에 주둔하고 있었는데 유홍기는 그를 돕기로 작정하였으며, 또 이세민에게 비상한 도량이 있음을 간파하고는 더욱 그들 부자에게 마음을 맡기게 되었다. 이로부터 이연 부자의 친례親禮를 크게 입어 나가서는 말머리를 나란히 하고 들어와서는 기거를 함께 하게 되었다. 의병이 일어날 즈음에 유홍기는 2천 명의 의병을 불러 모았다. 왕위王威와 고군아高君雅가 변심하려고 하자, 이연은 유홍기와 장손순덕을 청사廳事 뒤에 매복시켜 두었으며, 유홍기가 좌우 사람들을 지휘해서 왕위 등을 체포하였다. 다시 이세민을 따라 서하西河를 공격하여 함락시켰다. 봉기군은 가호보賈胡堡에 주둔하여 수나라 장수 송로생宋老生과 싸움을 벌였으며, 그들을 격파하고 곽읍霍邑으로 진공하였다. 송로생은 무리들을 거느리고 성밖에 진을 쳤다. 유홍기가 이세민을 따라 그를 공격하자, 송로생은 패하여 달아나다가 말을 버리고 구덩이로 뛰어들었다. 유홍기가 말에서 내려와 그의 머리를 베었다. 이 공으로 우광록대부에 제수되었다.

군사가 하동河東에 당도한 후 유홍기는 1천여 명의 군사를 이끌고 먼저 황하를 건넜다. 풍익馮翊을 함락한 후 위북도渭北道 대사가 되어 편의종사하는 권한을 얻었으며, 은개산을 부사로 삼았다. 서쪽의 경략지 부풍扶風에는 6만 명의 무리가 있었다. 유홍기는 남쪽으로 위수를 건너서 장안의 고성故城에 주둔하여 위엄과 명성을 크게 떨쳤으며, 그의 군사가 주둔한 금광문金光門에는 광채가 났다. 위문승衛文昇이 군사를 보내 싸움을 걸자, 유홍기가 맞받아 공격하여 물리쳤으며 이 싸움에서 갑사甲士 1천여 명과 수백 필의 말을 얻었다. 당시 모든 군사가 다 도착한 것이 아니었는데 유홍기가 제일 먼저 도착해서 첫 번째 싸움에서 승리를 하니 이연이 크게 기뻐하여 그에게 말 20필을 하사하였다. 수도 장안을 격파하는데 있어서는 그의 공로가 첫 번째였다.

그는 다시 이세민을 따라 부풍으로 가서 설거를 쳐부수었으며 농산隴山까지 추격하였다가 돌아왔다. 여러 차례 승진하여 우령도독右領都督에 임명되고 하간군공河間郡公에 봉해졌다. 다시 이세민을 따라 동도를 경략하였는데, 영락문瓔珞門에서 전투를 하여 적을 쳐부수었다. 군사가 되돌아 올 때 유홍기는 후미를 맡았다. 수나라의 장수 단달段達과 장지張志가 삼왕릉三王陵에다 진을 쳤는데, 유홍기가 그들을 공격하여 쳐부수었다.

618년(무덕 원년)에 우효위대장군에 임명되고, 원훈이기 때문에 한 번 죽을죄를 용서받는 특전을 얻었으며, 행군좌일총관行軍左一總管을 맡았다. 또다시 이세민을 따라 설거를 토벌하는데 참가하였다. 당시 이세민은 고척성高摭城에서 급작스런 병이 생겼다. 유홍기와 유문정 등이 설거와 천수원淺水原에서 접전하였는데, 이세민의 군사가 크게 불리하여 여덟 총관이 모두 패배하고 오직 유홍기의 일군만이 고군분투하였으나 화살이 다 떨어져 설거에게 사로잡히고 말았다. 이연은 어려움에 처했어도 굴하지 않는 그의 정신을 가상히 여겨 그의 집에 곡식과 비단 등을 매우 후하게 하사하였다. 얼마 후에 설인고薛仁杲를 평정한 유홍기는 귀환하여 본래의 관작을 회복하였다.

때마침 송금강이 태원을 함락하자, 고조는 유홍기를 보내 진주에 주둔시켰다. 배적裴寂이 송금강에게 패하자, 사람들의 마음이 무너지고 소란스러워져 굳은 뜻을 지킬 수가 없었다. 송금강이 군사를 이끌고 성 아래에 이르자 유홍기는 더 이상 지켜내지 못하고 성이 함락 당하고 다시 적에게 포로가 되었다. 얼마 안 있어 도망쳐서 돌아왔으며, 고조가 그를 위로하고 달래면서 좌일총관으로 임명하였다. 이세민을 따라 백벽柏壁에 주둔하였는데, 군사 2천 명을 이끌고 습주隰州에서 서하로 갔다가 적에게 귀로를 차단당했다. 당시 적의 예봉이 너무 강해서 유홍기는 벽을 두껍게 할 뿐 나아갈 수가 없었다. 전세가 바뀌어 송금강이 달아나자, 유홍기는 경기병을 이끌고 그를 추격하였는데, 개휴介休에 이르러서 이세민과 만나 함께 그들을 추격하여 대파하였다.

유홍기는 여러 차례 승진하여 임국공任國公에 봉해졌다. 얼마 후에 낙주로 유흑달을 치는데 참가하였으며, 군사가 개선하고 나서 정월장군井鉞將軍에 제수되었다. 때마침 돌궐이 침범하였는데, 유홍기가 보병과 기마병을 합쳐 1만의 군사를 이끌고 빈주의 북쪽 경계로부터 동쪽으로는 자오령子午嶺을 방어하고, 서쪽으로는 임경臨涇에 인접해서 군영을 지어서 막았으며, 부副회안왕 이신통은 북쪽 교외에서 오랑캐를 대비하였다. 626년(무덕 9년), 천자를 도운 공로로 진식읍 9백 호를 하사 받았다.

이세민은 황제로 즉위하자 그를 찾는 일이 더욱 잦아졌고 대우가 더욱 극진하였다. 이효상李孝常과 장손안업長孫安業이 역모를 하였는데 그들과 교유하였다는 이유로 죄에 연루되어 제명되었다. 1년여 뒤에 태종은 그를 역주易州 자사로 임명하는 것을 시작으로 해서 다시 그의 봉작을 복원시켜주고 불러서 위위경衛尉卿으로 제수하였다. 635년(정관 9년)에 기국공夔國公으로 개봉되고, 대대로 낭주朗州 자사를 세습하게 되었는데, 이것은 한 번도 시행된 적이 없었다. 후에 연로하여 사직을 하고 보국대장군輔國大將軍에 제수되고, 삭망朔望(음력 초하룻날과 보름날)으로만 조회에 나가고 봉록은 구체적인 업무를 볼 때와 똑같이 하사되었다. 태종이 요동을 정벌할 때 유홍기를 전군前軍대총관으로 삼았다. 주필산駐蹕山에서 고연수高延壽를 치는데 참가하여 사력을 다해 공을 세웠으며, 태종은 그를 자주 위로하고 격려하였다.

650년(영휘 원년)에 실봉 1천1백 호를 더 하사하였다. 그 해에 69세를 일기로 세상을 떠났다. 고종 이치는 그를 위해 애도하고 사흘 동안 조회를 열지 않았다. 또 개부의동삼사, 병주도독을 추증하고, 소릉에 장사지내고 비를 세워 주었으며, 양襄이라는 시호를 내려 주었다. 유홍기는 유언으로 여러 자식들에게 노비 15명과 양전良田 다섯 이랑을 나누어주도록 명하였으며, 가까운 사람에게 이런 부탁을 하였다.

"만약 현명하다면 굳이 많은 재산에 의지하지 말고, 현명하지 못할 경우 이것을 지키면 배고픔과 추위는 면할 수 있을 것이다."

나머지 재산은 모두 흩어서 남에게 베풀었다.

아들 유인실劉仁實이 승계하였으며, 벼슬이 좌전융위낭장左典戎衛郎將에 이르렀다.

조카 유인경劉仁景은 신룡神龍(705~706) 초에 벼슬이 사농경司農卿에 이르렀다.

유홍기는 이십사절후 중에서 소만小滿을 관장한다.

【출전】『구당서』 권58(「열전」 제8), 『신당서』 권90(「열전」 제15)

◈ 십팔학사十八學士 ◈

소욱　　　　유효손

12. 대의멸친의 본보기

굴돌통屈突通

"나는 나라의 큰 은혜를 입었고, 역대로 두 군주를 섬겼으며, 후한 봉록을 받았다.
어찌 난을 피할 수 있겠는가! 죽음이 있을 뿐이로다."
매번 자신의 목을 어루만지며 이렇게 말하곤 했다.
"마땅히 국가를 위해서 한 칼을 받을 따름이로다."
장수와 병사들을 위로하고 격려하면서 눈물을 흘리지 않은 적이 없으며
사람들도 이 말을 가슴에 간직하였다.

굴돌통(557~628)은 성이 굴돌로서 복성이고, 지금의 섬서성 서안시인 옹주雍州 장안長安 출신이다.

부친 굴돌장경屈突長卿은 주周나라에서 공주邛州 자사 벼슬을 하였다.

굴돌통은 성격이 강직하여 굽힘이 없고 성실하였다. 항상 몸이 맑았고 바른 것을 살폈으며 무술을 좋아하고 말타기와 활쏘기를 잘 했다.

수나라 개황開皇(581~600) 연간에 친위親衛대도독이 되었는데, 수 문제

양견의 명을 받들어 농서隴西로 간 굴돌통은 그곳의 목장들을 샅샅이 조사하여 숨겨진 말 2만여 필을 얻었다. 이 일로 인해 문제는 대로하여 태복경太僕卿 모용실달慕容悉達과 여러 감독관 1천5백 명을 참살하려고 하였다. 굴돌통이 간하였다.

"사람의 목숨은 지극히 중하며, 죽은 자는 다시 살아날 수 없습니다. 폐하께서는 지인지덕至仁至德으로 신하들을 길러야 할 터인데, 어찌 축생 때문에 1천여 인명을 죽일 수 있겠습니까? 저는 이상만 높고 생각이 고루하여 죽음으로써 청원을 하는 바입니다."

문제가 눈을 부릅뜨고 꾸짖으니 굴돌통이 다시 머리를 조아리고 아뢰었다.

"제 한 몸 죽어서 1천여 명의 목숨을 구하기를 바랍니다."

그때서야 문제가 비로소 깨닫고 말하였다.

"짐의 밝지 못함이 이 지경에 이르렀도다. 경의 뜻에 감동해서 진실로 측은하도다. 지금 소청을 따르겠으며, 경의 간쟁을 표창하노라."

모용실달 등은 마침내 사형을 면하는 것으로 판결되었다. 이로 말미암아 굴돌통은 점차 문제의 신임을 받았으며, 우무후右武候거기장군으로 발탁되었다.

그는 언제나 공무를 정직하게 처리해서 비록 친척이라도 법을 어기면 용서한 적이 없었다. 당시 굴돌통의 동생 굴돌개屈突蓋가 장안의 현령으로 있었는데, 그 역시 법 처리를 엄정하게 하는 것으로 이름이 알려졌다. 당시 사람들이 이런 말들을 했다.

"쑥 서 말을 먹을지언정 굴돌개를 보지 않으리. 파 서 말을 먹을지언정 굴돌통을 만나지 않으리."

사람들이 그들 형제를 꺼리는 것이 이와 같았다.

문제가 세상을 떠나고 새로 등극한 수 양제 양광은 굴돌통을 보내 조칙으로 한왕漢王 양량楊諒을 불러들였다. 이전에 문제와 양량은 밀약을 한 바 있었다.

"만약 새서璽書(옥새 찍힌 문서)로 너를 부를 때 '칙敕'자 옆에 점 하나를 찍고, 또 옥린부玉麟符(부신符信의 범칭)와 부합하면 마땅히 곧 부르리라."

발부된 글에 표징이 없자, 양량은 변고를 깨닫고 굴돌통을 힐책하였으나 굴돌통은 굴하지 않고 대답을 하여 마침내 양량이 장안으로 돌아왔다.

대업 연간에 여러 차례 승진하여 좌효위대장군이 되었다. 당시 진秦과 농隴 지역에 도적떼가 일어나자, 양제는 굴돌통을 관내關內 토포대사討捕大使로 삼았다. 안정安定 사람 유가론劉迦論(?~614)이 군사를 일으켜 모반을 하고 조음군雕陰郡에 웅거하여 건원建元이라 일컫고 백관을 두었는데 그 무리가 10여만 명에 이르렀다. 또 계호稽胡의 수령 유요자劉鷂子는 무리를 모아 유가론과 서로 연대하였다. 굴돌통이 관중의 군사를 동원해서 그들을 치러 갔는데 군사가 안정에 이르러서 처음에는 싸우지 않자, 군중에서는 굴돌통이 겁이 많다고 생각하였다. 얼마 후 굴돌통은

12

屈突通

군사를 돌려 몰래 상군上郡으로 들어갔다. 유가론은 이 사실을 알지 못한 채 마침내 군사를 남쪽으로 돌려 굴돌통과 70리 떨어진 곳에 머물러서 군사를 나누어 여러 성읍을 약탈하였다. 굴돌통은 그들의 방비가 없음을 기다렸다가 정예병을 추려서 야간에 습격을 하여 적의 무리를 크게 궤멸시켰다. 유가론을 포함해서 1만여 수급을 베고, 상군의 남산에 경관京觀을 쌓고 수만 명의 남녀를 포로로 잡아 장안으로 돌아왔다. 경관이란 고대에 전쟁 중에 승자가 자신의 무공武功을 빛내기 위하여 적의 시체를 모으고 이것을 흙으로 봉해서 만든 규모가 큰 무덤을 말한다.

양제는 강도江都로 행차하면서 굴돌통에게 장안에 주둔하라는 명을 내렸다. 의병이 일어나자 양제의 손자인 대왕代王 양유楊侑가 굴돌통을 파견해서 하동에 주둔시켰다. 얼마 후에 봉기군이 황하를 건너서 굴돌통의 장수 상현화를 음마천飮馬泉에서 대파하여 영풍창永豐倉은 다시 봉기군에게 점령당했다. 굴돌통은 크게 두려워하여 응양낭장鷹揚郎將 요군소堯君素를 남겨 하동을 지키게 하고, 장차 무관武關으로부터 남전藍田으로 갔다가 장안으로 가려고 했다. 그러나 굴돌통의 군사는 동관潼關에 이르러서는 유문정에게 가로막혀 더 이상 나아가지 못하고 거기서 양군이 서로 한 달 넘게 대치하였다. 굴돌통은 다시 상현화에게 명해 유문정을 밤에 습격하게 하였다. 이튿날 새벽에 큰 싸움이 벌어졌는데 봉기군이 불리하였다. 상현화가 군사를 내어 두 성채를 격파하는 바람에 오직 유문정의 성채만이 남게 되었는데, 상현화의 군사가 다시 성채로 들어갔으며 여러 차례 되풀이해서 싸웠다. 유문정이 날아오는 화살에 맞자 봉기군은 기세가 꺾여서 거의 패전에 이르렀다. 상현화는 자신의 군사들이 지친 것을 보고 잠깐 쉬면서 야참을 돌려 먹게 하였는데, 유문정이 이를 기회로 삼아 군사를 나누어서 두 성채로 보내 채웠다. 또 유격군 수백 기를 보내 남산으로부터 그들의 배후를 습격하게 하고 세 성채의 군사가 다시 큰 소리를 지르며 나오면서 안과 밖이 일제히 진동하니 상현화의 군사는 궤멸되었다. 상현화 자신도 겨우 몸만 빠져 나오고 군사들이 모두 포로로 잡히는 바람에 굴돌통의 기세는 더욱 위축되었다. 어떤 사람이 굴돌통에게 투항하자고 권하자, 굴돌통이 울면서 말했다.

"나는 나라의 큰 은혜를 입었고, 역대로 두 군주를 섬겼으며, 후한 봉록을 받았다. 어찌 난을 피할 수 있겠는가! 죽음이 있을 뿐이로다."

매번 자신의 목을 어루만지며 이렇게 말하곤 했다.

"마땅히 국가를 위해서 한 칼을 받을 따름이로다."

장수와 병사들을 위로하고 격려하면서 눈물을 흘렸으며 사람들도 이 말을 가슴에 간직하였다. 이연이 굴돌통의 집안 하인을 보내 그를 부르자, 굴돌통은 갑자기 명을 내려 그 하인을 베어버렸다.

수도 장안이 평정되었고 가솔이 모두 죽었다는 소식을 들은 굴돌통은 상현화를 남겨 두어 동관에 주둔하게 하고, 자신은 군사를 이끌고 동쪽으로 내려가 장차 낙양으로 갈 준비를 하였다. 굴돌통이 길을 떠나려고 하는데 상현화가 돌연 유문정에게 항복하였다. 유문정은 부장 두종寶琮, 단지현 등을 보내 정예 기병을 이끌고 상현화와 함께 굴돌통을 추격하여 조상稠桑에 이르렀다. 굴돌통이 진영을 구축하고 스스로 지키고 있는데, 두종이 굴돌통의 아들 굴돌수屈突壽에게 가서 아버지를 효유하라고 보냈더니, 굴돌통이 아들에게 큰 소리로 말했다.

"예전에 너와 부자지간이었는데, 지금은 너와 원수지간이 되었구나."

좌우 사람들에게 명해서 그에게 활을 쏘게 했다. 상현화가 굴돌통의 무리들에게 외쳤다.

"장안은 이미 함락되었다. 너희는 모두 관서 사람인데 어디로 가려 하는가?"

이 말을 듣고 무리들이 모두 무기를 내려놓았다. 굴돌통이 화를 면할 수 없음을 알고 말에서 내려 동남향으로 재배하고 소리 내어 울면서 말했다.

"신의 힘이 꺾이고 군사는 패해서 폐하를 모실 수 없으니 천지신명께서는 실로 잘 보살펴 주소서."

마침내 굴돌통은 생포되어 장안으로 압송 당하였다. 고조 이연이 그에게 말했다.

"어째서 이렇게 서로 늦게 만났는가?"

굴돌통이 울면서 대답하였다.

"제가 신하로서의 절개를 다하지 못하고 힘이 꺾여 여기에 이르렀으니 본조本朝, 즉 수나라의 굴욕 때문에 왕을 뵙기가 부끄럽습니다."

고조가 말하였다.

"수 황실의 충신이로다."

굴돌통을 석방하라는 영을 내리고 병부상서를 제수하였으며, 장국공蔣國公에 봉하고 이세민의 행군원수장사로 삼았다.

굴돌통은 설거의 평정에 참여하였는데, 전쟁에서 승리하여 진귀한 물건이 산더미처럼 쌓여 있어 여러 장수들이 모두 다투어 그것을 가졌으나 오직 굴돌통만이 범하지 않았다. 고조가 이 소식을 듣고 말하였다.

"공은 진정 청렴함과 정도로써 나라를 받드는구려."

특별히 금은 6백 냥과 비단 1천 단段을 하사하였다. 얼마 후에 본관으로써 섬동도 행대복야를 겸하고 다시 이세민을 따라 왕세충을 토벌하는데 참여하였다. 당시 굴돌통에게는 두 아들이 함께 낙양에 있었는데, 고조가 굴돌통에게 말하였다.

"동정東征하는 일을 지금 서로 권해야 하니 두 아들은 어떻소?"

굴돌통이 대답하였다.

"신은 이미 늙어서 진실로 중임을 맡기에 부족합니다. 그러나 예전에 군문軍門에 잡혀왔는데도 지존께서 저의 오라를 풀어주고 은혜를 더해 주셨으니 죽지 않고 실로 다시 살아난 것입니다. 지금 이때에 마음과 입으로 맹세를 하건대, 남몰래 목숨을 바쳐 나라를 받들기로 한 지가 이미 오래되었습니다. 지금 이 길에 신은 선봉에 서기를 원하며, 두 아들이 만약 죽더라도 이것은 천명이니 끝까지 사적인 관계로써 대의를 해칠 수는 없습니다."

고조가 감탄하면서 말하였다.

"대의를 좇는 대장부가 이에 이르렀구나!"

대군이 낙양을 포위하고 두건덕이 당도하자, 이세민은 휘하를 둘로 나누어 굴돌통에게 맡기고 제왕 이원길과 함께 낙양을 지키라고 명하였다.

왕세충이 평정되니 굴돌통의 공이 첫 번째였으며, 얼마 안 있어 그는 섬동 대행대우복야로 임명되어 낙양에 주둔하였다.

수년 후에 고조가 굴돌통을 형부상서로 제수하였으나 굴돌통은 자신이 문장의 법도를 익히지 못했다는 것을 이유로 고사를 하였다. 고조는 그의 청을 받아들이고 공부상서로 옮겨주었다. 태자가 주살된 후 굴돌통은 검교행대복야 벼슬을 회복하여 낙양에 주둔하였다. 627년(정관 원년)에 행대가 폐지되자 낙주 도독에 제수되고 실봉 6백 호를 하사받았으며, 좌광록대부를 더했다. 이듬해(628년) 72세를 일기로 세상을 떠났는데, 태종은 오랫동안 그를 애통해하였으며 상서좌복야尙書左僕射를 추증하고, 충忠이라는 시호를 내렸다. 아들 굴돌수가 습봉襲封(윗대의 봉토를 물려받는 일)하였다. 태종이 낙양궁으로 행차하였을 때 굴돌통의 충절이 생각나서 그의 막내아들 굴돌전屈突詮을 과의도위果毅都尉로 삼고, 속백束帛을 하사하여 그의 가족을 가엾게 여겼다.

643년(정관 17년)에 능연각에 그의 초상화를 그리도록 하였다.

649년(정관 23년)에 방현령과 함께 태종의 묘당에 배향되었다. 654년(영휘 5년)에 사공으로 추증되었다.

굴돌전은 벼슬이 영주瀛州 자사에 이르렀다. 굴돌전의 아들 굴돌중상屈突仲翔은 신룡(705~706) 연간에 역시 영주 자사가 되었다.

굴돌통은 이십사절후 중에서 망종芒種을 관장한다.

【출전】『구당서』 권59(「열전」 제9), 『신당서』 권89(「열전」 제14)

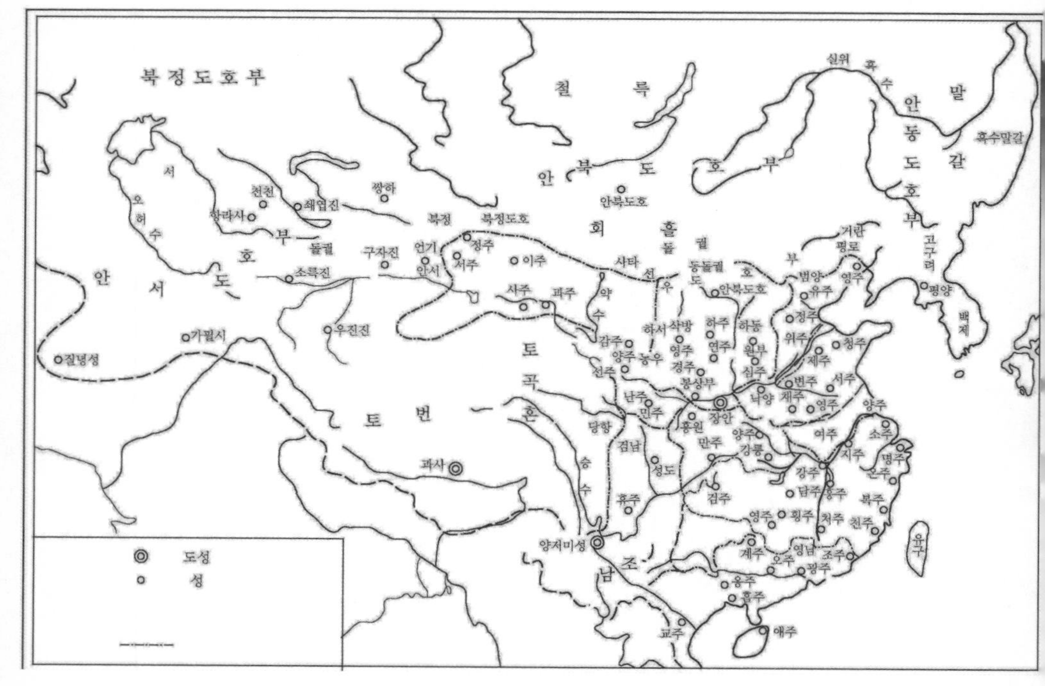
북정도호부
철륵
안북도호부
안북도호
회흘
돌궐
안서도호부
서오허수
천천
쇄엽진
쌍하
북정
북정도호
정주
구자진
언기
안서
서주
이주
소륵진
사주
과주
우진진
가필시
질녕성
토곡혼
토번
과사
양저미성
남조
장안
성도
교주
애주
실위
흑수말갈
안동도호부
거란
평로
고구려
평양
백제
유구
도성
성

당대의 형세도

13. 학행이 뛰어나고 척독을 잘 지었던

은개산殷開山

"대왕께서 몸이 불편해서
공이 성취하지 못할 것을 염려하여
이 말씀을 하신 것이오.
마땅히 기회를 틈타 적을 쳐부수어야지
어찌 강한 적을 대왕에게 남기겠소!"

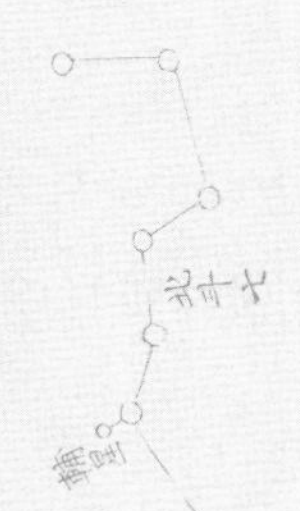

은개산(?~622)은 이름이 교嶠이고, 자가 개산開山이며, 지금의 섬서성 호현戶縣인 옹주雍州 호현鄠縣 출신이며, 진陳나라에서 사농경司農卿 벼슬을 한 은불해殷不害의 손자이다.

본래 진군陳郡에 거주했던 그의 선조는 진나라가 망하자 관중關中으로 이주하였다. 아버지 은승수殷僧首는 수나라에서 비서승祕書丞을 지낸 사람으로 세상에 명망이 높았다.

은개산은 어려서부터 학행이 뛰어난 것으로 이름이 널리 알려졌으며, 특히 척독尺牘(편지)을 잘 짓는 것으로 유명하였다. 수나라에서 태곡현太

谷縣의 현장縣長으로 벼슬살이를 하면서 고을을 잘 다스린 것으로 이름이 났다. 의병이 일어나자 부름을 받아 대장군부의 연掾이 되고 전략을 짜는데 참여하여 능력을 인정받았으며, 여러 차례 전공을 세워 광록대부로 제수되었다. 태자 이건성을 따라 서하를 공격하여 함락시켰다. 후에 이세민은 위북도 원수元帥가 되면서 그를 불러 장사로 삼았다.

당시 관중에는 여러 도적떼가 자주 모여 결탁을 하였으나 그들 무리 중에 따를 만한 인물이 없었는데, 이에 이세민이 은개산을 통해 그들에게 투항을 권유하였더니 이르는 곳마다 모두 항복하였다. 다시 통군統軍 유홍기와 함께 군사 6만 명을 이끌고 장안의 고성故城에 주둔하였는데, 수나라 장수 위효절衛孝節이 금광문金光門으로부터 싸우러 나오자 은개산과 유홍기가 그를 공격하여 격파하였다. 경성이 평정되고 진군공陳郡公이라는 작위를 하사받았으며, 승상부의 연으로 옮겼다. 얼마 후에 이부시랑에 임명되었다.

설거薛擧를 치는데 참가하면서 원수부의 사마司馬가 되었다. 당시에 이세민이 병이 나 유문정에게 군사를 맡기면서 은개산에게 경계의 말을 하였다.

"도적의 무리는 먼 곳에서 달려 왔으므로 급습하는 것이 유리하며, 함께 교전을 하면 어려울 것이오. 장차 지구전持久戰을 해야 한다면 식량이 다 떨어지기를 기다린 연후에 도모해야 할 것이오."

은개산이 물러나와 유문정에게 말하였다.

"대왕께서 몸이 불편해서 공이 성취되지 못할 것을 염려하여 이 말씀을 하신 것이오. 마땅히 기회를 틈타 적을 쳐부수어야지 어찌 강한 적을 대왕에게 남기겠소!"

한참 시간이 지난 뒤 다시 유문정에게 말했다.

"대왕께서 좋아하지 않으시고 적이 나를 얕볼까 두려우니 빛나는 무술로 위엄을 보여주시오."

마침내 절척折墌에 진을 침으로써 설거에게 승기를 빼앗겼으며 이로 인해 은개산의 군사는 대패하였다. 은개산은 이 일에 대해 책임을 지게 되었으며, 사형은 면하였으나 대신 제명이 되었다. 후에 설인고薛仁杲를 평정하는데 참전하여 공을 세움으로써 원래의 작위를 회복하였다.

619년(무덕 2년), 섬동도행대병부상서陝東道行臺兵部尙書를 겸했다가 이부상서로 옮겼다. 이세민을 따라 왕세충을 토벌하고 평정한 공으로 운국공鄖國公으로 진봉되었다. 다시 유흑달을 평정하는데 참여하였다가 길에서 병으로 세상을 떠났다. 이세민이 친히 조문을 하며 매우 애통하게 곡을 하였다. 섬동도행대좌복야陝東道行臺左僕射를 추증하였으며, 절節이라는 시호를 내려주었다.

640년(정관 14년), 조칙으로 증사공 회안왕 이신통, 증사공 하간왕 이효공, 증민부상서 유정회와 함께 모두 천자를 보좌한 공으로 고조의 묘당에 배향되었다.

643년(정관 17년)에 장손무기, 당검, 장손순덕, 유홍기, 유정회, 시소 등과 함께 이십사 공신의 하나로 능연각에 초상화가 그려졌다.

654년(영휘 5년)에 사공으로 추증되었다.

종조제 은문례殷聞禮는 학문이 깊어 무덕 연간에 태자중서인太子中庶人이 되었고, 『양사梁史』를 편찬하였는데 미처 다 완성하지 못하고 세상을 떠났다.

은문례의 아들 은중용殷仲容도 세상에 이름이 알려졌으며, 측천무후가 그의 재주를 깊이 아꼈다. 벼슬이 신주神州 자사에 이르렀다.

은개산은 이십사절후 중에서 하지夏至를 관장한다.

【출전】『구당서』 권58(「열전」 제8), 『신당서』 권90(「열전」 제15)

14. 평양공주의 남편

"토곡혼吐谷渾이 당항黨項과 함께 변경을 침략하자,
시소에게 토벌하라는 명이 내려졌다.
적들은 높은 곳에서 낮은 곳에 있는 시소의 군중에 빗발치듯 화살을 쏘았다.
그러자 시소는 사람을 시켜 호胡의 비파를 타게 하고 두 여자를 춤추게 하였다.
이 광경을 보고 적들은 이상히 여겨 활쏘기를 그치고 서로 모여 구경을 하였다.
시소가 적들의 진영이 정돈되지 못했음을 보고
몰래 정병을 보내 후방에서 공격하여
적들을 궤멸시켰으며 5백여 수급을 베었다.

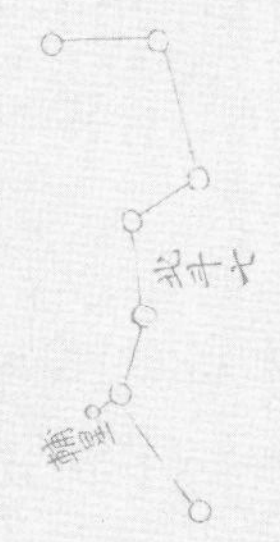

시소(?~638)는 자가 사창嗣昌이며, 지금의 산서성 임분현인 진주晉州 임분臨汾 출신이다.

조부 시열柴烈은 주나라에서 표기驃騎대장군을 지냈고, 수주遂州와 양주梁州의 자사를 거쳐 관군현공冠軍縣公에 봉해졌다. 부친 시신柴愼은 수나라에서 태자우내솔太子右內率을 지냈고, 거록군공鉅鹿郡公에 봉해졌다.

시소는 어려서 몸이 재빠르고 용력이 있어서 그의 임협任俠(약자를 도와 강자를 물리치는 정의감)이 관중 지역에 널리 알려졌다. 젊어서는 수나라 원덕元德 태자의 천우비신千牛備身 벼슬을 하였다. 이연은 자신의 세력이 미약했을 때 딸을 그에게 시집보냈는데, 그가 바로 태목太穆 황후의 소생인 외동딸 평양平陽 공주(?~623)이다.

봉기군의 깃발이 세워지자, 시소는 수도 장안에서 샛길로 해서 태원으로 달려갔다. 당시 이건성과 이원길이 하동河東으로 가다가 길에서 시소를 만났다. 이건성이 시소와 의논을 하였다.

"추서追書가 대단히 급박한 것을 보니 아마도 일이 이미 일어났나 봅니다. 수나라의 군현은 성과 1천여 리 길로 연결되었는데, 중간에 길을 잃는다면 형세가 틀림없이 온전치 못할 것이니 지금 잠시 도적에게 투항하여 임기응변으로 자구책을 삼으려 합니다."

시소가 말하였다.

"불가합니다. 추서가 이미 급박하니 마땅히 서둘러 떠나야 합니다. 비록 조금 힘들기는 하겠지만 종당에는 전체를 얻게 될 것입니다. 만약 도적에게 투항해서 당신이 당공의 아들이라는 것이 알려지면 그들은 당신 잡은 것을 공으로 삼을 것이니 헛된 죽음만 있을 뿐입니다."

이건성은 그의 말을 따랐으며, 마침내 함께 태원으로 달렸다. 작서곡雀鼠谷에 들어선 후에 이미 봉기했음을 알고는 서로 축하를 하였는데 이는 시소의 계책으로 얻어진 것이었다. 시소는 우령군대도독부右領軍大都督府 장사長史로 임명되었다. 대군이 진양晉陽을 출발하면서 시소는 영마군領馬軍 총관을 겸했다. 곽읍에 도착할 즈음 시소가 먼저 성 아래로 가서 송로생의 형세를 살피고 와서 말하였다.

"송로생은 필부의 용맹이라 우리 군사가 당도하면 틀림없이 싸움하러 나올 것이며, 싸움을 하면 사로잡히게 될 것입니다."

봉기군이 당도하자 송로생이 과연 싸우러 나왔으며, 시소는 사력을 다해 싸워서 공을 세웠다. 임분臨汾을 함락시키고 강군絳郡을 평정할 때에는 제일 먼저 성벽에 올라가 적진을 무너뜨렸으며, 이 공으로 인해 우광록대부로 임명되었다. 수나라 장수 상현화桑顯和가 쳐들어와서 공격을 하였다. 그런데 손화孫華가 정예병을 이끌고 황하를 건너 구원하러 왔고, 또 시소가 군사를 이끌고 곧장 상현화의 배후를 불시에 들이치고 다시 사대내史大奈과 합세하여 공격하였더니 상현화가 대패하였다. 이로 인해 여러 장수와 함께 진격하여 마침내 장안을 함락시켰다.

618년(무덕 원년), 여러 차례 승진하여 좌익위左翊衛대장군이 되었다. 얼마 후에 이세민을 따라 설거를 평정하고, 송금강을 쳐부수었으며, 낙양에서 왕세충을 평정하고, 무뢰武牢에서 두건덕을 사로잡았다. 이런 일련의 공으로 시소는 곽국공霍國公에 봉해지고 실봉 1천 2백호를 하사받았으며 우효위대장군으로 자리를 옮겼다.

토곡혼吐谷渾이 당항黨項과 함께 변경을 침략하자, 시소에게 토벌하라는 명이 내려졌다. 적들은 높은 곳에서 낮은 곳에 있는 시소의 군중을 행해 빗발치듯 화살을 쏘았다. 그러자 시소는 사람을 시켜 호胡의 비파

14 시소

를 타게 하고 두 여자를 춤추게 하였다. 이 광경을 보고 적들은 이상히 여겨 활쏘기를 그치고 서로 모여 구경을 하였다. 시소가 적들의 진영이 정돈되지 못했음을 보고 몰래 정병을 보내 후방에서 공격하여 적들을 궤멸시켰으며 5백여 수급을 베었다.

627년(정관 원년), 시소는 우위右衛대장군에 임명되었다. 628년(정관 2년), 그는 하주夏州에서 양사도梁師道(?~628)를 공격해서 평정하고 좌위대장군이 되었으며, 지방으로 나와서 화주華州 자사가 되었다. 633년(정관 7년)에는 진군鎭軍대장군을 더하고, 우효위대장군이 되었으며, 초국공譙國公으로 개봉되었다. 638년(정관 12년), 병이 점점 깊어지자 태종이 친히 방문하여 병세를 물었다. 얼마 후에 시소가 세상을 떠나자, 태종은 형주 도독荊州都督을 추증하고, 양襄이라는 시호를 내려주었다.

시소는 이십사절후 중에서 소서小暑를 관장한다.

【출전】『구당서』 권58(「열전」 제8), 『신당서』 권90(「열전」 제15)

15. 벼슬아치들의 부조리를 밝혀낸

장손순덕長孫順德

"장손순덕은 지위는 외척이면서 공으로 따지면 원훈이며,
지위가 높고 봉작이 두터워 부귀하다고 일컫기에 충분하오.
만약 고금을 살피는데 힘써서 스스로 거울삼아 경계하여
우리 국가를 널리 이롭게 한다면
짐은 마땅히 그와 함께 부고府庫를 같이할 것이오.
어째서 명예와 절개를 지키지 못하고
대단한 욕심을 부려 추문이 나게 하는가!"

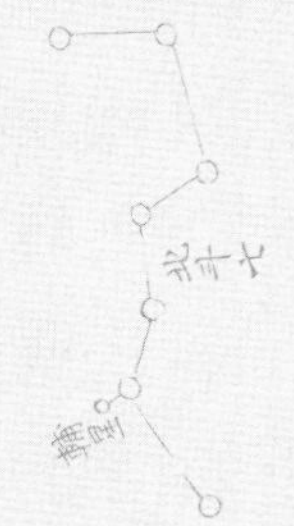

장손순덕은 지금의 섬서성 서안시인 옹주雍州 장안長安 출신이다.

그는 문덕순성文德順聖 황후의 친척 아저씨이다.

그의 조부 장손징長孫澄은 주周나라에서 진주 자사를 지냈고, 부친 장손개長孫愷는 수나라에서 개부開府 벼슬을 하였다.

장손순덕은 수나라에서 우훈위右勳衛 벼슬을 지냈다. 요동 싸움을 피해서 태원으로 몸을 숨겼으며, 이 때 이연과 이세민 부자의 깊은 신임을

받았다.

당시에 여러 도적떼가 사방에서 함께 일어나서 군과 현에서는 군사를 모집하여 이에 대비하였다. 이세민은 밖으로는 도적을 토벌한다는 명분을 내걸고 장손순덕과 유홍기 등에게 군사를 모집하게 한 결과, 만 1개월 만에 1만 여명이 모여들었다. 성곽 아래 진영을 세우고 마침내 왕위王威와 고군아高君雅 등을 주살하였다.

장손순덕은 의병을 일으킨 후 통군統軍에 임명되어 곽읍을 평정하고, 임분臨汾을 돌파하였으며, 강군絳郡을 함락시켜 모두 전공을 세웠다. 얼마 후에 유문정과 함께 동관潼關에서 굴돌통을 쳤는데 매번 싸울 때마다 적의 예봉을 꺾었다. 굴돌통이 낙양으로 달아나려 할 즈음에 장손순덕은 도림桃林까지 추격하여 굴돌통을 사로잡아 가지고 장안으로 돌아왔으며, 이에 섬현陝縣은 대략 평정되었다. 이연이 당 왕조를 수립하고 황제로 즉위한 후 좌효위대장군에 임명되고, 설국공薛國公에 봉해졌다.

626년(무덕 9년), 장손순덕은 진숙보 등과 현무문에서 이건성의 잔당을 토벌하였다.

이세민이 등극해서는 진식읍 1천 2백호를 하사받았다. 또한 특별히 궁녀를 하사 받았으며, 매번 내성內省에 당직을 섰다. 후에 장손순덕의 감노監奴(노비의 우두머리)가 사람들이 보낸 비단을 받은 일이 발각되어 태종이 근신들에게 말했다.

"장손순덕은 지위는 외척이면서 공으로 따지면 원훈이며, 지위가 높고 봉작이 두터워 부귀하다고 일컫기에 충분하오. 만약 고금을 살피는 데 힘써서 스스로 거울삼아 경계하여 우리 국가를 널리 이롭게 한다면 짐은 마땅히 그와 함께 부고府庫를 같이할 것이오. 어째서 명예와 절개를 지키지 못하고 대단한 욕심을 부려 추문醜聞이 나게 하는가!"

그러나 그의 공을 애석히 여겨 차마 처벌하지 못하고 마침내 대궐 뜰에서 비단 수십 필을 하사하여 그의 마음에 부끄러움이 일게 하였다. 대리소경大理少卿 호연胡演이 나서서 말했다.

"장손순덕은 법을 어기고 재물을 받았습니다. 이는 용서 못할 죄인데도 어째서 그에게 비단을 하사하셨습니까?"

태종이 말하였다.

"사람에게는 성령이 있으니 비단을 얻는 것이 형륙刑戮보다 심할 것이오. 만일 부끄러움을 알지 못한다면 일개 금수와 다를 바 없으니 죽인들 무슨 보탬이 있겠는가!"

얼마 후에 이효상李孝常과 왕래한 일로 인하여 제명당하였다. 1년여 뒤에 태종이 공신도功臣圖를 보다가 장손순덕의 초상화를 보고는 그를 측은하게 여기고, 우문사급을 보내서 그의 행동을 살펴보고 오도록 하였는데, 장손순덕이 술에 취해서 쓰러져 있다는 보고를 들었다. 사람들은 그의 수명이 다했다고 생각하였다. 태종은 그를 불러서 택주澤州 자사에 제수하고 그의 작읍을 복원시켜 주었다.

장손순덕은 평소에 처신을 함부로 하여 법도를 준수하지 않았으나 이

때부터 지난날의 태도를 바꾸어 정사를 잘 돌보았으므로 사람들이 그를 명숙明肅하다고 일컬었다. 이보다 앞서서는, 장리들 대부분이 백성의 음식이나 물품을 받는 것을 알고 장손순덕은 이 사실을 들추어 밝혀내고 조금도 용납을 하지 않았는데, 이리하여 사람들이 그를 양목良牧이라고 칭했다. 자사를 지냈던 장장귀張長貴와 조사달趙士達은 함께 경내에 기름진 전답 수십 이랑을 점유하고 있었는데, 장손순덕이 이들을 함께 탄핵하여 추탈追奪(생전의 관작을 사후에 삭탈한다는 의미)하고 그들의 전답을 몰수하여 가난한 사람들에게 나누어주었다. 얼마 안 있어 다시 모반 사건에 연루되어 면직되었다. 그가 병이 났다는 말을 전해들은 태종은 그를 비천하다고 여기고 방현령에게 말했다.

"장손순덕은 강개한 절조가 없고 아녀자의 정만 많은데, 지금 이렇게 병이 났다고 하나 어찌 병문안을 하겠는가?"

이 일이 있은 지 얼마 후에 바로 장손순덕은 세상을 떠났다. 태종은 그를 애도하기 위해 조회를 그만 두고 신하를 보내 조문하였으며, 형주도독荊州都督을 추증하고 양襄이라는 시호를 내렸다.

639년(정관 13년)에 비국공邳國公으로 추봉되었다. 654년(영휘 5년)에 다시 개부의동삼사로 추증되었다.

장손순덕은 이십사절후 중에서 대서大暑를 관장한다.

【출전】『구당서』 권58(「열전」 제8), 『신당서』 권105(「열전」 제30)

16. 가난한 천민 출신으로 기개와 지모가 출중한
장량張亮

장량은 임지에서 직분에 충실하였다.
좌우 사람들을 파견해서 선한 자와 악한 자를 살피고,
간악하고 음흉한 자들을 적발하는데 그 움직임이 귀신같았으며,
세도가들을 억누르고 가난하고 약한 사람들을 긍휼히 여겼기 때문에
그 곳에서 칭송이 자자하였다.

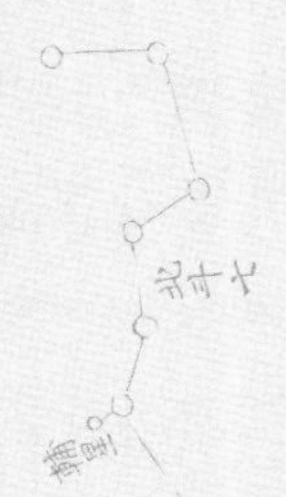

장량(?~646)은 지금의 하남성 형양시인 정주鄭州 형양滎陽 출신이다.

그는 가난한 천민 출신으로 농사를 생업으로 삼았다. 뜻이 크고 기개가 있었으며, 겉으로는 인정이 많은 것처럼 보이나 안으로는 남을 속이는 마음을 품고 있는데 사람들이 알아차리지 못했다.

대업 말기, 이밀이 영주滎州와 변주汴州를 경략할 때에 장량은 말을 달려 참가하였으나 임용되지 못하였다. 이밀의 부하 중에 모반하려는 자가 있어서 장량이 알려주자, 이밀은 그의 정성이 지극하다고 여기고, 표

기驃騎장군으로 임명하여 이적에게 예속시켰다. 이적이 여양黎陽을 바쳐 당나라에 귀순하자 장량은 그 일을 대단히 찬성하였으며, 당나라에서 정주鄭州 자사에 제수되었다. 때마침 왕세충이 정주를 함락시켰는데, 장량은 고군무원孤軍無援하여 할 수 없이 공성共城의 산택으로 달아났다.

후에 방현령과 이적은 장량이 지모가 출중하다고 이세민에게 적극 추천하였으며, 이세민은 이를 받아들여 그를 진왕부의 거기車騎장군으로 삼았다. 점차 이세민의 두터운 대우를 받았으며 심려心膂(심장과 등골뼈, 즉 심복)와 같은 존재로 신임을 받았다.

당시 이건성과 이원길이 곧 난을 일으키려 한다는 것을 알고, 이세민은 낙주洛州가 형승形勝의 땅(요충지)이라고 생각하고 하루아침에 생각을 바꾸어서 장차 낙주로 나가서 몸을 보존하려고 하였다. 이세민은 장량을 낙양으로 보내면서 좌우에 왕보王保 등 1천여 명을 통솔하게 하고 은밀히 산동의 호걸들을 끌어 모아 변고를 기다리게 하였으며, 많은 금과 비단을 내놓으면서 마음대로 쓰게 하였다. 이원길이 장량이 좋지 못한 일을 꾸미려 한다고 고조에게 고하고 그의 부하들을 연루시켰으나 장량은 끝내 토설을 하지 않았으며, 진상이 밝혀지자 낙양으로 돌아왔다. 현무문의 변으로 이건성이 죽은 후, 장량은 회주懷州 총관에 임명되고, 장평군공長平郡公에 봉해졌다.

631년(정관 5년), 장량은 어사대부를 거쳐 광록경光祿卿이 되었으며, 우국공鄖國公으로 진봉되고 실봉 5백 호를 하사받았다. 후에 빈주豳州, 하주夏州, 부주鄜州 등 3개 주의 도독이 되었다.

633년(정관 7년), 위왕魏王 이태李泰가 상주相州 도독이 되었으나 부임하지 않자, 장량을 금자金紫광록대부로 진급시키고 상주대도독 장사長史의 일을 맡게 하였다. 637년(정관 11년), 장량이 운국공鄖國公으로 개봉되었다.

장량은 임지에서 직분에 충실하였다. 좌우 사람들을 파견해서 선한 자와 악한 자를 살피고, 간악하고 음흉한 자들을 적발하는데 그 움직임이 귀신같았으며, 세도가들을 억누르고 가난하고 약한 사람들을 긍휼히 여겼기 때문에 그곳에서 칭송이 자자하였다. 당초 장량이 주州에 있을 때, 자기 본처를 버리고 이李씨성을 가진 여자를 새로 맞아들였다. 함께 살면서 겪어보니 이씨가 평소에 음행이 있고 교만과 투기가 너무 심한 것을 알고 장량은 그녀를 멀리했다. 후에 상주로 갔는데, 업현鄴縣에 붓을 팔아 생활하는 청년이 있었다. 가무에 뛰어난 그를 보고 장량의 부인 이씨가 반해서 마침내 그와 사통을 하고서는 자식을 낳았다. 그런데 이씨는 그 아이를 장량이 다른 여자와 야합해서 나은 자식이라고 거짓으로 말하고, 거두어서 장량의 자식으로 삼고 '신기愼幾'라는 이름을 지어주었다. 장량의 전처 소생의 딸 장신미張愼微가 매번 신기를 부양해서는 안 된다고 말하였으나 장량은 딸의 말을 듣지 않았다. 이씨는 더욱더 옳지 않은 행실을 하기 좋아해서 가는 곳마다 무당이 문안에 가득하였으며 또 정사에도 간여하였는데, 이로 말미암아 장량의 성망은 점차 줄어들었다.

640년(정관 14년), 장량은 입조하여 공부상서가 되었다. 이듬해(641년),

태자의 첨사詹事로 옮기고, 지방으로 나와서 낙주 도독이 되었다.

반란을 일으킨 죄로 후군집이 주살 당할 때, 장량은 제일먼저 그의 반란 계획을 고변한 공으로 포상을 받고 형부상서로 자리를 옮겨 조정의 정사에 참여하였다. 태종이 장차 고구려를 정벌하려는 계획을 세우는 것을 보고, 장량은 불가함을 자주 간하였으나 받아들여지지 않았다. 그러자 장량은 자신도 정벌에 참여하겠노라고 자청했다. 태종은 장량을 창해도滄海道 행군대총관으로 삼아 수군을 이끌게 하였다. 동래에서 바다를 건너 사비성沙卑城을 습격하여 깨뜨리고 남녀 수천 명을 포로로 잡았다. 장량은 진군하여 건안성建安城 아래에 주둔하였는데, 보루가 미처 구축되지도 않아서 사졸들이 대부분 나무를 하고 방목을 하였다. 그러다가 고구려의 대군이 갑자기 밀려오자 군중은 삽시간에 당황하고 놀랐다. 장량은 평소에 겁이 많은 데다가 이때 아무런 계책이 없어서 다만 호상胡床에 걸터앉아 앞만 쳐다볼 뿐 아무 말이 없었는데, 장수와 사졸들은 그 모습을 보고는 거꾸로 장량이 담력이 있다고 생각하였다. 이에 그의 부총관 장금수張金樹 등이 나서서 북을 울리면서 병사들로 하여금 고구려군을 치게 해서 쳐부수었다. 태종은 장량이 장수의 재목이 아님을 알면서도 그를 책망하지 않았다.

방술方術을 하는 정공영程公穎이라는 사람이 있었는데, 장량은 그를 가까이하고 신임하였다. 당초에 상주에 있을 때 장량이 정공영을 비밀리에 불러서 말했다.

"상주는 형승의 땅인데, 사람들이 수년간 왕자王者가 일어나지 않는다고 말합니다만, 공의 생각은 어떻습니까?"

왕자란 왕도王道, 즉 인의仁義로써 천하를 다스리는 사람을 말한다. 이에 반해 패자霸者란 무력이나 권력 또는 권모술수로써 천하를 다스리는 사람을 가리킨다.

정공영은 그가 다른 뜻을 갖고 있다는 것을 알고는 장량에게 상주는 누워있는 용의 형세와 비슷하기 때문에 반드시 대귀大貴에 해당한다고 말하였다.

또 공손상公孫常이라는 사람이 있었다. 문사에 매우 뛰어난 그는 스스로 황백黃白의 술術을 갖고 있다고 말하고 다녔으며, 특히 장량과 친했다. 장량이 그에게 말하였다.

"내 일찍이 도참에 '궁장弓長을 가진 군주가 다른 도읍을 세운다(有弓長之君當別都)'고 들었는데, 비록 이 말이 있다고 하나 실로 듣기를 원치는 않소."

장량의 성인 '장張'자를 파자破字하면 '궁弓'과 '장長'이 된다. 오늘날에도 중국인들은 장張씨성을 말할 때 '궁장弓長 장張'이라고 부른다.

공손상이 다시 장량의 이름이 도록圖籙에 기록되어 있는 내용과 상응한다고 말하니 장량이 크게 기뻐하였다. 646년(정관 20년), 섬陝 지역 사람 상덕현常德玄이 그 일을 밀고하고 아울러 장량에게 의붓자식 5백 명이 있다고 고하였다. 태종이 법관을 파견하여 이 일을 조사케 하였더니 정공영과 공손상이 그의 죄를 증언하였다. 장량이 말하였다.

"이 두 사람은 죽을 것을 두려워하여 무고誣告한 것일 뿐이다."

또한 천자를 보좌한 옛 공로를 진술하고 관대한 처분을 바랐다. 태종이 측근에게 말하였다.

"장량에게 의붓자식 5백 명이 있다고 하는데, 이들을 기른 것은 장차 무엇 때문인고? 바로 반역을 하고자 하는 것이다."

백관에게 명하여 그의 죄를 의논케 하니, 대부분 장량을 사형에 처해야 한다고 말을 하였으나 오직 소장少匠 이도유李道裕만이 장량의 반역을 꾀한 형세가 아직 갖추어지지 않았음을 이유로 들어 그가 무죄임을 주장하였다. 그러나 태종은 이미 극도로 화가 나 있는 상태여서 그의 말에 귀를 기울이지 않았으며 마침내 저자 거리에서 장량을 참하고 그의 집을 적몰하였다. 1년 뒤에 형부시랑의 자리가 비었는데, 집정자에게 명하여 이도유를 뽑게 하자 여러 차례에 걸쳐 대신들이 모두 그가 불가하다는 주청을 하였다. 태종이 말하였다.

"짐이 적임자를 뽑은 것이오. 지난번에 이도유가 장량을 말하면서 '반역을 꾀한 형세가 아직 갖추어지지 않았다'고 말하였는데, 그 말이 옳았소. 비록 그의 말을 따르지는 않았으나 지금에 와서는 후회하고 있소."

마침내 이도유에게 형부시랑을 제수하였다.

장량은 이십사절후 중에서 입추立秋를 관장한다.

【출전】『구당서』 권69(「열전」 제19), 『신당서』 권94(「열전」 제19)

17. 서역을 평정한
후군집侯君集

"대군이 이미 도착하였고, 적은 아직 험로를 걷지 않았으니
마땅히 정예군사를 뽑아 신속하게 진격한다면
저들이 우리를 헤아리지 못해 반드시 아군에게 큰 이로움이 있을 것입니다.
만약 이 계책을 실행하지 않으면 적은 틀림없이 멀리 달아날 것인데
산이 가로 막혀 있어서 토벌하기 실로 어려울 것입니다."

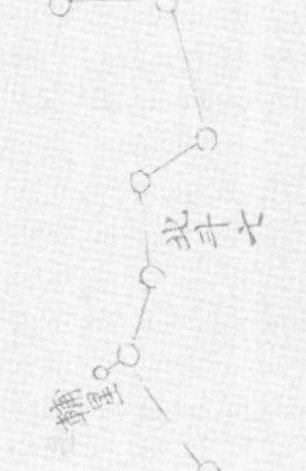

후군집은 지금의 섬서성 순읍旬邑인 빈주豳州 삼수三水 출신이다.

그는 실상을 속이고 겉을 꾸미는 성격이고 남에게 자랑하는 것을 좋아하였는데, 어려서부터 활과 화살은 갖고 놀았으나 명궁이 되지는 못하였고, 스스로 무용武勇이 뛰어나다고 말하고 다녔다. 이세민이 번藩에 있을 때, 그의 막부로 들어가 수차례 정벌에 참가하였으며, 여러 차례 승진하여 좌우후, 거기장군에 제수되고, 전초현자全椒縣子에 봉해졌다. 점차 이

세민의 은혜를 입어 전략회의에 참여하였다. 이건성과 이원길이 주살되는 데는 후군집의 계책이 많이 적중되었다.

태종이 즉위한 후에는 좌위左衛장군으로 승진하고, 공훈으로 인해 노국공潞國公으로 진봉되고 식읍 1천 호를 하사받았으며, 얼마 후에 우위대장군으로 임명되었다.

630년(정관 4년), 후군집은 병부상서로 승진하여 조정의 정사에 참여하였다. 태종은 당시 토곡혼의 복윤伏允을 토벌한다는 계획을 세우고, 이정을 서해도 행군대총관으로 임명하고, 후군집 및 임성왕任城王 이도종李道宗을 함께 부총관으로 임명하였다. 635년(정관 9년) 3월, 군사를 선주鄯州에 주둔시켰다. 후군집이 이정에게 말했다.

"대군이 이미 도착하였고, 적은 아직 험로를 걷지 않았으니 마땅히 정예군사를 뽑아 신속하게 진격한다면 저들이 우리를 헤아리지 못해 반드시 아군에게 큰 이로움이 있을 것입니다. 만약 이 계책을 실행하지 않으면 적은 틀림없이 멀리 달아날 텐데 그러면 산이 가로 막혀 있어서 토벌하기 실로 어려울 것입니다."

이정은 그의 계책이 옳다고 여기고 정예 군사를 뽑아 적진 깊숙이 들어갔다. 이도종은 복윤의 무리를 고산庫山까지 추격하여 격파하였다. 복윤의 경병輕兵(가벼운 옷차림을 한 병사)들은 사막으로 들어가서 관군을 피했다. 이정은 병사와 말을 반으로 나누어서 두 길로 함께 들어갔다. 이정은 설만균薛萬均, 이대량李大亮과 함께 북로로 가고, 후군집과 이도종에게는 군사를 이끌고 남로로 가게 하였다. 파라진곡破邏眞谷을 지나고, 한곡산漢哭山을 넘어서 2천여 리 길을 지나가는데, 도중에는 아무 것도 없었으며 한여름인데도 서리가 내렸고 산에는 눈이 많이 쌓여 있었다. 싸움 장소가 이동하여 성숙천星宿川을 지나고 백해柏海에 이르러서는 자주 적들과 만났는데 그때마다 모두 크게 이겨서 많은 땅을 얻었다. 후군집은 북쪽으로 적석산積石山을 바라보고, 황하의 물이 처음 시작되는 곳을 거기서 보았다. 곧바로 군사를 돌려 이정과 대비천大非川에서 합세하여 토곡혼을 평정하고 돌아왔다.

637년(정관 11년), 후군집은 장손무기 등과 함께 세봉世封을 받았다. 후군집은 진주陳州 자사에 제수되고, 진국공陳國公으로 개봉되었다. 이듬해(638년), 이부상서에 제수되고 광록대부光祿大夫로 승진하였다. 후군집은 무인 출신이라 평소에 학문이 없었는데 관직에 임명되고 나서는 독서를 하기 시작하였다. 그는 관리 선발을 담당하고 고과考課를 결정했으며, 지방으로 나와서 장령將領이 되었을 때나 조정에 들어가서 정사에 참여하였을 때나 어떤 역할도 잘 해내어 당시에 칭찬을 받았다.

당시에 고창왕高昌王 국문태麴文泰가 서역의 장삿길을 끊어 놓았는데, 태종이 국문태에게 입조하라고 불렀으나 국문태가 병을 핑계로 오지 않으니 조칙을 내려 후군집을 교하도交河道 행군대총관으로 삼아 그를 토벌하게 하였다. 국문태는 당나라 군대가 출동하였다는 소식을 듣고는 신하들에게 말하였다.

“당나라는 여기서 7천 리나 떨어져 있다. 중간에는 모래사막이 2천 리나 광활하게 펼쳐져 있고, 땅에는 물과 풀이 없고, 겨울바람은 얼도록 차고, 여름 바람은 불에 타는 듯하다. 바람이 불면 지나가는 사람이 대부분 죽으며, 항상 1백 명만 지나도 이르기가 어려운데 어찌 대군이 이를 수 있겠는가? 만약 우리 성 아래에 주둔한다면 20일이 채 못 되어 식량이 다 떨어져 저절로 궤멸될 터, 그때 가서 사로잡으면 될 것인데 근심할 것이 무엇인가!"

당나라 군사가 사막 입구에 이르자 마침 국문태가 죽고 그의 아들 국지성麴智盛이 왕위를 계승하였다. 후군집이 군사를 이끌고 유곡柳谷에 이르렀더니 척후병이 돌아와서 보고하기를, 국문태의 장례를 하려고 온 나라 사람들이 다 모여 있다고 하였다. 여러 장수들이 이 기회를 틈타서 습격하자고 말하자 후군집이 말하였다.

"아니 되오. 천자께서 고창왕이 교만하고 무례하기 때문에 나로 하여금 공손히 천벌을 행하라고 하신 것인데, 지금 주인 없는 무덤 속에서 남을 습격하는 것은 죄를 묻는 군사가 할 짓이 아니오."

그리하여 북을 치며 행군하며 앞으로 나아가서 전지田地를 공격하였다. 적들은 성을 굳게 지키기만 할뿐이어서 후군집이 투항을 권고하였으나 실패하였다. 이보다 앞서, 대군이 출동할 적에 태종은 산동에서 성을 공격하는데 쓰는 공성攻城 기계를 잘 만드는 사람들을 불러서 모두 종군시켰다. 후군집은 그들을 동원하였다. 나무를 베어서 해자를 메우고, 당거撞車를 밀어서 성가퀴(성 위에 낮게 쌓은 담)에 부딪히자 성벽이 수장丈 무너져 내려 구멍이 났으며, 포거抛車(옛날 군중에서 돌을 던져 공격하는 수레)로 돌을 날려서 성안을 공격하니 그 돌에 맞아 부서지지 않는 것이 없었으며, 또 담요나 이불을 펼쳐서 장막을 만들어 돌을 날리니 성 위에서 성가퀴를 수비하던 병사들은 더 이상 서 있을 수가 없었다. 마침내 전지의 성을 공략해서 빼앗고 성안의 남녀 7천여 명을 사로잡았으며, 다시 곧바로 진군하여 그 도성을 포위하였다. 국지성은 궁지에 몰리자 후군집에게 서한을 보냈다.

"천자에게 죄를 지은 사람은 선왕입니다. 천벌이 가해져서 저는 이미 선왕을 잃었습니다. 저는 자리를 이은 지 며칠 되지 않아 잘못을 알지 못하니 상서께서 불쌍히 여기시기 바랍니다."

후군집이 답서를 보냈다.

"만약 잘못을 뉘우친다면 마땅히 손을 묶고 군문 앞에 대령할 지어다."

그러나 국지성이 나오지 않자, 사졸들에게 명해 물 없는 해자를 메우고 포거를 출동시켜 다시 공격을 시작하였다. 다시 10장 높이의 누각을 세워서 성안을 내려다보며 행인이 있는 곳과 날아가는 돌이 맞아야 할 곳을 모두 소리쳐서 알려주니 도성 안의 사람들은 대부분 집으로 들어가서 돌을 피했다. 당초에 국문태는 당군이 당도하면 서돌궐의 욕곡설欲谷設과 함께 표리가 되어 대응하기로 약속하였다. 그러나 후군집이 이르렀다는 소식을 듣자, 욕곡설은 무서워서 오히려 서쪽으로 1천여 리를 달아났으며, 국지성은 지원군을 잃는 바람에 어찌할 방도가 없어 마침내 문을 열고 나와 항복을 하고 말았다. 후군집은 군사를 나누어서 그 땅을 경영하여 마침내 그 나라를 평정하였으며, 국지성과 그의 부하들을 포로로 잡고 돌에 자기의 공훈을 새겨놓고 돌아왔다.

후군집은 고창을 격파한 처음에 태종에게 장계狀啓를 올리지 않은 채 죄 없는 사람을 죽이고 사적으로 보물을 가졌다. 장수와 병사들이 이 사실을 알고는 다투어 도적질을 하였으나 후군집은 자기 일이 발각될까 두려워서 감히 그들을 저지하지 못했다. 장안에 도착해서 유사有司가 그의 죄를 추궁하였고 황제의 명령으로 하옥되었다. 중서시랑 잠문본岑文本은 공신功臣 대장이 가볍게 굴욕을 당해서는 안 된다고 생각하고 소

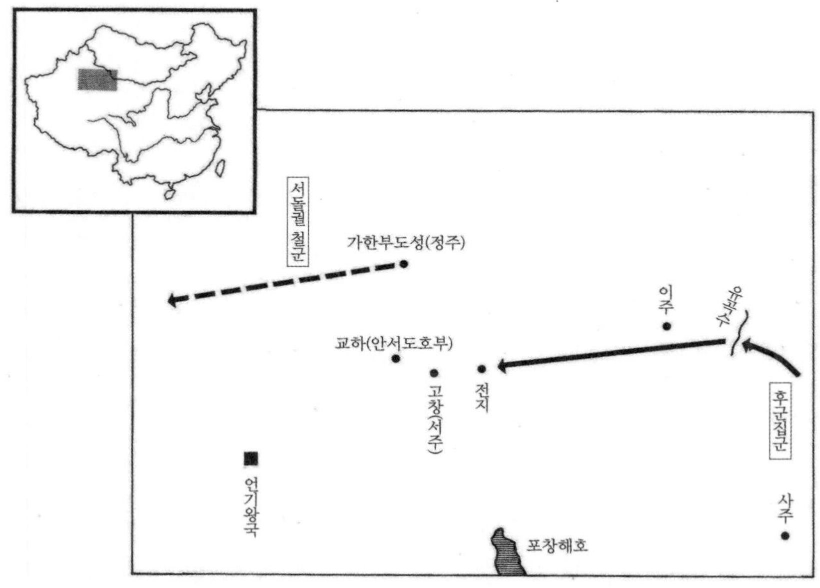

640년, 후군집의 고창 섬멸

疏를 올렸으며, 이 덕분에 후군집은 풀려났다.

후군집은 스스로 서역에서 공을 세웠다고 자부하는 사람인지라 탐욕으로 인해 자신이 갇혔던 것에 대해 대단한 불만을 가졌다. 643년(정관 17년), 장량이 태자첨사의 지위로 낙주 도독으로 나가게 되었는데, 후군집이 장량에게 격노하며 말했다.

"내가 어째서 배척되었소?"

장량이 말하였다.

"공이 스스로 배척한 것인데 누구를 원망하겠소!"

후군집이 말하였다.

"내가 한 나라를 평정하고 왔는데, 어찌 이렇게 배척당할 수 있단 말이오!"

그러고는 소매를 걷고 벌떡 일어나며 말하였다.

"억울해서 도저히 살 수가 없으니, 공은 반란을 일으킬 수 있겠소? 내 마땅히 공과 함께 반란을 일으킬 것이오."

장량이 은밀히 태종에게 이 사실을 아뢰니, 태종이 장량에게 말하였다.

"경과 후군집은 모두 공신이오. 후군집이 단독으로 경에게 말한 것이라 아무도 듣거나 본 사람이 없는데, 만약 관리에게 맡긴다면 후군집은 틀림없이 이런 일이 없었다고 말할 것이오. 그러면 두 사람이 서로 증명을 해야 되니 진실을 알 수가 없게 되오."

마침내 그 일을 일단 덮어두고 후군집을 처음처럼 대했다.

얼마 후에 여러 공신들과 함께 능연각에 그의 초상화를 그려놓았다.

당시에 이승건李承乾은 동궁에 있었는데, 자신이 폐립이 될까 두려워하고 있었으며 또 후군집의 원망을 알고 있었으므로 마침내 그와 통모通謀하였다. 후군집의 사위 하란초석賀蘭楚石이 당시에 동궁 천우千牛로 있었는데, 이승건은 여러 차례 후군집을 안으로 불러 들여 자기들의 안전을 위한 방책을 물었다. 후군집은 이승건이 유약하므로 황제와의 불화를 틈타서 일을 도모해야 된다고 생각하고는 마침내 그의 비정상적인 음모에 찬동을 하고 손을 올려 그에게 말했다.

"이것은 묘수이니, 마땅히 써야 할 것입니다."

후군집은 때로 계획이 누설될 것을 염려하여 마음이 편안치 못했으며 매일 한밤중에 놀라서 벌떡 일어나서는 한참동안 탄식하며 서러워하였다. 그의 아내가 이상하게 여겨 그에게 말하였다.

"공은 국가의 대신인데 무엇 때문에 이러십니까? 틀림없이 까닭이 있을 것입니다. 만약 좋지 못한 일이 있다면 나라의 은혜를 저버리는 것이니 마땅히 죄를 자복自服(죄를 자백하고 복종하다는 뜻)해야 머리가 온전할 수 있을 것입니다."

후군집은 아내의 말을 듣지 않았다.

후에 이승건의 일이 발각되어 후군집은 붙잡히고, 하란초석은 대궐로 들어가 그 일을 고발하였다. 태종이 친히 국문하였다.

"하급관리가 공을 욕보이게 하고 싶지 않으니 스스로 자복하도록 하시오."

후군집은 말이 궁했다. 잠시 후 태종이 백관에게 말했다.

"옛날에 나라가 안정되지 못했을 때 후군집은 실로 자기의 힘을 발휘하였으므로 차마 법에 의해서 그를 처벌할 수 없노라. 짐이 그의 목숨을 구걸하려 하는데 공경대신들이 짐을 허락해 줄 수 있겠소?"

여러 신하가 다투어 나서며 말하였다.

"후군집의 죄는 천지가 용서하지 못할 죄이니, 그를 주살해서 대법을 밝혀주시기 바랍니다."

태종이 후군집에게 말하였다.

"공과 영원히 헤어져야 하겠으니, 지금 이후로는 공의 초상화만 볼 수 있을 뿐이로다."

그러면서 오열을 하며 눈물을 흘렸다.

마침내 네거리 대로에서 그의 목을 베고 그의 집을 적몰하였다. 후군집은 형벌이 집행될 즈음 안색을 바꾸지 않고 형장을 감독하는 장군에게 말하였다.

"후군집이 어찌 반란을 했겠는가? 실패해서 이 지경에 이르렀구나! 그러나 일찍이 장수가 되어 두 나라를 쳐 없애는데 자못 약간의 공이 있으니, 나를 위해 폐하께 제사를 지킬 수 있는 자식 하나 살려달라고 말씀드려 주시오."

이로 말미암아 특별히 그의 아내와 아들 하나를 살려주고 영남嶺南으로 귀양 보냈다.

후군집은 이십사절후 중에서 처서處暑를 관장한다.

【출전】『구당서』 권69(「열전」 제19), 『신당서』 권94(「열전」 제19)

18. 둔전을 설치하고 은혜로운 정치를 펼친
장공근張公謹

"무릇 복서卜筮라고 하는 것은 장차 혐의가 있는 일을 결정하고
주저하는 것을 판단하는 것이나,
지금은 이미 벌어진 일이라 의심의 여지가 없는데
무엇 때문에 점을 치십니까?
설사 점괘가 불길하더라도 대세는 이미 돌이킬 수가 없습니다.
대왕께서는 이 점을 생각하십시오."

장공근은 자가 홍신弘愼이고, 지금의 하북성 남락현南樂縣인 위주魏州 번수繁水 출신이다.

당초에 장공근은 왕세충의 유주洧州 장사長史였다. 618년(무덕 원년), 왕세충의 수하인 유주 자사 최추崔樞와 함께 유주와 그 성을 당나라에 귀속시키고 추주鄒州 별가別駕에 임명되었으며, 여러 차례의 승진을 통해 우무후장사右武候長史가 되었다. 처음에는 장공근의 이름이 알려지지 않았으나 이적이 이세민에게 자주 천거하고, 울지경덕도 또한 그를 이야기해

서 마침내 이세민의 막부에 들어가게 되었다.

당시 이세민은 태자 이건성, 소왕巢王 이원길에게 시기를 당하고 있는 상황이라 장공근을 불러 자구책을 물었으며, 그가 말한 대책이 자기의 뜻에 매우 부합하자 점차 그를 친하게 대했다. 이세민이 장차 이건성과 이원길을 토벌하려는 작정을 하고 점쟁이를 보내 거북점을 치게 하였는데, 장공근이 밖에서 돌아와서 이 광경을 보고 황급히 거북을 땅에 내던지며 나서면서 아뢰었다.

"무릇 복서卜筮라고 하는 것은 장차 혐의가 있는 일을 결정하고 주저하는 것을 판단하는 것이나, 지금은 이미 벌어진 일이라 의심의 여지가 없는데 무엇 때문에 점을 치십니까? 설사 점괘가 불길하더라도 대세는 이미 돌이킬 수가 없습니다. 대왕께서는 이 점을 생각하십시오."

여기서 복서란 점을 말하는데, 거북 껍질을 사용하여 점치는 것을 '복卜'이라 하고, 시초蓍草라는 톱풀을 사용하여 점치는 것을 '서筮'라고 한다.

이세민은 그의 말이 매우 옳다고 생각하였다.

6월 4일, 장공근은 장손무기 등 아홉 명과 함께 현무문에 매복하여 병변兵變을 기다렸다. 이윽고 이건성과 이원길이 참살되자 그의 부하들은 매우 치열하게 현무문을 공격하였다. 장공근은 힘이 세었기 때문에 홀로 대문을 닫고서 그들을 막았다. 이때의 전공으로 여러 차례 승진을 거듭하여 좌무후장군에 임명되었으며, 정원군공定遠郡公에 봉해지고, 실봉 1천 호를 하사받았다.

627년(정관 원년), 장공근은 대주代州 도독에 제수된 후에 표를 올려 둔전을 설치하여 운송비용을 줄이자고 건의하였으며, 다시 선후로 시정의 득실 10여 가지 일을 아뢰었는데 태종에게 모두 받아들여졌다. 태종은 후에 이정을 파견해서 돌궐을 경략經略할 때 장공근을 부장으로 삼았는데, 장공근은 돌궐을 취할 수 있는 이유를 이렇게 말하였다.

"힐리는 무슨 일이든 제멋대로 하고, 극도로 흉포하여 선량한 신하들을 죽이고 소인배를 가까이 하는데, 이는 위에서 주군이 어리석은 것으로서 첫 번째로 취할 수 있는 이유입니다. 또 그들의 다른 부족 동라同羅, 복골僕骨, 회흘廻紇, 연타延陁 등은 모두 스스로 군장君長을 세워 장차 반란을 도모할 것이니, 이는 아래에서 대중이 반란을 일으키는 것으로서 두 번째로 취할 수 있는 이유입니다. 돌궐은 의심을 받아 스스로 경기병을 없앴고, 탁설拓設로 싸움을 나가 한 필의 말도 돌아오지 못했고, 욕곡欲谷에서 군사를 잃어 발을 딛고 설 땅이 없는데, 이는 병사가 좌절하고 장수가 패한 것으로서 세 번째로 취할 수 있는 이유입니다. 북쪽 변방은 서리가 일찍 내려서 양식이 부족한데, 이것이 네 번째로 취할 수 있는 이유입니다. 힐리는 자기네 돌궐을 멀리하고 여러 호인胡人들과 사이가 좋은데 호인들은 뒤집는 성향이 있어서 대군이 밀려가면 안에서 반드시 변고가 생길 것이니, 이것이 다섯 번째로 취할 수 있는 이유입니다. 북쪽으로 들어간 한인漢人은 그 종류가 실로 다양한데 서로 불러 모은다는 소식을 들으면 산의 험준함에 의거해서 군사들이 변방의 담장을 나와 자연히 응할 것이니, 이것이 취할 수 있는 여섯 번째 이유입니다."

태종이 그의 말을 매우 옳게 여겼다. 정양定襄을 격파하고 힐리 칸을 패퇴시킨 공으로 태종의 위로를 받고 추국공鄒國公으로 진봉되었다.

장공근은 영전하여 양주襄州 도독이 되었으며, 은혜를 베푸는 정치를 많이 펼쳤다. 서른아홉 살이라는 젊은 나이에 세상을 떠났다. 태종이 부고를 듣고서 탄식을 하였으며 친히 행차하여 애도를 하려 하자, 유사有司(담당 관원)가 아뢰었다.

"『음양서陰陽書』에 따르면 일자가 진일辰日(용날)이라 곡을 해서는 안 되며 세상 풍속에서 기피하는 바입니다."

태종이 말하였다.

"군신지간의 의는 부자지간과 같으며, 정은 충심衷心에서 나오는 것일진대 어찌 진일을 피하겠는가!"

마침내 그를 위해 곡을 하였다. 좌효위대장군左驍衛大將軍을 추증하고, 양襄이라는 시호를 내렸다.

639년(정관 13년), 태종은 그의 과거 공로를 추모하여 담국공郯國公으로 개봉하였다. 643년(정관 17년), 능연각에 그의 초상이 그려졌다. 영휘永徽(650~655) 연간에 다시 형주 도독을 추증했다.

맏아들 장대상張大象이 승계하였으며, 벼슬이 호부시랑에 이르렀다.

둘째 아들 장대소張大素와 셋째 아들 장대안張大安은 모두 이름이 세상에 알려졌다. 장대소는 용삭龍朔(661~663) 연간에 동대사인東臺舍人이라는 벼슬을 하였고, 겸해서 국사를 찬수하였으며, 회주懷州 장사로 생을 마감하였다. 그는 『후위서後魏書』 1백 권과 『수서隋書』 30권을 편찬하였다.

장대안은 고종 상원上元(674~676) 연간에 태자서자, 동중서문하삼품을 역임했다. 당시 장회章懷 태자가 춘궁에 있었는데, 장대안과 태자세마 유눌언劉訥言 등에게 범엽范曄의 『후한서後漢書』에 주注를 달도록 했다. 춘궁이 폐해지고 죄에 연루되어 보주普州 자사로 좌천되었다. 광택光宅(684) 연간에 횡주橫州 사마로 생을 마감하였다.

장대안의 아들 장세張涚는 현종 개원開元(713~741) 연간에 국자좨주國子祭酒가 되었다.

장공근은 이십사절후 중에서 백로白露를 관장한다.

【출전】『구당서』 권68(「열전」 제18), 『신당서』 권89(「열전」 제14)

18

장공근

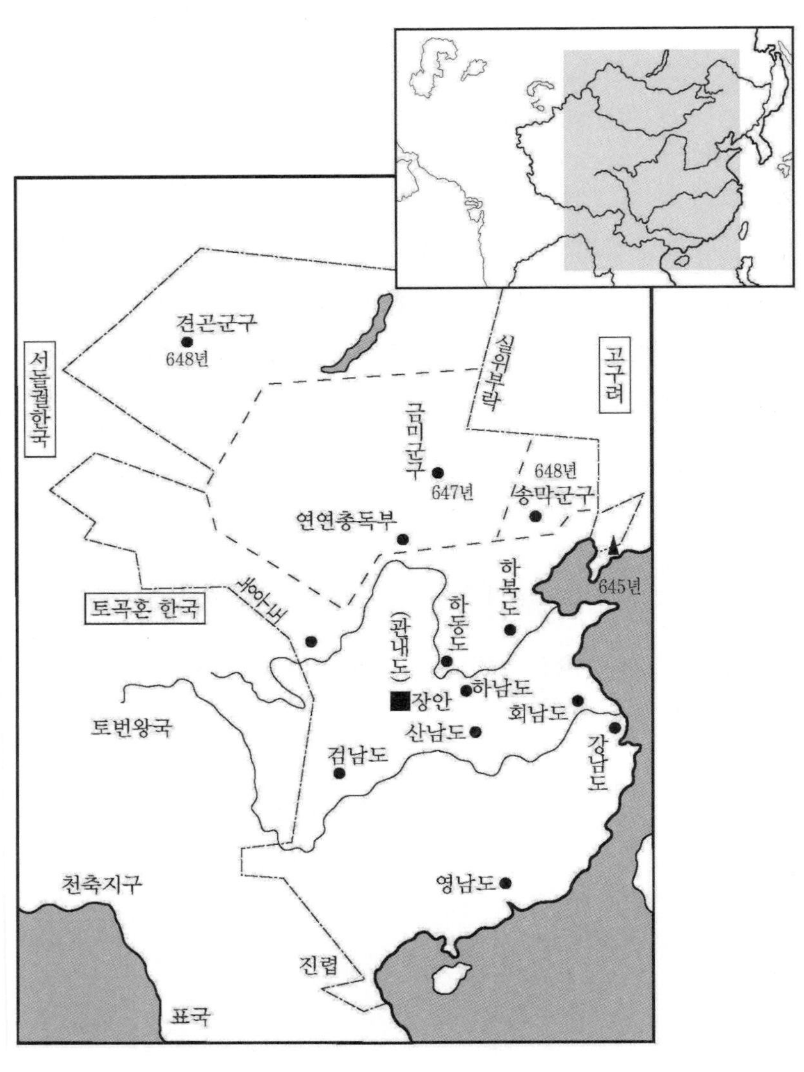

640년대말 당나라 강역도

19. 전쟁터에서 항상 선봉에 선

정지절程知節

"대왕의 수족이 지금 모두 잘려나갔으니
머지 않아 화가 미칠 것입니다.
저는 죽더라도 떠나지 않으리니
속히 스스로를 보전하십시오."

정지절(?~665)은 본명이 요금齩金이고, 지금의 산동성 동아현東阿縣인 제주濟州 동아東阿 출신이다.

정지절은 어려서부터 용맹하였으며, 말 모양의 삼지창(馬矟)을 잘 썼다. 대업 말년에 그는 무리 수백 명을 모아 함께 향리를 보호하며 다른 도적에 대비하였다. 후에 이밀에게 몸을 의탁하여 내군표기內軍驃騎가 되었다. 당시 이밀은 군사 중에서 특별히 뛰어난 용사 8천 명을 뽑아서 네 표기에 예속시키고 좌우로 나누어서 스스로를 지키게 하였는데, 이를 내군이라고 불렀다. 이밀은 스스로 이렇게 말하였다.

"이 8천 명은 백만 명을 당해낼 수 있다!"

정지절은 그 중의 하나를 맡음으로써 이밀의 은혜를 깊이 받았다.

왕세충이 성을 나와 결전을 하게 되었는데, 정지절은 내마군을 맡아 이밀과 함께 북망산北邙山 위에 진을 치고, 단웅신單雄信은 외마군外馬軍을 맡아 언사성偃師城 북쪽에 진을 쳤다. 왕세충이 단웅신의 진영을 공격하자, 이밀은 정지절과 배행엄裴行儼을 보내 그를 돕도록 하였다. 배행엄이 먼저 적에게 달려 나가다가 날아오는 화살에 맞고 말에서 떨어졌다. 정지절은 그를 구하기 위해 여러 명의 적을 죽이고 왕세충의 군사 속을 헤치고 빠져 나와 배행엄을 안고서 말을 달려 달아났다. 왕세충의 기마병에게 쫓기던 정지절은 창이 몸 깊숙이 찔러오자 몸을 돌려 그 창을 비틀어 부러뜨리고 동시에 추격병을 베었으며, 이리하여 배행엄과 함께 죽음을 면했다.

이밀이 패하자, 왕세충은 정지절을 얻고 매우 후한 대우를 하였다. 정지절이 진숙보에게 이렇게 말했다.

"왕세충은 기국이 협소하고 망언을 많이 하며 주문과 맹세하는 것을 좋아하여 기껏해야 무당일 뿐이니 어찌 난리를 다스릴 군주가 되겠는가?"

왕세충이 구곡九曲에서 당나라 군사를 막고 있었는데, 정지절은 군사를 이끌고 그의 진영에서 진숙보 등과 함께 말 위에 탄 채 왕세충에게 읍을 하며 말하였다.

"공에게 대우를 받았기 때문에 은혜를 갚고자 합니다. 공의 성격은 의심이 많고 주위에는 선동하여 미혹하게 만드는 자가 많아서 제가 몸을 맡길 곳이 아니니 이제 삼가 떠나겠습니다."

이에 말을 달려 좌우 수십 명과 당나라로 귀순하니, 왕세충이 두려워서 감히 뒤쫓지 못하였다.

정지절은 이세민의 진왕부에서 좌삼통군左三統軍에 임명되었다. 송금강을 쳐부수고, 두건덕을 사로잡고, 왕세충을 항복시켜 좌일마군총관左一馬軍總管이 되었다. 정지절은 진을 칠 때마다 항상 앞장서서 먼저 올라갔으며, 전공이 혁혁하여 숙국공宿國公에 봉해졌다.

624년(무덕 7년), 태자 이건성이 그를 미워하여 고조에게 모함하였는데, 이로 인해 강주康州 자사로 좌천되었다. 정지절이 이세민에게 아뢰었다.

"대왕의 수족이 지금 모두 잘려나갔으니 머지않아 화가 미칠 것입니다. 저는 죽더라도 떠나지 않으리니 속히 스스로를 보전하십시오."

6월 4일, 이세민을 따라 이건성과 이원길을 토벌하였다. 일이 평정된 후, 태자 우위솔右衛率에 제수되고 우무위右武衛대장군으로 자리를 옮겼으며, 실봉 7백 호를 하사받았다.

정관 연간에 노주瀘州 도독, 좌령군左領軍대장군을 역임했다. 장손무기 등과 함께 자사직을 대물림하게 되었으며, 노국공盧國公으로 개봉되고, 보주普州 자사에 임명되었다. 643년(정관 17년), 여러 차례 영전되어 좌둔위左屯衛대장군, 검교북문둔병檢校北門屯兵이 되었으며, 진군鎮軍대장군이 더해졌다. 655년(영휘 6년), 좌위左衛대장군으로 자리를 옮겼다.

657년(현경 2년), 총산도葱山道 행군대총관에 임명되어, 하로賀魯를 토벌하였다. 그의 군사가 달독성怛篤城에 주둔하자 호인胡人 수천 가구가 문을 열고 나와 투항하였는데, 정지절이 온 성을 도륙하고 가니 하로가 마침내 멀리 달아나 버렸다. 군사를 이끌고 장안으로 돌아온 후 죄에 연루되어 관직을 박탈당했다. 얼마 후에 기주岐州 자사에 임명되었으나 표를 올려 사직을 요청하였으며, 황제가 이를 허락하였다. 665년(인덕麟德

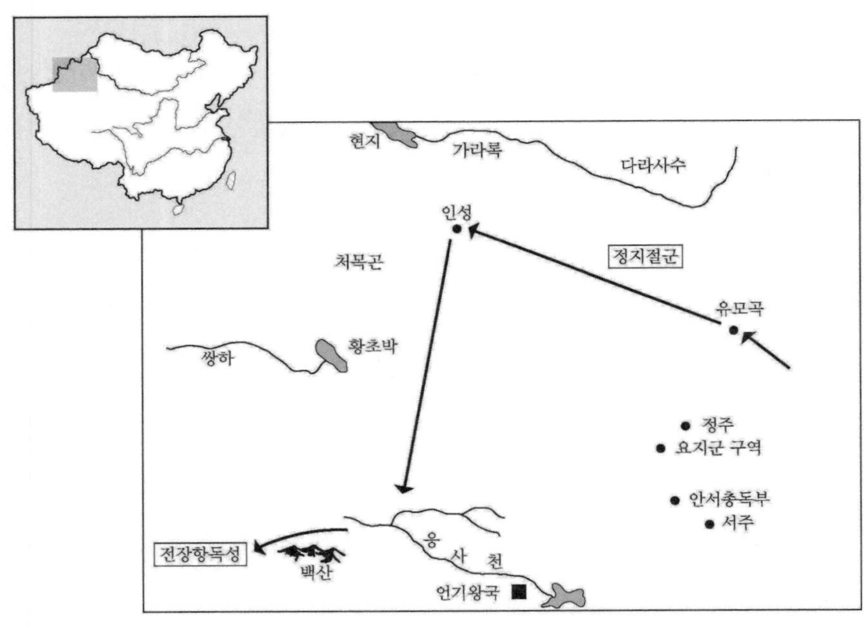

656년, 정지절의 서돌궐 공격

19
程知節

2년)에 세상을 떠났으며 표기대장군, 익주益州대도독으로 추증되었고 소릉에 안장되었다.

아들 정처묵鄭處默이 노국공의 작위를 승계하였다.

아들 정처량鄭處亮은 공신의 자제라서 태종의 딸인 청하淸河 장공주에 장가들어 부마도위, 좌위중랑장左衛中郎將으로 제수되었다.

막내아들 정처필鄭處弼은 벼슬이 우금오右金吾장군에 이르렀다. 정처필의 아들 정백헌鄭伯獻은 개원 연간에 좌금오대장군이 되었다.

정지절은 이십사절후 중에서 추분秋分을 관장한다.

【출전】『구당서』 권68(「열전」 제18), 『신당서』 권90(「열전」 제15)

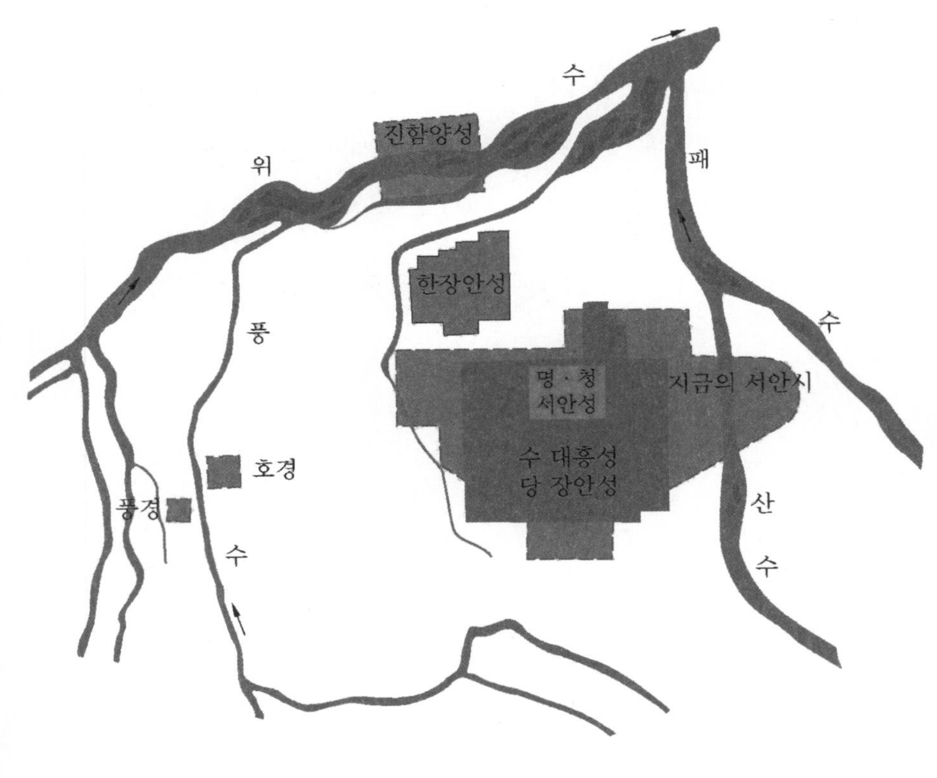

역대 장안의 위치

20. 문장에 뛰어난 서법의 대가

우세남虞世南

"듣건대, '하늘의 때는 땅의 이로움만 못하고,
땅의 이로움은 사람의 화합만 못하다(天時不如地理, 地理不如人和)'고 합니다.
원컨대 폐하께서는 공이 옛사람보다 높다고 해서 스스로 자랑하지 마시고,
태평 시절이 점차 오래간다고 해서 스스로 교만하거나 태만하지 마시고
끝을 처음처럼 신중하게 하시면
혜성이 비록 나타난다 해도 걱정할 것이 못됩니다."
당시 사람들은 우세남에게 오절五節이 있다고들 하였다.
하나는 덕행, 둘은 충직, 셋은 박학, 넷은 문사, 다섯은 서한 등이다.

우세남(558~638)은 자가 백시伯施이고, 지금의 절강성 여요시인 월주越州 여요餘姚 출신이며, 수나라의 내사시랑 우세기虞世基(?~618)의 동생이다.

조부 우검虞檢은 양梁나라 시흥왕始興王 밑에서 자의諮議 벼슬을 하였으며, 부친 우려虞荔는 진陳나라에서 태자 중서자中庶子를 지냈는데, 그들 모두 명성이 높았다. 숙부 우기虞寄는 진나라에서 중서시랑 벼슬을 하였는데, 자식이 없어서

虞伯施像

三才圖會 人物六卷 八

虞世南字伯施與兄世基同受學于吳顧野王名方晉二陸太宗踐祚拜弘文館學士太命寫列女傳於時無本世南暗疏之無一字謬帝每稱其五絶一德行二忠直三博學四文詞五書翰卒謚文懿

우세남(558~638) 출전: 『삼재도회』

우세남을 후사로 삼았다. 그래서 우세남의 자를 백시라고 한 것이다.

우세남은 성격이 조용하고 욕심이 적으며, 뜻이 돈독하고 학문에 힘썼다. 어렸을 때 형 우세기와 함께 오군吳郡(지금의 강소성 소주蘇州)의 고야왕顧野王(519~581)에게서 글을 배웠다. 고야왕은 우리가 오늘날 한자 자전字典이나 한자 사전辭典의 대명사로 쓰고 있는 『옥편玉篇』의 저자이다. 10여 년 동안 정심精深하게 생각하고 배우기를 게을리 하지 않은 우세남은 어떤 때는 수십 일 동안 세수와 빗질을 하지 않고 공부를 한 적도 있었다. 문장을 잘 지어서 항상 서릉徐陵(507~583)의 말을 서술하였는데, 서릉도 우세남이 자기의 뜻을 얻었다고 말했다. 또 같은 오군의 승려 지영智永은 왕희지의 서체를 잘 썼는데, 우세남은 그를 스승으로 삼고 그 서체의 오묘함을 터득하였으며, 이로부터 그의 명성이 세상에 널리 알려지게 되었다.

천가天嘉(560~565) 연간에 우려가 세상을 떠났는데, 우세남이 아직 어린데다 슬픔이 지나쳐 거의 장례를 치르지 못할 지경이었다. 진 문제文帝은 우려의 두 아들이 박학함을 알고서 매번 사람을 그 집에 보내 보살펴 주었다. 상복을 벗자, 문제는 우세남을 불러서 건안왕建安王의 법조참군法曹參軍으로 삼았다. 숙부 우기가 진보응陳寶應에게 함락되어 민閩과 월越 지역 사이에 있게 되자, 우세남은 비록 상복을 벗었으나 포의를 입고 고기를 먹지 않았다. 태건太建(569~582) 말기에 진보응이 격파되고 우기가 돌아오자, 문제는 우세남에게 명을 내려 포의를 벗고 육식을 하게 하였다. 지덕至德(583~586) 초기에 서양왕西陽王 우友로 제수되었다.

진이 멸망한 후에 우세남은 형 우세기와 함께 장안으로 들어갔는데, 모두 명성이 높아서 당시 사람들은 그들을 이륙二陸에 비견하였다. 이륙이란 서진西晉 때 화려한 시풍의 선구자로 유명한 형 육기陸機(260~303)와 시문詩文에 뛰어난 아우 육운陸雲을 일컫는다.

훗날 수 양제煬帝가 되는 양광楊廣(569~618)은 당시 번藩에 있었는데, 그의 명성을 듣고 진왕秦王 양준楊俊을 통해 호출장을 보냈다. 우세남은 모친이 연로하다는 것을 이유로 고사를 하였으나 진왕이 사자를 시켜 마침내 그를 데려왔다.

대업 초기에 우세남은 여러 차례 승진하여 비서랑祕書郎에 임명되고 기거사인起居舍人으로 옮겼다. 당시 조정에서 우세기의 지위가 매우 높았기 때문에 그의 처자들이 왕족과 대등하게 옷을 입었지만, 우세남은 비록 그들과 함께 살면서도 몸소 근검을 실천하고 본업本業을 잃지 않았다.

수나라가 멸망되고 우문화급宇文化及(?~619)이 시역弑逆을 할 즈음에 우세기는 내사시랑의 신분이라 장차 주살誅殺을 당할 처지에 놓였는데, 우세남이 그를 안아 일으키며 울면서 자신이 대신 죄를 받겠다고 청원하였다. 우문화급이 받아들이지 않자, 우세남은 이로 인해 너무 슬퍼한 나머지 몸이 바짝 여위었다. 당시 사람들이 그의 이러한 행동을 칭송하였다. 우문화급을 따라 요성聊城에 갔으나 다시 두건덕에게 함락되어 사로잡히고, 그의 밑에서 황문시랑黃門侍郎이 되었다.

이세민은 두건덕을 멸망시킨 후에 우세남을 불러서 진왕부의 참군으로 삼았다. 얼마 후에 기실記室로 자리를 옮기더니 홍문관학사에 제수되어 방현령과 짝이 되어 당 왕실의 문한文翰(글 짓는 일)을 담당하였다.

한번은 이세민이 『열녀전烈女傳』을 붓으로 써서 병풍을 장식하라는 명을 내렸는데, 때마침 책이 없었으나 우세남이 한 글자도 빼놓지 않고 모조리 암송하였다. 전한 시대 유향劉向(기원전 79?~기원전 6)이 지은 『열녀전』은 고대로부터 한대까지 유명한 현모양처와 열녀, 투부妬婦들을 수록한 책이다.

이세민이 태자가 되어 춘궁에 오르고 나서 태자 중사인中舍人으로 옮겼다. 이세민이 등극한 후에 저작랑으로 영전하고 홍문관학사를 겸했다. 당시 우세남은 자신이 너무 늙었다는 이유로 표를 올려 사직을 청하였으나 태종 이세민이 윤허하지 않았다. 다시 태종이 태자 우서자右庶子로 옮겨 주었으나 고사하여 받지 않아 비서소감祕書少監을 제수하였다.

우세남이 『성덕론聖德論』을 올렸으나 그의 말은 대부분 수록되지 않았다. 633년(정관 7년), 비서감으로 옮기고 영흥현자永興縣子라는 작위를 하사 받았다.

태종은 그의 박식함을 중히 여기고 정무 보는 틈틈이 그를 불러 함께 담론을 하였으며 함께 유가 경전과 역사서를 읽었다. 우세남은 비록 용모가 나약하고 여리게 보여서 마치 옷을 걸치고 있는 것도 힘겨워 보이나, 뜻이 높고 성격이 강렬하여 매번 논할 때마다 고대 선왕의 정치 득실을 언급하고 반드시 풍간諷諫을 하여 도움 되는 바가 많았다. 태종이 일찍이 시신에게 이렇게 말한 적이 있다.

“짐은 한가한 때를 틈타서 우세남과 고금을 논의하였는데, 말 한 마디라도 잘못이 있으면 근심하고 원망하지 않은 적이 없다. 그 간절한 정성이 이와 같을진대 짐이 이를 가상하게 여기노라. 모든 신하들이 우세남과 같다면 천하에 무슨 근심을 다스리지 못하겠는가!”

634년(정관 8년), 농우隴右의 산이 무너지고 큰 뱀이 자주 출현하였으며, 산동 및 강회江淮 지역에는 홍수가 많이 났다. 태종이 이 문제로 우세남에게 묻자, 우세남이 대답하였다.

“춘추시기에 양산梁山이 무너져서 진후晉侯가 백종伯宗을 불러 이를 묻자 이렇게 대답하였습니다. ‘나라는 산천을 주인으로 삼기 때문에 산이 무너지고 하천이 마르면 군주는 이 때문에 새 일을 시작하지 않고 예를 다해 소복素服을 입고, 느린 말을 타고, 음악을 중지하고, 출차出次(죽은 자를 애도하기 위해 정침正寢을 피하고 교외에 나가 잠시 머무르는 일) 와 축폐祝幣(제사 때 제사용품으로 쓰는 옥과 비단)를 해야 합니다.’ 양산은 진나라의 주인산이라 진후가 이 말을 따랐기 때문에 해를 입지 않을 수 있었습니다. 한나라 문제 원년(기원전 202)에 제와 초 지역에 있는 스물아홉 곳의 산이 같은 날에 무너지고 물이 크게 나와서 군국郡國에서 공물을 올리지 못하게 되었습니다. 그러자 문제는 천하에 공물의 진상을 면제해 주는 은혜를 베풀었으며, 이로 인해 원근의 사람들이 기뻐하였습니다. 이런 경우는 재앙이 되지 않습니다. 후한 영제靈帝(재위 168~189) 때는 청사靑蛇가 어좌에 나타났습니다. 진晉나라 혜제惠帝(재위 290~306) 때는 길이가 3백보나 되는 큰 뱀이 제 지역에 나타나서 저자거리를 지나 궁궐 안으로 들어왔습니다. 생각건대 뱀은 마땅히 초원이나 들에 있어야 하는데 저자거리나 궁궐 안으로 들어오는 것은 괴이한 일이라고 할 수 있습니다. 지금은 뱀이 산택山澤에 나타났는데, 대개 깊은 산과 큰 연못에는 반드시 용이나 뱀이 있으니 이상할 것이 없습니다. 또 산동에는 강우량이 풍부해서 비록 정상이긴 하나 너무 오랫동안 날씨가 흐리고 비가 내려서 억울한 옥사가 있을까 두려우니 마땅히 죄수들을 살피셔서 하늘의 뜻에 부합하기를 바랍니다. 게다가 요사함은 덕을 이기지 못하며, 오직 덕을 닦아야 변괴를 소멸시킬 수 있는 것입니다."

태종이 그의 말을 옳다고 여기고 사자를 파견해서 굶주린 백성들을 진휼賑恤하게 하고 송사訟事를 다시 심리해서 많은 억울한 죄인들을 사면해 주었다.

후에 혜성이 허수虛宿과 위수危宿에 있다가, 저수氐宿를 지나면서 1백여 일만에 사라졌다. 태종이 신하들에게 말하였다. 허수와 위수는 이십팔수二十八宿에서 북방 현무 칠수 중 네 번째와 다섯 번째의 별자리이고, 저수는 동방 청룡 칠수 중 세 번째 별자리이다.

"하늘에 혜성이 나타났는데, 이는 무슨 변괴인가?"

우세남이 대답하였다.

"옛날 제나라 경공景公(기원전 548~기원전 490) 때 혜성이 나타난 적이 있는데, 경공이 안영晏嬰에게 물었더니 이렇게 대답하였습니다. '연못을 파면 깊지 못함을 염려하고, 망루를 세우면 높지 못함을 염려하며, 형벌을 행하면 무겁지 못함을 염려하기 마련인데, 이 때문에 하늘이 혜성을 보여서 공에게 경계하는 것일 따름입니다.' 이 말을 들은 경공은 두려워서 지성으로 덕을 닦았는데, 열엿새 뒤에 별이 사라졌습니다. 제가 듣건대, '하늘의 때는 땅의 이로움만 못하고, 땅의 이로움은 사람의 화합만 못하다'고 합니다. 만약 덕과 의를 닦지 않는다면 비록 기린이나 봉황을 얻더라도 종당에는 보탬이 없을 것이지만, 정사가 결여되어 있지 않다면 비록 재앙의 별이 있더라도 어찌 하늘의 때(天時)에 손상을 주겠습니까? 그러나 원컨대 폐하께서는 공이 옛사람보다 높다고 해서 스스로 자랑하지 마시고, 또 태평 시절이 오래간다고 해서 스스로 교만하거나 태만하지 마시고 끝을 처음처럼 신중하게 하시면 혜성이 비록 나타난다 해도 걱정할 것이 못됩니다."

우세남이 인용한 말은 『맹자』「공손추公孫丑」하편에 나오는 '천시불여지리天時不如地理, 지리불여인화地理不如人和'라는 유명한 구절이다. 맹자가 왕도王道 정치를 강조하기 위해서 한 말이다.

태종이 용모를 단정히 하고 말하였다.

"짐이 나라를 사랑하는 것은 실로 경공보다 낫지는 않소. 그러나 짐은 약관弱冠의 나이에 의병을 일으켜서 나이 스물에 천하를 평정하고 서른이 못 돼서 황제의 자리에 앉았는데, 스스로 삼대三代(하夏, 상商, 주周) 이후로 난리를 평정한 군주로 여기에 이른 사람은 없다고 말할 수 있소. 힘이 센 설거, 용맹한 송금강, 하북을 점유한 두건덕, 낙양을 점거한 왕세충 등이 연이어 나타났는데, 이때의 강한 적들은 모두 짐이 사로잡았소. 집안의 난을 당해서는 다시 사직社稷을 안정시킬 결심을 하고 마침내 구오九五(천자의 자리)에 오르고 북방의 오랑캐를 항복시키고 나서 내가 자못 자긍自矜하는 마음을 가지고 천하의 인사를 가볍게 보았는데, 이것은 짐의 죄이오. 하늘이 변화를 보인 것이 진실로 이 때문이오? 진시황은 육국六國을 평정하고, 수 양제는 사해를 부유하게 한 후에 교만하고 나태해져서 하루아침에 무너졌는데 나 또한 어찌 스스로 교만해질 수 있겠소! 이것을 말하고 생각하면 짐도 모르는 사이에 삼가고 두려워하게 되오."

그 해 4월, 강국康國에서 사자를 헌상하였다. 태종은 우세남에게 이것을 부賦로 지어서 동관東觀에서 편찬하라는 조명을 내렸으나 그 내용은 대부분 실리지 않았다.

후에 고조가 세상을 떠나자, 태종은 산릉山陵 제도를 한나라 장릉長陵의 고사에 준해서 하고, 높고 두텁게 하는데 힘써야 할 것이며, 정해진 시기가 이미 가까워 왔으니 토목공사의 부역에 수고하라는 조명을 내렸다. 이에 우세남이 간언하는 봉사封事(남에게 새어 나가지 않도록 밀봉해서 천자에게 올리는 서장書狀)를 올렸으나 회답이 없었다. 우세남이 다시 상소上疏를 올렸다.

"한 왕조는 즉위 초에 바로 능묘陵墓 제도를 운용하여 가까운 것은 15년, 먼 것은 50년이 되어야 비로소 성취를 하였습니다. 지금 수개월 동안에 수십 년의 일을 조성하려면 아마도 인력이 너무 수고로울 것입니다. 또한 한 왕조 때 큰 군郡은 50만 호인데 즉시 사람들의 수효가 이전에 미치지 못하면 부역의 공을 한 등급 주었는데, 이것이 바로 신이 의아해 하는 까닭입니다."

이 때 다시 공경들이 상주上奏하여 유조遺詔에 따라 절검節儉하는데 힘쓰기를 청했기 때문에 그 일을 담당 관리의 상의에 부쳤으며, 그 결과 산릉 제도가 매우 간소해졌다.

태종은 나중에 사냥을 매우 좋아하였는데, 우세남이 상소를 올려 간하였다.

우세남이 숨김없이 황제를 범하는 것이 대부분 이와 같았다. 태종은 이 때문에 더욱 그를 친하게 예우하였다. 당시 사람들은 우세남에게 오절五絶이 있다고들 하였다. 하나는 덕행德行, 둘은 충직忠直, 셋은 박학博學, 넷은 문사文辭, 다섯은 서한書翰 등이다.

638년(정관 12년)에 우세남은 다시 표를 올려 사직을 간청하였으며, 태종이 이를 윤허하였으나 여전히 은청銀青광록대부, 홍문관학사로 제수하였으며 녹사祿賜(하사하는 녹봉과 물품)와 방합防閤이 모두 경관京官의 직사職事(구체적인 업무)와 같았다. 방합은 벼슬이름으로서, 용맹하고 재략이 있는 사람이 맡으며 재합齋閤을 지킨다.

얼마 후에 81세를 일기로 세상을 떠났다. 태종이 사별을 매우 애통해 하고 곡을 하였다. 동원비기東園祕器를 하사하고 소릉에 장사지내 주었으며, 예부상서를 추증하고, 문의文懿라는 시호를 내려주었다. 손수 위왕魏王 이태李泰에게 조칙을 내려 이렇게 말하였다.

"우세남은 나에게 있어서 한 몸과 같은 사람이다."

얼마 안 있어, 태종은 시 한 편을 지어 과거의 흥망의 도를 읊었고 조금 있다가 탄식하며 말하였다.

"종자기鍾子期가 죽자 백아伯牙는 거문고를 타지 않았다. 짐의 이 시를 장차 어떻게 보여줄 수 있겠는가?"

종자기와 백아는 중국 춘추시대의 사람들이다. 거문고의 명인 백아한테는 자신의 거문고 소리를 잘 이해하는 벗 종자기가 있었다. 그런데 종자기가 죽어 자신의 거문고 소리를 들어 줄 사람이 없게 되자, 백아는 절망하여 거문고 줄을 끊어 버리고 다시는 거문고를 타지 않았다. 이를 '백아절현伯牙絶絃'이라고 하는데, 자기를 알아주는 참다운 벗의 죽음을 슬퍼함을 이르는 말이다.

태종은 기거랑起居郎 저수량褚遂良에게 명해 그의 영전靈前에 나아가 다 읽고 나서 불사르게 하여 우세남의 영혼이 느껴서 깨닫기를 바랐다. 수년이 지나서 태종이 밤에 꿈에서 그를 보았는데, 마치 살아있을 때와 같았다. 이튿날 칙서를 내렸다.

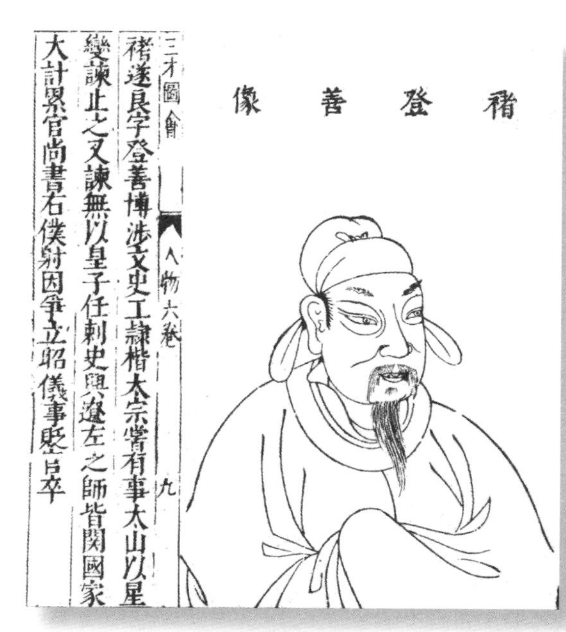

저수량(596~685)

"예부상서, 영흥문의공永興文懿公 우세남은 순수하고 아름다우며, 시문의 대가로서 아침 일찍부터 밤늦게까지 마음을 다해 나라에 충성을 하였다. 그러던 그가 갑자기 세상을 떠나더니 어느덧 세월이 흘렀다. 어젯밤에는 꿈에서 홀연히 그 사람을 보았는데, 바른 말을 하고 있는 것이 마치 살아있을 때와 같았다. 그가 남긴 아름다운 일을 회상해보면, 실로 비탄한 마음이 더해진다. 마땅히 신불의 가호에 힘입어 짐의 옛 사람을 그리는 정을 펼치고자, 그의 집에서 5백 명의 승려에게 재齋를 지내게 하고, 천존상天尊像을 만들어주도록 하라."

다시 조서를 내려 능연각에 그의 초상화를 그리도록 하였다. 문집 30권이 있는데, 저량褚亮에게 명하여 서문을 쓰도록 하였다.

우세남의 아들 우창虞昶은 벼슬이 공부시랑에 이르렀다.

우세남은 이십사절후 중에서 한로寒露를 관장한다.

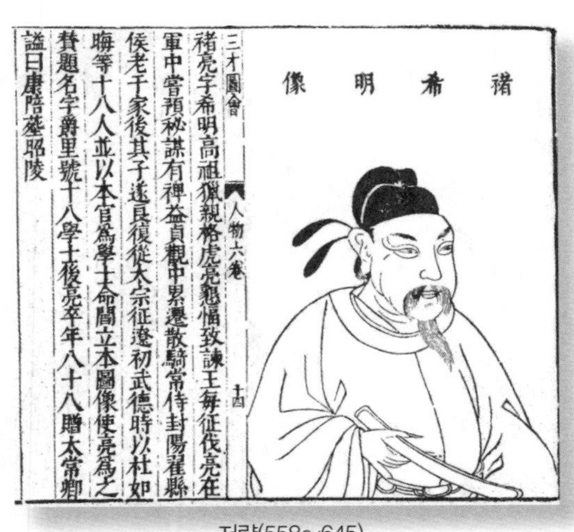

저량(558~645)

【출전】『구당서』 권72(「열전」 제22), 『신당서』 권102(「열전」 제27)

21. 의병을 일으키게 한 공로자
유정회劉政會

유정회는 안으로 군사를 결집시키고
밖으로 오랑캐 융, 적과 화친을 해서
원근에서 그에게 열복하지 않는 자가 없었다.

유정회(?~635)는 지금의 하남성 활현滑縣인 활주滑州 조성胙城 출신이다.

조부 유환준劉環雋은 북제北齊에서 중서시랑中書侍郎을 지냈다.

유정회는 수나라 대업 연간에 태원의 응양부사마鷹揚府司馬라는 벼슬을 하였다. 이연이 태원의 유수가 되자, 유정회는 병사를 이끌고 그의 휘하에 들어갔다. 이세민과 유문정劉文靜은 의병을 일으키기로 모의를 하였는데, 부유수副留守 왕위王威와 고군아高君雅만이 다른 마음을 품었다. 며칠 후에 진사晉祠에서 거사를 하기로 되어 있었는데, 왕위와 고군아는 이를 기회로 삼아 이연을 해치기로 모의를 하였다. 때마침 어떤 사람이 이 사실을 알려 주어 이세민은 이미 일이 급박해졌음을 깨달았다. 이에 먼저 손을 써서 그들을 주살하라고 유정회를 보냈다. 유정회는 급한 변고를 적은 글을 가지고 왕위 등 두 사람이 모반한 사실을 고하려고 유수 이연에게 갔다. 이 날, 이연은 왕위, 고군아와 함께 앉아서 일을 보고 있었는데, 유문정이 유정회를 데리고 들어와 뜰 안에 와서는 은밀한 보고가 있음을 아뢰고 반란을 일으킬 사람을 안다고 고했다.

이연이 왕위 등을 가리키며 그를 만나보라고 명했으나 유정회가 따르지 않고 말했다.

"고한 것은 부유수의 일이며, 오직 당공(이연을 가리킴)만이 살필 수 있을 뿐입니다."

고군아가 소매를 떨치며 큰 소리로 외쳤다.

"이것은 모반한 놈이 나를 죽이려는 것이다."

당시 이세민은 이미 병마를 열 지어 거리에 쫙 깔아 놓았으며, 유문정은 이리하여 좌우 군사들에게 명하여 왕위 등을 잡아 별실에 가두었다. 왕위 등을 구금하고 결국 의병을 일으킬 수 있었던 것은 유정회의 공이었다.

대장군부大將軍府가 세워지자, 그를 불러 호조참군으로 삼았다. 유정회는 장안을 평정하는데 참가하여 승상부 연掾에 제수되었다. 무덕 초기에 위위소경衛尉少卿으로 임명되고 태원 유수가 되었다. 유정회는 안으로 군사를 결집시키고 밖으로 오랑캐 융, 적과 화친을 해서 원근에서 그에게 열복하지 않는 자가 없었다.

얼마 후에 유무주가 진격하여 병주幷州를 압박하였는데 진양晉陽의 호우豪右 설심薛深 등이 성안에서 적에게 내응하는 바람에 유정회는 유무주에게 사로잡히게 되었다. 적중에 있던 유정회는 몰래 고조에게 표를 올려 유무주의 형세를 알려 주었다. 유무주의 세력이 평정되자, 자기의 관작을 회복하였다. 후에 형부상서와 광록경光祿卿을 역임하였고, 형국공邢國公에 봉해졌다.

정관 초에 여러 차례 승진하여 홍주洪州 도독이 되고 실봉 3백 호를 하사받았다. 635년(정관 9년)에 세상을 떠났다. 태종이 손수 조칙을 내렸다.

"의를 일으킨 날에 실로 남다른 공을 세웠으니 장례는 마땅히 성대하게 치러야 할 것이다."

또 민부상서民部尙書를 추증하고, 양襄이라는 시호를 내려주었다. 후에 은개산과 함께 고조의 묘당에 배향하였다.

아들 유현의劉玄意가 작위를 승계하고, 투국공渝國公으로 개봉되었으며, 남평南平 공주에게 장가가서 부마도위에 제수되었다. 고종 때 여주汝州 자사가 되었다.

둘째 아들 유자기劉子奇는 장수長壽(692~693) 연간에 천관天官시랑 벼슬을 하였으며, 혹리에게 모함을 당했다.

유정회는 이십사절후 중에서 상강霜降을 관장한다.

【출전】『구당서』 권58(「열전」 제8), 『신당서』 권90(「열전」 제15)

◈ 문신門神이 된 울지경덕과 진숙보 ◈

여담이지만, 진숙보와 울지경덕에게는 재미있는 이야기가 전해져 온다. 그들은 지금까지도 민간에서 문신으로 살아 있는 것이다. 문신門神이란 대문을 지키며 사악한 귀신을 쫓는 힘이 있는 신을 말한다. 그런데 그들은 어째서 민간에서 문신이 되었을까? 전하는 이야기는 이러하다.

이세민은 당나라의 창건을 위해 할거세력들을 평정하면서 무수히 많은 사람을 죽였다. 황제가 된 후에는 건강이 매우 좋지 않았는데, 밤에는 악몽을 꾸느라 잠을 제대로 못 잤고, 자주 요마와 귀신들이 침전의 안팎에서 기왓장과 벽돌을 던지는 것을 목격하였다. 그러나 이세민에게만 이런 현상이 나타날 뿐 다른 신하들은 이를 경험하지 못했다. 더 이상 견딜 수가 없게 된 이세민은 마침내 신하들을 불러놓고 이 문제를 상의하였다. 그러자 울지경덕과 진숙보에게 갑옷 차림에 무기를 들고 궁문의 양쪽을 지키게 하자는 건의가 있었다. 그리하여 그들이 문 앞에서 지켰더니 신기하게도 이세민에게는 아무런 일도 일어나지 않았다. 이렇게 시간이 지나면서 이세민은 울지경덕과 진숙보가 밤에 너무 고생한다고 생각하여, 궁중의 화가에게 두 사람의 모습을 그려서 궁문의 양쪽에 붙이게 했다. 화상으로 대체를 한 것이다. 이후로 더 이상 사악한 귀신들은 나타나지 않았다. 이렇게 해서 후세까지 민간에서 두 사람의 형상을 그려 문에 붙이게 된 것이다.

22. 적에게 사로잡혀서도 절개를 지킨 당검唐儉

"만약 부고를 열어서 남으로 호걸을 불러모으고,
북으로 융적戎狄을 부르며, 동으로 연 나라와 조 나라를 거두고,
멀리 말을 달려 황하를 건너서 진주秦州와 옹주雍州를 차지하면
천하의 권력을 지휘하며 취할 수 있을 것입니다.
널리 부절符節을 보내서 많은 사람들의 원망願望을 따르소서.
그리하면 탕왕과 무왕의 왕업을 이루는 것이 멀지 않을 것입니다."
"한 고조는 말 위에서 천하를 얻었지 말 위에서 천하를 다스린 것이 아닙니다.
폐하께서는 신무神武로써 사방을 평정하셨는데
어찌 다시 짐승 한 마리한테서 웅심을 만족시키겠습니까?"

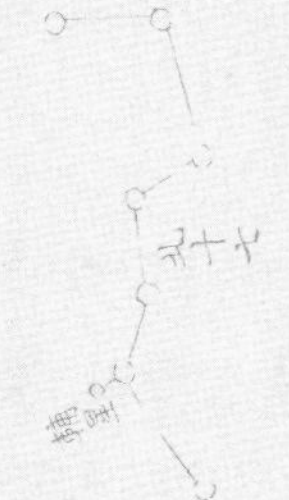

당검(?~656)은 자가 무약茂約이고, 지금의 산서성 태원시太原市에 속하는 병주幷州 진양晉陽 진원진晉源鎮 출신이며, 북제北齊에서 상서좌복야 벼슬을 지낸 당옹唐邕의 손자이다. 부친 당감唐鑑은 수나라에서 융주戎州 자사를 지냈다.

당검은 기상이 커서 법도에 구애받지 않았으나 부모를 섬기는데 있어

서는 자못 효자라는 소리를 들었다. 당초에 당검은 이연의 오랜 친구로서 함께 금위禁衛를 통솔하였다. 이연이 태원 유수로 있을 때, 당검은 이세민과 함께 일을 주도면밀하게 처리하였다. 하루는 당검이 은밀히 이세민에게 수 왕실은 혼란하므로 지금 천하를 도모할 수 있다고 설득하였다. 이세민이 이 일을 이연에게 아뢰자, 이연은 당검을 불러 들여서 은밀히 시사時事에 관해 물었다. 당검이 말했다.

"만약 부고를 열어서 남으로 호걸을 불러 모으고, 북으로 융적戎狄을 부르며, 동으로 연나라와 조나라를 거두고, 멀리 말을 달려 황하를 건너서 진주秦州와 옹주雍州를 차지하면 천하의 권력을 지휘하며 취할 수 있을 것입니다. 널리 부절符節을 보내서 많은 사람들의 원망願望을 따르소서. 그리하면 탕왕과 무왕의 왕업을 이루는 것이 멀지 않을 것입니다."

이연이 말하였다.

"탕왕과 무왕의 일은 내가 감히 바랄 수가 없소. 지금 천하가 이미 혼란스러우니 사적으로 말한다면 생존을 도모하는 것이고, 공적으로 말하면 도탄에 빠진 창생을 구제하는 일이 될 것이오. 경은 의당 자중자애自重自愛 해야 할 것이오. 내가 장차 생각해 보겠소."

이연은 대장군부를 개설하고 당검을 기실참군記室參軍에 임명하였다. 이세민은 위북도渭北道 행군원수가 되고, 당검을 사마司馬로 삼았다. 장안을 평정한 후에는 당검에게 광록대부光祿大夫와 상국부기실相國府記室을 더하고, 그를 진창군공晉昌郡公으로 봉했다.

618년(무덕武德 원년), 내사사인內史舍人에 제수되고, 얼마 후에 중서시랑中書侍郞으로 옮겼으며, 특별히 산기상시散騎常侍를 더했다.

왕행본王行本이 포주성蒲州城을 지키고 항복하지 않자, 고조 이연은 공부상서 독고회은獨孤懷恩에게 병사를 이끌고 그 성의 동쪽에 주둔해서 공략하라는 조칙을 내렸다. 얼마 안 있어 다시 하현夏縣 출신 여숭무呂崇茂가 반란을 일으켜서 유무주劉武周에게 성을 바쳐 항복을 하자, 고조는 영안왕永安王 이효기李孝基, 공부상서 독고회은, 섬주陜州 총관 우균于筠 등을 보내 군사를 이끌고 그를 토벌하게 하였다. 당시 당검은 사자의 신분으로 유무주의 군영에 갔다가 구금당했으며, 이효기, 우균 등은 모두 사로잡혔다. 당초에, 독고회은은 포주에 주둔하고 있으면서 그의 부하 원군실元君實과 모반을 하였는데, 당시 원군실도 적중에 빠져 당검과 함께 사로잡혀 있었다. 원군실이 당검에게 말했다.

"옛 사람의 말이 있습니다. '결단해야 할 때 결단하지 않으면 오히려 그 재앙을 받는다.(當斷不斷당단부단, 反受其亂반수기란)' 독고 상서가 근자에 군사를 일으켜 일을 도모하려고 하다가 머뭇거리는 사이에 오늘에 이르게 되었으니 어찌 자르지 않은 것으로 말미암지 않았다고 할 수 있겠습니까?"

얼마 안 있어 독고회은이 적지를 빠져 나와 귀환해서는 그대로 전과 같이 주둔해서 지키라는 황명을 받으니, 원군실이 다시 당검에게 말했다.

"독고 상서가 오늘 마침내 어려움 속에서 빠져 나와 돌아와서는 다시 황하를 지키고 있으니 그야말로 왕자王者는 죽지 않는다고 말할 만합니다."

당검이 독고회은이 반역할 것을 염려하여 자신이 가까이하고 신임하는 유세양劉世讓에게 독고회은의 모반을 상주하라는 밀령을 내렸다. 때마침 왕행본이 포주성을 들어 항복하러 갔는데, 고조가 그를 성에 들이려고 배를 띄워 강 중류로 가는 것을 보고 유세양이 재빨리 고조를 알현하였다. 고조가 상주문을 읽고는 크게 놀라며 말했다.

"어찌 천명이 아니겠는가!"

고조가 배를 돌려서 돌아와서는 사람을 사방으로 보내어 반란자를 잡아들이고 그들을 조사하여 증거를 내세웠더니 독고회은은 스스로 목을 매어 자살하고, 남은 무리는 형벌을 달게 받아 모두 죽임을 당하였다. 얼마 안 있어 이세민이 유무주의 부장 송금강宋金剛을 격파하고 태원太原까지 추격하자, 유무주는 두려워하며 북쪽으로 달아나고, 적의 손아귀에 있던 당검은 유무주의 부고府庫를 봉하고, 갑옷과 무기를 거두어서 이세민을 기다렸다. 고조는 당검이 적의 조정에 잡혀 있었으나 마음은 당의 궁궐에 있었음을 가상히 여기고 예전의 관직을 복원해서 여전히 병주도幷州道 안무대사로 삼아 편의종사를 하게하고, 아울러 독고회은의 전답과 저택 및 재물 등을 하사하였다.

당검은 돌아와서 예부상서에 임명되고 천책부天策府의 장사長史 겸 검교황문시랑檢校黃門侍郞에 제수되었으며, 거국공莒國公에 봉해져서 공신 등의 원훈과 함께 죽을죄를 한번 용서받는 특전을 받았으며, 여전히 수주遂州 도독으로 제수되고, 면주綿州의 6백 호를 실봉으로 하사받았다. 능연각에 그의 초상화가 그려졌다.

정관貞觀 초에 돌궐로 사신으로 가서 그들에게 유세를 하여 수나라의 소蕭 황후와 양정도楊正道를 무사히 귀환시켰다. 태종이 당검에게 말했다.

"경이 보기에 힐리頡利를 취할 수 있겠소?"

당검이 아뢰었다.

"나라의 위엄과 은혜를 받들면 얻을 수 있을 것입니다."

마침내 당검에게 황명을 내려 말을 달려 오랑캐의 조정에 가서 위신을 보이게 했다. 힐리의 부락은 이정이 경기병을 이끌고 불시에 습격하여 그들을 격파하였으며, 힐리 칸은 북쪽으로 달아나고 당검은 그곳을 빠져 나와 귀환하였다. 1년 남짓 후에 민부상서民部尙書에 제수되었다.

후에 태종의 행차를 따라 낙양원洛陽苑에 가서 맹수를 사냥하였는데, 멧돼지 떼가 숲 속에서 뛰쳐나오자 태종이 활을 당겨 네 번을 쏘아 멧돼지 네 마리를 거꾸러뜨렸다. 그런데 갑자기 수퇘지 한 마리가 돌연 말등자(馬鐙)로 돌진해 들어오는 것을 보고 당검이 말에서 뛰어내려 손으로 쳐내고 태종이 검을 뽑아 베어버렸다. 태종이 고개를 돌려 웃으며 말했다.

"천책장사는 상장上將(이세민 자신)이 적을 치는 것을 보지 못했는가! 어찌 그렇게 몹시 두려워하는가?"

당검이 대답하였다.

"한 고조는 말 위에서 천하를 얻었지 말 위에서 천하를 다스린 것이 아닙니다. 폐하께서는 신무神武로써 사방을 평정하셨는데 어찌 다시 짐승 한 마리한테서 웅심雄心(즉 웅지)을 만족시키겠습니까?"

태종이 그의 말을 받아들이고 사냥을 끝마쳤다. 얼마 안 있어 광록대부를 더하고 다시 특별히 그의 아들 당선식唐善識과 예장豫章 공주를 혼인시켜 주었다.

당검은 벼슬을 할 적에 매번 성대하게 안주를 갖추어 놓고 친구나 손님들과 마음 내키는 대로 술 마시는 것을 낙으로 삼았으며 한 번도 직무에 마음을 둔 적이 없었다. 또 일찍이 염주鹽州 자사 장신합張臣合에게 부탁해 그의 양을 받은 일로 인해 어사에게 탄핵을 받은 바 있으나 구은舊恩으로 죄를 면하고 광록대부로 좌천된 적이 있었다. 영휘永徽 초에 벼슬을 그만두고 집에 있었으며, 특진이 추가되었다.

656년(현경顯慶 원년)에 당검은 78세를 일기로 세상을 떠났다. 고종 이치는 그를 위해 애도하고 사흘 동안 조회를 열지 않았다. 또 개부의동삼사, 병주 도독의 벼슬을 내리고 포백 1천단과 곡식 1천석을 부조하였으며, 동원비기東園祕器를 하사하고 소릉昭陵에 장사지내 주었으며, 양襄이라는 시호를 내렸다. 관에서 비석을 세워 주었다.

당검의 막내아들 당관唐觀은 가장 이름이 알려졌는데, 벼슬이 하서령河西令에 이르렀으며, 문집 3권이 있다.

당검의 손자 당종심唐從心은 신룡神龍(705~706) 연간에 아들 당준唐晙을 태평太平 공주의 딸에게 장가보냈으며, 벼슬이 전중감殿中監에 이르렀다.

증손자 당준은 선천先天(712) 연간에 태상소경太常少卿이 되었으며, 태평공주의 일에 연루되어 주살되었다.

당검은 이십사절후 중에서 입동立冬을 관장한다.

【출전】『구당서』 권58(「열전」 제8), 『신당서』 권89(「열전」 제14)

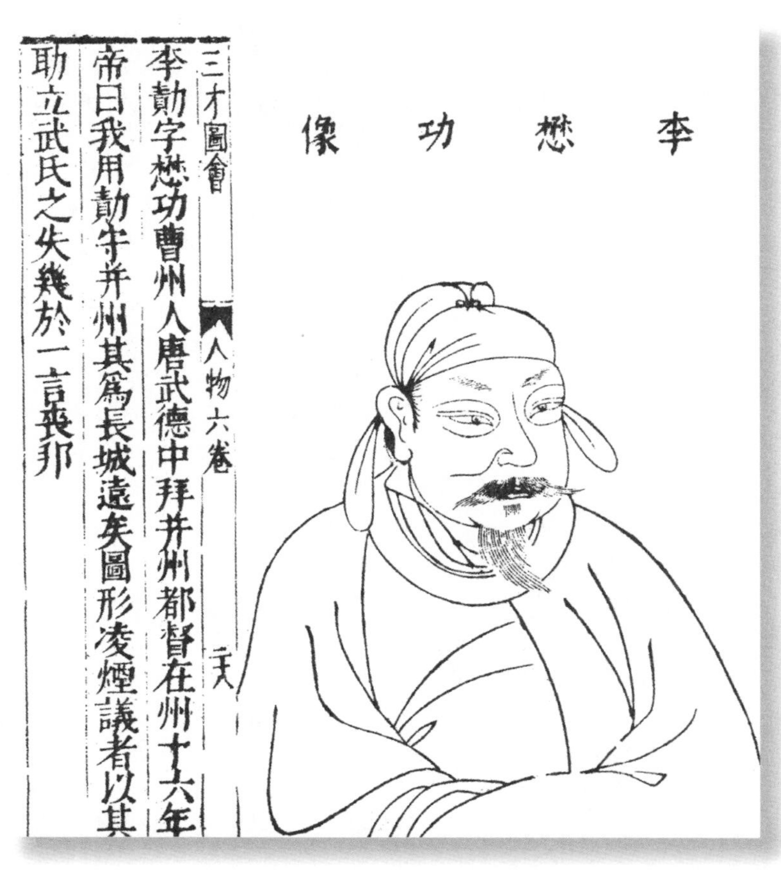
李懋功像

三才圖會　人物六卷

李勣字懋功曹州人唐武德中拜并州都督在州十六年
帝曰我用勣守并州其爲長城遠矣圖形凌煙議者以其
助立武氏之失幾於一言喪邦

이적(594~669), 출전:『삼재도회』

23. 전리품을 부하들에게 모두 나눠준 이적李勣

태종은 이적을 돌아보며 말하였다.
"짐이 어린아이를 부탁하는 것은
아무리 생각해도 경보나 나은 사람이 없기 때문이오.
공은 예전에도 이밀을 내버리지 않았는데 지금 어찌 짐을 저버리겠소!"
이적은 눈물을 흘리며 감사의 말씀을 올리며
손가락을 깨물어 피를 흘리며 맹세를 하였다.
조금 후에 이적이 술에 취해 몸을 가눌 수 없게 되자
태종은 어복御服을 벗어서 그에게 덮어주었다.
태종이 이적을 신임하는 것이 이와 같았다.

이적(594~669)은 지금의 산동성 동명현東明縣인 조주曹州 이호離狐 출신이다.

수나라 말엽에 활주滑州의 위남衛南으로 이주하였다. 원래 본성은 서徐이고 이름이 세적世勣이었는데, 훗날 혁혁한 전공으로 인해 황성인 이李씨성을 하사받고, 영휘永徽 연간에 태종 이세민의 휘諱(이름)를 피해서 '세世'자를 빼고, 외자로 '적'이라는 이름을 썼다. 집에 동복僮僕(사내아이 종)이 많고 수천 종鍾의 곡식을 쌓아두고 있으며, 부친 서개徐蓋와 함께 모두 베풀기를 좋아하여 빈곤한 사람들을 구제하였는데 친한 사람과 소원한 사람을 구분하지 않았다.

대업 말엽에 위성韋城 사람 적양翟讓이 무리를 모아 도적이 되었는데, 이적은 당시 열일곱 살의 나이로 그 무리를 따랐다. 이적이 적양에게 말했다.

"지금 이 땅은 공과 저의 고향이라 사람들을 많이 알고 있어 침략을 해서는 안 됩니다. 또한 송군宋郡과 정군鄭郡은 지역이 어하御河를 관할하고 있고, 상인들이 왕래하며 배들이 끊임없이 오가는 곳이니 그곳을 차단시키면 우리에게 도움이 될 것입니다."

적양이 그의 말을 옳다고 생각하고 정부의 배와 개인의 배들을 가리지 않고 탈취하여 물건을 빼앗으니 무리가 크게 불어났다. 수나라는 제군齊郡의 통수通守 장수타張須陁를 보내고 그에게 군사 2만 명을 이끌고 토벌하게 하였다. 이적은 여러 차례 그와 접전을 하였으며 마침내 진영에서 그를 목 베었다.

당초에 이밀은 망명하여 옹구雍丘에 있었고, 준의浚儀 사람 왕백당王伯當은 초야에 숨어 있었는데, 왕백당이 이적과 함께 적양을 설득하여 마침내 이밀을 군주로 받들었다. 수나라는 왕세충에게 명을 내려 이밀을 토벌하게 하였는데, 이밀이 기발한 전략으로 낙수가에서 왕세충을 이졌다. 이밀은 이적을 동해군공東海郡公으로 임명했다.

당시 하남과 산동에는 홍수가 나서 죽은 자가 절반 가까이 되었고 수나라 황제는 굶주린 사람들에게 여양黎陽에 가서 먹으라는 명을 내리고 창고를 열어 구휼을 하였다. 당시에 정치와 교화는 이미 문란해졌으며, 창고 담당 관원이 제때에 구휼을 하지 않아 하루에 굶어 죽는 사람이 수 만 명이나 되었다. 이적이 이밀에게 말하였다.

"천하가 크게 어지러운 것은 본래 굶주림 때문인데, 지금 만약 여양의 한 창고를 얻으면 큰일이 해결될 것입니다."

그러자 이밀은 이적에게 휘하 5천 명을 딸려 보냈는데, 이적이 원무原武로부터 황하를 건너 여양을 엄습하여 당일에 함락시키고 창고를 열어 식량을 내주니 열흘 만에 군사가 20여만 명으로 불어났다. 1년여 뒤에 우문화급宇文化及이 강도江都에서 황제를 시해하고 군사를 이끌고 북상하여 곧장 동군東郡으로 향했다. 당시 월왕越王 양동楊同이 동경東京에서 즉위한 후 이밀의 죄를 용서하고 태위太尉로 임명하였으며, 위국공魏國公으로 봉했다. 이적은 우무후대장군으로 임명되어 우문화급을 토벌하라는 명을 받았다. 이밀은 이적을 보내 창성倉城을 지키게 하였다. 이적은 성 밖에다 깊은 도랑을 파서 굳게 지켰는데, 우문화급이 공격 기구를 설치해서 사면에서 성을 둘러싸고 공격하였으나 도랑에 가로막혀 성 아래에 이르지 못하였다. 이적이 도랑을 지하도로 삼아 군사를 내어 공격하니 우문화급은 대패하고 가버렸다.

619년(무덕 2년), 이밀이 왕세충에게 패하고 무리를 이끌고 당나라로 귀순하였다. 그의 옛 영토는 동으로는 바다에 이르고 남으로는 장강에 이르며, 서로는 여주汝州에 이르고, 북으로 위군魏郡에 이르렀는데, 이적은 그곳에 웅거하여 누구한테도 소속되지 않았다.

얼마 후에 두건덕은 위현魏縣에서 우문화급을 사로잡고 다시 진군해서 이적을 공격하여 힘으로 굴복시키고 항복을 받아내었다. 두건덕은 이적의 부친을 수하로 거두어서 전쟁에 참가시켜 인질로 삼았으며, 이적에게 명을 내려 다시 여양을 지키게 하였다.

620년(무덕 3년), 이적은 스스로 그곳을 빠져 나와 장안의 당나라로 귀순하였다. 621년(무덕 4년), 이적은 이세민을 따라 동도에서 왕세충을 토벌하고 여러 차례 싸움에서 큰 승리를 거두었다. 다시 이적은 동쪽을 경략하러 나서서 무뢰武牢에 이르렀는데, 괴뢰정부의 정주鄭州 사병司兵인 심열沈悅이 무뢰를 뒤엎자고 청했으나, 이적이 한밤중에 몰래 군사를 이끌고 그들을 맞아 싸워 물리치고 그들의 자사 왕행본王行本을 사로잡았다. 다시 이세민을 따라 두건덕을 평정하고 왕세충을 항복시켰으며 부대를 정돈하여 돌아왔다. 논공행상을 함에 이세민은 상장上將, 이적은 하장下將이 되어 둘이 함께 황금 갑옷을 입고 융로戎輅를 타고 태묘太廟에 가서 승리를 고했다. 이적의 아버지는 배구裴矩와 함께 낙주로부터 장안으로 와서 입조하였는데, 고조는 그들을 보고 크게 기뻐하였으며 그들의 관작을 원래대로 해 주었다. 이적은 다시 이세민을 따라 유흑달과 서원랑을 격파하였으며, 여러 차례 승진을 거듭하여 좌감문左監門대장군이 되었다. 서원랑이 재차 연주兗州에 웅거하여 반란을 일으키자 고조는 이적을 하남대총관에 임명하여 그를 토벌하게 하였다. 얼마 안 있어 이적이 서원랑을 잡아 머리를 베어 바쳤으며, 이로부터 연주가 평정되었다.

624년(무덕 7년), 고조가 이적에게 조군왕 이효공과 함께 보공석을 토벌하라는 조서를 내렸다. 이에 이효공은 배와 군사를 이끌고 장강을 따라 내려갔으며, 이적은 보병 1만 명을 거느리고 회수淮水를 건너 수양壽陽을 빼앗고 협석硤石에 이르렀다. 보공석의 장수 진정통은 십만 명의 군사를 이끌고 양산梁山에 주둔하였으며, 또 보공석의 수하 대장 풍혜량은 수군 십만 명을 거느리고 큰 전함을 쇠사슬로 묶어서 장강을 가로막았으며 아울러 장강의 서쪽에 보루를 쌓고 군사를 강과 육지로 나누어서 당나라 군사를 막았다. 이적은 그들의 보루를 공격한지 얼마 안 되어 점령해 버리고 말았다. 풍혜량은 작은 배를 타고 달아났다. 이적은 승세를 이용해서 밀어붙여 진정통의 군사를 크게 궤멸시켰으며, 진정통은 십여 기만을 대동한 채 단양丹陽으로 달아났다. 보공석이 성을 버리고 야밤에 달아나자 이적은 기병을 풀어 무강武康에서 추격해서 그의 목을 베었다. 이로써 강남은 모두 평정되었다.

625년(무덕 8년), 돌궐이 병주幷州를 침략하자, 고조는 이적을 행군총관으로 삼아 그들을 물리치게 하였다. 이적은 태곡太谷에서 그들을 공격하여 물리쳤다.

태종은 즉위한 후 이적을 병주 도독으로 삼고 실봉 9백 호를 하사하였다.

629년(정관 3년), 이적은 통한도通漢道 행군총관이 되어 운중雲中으로 달려가 돌궐의 힐리 칸과 대치를 하고 백도白道에서 큰 싸움을 하였다. 돌궐이 패하여 사막 입구에 군사를 주둔시키고 사자를 보내 화친을 청하였다. 황명에 의해 홍려경鴻臚卿 당검이 그들과 화친을 하러 갔다. 이적은 당시에 정양도定襄道 대총관 이정과 만나 상의하였다. 이적이 말하였다.

"힐리가 비록 패했지만 그의 무리가 아직 많소. 만약 달아나서 사막을 건너고 구성九姓의 보호를 받는다면 길이 멀고 험난하여 추격하기가 매우 어렵소. 황명으로 당검이 저들에게 갔으니 저들은 틀림없이 방비를 허술하게 할 것이라 우리가 뒤따라가서 저들을 습격하면 싸우지 않고도 적을 평정할 수 있게 될 것이오."

이정은 손목을 붙잡고 기뻐하며 말하였다.

"공의 이 말씀은 바로 한신韓信이 전횡田橫을 멸망시킨 계책이오."

그리하여 계책이 결정되었다. 이정은 군사를 거느리고 한밤중에 출발하였고, 이적은 군대를 정돈해서 계속 전진하였다. 이정의 군사가 당도하자 힐리 진영은 크게 궤멸되었으며, 힐리는 1만여 명과 함께 사막을 건너 달아나려고 하였다. 이 때 이적은 사막 입구에 주둔하고 있었다. 힐리는 사막에 이르렀으나 건너갈 수 없음을 깨달았으며, 그들의 대추장은 자기 부락을 이끌고 함께 이적에게 투항하였다. 이적은 포로 5만여 명을 데리고 돌아왔다.

당시에 이치李治가 진왕晉王으로서 병주 대도독이었는데, 고조는 이적을 광록대부光祿大夫에 제수하고 병주대도독부 장사長史를 맡게 하였다. 부친상이 끝나고 얼마 안 있어 옛 관직을 회복하였다.

637년(정관 11년), 이적은 영국공英國公으로 개봉되고 기주蘷州 자사를 대대로 세습하게 되었는데 당시 자기 봉국으로 가지 않고 다시 본관의 신분으로 태자 좌위솔左衛率을 맡았다. 이적은 병주에 있는 총 16년 동안 법령과 기율이 엄격하여 칭직稱職이라고 일컬어졌다. 태종이 시신侍臣에게 말하였다.

"수 양제는 현량한 선비를 등용할 줄도 모르고 변경을 안무安撫할 줄도 몰라서 오직 장성을 쌓아 돌궐을 방비하기만 하였으니, 그의 감각과 식견의 미혹됨이 이 지경에 이르렀다. 짐은 지금 병주를 이적에게 맡겨 마침내 돌궐로 하여금 그의 위엄에 두려워하여 멀리 달아나게 하였고 변방을 튼튼히 막아 백성들을 안정시켰다. 이것이 어찌 장성을 쌓은 것보다 낫지 않겠는가!"

641년(정관 15년), 태종이 이적에게 병부상서를 제수하기 위해 장안으로 불렀는데, 그가 장안에 이르기 전에 때마침 설연타薛延陀의 명으로 그의 아들 대탁설大度設이 기마 8만 명을 이끌고 남으로 이사마李思摩의 부락을 침략하였다. 이적은 삭주朔州 행군총관이 되어 경기병 3천 명을 이끌고 청산靑山까지 설연타를 추격하여 크게 격파하고 그들의 이름난왕 한 명을 목 베고 수령을 사로잡았으며 5만 여명의 포로를 잡았다. 태종은 이 공훈으로 인해 이적의 아들 한 명을 현공縣公으로 봉해주었다. 이적은 당시 급병急病에 걸렸는데 경험방經驗方(경험해본 약방문)에 수염 태운 재가 효험이 있다고 하자 태종은 스스로 자신의 수염을 잘라 약재를 짓게 하였다.

643년(정관 17년), 이치가 황태자가 되면서, 이적은 태자첨사 겸 우위솔이 되었고, 특진의 작위를 더하고 중서문하삼품을 겸하였다. 태종이 말하였다.

"우리 아이는 새로 태자의 자리에 올랐고, 경은 예전에 장사長史의 일을 하였소. 지금 궁의 일을 경에게 위임하는 것은 바로 이 때문이오. 비록 직위와 경력에 걸맞지 않더라도 허물하지 마시오."

태종은 다시 한가하고 조용한 곳에서 이적을 돌아보며 말하였다.

"짐이 어린아이를 부탁하는 것은 아무리 생각해도 경보나 나은 사람이 없기 때문이오. 공은 예전에도 이밀을 내버리지 않았는데 지금 어찌 짐을 저버리겠소!"

이적은 눈물을 흘리며 감사의 말씀을 올리고 손가락을 깨물어 피를 흘리며 맹세를 하였다. 조금 후에 이적이 술에 취해 몸을 가눌 수 없게 되자 태종은 어복御服(임금이 입던 옷)을 벗어서 그에게 덮어주었다. 태종이 이적을 신임하는 것이 이와 같았다.

644년(정관 18년), 태종이 장차 고구려를 친히 정벌하려는 계획을 세우고, 이적을 요동도遼東道 행군대총관으로 임명하였다. 이적은 개모개?牟, 요동, 백애白崖 등 여러 성을 공격해서 함락시키고, 다시 태종을 따라 주필산駐蹕山의 진영을 박살내었으며, 그 공으로 아들 한 명이 군공郡公으로 봉해졌다.

646년(정관 20년), 설연타의 부락이 혼란한 틈을 타서 태종이 조서를 내렸다. 이에 이적은 2백 명의 기마병을 거느리고 돌궐병을 징발하여 공격하러 갔다. 이적의 군대는 오덕건산烏德鞬山에 이르러서 적을 만나 큰 싸움을 해서 격파하였다. 그들의 대수령 제진달관梯眞達官은 무리를 이끌고 와서 항복을 하였으며 그들의 칸 돌마지咄摩支는 남쪽의 황량한 계곡으로 숨었다. 이적은 통사사인通事舍人 소사업蕭嗣業을 보내서 그들 부

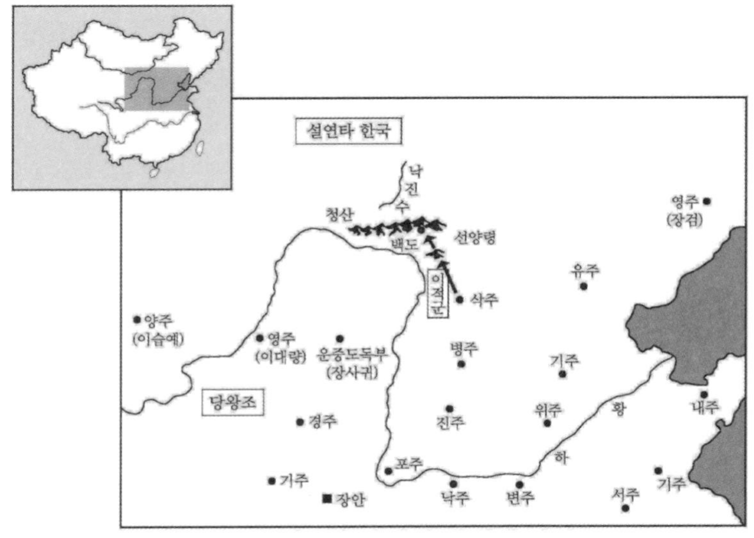

641년, 이적의 설연타 격퇴

락의 지도자들을 불러 위로하고 그들을 장안으로 보냈으며 이로써 북쪽은 모두 평정되었다.

648년(정관 22년), 이적은 태상경으로 영전하고 중서문하삼품을 겸하였으며, 열흘 뒤에 다시 태자첨사로 임명되었다.

649년(정관 23년), 태종은 자신의 병이 위독해지자 태자 이치에게 말하였다.

"너는 이적에게 은혜를 베푼 것이 없다. 내가 지금 그를 꾸짖어서 내칠 것이다. 내가 죽은 뒤에 너는 마땅히 그를 복야로 임명해야 하는데, 그러면 너의 은혜를 입은 그는 반드시 사력을 다할 것이다."

그러고는 첩주疊州 도독으로 이적을 내보냈다. 고종은 즉위한 후 그 달에 이적을 불러 낙주 자사로 임명하고 얼마 안 있어 개부의동삼사를 더하였으며, 중서문하를 겸하고 기밀을 담당하게 하였다. 그 해에 이적은 상서좌복야로 임명되었다.

650년(영휘 원년), 이적은 표를 올려 복야 자리에서 물러나게 해 줄 것을 청하였으며, 고종은 조칙을 내려 개부의동삼사로써 예전처럼 정사를 맡게 하였다. 653년(영휘 4년), 사공으로 임명되었다.

당초 정관 연간에 태종은 공훈을 특별히 기록해서 일찍이 그들의 초상화를 능연각에 그려 놓았는데, 이때에 이르러 고종이 다시 조칙을 내려 그들의 형상을 그리고 친히 그들을 위해 서문을 썼다.

658년(현경 3년), 이적은 고종이 동도로 행차하는데 따라갔다가 길에서 병을 얻었는데, 고종이 친히 찾아가서 문병을 하였다. 인덕麟德 초기에 고종은 태산에 봉선제를 지내기 위하여 행차를 하였는데, 이적은 봉선대사封禪大使로 임명되어 어가를 수행하였다. 어가가 활주滑州에 이르렀다. 이곳에는 이적이 예전에 살던 마을이 있는데, 이적의 누이동생이 일찍이 과부가 되어 여기서 살고 있었다. 황후는 친히 그 집을 찾아가서 위문을 하고 의복을 하사하였으며 그 누이동생을 동평군군東平郡君으로 봉해주었다. 이적이 다시 말에서 떨어져 다리를 다쳤는데, 고종은 친히 말에서 내려 상처가 어떤지 묻고 탈것을 마련해서 그에게 하사하였다.

667년(건봉乾封 2년), 고종은 이적에게 태자 태사太師를 추가하고, 실봉 1천1백 호의 식읍을 늘려주었다. 그 해에 이적의 병이 깊어지자, 황명으로 이적의 동생 진주晉州 자사 이필李弼을 사위정경司衛正卿으로 삼고 그에게 병문안을 가게 하였다. 얼마 후에 이적은 76세를 일기로 세상을 떠났다. 고종이 그를 위해 애도를 하였으며, 이레 동안 조회를 열지 않았다. 또 태위, 양주揚州대도독을 추증하고, 정무貞武라는 시호를 내려주었으며, 동원비기東園祕器를 하사하고 소릉에 장사지냈다. 장례일에 고종은 미앙고성未央故城에서 누각에 올라가 영구를 실은 버드나무 수레가 떠나는 모습을 바라보면서 통곡하였으며 제사를 지내주었다. 황태자도 어가를 따라 영구를 전송하며 애통해하였다. 또 조서를 내려 백관들에게 고성의 서북쪽까지 영구를 전송하게 하였으며, 무덤을 조성하면서 깃발을 세워 그가 음산, 철산 및 오덕건산에서 돌궐과 설연타를 격파한 공을 기리게 하였다. 684년(광택光宅 원년), 측천무후는 조서를 내려 이적을 고종의 묘당에 배향하였다.

이적은 생전에 여러 차례 전승으로 얻은 금과 비단을 모두 장수와 병사들에게 나누어주었다.

이적의 막내 동생 이감李感은 어린 나이이지만 지조를 가지고 있었다. 이밀이 패하여 왕세충의 손에 함락 당했을 때, 왕세충은 그에게 편지를 써서 형인 이적을 불러오라고 협박을 하였다. 이감이 말하였다.

"가형家兄은 입신을 하였으니 명분과 절개를 훼손시키지 않을 것이오. 지금 이미 주인을 섬겨 군신 간에 분수가 정해져 있으니 결코 제가 위급하다고 해서 생각을 바꾸지 않을 것이오."

그러면서 끝까지 왕세충의 말을 따르지 않자, 왕세충은 화가 나서 마침내 그를 죽여 버렸다. 이 때 이감의 나이 15세였다.

이적의 맏아들 이진李震은 현경顯慶(656~660) 초에 벼슬이 재주梓州 자사에 이르렀는데, 이적 보다 일찍 죽었다.

이적은 이십사절후 중에서 소설小雪을 관장한다.

【출전】『구당서』 권67(「열전」 제17), 『신당서』 권93(「열전」 제18)

24. 처자식을 돌보지 않고 공을 세운

진숙보 秦叔寶

"나는 어려서부터 융마戎馬 위에서 자랐으며
2백여 차례의 싸움을 거치면서 여러 번 중상을 입었다.
내가 선후로 흘린 피를 계산해 보면 여러 말은 될 것이야.
어찌 병이 나지 않을 수 있겠는가?"

진숙보(?~638)는 이름이 경瓊이고 자가 숙보이다. 지금의 산동성 제남시濟南市인 제주齊州 역성歷城 출신이다.

대업 연간에 수나라 장군 내호아來護兒(?~618)의 장내帳內가 되었다. 진숙보의 모친상에 내호아가 사람을 보내 조문하였더니, 군리軍吏가 이상하게 생각하고 물었다.

"그 동안 사망한 사졸이나 상을 당한 사람이 많지만 장군은 한 번도 조문한 적이 없는데 어째서 유독 진숙보한테는 조문을 하십니까?"

내호아가 대답하였다.

"이 사람은 용맹스러운데다가 절개가 굳어서 앞으로 틀림없이 스스로 부귀하게 될 텐데 내 어찌 그를 비천하게 대우할 수 있겠는가?"

수나라 말엽에 여러 도적떼가 일어났는데, 진숙보는 통수 장수타張須陁를 따라 참가하여 하비下邳에서 적의 장수 노명월盧明月을 쳤다. 적의 무리는 10여만 명이었으나 장수타가 통솔하는 군사는 겨우 1만 명뿐이라 힘과 세력으로는 당해낼 수가 없어 적으로부터 6,7리 떨어진 곳에 성채를 세웠다. 10여 일을 대치하였는데 식량이 떨어지자 물러날 생각을 하고 장수타가 여러 장수에게 물었다.

"적은 우리 군사가 퇴각하는 모습을 보면 반드시 경솔하게 추격할 것이오. 그 무리가 일단 나오면 영내는 비게 될 터인즉 대략 1천 명 정도가 진영을 급습하면 큰 이로움이 있을 것이오. 이는 진실로 위험한 일인데, 누가 갈 수 있겠소?"

사람들이 모두 대답을 하지 못하고 있는데 오직 진숙보와 나사신羅士信만이 가겠다고 자청했다. 이에 장수타는 성채를 맡기고 달아나면서 두 사람에게 1천 명의 군사를 나누어 이끌어서 갈대 숲 사이에 매복하게 하였다. 얼마 안 있어 노명월이 과연 모든 군사를 이끌고 추격해 오는지라, 진숙보와 나사신이 말을 달려 성채에 이르렀는데 문이 굳게 닫혀 있는 성채에 들어갈 수가 없어서 두 사람이 누각으로 뛰어 올라가 적의 기치를 뽑고 각기 수명씩을 죽이니 적의 군영이 크게 어지러워졌다. 진숙보와 나사신은 다시 수문 병사를 베고 바깥에 있던 자기 군사를 받아들였다. 군사들은 불을 질러 30여 성채를 태웠는데, 연기와 불꽃이 하늘을 가릴 정도였다. 노명월은 달아났으며, 장수타는 다시 군사를 돌려 분발해서 적의 무리를 공격하여 대파하였다. 노명월은 수백 기만을 데리고 달아나 버렸으며, 나머지는 모두 사로잡혔다. 이로 말미암아 진숙보의 용맹과 기개가 원근 지역에 널리 알려졌다.

다시 해곡海曲에서 손선아孫宣雅를 공격하였는데, 진숙보가 먼저 성벽에 올라가 그들을 격파하였다. 진숙보는 여러 차례 공을 세워 건절위建節尉에 제수되었다. 장수타를 따라 형양滎陽에서 이밀을 공격하였다가 패하는 바람에 장수타는 죽고, 진숙보는 나머지 무리를 이끌고 배인기裴仁基에게 붙었다. 그 때 배인기는 이밀에게 무뢰성武牢城을 바쳐 항복하였는데, 이밀은 진숙보를 얻고 크게 기뻐하여 그를 장내표기帳內驃騎로 삼고 매우 후하게 대우하였다.

이밀은 여양의 동산童山에서 우문화급宇文化及과 큰 싸움을 벌였다. 혼전 중에 이밀은 날아오는 화살을 맞고서 말에서 떨어져 기절하였다. 좌우 사람들은 흩어져 달아나고 추격병이 곧 닥쳤는데, 진숙보가 혼자서 보호해서 이밀은 마침내 화를 면하였다. 진숙보는 다시 군사를 수습해서 우문화급과 사력을 다해 싸워서 물리쳤다.

이밀이 패한 후에는 다시 왕세충에게 받아들여져 용양龍驤대장군으로 임명되었다. 얼마 후 진숙보는 왕세충이 속임수가 많은 사람임을 간파하고는 벼슬을 내놓았다. 구곡九曲에 이르러서 정지절, 오흑달吳黑闥, 우진달牛達闥 등 수십 기와 함께 서쪽으로 달려와서 말에서 내려서 왕세충에게 절을 하고 말했다.

"비록 특별한 예우를 받았으나 우러러 섬길 수가 없어서 사직하기를 청합니다."

왕세충은 감히 그들을 위협하지 못하였다. 이에 진숙보는 당으로 와서 항복하였다.

이연은 그에게 진왕부秦王府를 섬기라고 명했고, 이세민은 평소에 그의 용맹을 들어오던 터라 후하게 예우를 하였다. 진숙보는 장춘궁長春宮을 진압하는데 참가하여 마군총관馬軍總管에 임명되었다. 또 미량천美良川을 토벌하는데 참가하였으며 울지경덕을 쳐부수는데 있어서 가장 큰 공을 세웠다. 고조는 사람을 보내 그에게 황금병을 하사하고 위로하였다.

"경은 처자식을 돌보지 않고 멀리 와서 내게 투항하였으며, 또 공을 세워 주었소. 짐의 살은 경을 위해서 쓸 수가 있어 마땅히 베어서 경에게 내려야 할 터인데 하물며 옥이나 비단쯤이야? 경은 마땅히 노력해 주시오."

얼마 후에 진숙보는 진왕의 우삼통군右三統軍으로 임명되었다. 다시 진숙보는 개휴介休에서 송금강을 격파하였다. 여러 차례 세운 공으로 황금 1백 근 섞인 비단 6천 단을 하사 받고 상주국上柱國에 제수되었다. 왕세충 토벌에 참가해서는 매번 선봉에 섰다. 이세민은 무뢰에서 두건덕을 막으려고 하였는데, 진숙보는 정예기병 수십 명을 이끌고 그 진영을 먼저 함락시켰다. 왕세충을 평정하고 익국공翼國公으로 봉해졌으며,

황금 1백 근, 비단 7천 단을 하사 받았다. 유흑달을 평정하고 나서는 비단 1천 단을 하사 받았다.

6월 4일, 진숙보는 이건성, 이원길을 주살하는데 참여하였다. 일이 마무리된 후 좌무위左武衛대장군으로 임명되고 실봉 7백 호를 식읍으로 하사받았다. 그 후로 진숙보는 병이 깊을 때마다 사람들에게 이렇게 말하였다.

"나는 어려서부터 융마戎馬 위에서 자랐으며 2백여 차례의 싸움을 거치면서 여러 번 중상을 입었다. 내가 그 동안 흘린 피를 계산해 보면 여러 말은 될 것이야. 그러니 어찌 병이 나지 않을 수 있겠는가?"

638년(정관 12년)에 세상을 떠났는데, 서주徐州 도독으로 추증되고, 소릉에 안장되었다. 태종은 특별히 영을 내려 그의 무덤 안에 석인石人과 석마石馬를 세우게 하고, 또 정기旌旗를 세워 그의 전공을 기리게 하였다. 639년(정관 13년), 호국공胡國公으로 개봉되었다. 643년(정관 17년), 장손무기 등과 함께 능연각에 그의 초상화가 그려졌다.

진숙보는 이십사절후 중에서 대설大雪을 관장한다.

【출전】『구당서』 권68(「열전」 제18), 『신당서』 권89(「열전」 제14)

진숙보(명대 능연각 모사본)

第三部

附錄

부록 1 이십사장의 순서와 명칭

순서	이름	성	명	자	봉호	시호	이명
1	장손무기 長孫無忌	장손	무기	보기 輔機	조국공 趙國公		
2	이효공 李孝恭	이	효공		하간왕 河間王		
3	두여회 杜如晦	두	여회	극명 克明	채국공 蔡國公	성成	방현령과 함께 '방두房杜'
4	위징 魏徵	위	징	현성 玄成	정국공 鄭國公	문정 文貞	
5	방현령 房玄齡	방	현령	교喬	양국공 梁國公	문소 文昭	『구당서』에는 이름이 교이고, 자가 현령.
6	고사렴 高士廉	고	검儉	사렴	허국공 許國公	문헌 文獻	
7	울지경덕 尉遲敬德	울지	공恭	경덕	악국공 鄂國公	충무 忠武	
8	이정 李靖	이	정	약사 藥師	위국공 衛國公	경무 景武	
9	소우 蕭瑀	소	우	시문 時文	송국공 宋國公	숙肅/ 정편貞褊	
10	단지현 段志玄	단	지현		포국공 褒國公	장숙 壯肅	
11	유홍기 劉弘基	유	홍기		기국공 夔國公	양襄	
12	굴돌통 屈突通	굴돌	통		장국공 蔣國公	충忠	

절기	생졸년	출신지	구분	구당서	신당서
동지	?~659	낙양洛陽 /지금의 하남성 낙양시	명신	권65 열전권15	권105 열전권30
소한	591~640		종실	권60 열전권10	권78 열전권3
대한	585~630	경조京兆 두릉杜陵 /지금의 섬서성 서안시西安市	명장	권66 열전권16	권96 열전권21
입춘	580~643	위주魏州 곡성曲城 /지금의 하북성에 속함	명신	권71 열전권21	권97 열전권22
우수	579~648	제주齊州 임치臨淄 /지금의 산동성 치박시淄博市	명신	권66 열전권16	권96 열전권21
경칩	575~647	발해渤海 수蓨 /지금의 하북성 경현景縣	명신	권65 열전권15	권95 열전권20
춘분	584~658	삭주朔州 선양善陽 /지금의 산서성 삭현朔縣	명장	권68 열전권18	권89 열전권14
청명	571~649	경조京兆 삼원三原 /지금의 섬서성 삼원	명장	권67 열전권17	권93 열전권18
곡우	574~647	남난릉南蘭陵 /지금의 강소성 상주시常州市	명신	권63 열전권13	권101 열전권26
입하	?~642	제주齊州 임치臨淄 /지금의 산동성 치박시淄博市	명장	권68 열전권18	권89 열전권14
소만	?~650	옹주雍州 지양池陽 /지금의 섬서성 경양涇陽	명장	권58 열전권8	권90 열전권15
망종	557~628	옹주雍州 장안長安 /지금의 섬서성 서안시	명장	권59 열전권9	권89 열전권14

순서	이름	성	명	자	봉호	시호	이명
13	은개산 殷開山	은	교嶠	개산	운국공 鄖國公	절節	
14	시소 柴紹	시	소	사창 嗣昌	초국공 譙國公	양襄	
15	장손순덕 長孫順德	장손	순덕		설국공 薛國公	양襄	양목 良牧
16	장량 張亮	장	량		운국공 鄖國公		
17	후군집 侯君集	후	군집		노국공 潞國公		
18	장공근 張公謹	장	공근	홍신 弘愼	추국공 鄒國公	양襄	
19	정지절 程知節	정	지절		노국공 盧國公		본명은 요금巐金
20	우세남 虞世南	우	세남	백시 伯施	영흥현공 永興縣公	문의文懿	
21	유정회 劉政會	유	정회		형국공 邢國公	양襄	
22	당검 唐儉	당	검	무약 茂約	거국공 莒國公	양襄	
23	이적 李勣	이	적	무공 懋功	영국공 英國公	정무貞武	본성은서徐, 이름은 세적世勣
24	진숙보 秦叔寶	진	경瓊	숙보	익국공 翼國公		

절기	생졸년	출신지	구분	구당서	신당서
하지	?~622	옹주雍州 호현鄠縣 /지금의 섬서성 호현戶縣	명장	권58 열전권8	권90 열전권15
소서	?~638	진주晉州 임분臨汾 /지금의 산서성 임분현	명장	권58 열전권8	권90 열전권15
대서	?~?	옹주雍州 장안長安 /지금의 섬서성 서안시	명신	권58 열전권8	권105 열전권30
입추	?~646	정주鄭州 형양滎陽 /지금의 하남성 형양시	명신	권69 열전권19	권94 열전권19
처서	?~?	빈주豳州 삼수三水 /지금의 섬서성 순읍旬邑	명장	권69 열전권19	권94 열전권19
백로	?~?	위주魏州 번수繁水 /지금의 하북성 남락현南樂縣	명장	권68 열전권18	권89 열전권14
추분	?~665	제주濟州 동아東阿 /지금의 산동성 동아현東阿縣	명장	권68 열전권18	권90 열전권15
한로	558~638	월주越州 여요餘姚 /지금의 절강성 여요시	명신	권72 열전권22	권102 열전권27
상강	?~635	활주滑州 조성胙城 /지금의 하남성 활현滑縣	명신	권58 열전권8	권90 열전권15
입동	?~656	병주幷州 진양晉陽 진원진晉源鎭 /지금의 산서성 태원시太原市에 속함	명신	권58 열전권8	권89 열전권14
소설	594~669	조주曹州 이호離狐 /지금의 산동성 동명현東明縣	명장	권67 열전권17	권93 열전권18
대설	?~638	제주齊州 역성歷城 /지금의 산동성 제남시濟南市	명장	권68 열전권18	권89 열전권14

부록 2 이십사장의 주요 연표

년도	주요 내용	비고
557년	굴돌통 출생.	신라, 국원소경 및 감문주, 북한산주 설치.
558년	우세남 출생.	
566년	장안에서 이연 출생.	
571년	이정 출생.	
574년	소우 출생.	
575년	고사렴 출생.	
579년	방현령 출생.	신라, 진평왕 즉위.
580년	위징 출생.	
584년	울지경덕 출생.	신라, 황룡사 금당 완성.
585년	두여회 출생.	
591년	이효공 출생.	
594년	이적 출생.	
618년(무덕 1년) 5월	이연 황제(고조) 등극. 국호는 당, 수도는 장안.	고구려, 영류왕 즉위.
622년(무덕 5년)	은개산 사망.	
624년(무덕 7년)	신율령 반포, 균전법, 조용조법 제정.	

년도	주요 내용	비고
626년(무덕 9년) 6월 8월	현무문의 변 발생. 이세민 황제 등극(태종).	
627년(정관 원년)	전국을 10개 도道로 나누고 관제를 정비. 현장玄奘법사 인도로 출발.	
628년(정관 2년)	당이 양사도를 멸망시키고 천하 통일 완수. 굴돌통 사망.	
630년(정관 4년)	두여회 사망.	
635년(정관 9년) 5월	이연 사망.(향년 70세) 유정회 사망.	
638년(정관 12년)	시소 사망. 우세남 사망. 진숙보 사망.	
640년(정관 14년)	이효공 사망.	
642년(정관 16년)	단지현 사망.	백제, 신라 대야성 점령. 고구려, 연개소문 영류왕 시해하고 보장왕 옹립.
643년(정관 17년)	이세민이 24명의 공신 화상을 능연각에 안치. 위징 사망. 태자 이승건을 폐하고 진왕 이치를 태자로 삼음.	백제, 고구려와 함께 신라 당항성 점령.

년도	주요 내용	비고
644년(정관 18년)	제1차 고구려 원정. 현장법사 귀국.	
645년(정관 19년)	제2차 고구려 원정.	신라, 황룡사 9층탑 건립. 당과 함께 고구려 공격.
646년(정관 20년)	장량 사망.	고구려, 천리장성 완성.
647년(정관 21년)	고사렴 사망. 소우 사망.	고구려, 당의 이적 침략 격퇴. 신라, 진덕여왕 즉위.
648년(정관 22년)	방현령 사망. 자은사慈恩寺 건립.	신라, 백제 공격 21개 성 점령.
649년(정관 23년)	태종 사망. 고종 이치 등극. 장손무기, 저수량이 보정輔政. 이정 사망.	신라, 당의 복식 채용.
650년	유홍기 사망.	신라, 당의 연호 사용.
656년	당검 사망.	백제, 성충 의자왕에게 간언하다 옥사.
658년	울지경덕 사망.	
659년	장손무기 사망.	
665년	정지절 사망.	660년, 백제 멸망.
669년	이적 사망.	668년, 고구려 멸망. 당, 고구려 유민을 지방 각지로 옮김.

부록 3 정관시기의 10도와 개원시기의 15도 비교

정관 원년인 627년에, 당 태종은 주州와 군郡의 수를 줄이기 위해 주로 산천의 형세에 따라 전국을 10도道로 나누었다. 10도는 관내도關內道, 하남도河南道, 하동도河東道, 하북도河北道, 산남도山南道, 농우도隴右道, 회남도淮南道, 강남도江南道, 검남도劍南道, 영남도嶺南道 등이다. 그러다가 106년 뒤인 733년 즉 당 현종 개원開元 21년에 10도에서 15도로 바뀌었다. 산남도를 산남동도와 산남서도로 분리하고, 관내도의 장안 부근에 경기도京畿道를, 하남도의 낙양 부근에 도기도都畿道를 각각 증설했으며, 강남도를 강남동도와 강남서도 및 검중도黔中道로 분리했다. 현종 이후로 각 도의 범위가 점차 제도화되었다.

정관시기의 10도			개원시기의 15도		
	명칭	현재의 지역	명칭	현재의 지역	
1	관내도 關內道	섬서성과 감숙성 일대, 서장자치구 및 하북성 서북	관내도 關內道	섬서성 북부 및 섬서성 서북부	1
			경기도 京畿道	섬서성 중부 및 감숙성 동부	2
2	농우도 隴右道	감숙성 및 신강성	농우도 隴右道	감숙성 및 신강성	3
3	하동도 河東道	산서성	하동도 河東道	산서성	4
4	하북도 河北道	하북성 및 요령성	하북도 河北道	하북성 및 요령성	5

정관시기의 10도			개원시기의 15도		
	명칭	현재의 지역	명칭	현재의 지역	
5	하남도 河南道	산동성, 하남성 및 안휘성 북부	하남도 河南道	하남성 동부	6
			도기도 都畿道	하남성 서부	7
6	산남도 山南道	산서성 남부 및 사천성, 호북성	산남동도 山南東道	하남성, 호북성	8
			산남서도 山南西道	하남성, 사천성	9
7	검남도 劍南道	사천성 및 감숙성, 운남성	검남도 劍南道	사천성 및 감숙성, 운남성	10
8	회남도 淮南道	안휘성 중부 및 강북	회남도 淮南道	안휘성 중부 및 강북	11
9	강남도 江南道	강남 및 영북	강남동도 江南東道	강소성, 안휘성, 절강성, 복건성	12
			강남서도 江南西道	강서성, 호북성, 호남성의 동부	13
			검중도 黔道中	호남성의 서부, 귀주성	14
10	영남도 嶺南道	광동성과 광서성 일대	영남도 嶺南道	광동성과 광서성 일대	15

부록 4 당 왕조의 작위표

『신당서』「백관지百官志」에 의거해 작위표를 만들면 다음과 같다.

등급	작호爵號	품급	식읍食邑
1	왕王	정일품	1만호
2	사왕嗣王, 군왕郡王	종일품	5천호
3	국공國公	종일품	3천호
4	개국군공開國郡公	정이품	2천호
5	개국현공開國縣公	정이품	1천5백호
6	개국현후開國縣侯	종삼품	1천호
7	개국현백開國縣伯	정사품상	7백호
8	개국현자開國縣子	정오품상	5백호
9	개국현남開國縣男	종오품상	3백호

부록 5 당 왕조의 훈급표

전轉	훈호勳號	품급
십이전	상주국上柱國	비比정이품
십일전	주국柱國	비比종이품
십전	상호군上護軍	비比정삼품
구전	호군護軍	비比종삼품
팔전	상경거도위上輕車都尉	비比정사품
칠전	경거도위輕車都尉	비比종사품
육전	상기도위上騎都尉	비比정오품
오전	기도위騎都尉	비比종오품
사전	효기위驍騎尉	비比정육품
삼전	비기위飛騎尉	비比종육품
이전	운기위雲騎尉	비比정칠품
일전	무기위武騎尉	비比종칠품

부록 6 당 왕조의 문관표

당 왕조의 문관과 무관을 『구당서』「직관지職官志」와 『신당서』「백관지百官志」에 의거하여 표로 만들면 다음과 같다.

순서	문관	
	품급	관계
1	종일품從一品	개부의동삼사開府儀同三司
2	정이품正二品	특진特進
3	종이품	광록대부光祿大夫
4	정삼품	금자광록대부金紫光祿大夫
5	종삼품	은청광록대부銀青光祿大夫
6	정사품상	정의대부正議大夫
7	정사품하	통의대부通議大夫
8	종사품상	태중대부太中大夫
9	종사품하	중대부中大夫
10	정오품상	중산대부中散大夫
11	정오품하	조의대부朝議大夫
12	종오품상	조청대부朝請大夫
13	종오품하	조산대부朝散大夫
14	정육품상	조의랑朝議郎
15	정육품하	승의랑承議郎

순서	문관	
	품급	관계
16	종육품상	봉의랑奉議郎
17	종육품하	통직랑通直郎
18	정칠품상	조청랑朝請郎
19	정칠품하	선덕랑宣德郎
20	종칠품상	조산랑朝散郎
21	종칠품하	선의랑宣議郎
22	정팔품상	급사랑給事郎
23	정팔품하	징사랑徵事郎
24	종팔품상	승봉랑承奉郎
25	종팔품하	승무랑承務郎
26	정구품상	유림랑儒林郎
27	정구품하	등사랑登仕郎
28	종구품상	문림랑文林郎
29	종구품하	장사랑將仕郎

문관 9품은 정正도 있고 종從도 있으며, 정사품부터 다시 상上과 하下의 단계가 있어서 설치하지 않은 정일품을 제외하면 모두 29단계이다.

부록 7 당 왕조의 무관표

순서	무관	
	품급	관계
1	종일품從一品	표기대장군驃騎大將軍
2	정이품正二品	보국대장군輔國大將軍
3	종이품	진군대장군鎭軍大將軍
4	정삼품	관군대장군冠軍大將軍
5	종삼품	회화대장군懷化大將軍
6	정사품상	회화장군懷化將軍
7	정사품하	운휘장군雲麾將軍
8	종사품상	귀덕대장군歸德大將軍
9	종사품하	귀덕장군歸德將軍
10	정오품상	충무장군忠武將軍
11	정오품하	장무장군壯武將軍
12	종오품상	회화중랑장懷化中郎將
13	종오품하	선위장군宣威將軍
14	정육품상	명위장군明威將軍
15	정육품하	귀덕중랑장歸德中郎將
16	종육품상	정원장군定遠將軍
17	종육품하	영원장군寧遠將軍
18	정칠품상	회화낭장懷化郎將
19	정칠품하	유기장군遊騎將軍
20	종칠품상	유격장군遊擊將軍
21	종칠품하	귀덕낭장歸德郎將
22	정팔품상	소무교위昭武校尉

순서	무관	
	품 급	관 계
23	정팔품하	소무부위昭武副尉
24	종팔품상	회화사계懷化司階
25	종육품상	진위교위振威校尉
26	종육품하	진위부위振威副尉
27	종육품하	귀덕사계歸德司階
28	정칠품상	치과교위致果校尉
29	정칠품하	치과부위致果副尉
30	정칠품하	회화중후懷化中侯
31	종칠품상	익휘교위翊麾校尉
32	종칠품하	익휘부위翊麾副尉
33	종칠품하	귀덕중후歸德中侯
34	정팔품상	선절교위宣節校尉
35	정팔품하	선절부위宣節副尉
36	정팔품하	회화사과懷化司戈
37	종팔품상	어모교위禦侮校尉
38	종팔품하	어모부위禦侮副尉
39	종팔품하	귀덕사과歸德司戈
40	정구품상	인용교위仁勇校尉
41	정구품하	인용부위仁勇副尉
42	정구품하	회화집극장상懷化執戟長上
43	종구품상	배융교위陪戎校尉
44	종구품하	배융부위陪戎副尉
45	종구품하	귀덕집극장상歸德執戟長上

부록 8 당대의 중앙관제

당 왕조는 황제 아래 상서성, 문하성, 중서성의 3성을 두었고, 상서성 아래 이부, 호부, 예부, 병부, 형부, 공부의 6부를 두었다.

부문	관명	품급	비고
삼사 三師	태사太師, 태부太傅, 태보太保	정일품	지위는 매우 높으나 이름뿐인 직함이며, 일반적으로 실제 업무가 없고 상설직도 아니다
삼공 三公	태위太尉, 사도司徒, 사공司空	정일품	
상서성 尙書省	상서령尙書令(1명)	정이품	당대는 설치 안됨. 복야가 상서성의 일을 함
	상서좌복야尙書左僕射(1명)	종이품	이부, 호부, 예부를 관장함
	상서우복야尙書右僕射(1명)	종이품	병부, 형부, 공부를 관장함
	6부의 상서(각1명)	정삼품	
	6부의 시랑侍郞(각2명)	정사품상	
	상서좌승尙書左丞(1명)	정사품상	이부, 호부, 예부의 12사司를 관장함
	상서우승尙書右丞(1명)	정사품하	병부, 형부, 공부의 12사司를 관장함
	좌사낭중左司郞中(1명)우사낭중右司郞中(1명)	종오품상	좌승과 우승의 다음 지위
	6부 각사各司의 낭중	종오품상	

부문	관명	품급	비고
문하성門下省	6부 각사의 원외랑員外郎	종육품상	
	6부 각사의 주사主事	종구품상	
	시중侍中(2명)	정삼품 후 정이품	
	문하시랑門下侍郎(2명)	정사품상 후 정이품	
	급사중給事中(4명)	정오품상	
	좌산기상시左散騎常侍(2명)	종삼품	
	간의대부諫議大夫(4명)	정사품하	
	기거랑起居郎(2명)	종육품상	
	좌보궐左補闕(2명)	종칠품상	
	좌습유左拾遺(2명)	종팔품상	
	전의典儀(2명)	종구품	
	성문랑城門郎(4명)	종육품상	
	부보랑符寶郎	종육품상	
	홍문관학사弘文館學士	오품	
	홍문관직학사弘文館直學士	육품	
	교서랑校書郎(2명)	종구품상	

부문	관명	품급	비고
중서성 中書省	중서령中書令(2명)	정삼품 후 정이품	
	중서시랑中書侍郎(2명)	정사품상 후 정삼품	
	중서사인中書舍人(6명)	정오품상	
	우산기상시右散騎常侍(2명)	종삼품	
	통사사인通事舍人(16명)	종육품상	
	우보궐右補闕(2명)	종칠품상	
	우습유右拾遺(2명)	종팔품상	
집현전 서원 集賢殿書院	집현학사集賢學士	오품	집현전서원은 중서성에 예속되어 있음. 학사 중에서 지원사知院事, 부副지원사, 판원判院 각1명을 임명하고, 때때로 재상 혹은 상시常侍가 겸직
	집현직학사集賢直學士	육품	
	시강학사侍講學士		
	수찬관修撰官		
	교리관校理官		
	대제관待制官		
	검토관檢討官		
한림원 翰林院	학사學士(6명)		
	대조待詔		
비서성 祕書省	비서감祕書監(1명)	종삼품상	비서성을 '난대蘭臺', '인대麟臺'라고도 함.
	비서랑祕書郎(4명)	종육품상	
	교서랑校書郎(8명)	정구품상	
어사대 御史臺	어사대부御史大夫(1명)	종삼품 후 정삼품	당의 어사대는 대원臺院, 전원殿院, 찰원察院의 3부로 나눈다.
	어사중승御史中丞(2명)	정사품하	
	시어사侍御史(4명)	종육품하	

부문	관명	품급	비고
	전중시어사殿中侍御史(6명)	종칠품하	
	감찰어사監察御史(15명)	정팔품하	
국자감 國子監	국자좨주國子祭酒(1명)	종삼품	당대의 국자감은 6학을 관장한다. 1. 국자학國子學(교육대상은 3품 이상 관리의 자손). 2. 태학太學(교육대상은 5품 이상 관리의 자손). 3. 사문학四門學(교육대상은 7품 이상 관리의 자손). 4. 율학律學(교육대상은 8품 이하 및 서인庶人의 자손). 5. 서학書學(교육대상은 8품 이하 및 서인庶人의 자손). 6. 산학算學(교육대상은 8품 이하 및 서인庶人의 자손). 국자감은 '대사성大司成', '성균成均'이라고도 부른다.
	국자사업國子司業(2명)	종사품하	
	국자승國子丞(1명)	종육품하	
	주부主簿(1명)	종칠품하	
	국자박사國子博士(2명)	정오품상	
	문학박사文學博士(3명)	정육품상	
	국자조교國子助教(2명)	종육품상	
	사문박사四門博士(3명)	정칠품상	
	율학박사律學博士(1명)	종팔품하	
	서학박사書學博士(1명)	종구품하	
	산학박사算學博士(2명)	종구품하	
	오경박사五經博士(각1명)	오품	
	광문관박사廣文館博士(2명)	정육품상	
전중성 殿中省	전중감殿中監(1명)	종삼품	황제의 의복과 수레에 관한 일을 관장함. 아래에 상식尙食, 상약尙藥, 상의尙衣, 상사尙舍, 상승尙乘, 상련尙輦 등 6국局이 있음.
	소감少監(2명)	종사품상	
내시성 內侍省	승丞(2명)	종오품상	
	내시內侍(4명)	종사품상	궁궐 안에서 시봉하는 일을 관장함 아래에 5국局이 있음
	내상시內常侍(6명)	종오품하	

부록 9 당대의 지방관제

부문	관명	품급	비고
도道	관찰사觀察使(주 1명)		때로 순찰사, 안찰사, 안찰채방처치사, 채방처치사를 설치하기도 함
	절도사節度使		당 초기 변방지역에 여덟 절도사를 설치하였고, 중엽 이후에 중원 각지에 절도사를 설치함
주州	자사刺史(주마다 1명씩)	상주 종삼품 중주 정사품상 하주 종사품하	4만호 이상은 상주上州, 2만호 이상은 중주中州, 2만호 미만은 하주下州 육조六曹는 사공司功, 사창司倉, 사호司戶, 사병司兵, 사법司法, 사사司士이다. 하주의 삼조三曹는 사창, 사호, 사법이다.
	별가別駕(주마다 1명씩)	상주 종사품하 중주 정오품하 하주 종오품상	
	장사長史(주마다 1명씩) 사마司馬(주마다 1명씩)	상주 종오품상 중주 정육품상 하주 없음 상주 종오품하 중주 정육품상 하주 종육품하	
	녹사참군사綠事參軍事(주마다 1명씩)	상주 종칠품상 중주 정팔품상 하주 종팔품상	
	녹사綠事(주마다 1-2명씩)	상주 종구품상 중주 종구품상 하주 종구품하	

부문	관명	품급	비고
	육조참군사六曹參軍事 (각 1명)	상주 종칠품상 중주 정팔품하 하주 종팔품하	
	참군사參軍事 (상주 1명, 중주 3명, 하주2명)	상주 종팔품하 중주 정구품하 하주 종구품하	
부府	경조, 하남, 태원 (각 목牧 1명씩)		당나라는 경조京兆, 하남河南, 태원太原을 삼경三京으로 삼고 부府를 설치하였으며 부마다 목牧 1명을 두고, 친왕이 뒤에서 통솔하였다. 또 윤尹 1명을 두었다. 나중에는 봉상鳳翔, 성도成都, 하중河中, 강릉江陵, 흥원興元, 흥덕興德에 모두 부를 두고, 부마다 각각 윤 1명씩을 두었다.
	경조, 하남, 태원 (각 윤尹 1명씩)		
	경조, 하남, 태원 (각 소윤少尹 2명씩)		
	각부의 사록참군司祿參軍 (각 2명씩)		
	각부의 육조참군사六曹參軍事(각 2명씩)		
	각부의 참군사參軍事 (각 6명씩)		
	도독都督	대부 종이품 중부 정삼품상 하부 종삼품	당대에는 중요한 지역에 대도독부大都督府나 중도독부中都督府, 하도독부下都督府를 설치하였다.
	별가別駕	사품	
	장사長史	대부 종삼품 중부 정오품상 하부 종오품상	
	사마司馬	대부 종사품하 중부 정오품하 하부 종오품상	

<table>
<tr><th>부문</th><th>관명</th><th>품급</th><th>비고</th></tr>
<tr><td rowspan="5">현縣</td><td>현령縣令</td><td>경현령 정오품상
상현령 종육품상
하현령 종칠품하</td><td rowspan="5">〈당대의 현 등급〉
-경현京縣: 경성 안에 있는 3도의 현으로 장안, 만년, 하남, 낙양, 태원, 진양.
-기현畿縣: 경성 밖에 있는 삼도의 현으로 경조, 하남, 태원이 관할하는 현.
-망현望縣: 번화하면서 중요한 곳.
-긴현緊縣: 중요한 곳.
-상현上縣: 6천호 이상인 곳.
-중현中縣: 2천호 이상인 곳.
-중하현中下縣: 1천호 이상인 곳.
-하현下縣: 1천호 미만인 곳.</td></tr>
<tr><td>현승縣丞</td><td>경현 종칠품
하현 정구품하</td></tr>
<tr><td>주부主簿</td><td>경현 종팔품상
하현 종구품상</td></tr>
<tr><td>위尉</td><td>경현 종팔품하
하현 종구품하</td></tr>
<tr><td>녹사綠事</td><td>경현 종구품하
다른 현은 품급을 열거하지 않음</td></tr>
</table>

부록 10 이십사장의 『구당서』, 『신당서』 원문*

1. 장손무기長孫無忌

【출전】『구당서』 권65(「열전」 제15)

長孫無忌, 字輔機, 河南洛陽人。其先出自後魏獻文帝第三兄。初爲拓拔氏, 宣力魏室, 功最居多, 世襲大人之號, 後更跋氏, 爲宗室之長, 改姓長孫氏。七世祖道生, 後魏司空、上黨靖王。六世祖旃, 後魏特進、上黨齊王。五世祖觀, 後魏司徒、上黨定王。高祖稚, 西魏太保、馮翊文宣王。曾祖子裕, 西魏衛尉卿、平原郡公。祖光, 周開府儀同三司, 襲平原公。父晟, 隋右驍衛將軍。

無忌貴戚好學, 該博文史, 性通悟, 有籌略。文德皇后即其妹也。少與太宗友善, 義軍渡河, 無忌至長春宮謁見, 授渭北道行軍典簽。常從太宗征討, 累除比部郎中, 封上黨縣公。武德九年, 隱太子建成、齊王元吉謀, 將害太宗, 無忌請太宗先發誅之。於是奉旨密召房玄齡、杜如晦等共爲籌略。六月四日, 無忌與尉遲敬德、侯君集、張公謹、劉師立、公孫武達、獨孤彥雲、杜君綽、鄭仁泰、李孟嘗等九人, 入玄武門討建成、元吉, 平之。太宗升春宮, 授太子左庶子。及即位, 遷左武候大將軍。

貞觀元年, 轉吏部尚書, 以功第一, 進封齊國公, 實封千三百戶。太宗以無忌佐命元勳, 地兼外戚, 禮遇尤重, 常令出入臥內。其年, 拜尚書右僕射。時突厥頡利可汗新與中國和盟, 政教紊亂, 言事者多陳攻取之策。太宗召蕭瑀及無忌問曰: "北番君臣昏亂, 殺戮無辜。國家不違舊好, 便失攻昧之機; 今

* 北京 中華書局點校本에 의함.

欲取亂侮亡, 復爽同盟之義。二途不決, 孰爲勝耶?" 蕭瑀曰: "兼弱攻昧, 擊之爲善。" 無忌曰: "今國家務在戢兵, 待其寇邊, 方可討擊。彼既已弱, 必不能來。若深入虜廷, 臣未見其可。且按甲存信, 臣以爲宜。" 太宗從無忌之議。突厥尋政衰而滅。

或有密表稱無忌權寵過盛, 太宗以表示無忌曰: "朕與卿君臣之間, 凡事無疑。若各懷所聞而不言, 則君臣之意無以獲通。" 因召百僚謂之曰: "朕今有子皆幼, 無忌於朕, 實有大功, 今者委之, 猶如子也。疏間親, 新間舊, 謂之不順, 朕所不取也。" 無忌深以盈滿爲誡, 懇辭機密, 文德皇后又爲之陳請, 太宗不獲已, 乃拜開府儀同三司, 解尚書右僕射。是歲, 太宗親祠南郊, 及將還, 命無忌與司空裴寂同升金輅。五年, 與房玄齡、杜如晦、尉遲敬德四人, 以元勳各封一子爲郡公。

七年十月, 冊拜司空, 無忌固辭, 不許。又因高士廉奏曰: "臣幸居外戚, 恐招聖主私親之誚, 敢以死請。" 太宗曰: "朕之授官, 必擇才行。若才行不至, 縱朕至親, 亦不虛授, 襄邑王神符是也; 若才有所適, 雖怨仇而不棄, 魏徵等是也。朕若以無忌居後兄之愛, 當多遺子女金帛, 何須委以重官, 蓋是取其才行耳。無忌聰明鑒悟, 雅有武略, 公等所知, 朕故委之臺鼎。" 無忌又上表切讓, 詔報之曰: "昔黃帝得力牧而爲五帝先, 夏禹得咎繇而爲三王祖, 齊桓得管仲而爲五伯長。朕自居籓邸, 公爲腹心, 遂得廓清宇內, 君臨天下。以公功績才望, 允稱具瞻, 故授此官, 無宜多讓也。"

太宗追思王業艱難, 佐命之力, 又作「威鳳賦」以賜無忌。其辭曰:

有一威鳳, 憩翮朝陽。晨游紫霧, 夕飲玄霜。資長風以舉翰, 戾天衢而遠翔。西翥則煙氛閉色, 東飛則日月騰光。化垂鵬於北裔, 馴群鳥於南荒。殄亂世而方降, 應明時而自彰。俯翼雲路, 歸功本樹。仰喬枝而見猜, 俯修條而抱蠹。同林之侶俱嫉, 共干之儔並忤。無恆山之義情, 有炎洲之兇度。若巢葦而居安, 獨懷危而履懼。鴟鴞嘯乎側葉, 燕雀喧乎下枝。慚己陋之至鄙, 害他賢之獨奇。或聚咮而交擊, 乍分羅而見羈。戢淩雲之逸羽, 韜偉世之清儀。遂乃蓄情宵影, 結志晨暉, 霜殘綺翼, 露點紅衣。嗟憂患之易結, 歎矰繳之難違。期畢命於一死, 本無情於再飛。幸賴君子, 以依以恃, 引此風雲, 濯斯塵滓。披蒙翳於葉下, 發光華於枝裡。仙翰屈而還舒, 靈音摧而復起。眄八極以遐翥, 臨九天而高峙。庶廣德於眾禽, 非崇利於一己。是以徘徊感德, 顧慕懷賢。憑明哲而禍散, 托英才而福全。答惠之情彌結, 報功之志方宣。非知難而行易, 思令後而終前。俾賢德之流慶, 畢萬葉而芳傳。

十一年, 令與諸功臣世襲刺史。詔曰:

周武定業, 胙茅土於子弟; 漢高受命, 誓帶礪於功臣。豈止重親賢之地, 崇其典禮, 抑亦固磐石之基, 寄以藩翰。魏、晉已降, 事不師古, 建侯之制, 有乖名實。非所謂作屏王室, 永固無窮者也。隋氏之季, 四海沸騰, 朕運屬殷憂, 戡翦多難。上憑明靈之祐, 下賴英賢之輔, 廓清宇縣, 嗣膺寶歷, 豈予一人, 獨能致此! 時逝共資其力, 世安專享其利, 乃睠於斯, 甚所不取。但今刺史, 即古之諸侯, 雖立名不同, 監統一也。故申命有司, 斟酌前代, 宣條委共理之寄, 像賢存世及之典。司空、齊國公無忌等, 並策名運始, 功參締構, 義貫休戚, 效彰夷險, 嘉庸懿績, 簡於朕心, 宜委以藩鎮, 改錫土宇。無忌可趙州刺史, 改封趙國公; 尚書左僕射、魏國公玄齡可宋州刺史, 改封梁國公; 故司空、蔡國公杜如晦可贈密州刺史, 改封萊國公; 特進、代國公靖可濮州刺史, 改封衛國公; 特進、吏部尚書、許國公士廉可申州刺史, 改封申國公; 兵部尚書、潞國公侯君集可陳州刺史, 改封陳國公; 刑部尚書、任城郡王道宗可鄂州刺史, 改封江夏郡王; 晉州刺史、趙郡王孝恭可觀州刺史, 改封河間郡王; 同州刺史、吳國公尉遲敬德可宣州刺史, 改封鄂國公; 并州都督府長史、曹國公李勣可蘄州刺史, 改封英國公; 左驍衛大將軍、楚國公段志玄可金州刺史,改封褒國公; 左領軍大將軍、宿國公程知節可普州刺史, 改封盧國公; 太僕卿、任國公劉弘基可朗州刺史, 改封夔國公; 相州都督府長史、鄖國公張亮可澧州刺史, 改封鄖國公。餘官食邑並如故, 即令子孫奕葉承襲。

無忌等上言曰: "臣等披荊棘以事陛下, 今海內寧一, 不願違離, 而乃世牧外州, 與遷徙何異。" 乃與房玄齡上表曰:

臣等聞質文迭變, 皇王之跡有殊; 今古相沿, 致理之方乃革。緬惟三代, 習俗靡常, 爰制五等, 隨時作教。蓋由力不能制, 因而利之, 禮樂節文, 多非己出。逮於兩漢, 用矯前違, 置守頒條, 蠲除曩弊。爲無益之文, 覃及四方; 建不易之理, 有逾千載。今曲爲臣等, 復此奄荒, 欲其優隆, 錫之茅社, 施於子孫, 永貽長世。斯乃大鈞播物, 毫髮並施其生; 小人逾分, 後世必嬰其禍。何者? 違時易務, 曲樹私恩, 謀及庶僚, 義非僉允。方招史冊之誚, 有紊聖代之綱。此其不可一也。又臣等智效罕施, 器識庸陋。或情緣右戚, 遂陟臺階; 或顧想披荊, 便蒙夜拜。直當今日, 猶愧非才, 重裂山河, 愈彰濫賞。此其不可二也。又且孩童嗣職, 義乖師儉之方, 任以褰帷, 寧無傷錦之弊? 上干天憲, 彝典既有常科, 下擾生民, 必致餘殃於後, 一掛刑網, 自取誅夷。陛下深仁, 務延其世, 翻令剿絕, 誠有可哀。此其不可三也。當今聖歷欽明, 求賢分政, 古稱良守, 寄在共理。此道之目, 爲日滋久, 因緣臣等, 或有改張。封植兒曹, 失於求瘼, 百姓不幸, 將焉用之? 此其不可四也。在茲一舉, 爲損實多, 曉夕深思, 憂貫心髓。所以披丹上訴, 指事明心, 不敢浮辭, 同於矯飾。伏願天澤, 諒其愚款, 特停渙汗之旨, 賜其性命之恩。

太宗覽表謂曰: "割地以封功臣, 古今通義, 意欲公之後嗣, 翼朕子孫, 長爲藩翰, 傳之永久。而公等薄山河之誓, 發言怨望, 朕亦安可強公以土宇耶?" 於是遂止。十二年, 太宗幸其第, 凡是親族, 班賜有差。十六年, 冊拜司徒。

十七年, 令圖畫無忌等二十四人於凌煙閣, 詔曰:

自古皇王, 褒崇勳德, 既勒銘於鐘鼎, 又圖形於丹青。是以甘露良佐, 麟閣著其美; 建武功臣, 雲臺紀其跡。司徒、趙國公無忌, 故司空、揚州都督、河間元王孝恭, 故司空、萊國成公如晦, 故司空、相州都督、太子太師、鄭國文貞公征, 司空、梁國公玄齡, 開府儀同三司、尚書右僕射、申國公士廉, 開府儀同三司、鄂國公敬德, 特進、衛國公靖, 特進、宋國公瑀, 故輔國大將軍、揚州都督、褒忠壯公志玄, 輔國大將軍、夔國公弘基, 故尚書左僕射、蔣忠公通, 故陝東道行臺右僕射、鄖節公開山, 故荊州都督、譙襄公柴紹, 故荊州都督、邳襄公順德, 洛州都督、鄖國公張亮, 光祿大夫、吏部尚書、陳國公侯君集, 故左驍衛大將軍、郯襄公張公謹, 左領軍大將軍、盧國公程知節, 故禮部尚書、永興文懿公虞世南, 故戶部尚書、渝襄公劉政會, 光祿大夫、戶部尚書、莒國公唐儉, 光祿大夫、兵部尚書、英國公勣, 故徐州都督、胡壯公秦叔寶等, 或材推棟樑, 謀猷經遠, 綢繆帷帳, 經綸霸圖; 或學綜經籍, 德范光茂, 隱犯同致, 忠讜日聞; 或竭力義旗, 委質籓邸, 一心表節, 百戰標奇; 或受脤廟堂, 闢土方面, 重氛載廓, 王略遐宣。並契闊屯夷, 劬勞師旅。贊景業於草昧, 翼淳化於隆平。茂績殊勳, 冠冕列辟; 昌言直道, 牢籠搢紳。宜酌故實, 弘茲令典, 可併圖畫於凌煙閣。庶念功之懷, 無謝於前載; 旌賢之義, 永貽於後昆。

其年, 太子承乾得罪, 太宗欲立晉王, 而限以非次, 回惑不決。御兩儀殿, 群官盡出, 獨留無忌及司空房玄齡、兵部尚書李勣, 謂曰: "我三子一弟, 所爲如此, 我心無憀。" 因自投於床, 抽佩刀欲自刺。無忌等驚懼, 爭前扶抱, 取佩刀以授晉王。無忌等請太宗所欲, 報曰: "我欲立晉王。" 無忌曰: "謹奉詔。有異議者, 臣請斬之。" 太宗謂晉王曰: "汝舅許汝, 宜拜謝。" 晉王因下拜。太宗謂無忌等曰: "公等既符我意, 未知物論何如?" 無忌曰: "晉王仁孝, 天下屬心久矣。伏乞召問百僚, 必無異辭。若不蹈舞同音, 臣負陛下萬死。" 於是建立遂定, 因加授無忌太子太師。尋而太宗又欲立吳王恪, 無忌密爭之,其事遂輟。

太宗嘗謂無忌等曰: "朕聞主賢則臣直, 人苦不自知, 公宜面論, 攻朕得失。" 無忌奏言: "陛下武功文德, 跨絕古今, 發號施令, 事皆利物。『孝經』云: "將順其美。" 臣順之不暇, 實不見陛下有所愆失。" 太宗曰: "朕冀聞己過, 公乃妄相諛悅。朕今面談公等得失, 以爲鑒誡。言之者可以無過, 聞之者可以自改。" 因目無忌曰: "善避嫌疑, 應對敏速, 求之古人, 亦當無比; 而總兵攻戰, 非所長也。高士廉涉獵古今, 心術聰悟, 臨難既不改節, 爲官亦無朋黨; 所少者骨鯁規諫耳。唐儉言辭便利, 善和解人, 酒杯流行, 發言啟齒; 事朕三十載, 遂無一言論國家得失。楊師道性行純善, 自無愆過; 而情實怯懦, 未甚任事, 緩急不可得力。岑文本性道敦厚, 文章是其所長; 而持論常據經遠, 自當不負於物。劉洎性最堅貞, 言多利益; 然其意上然諾於朋友, 能自補闕, 亦何以尚。馬周見事敏速, 性甚貞正, 至於論量人物, 直道而行, 朕比任使, 多所稱意。褚遂良學問稍長, 性亦堅正, 既寫忠誠, 甚親附於朕, 譬如飛鳥依人, 自加憐愛。"

十九年, 太宗征高麗, 令無忌攝侍中。還, 無忌固辭師傅之位, 優詔聽罷太子太師。二十一年, 遙領揚州都督。二十三年, 太宗疾篤, 引無忌及中書令褚遂良二人受遺令輔政。太宗謂遂良曰: "無忌盡忠於我, 我有天下, 多是此人力。爾輔政後, 勿令讒毀之徒損害無忌。若如此者, 爾則非復人臣。"

高宗即位, 進拜太尉, 兼揚州都督, 知尚書及門下二省事並如故。無忌固辭知尚書省事, 許之, 仍令以太尉同中書門下三品。永徽二年, 監修國史。高宗嘗謂公卿: "朕開獻書之路, 冀有意見可錄, 將擢用之。比者上疏雖多, 而遂無可采者。" 無忌對曰: "陛下即位, 政化流行, 條式律令, 固無遺闕。言事者率其鄙見, 妄希僥倖, 至於裨俗益教, 理當無足可取。然須開此路, 猶冀時有讜言, 如或杜絕, 便恐下情不達。" 帝曰: "又聞所在官司, 猶自多有顏面。"

無忌曰: "顏面阿私, 自古不免。然聖化所漸, 人皆向公, 至於肆情曲法, 實謂必無此事。小小收取人情, 恐陛下尚亦不免, 況臣下私其親戚, 豈敢頓言絕無?" 時無忌位當元舅, 數進謀議, 高宗無不優納之。明年, 以旱上疏辭職, 高宗頻降手詔敦喻不許。五年, 親幸無忌第, 見其三子, 並擢授朝散大夫。又命圖無忌形像, 親爲畫贊以賜之。

六年, 帝將立昭儀武氏爲皇后, 無忌屢言不可, 帝乃密遣使賜無忌金銀寶器各一車、綾錦十車, 以悅其意。昭儀母楊氏復自詣無忌宅, 屢加祈請。時禮部尚書許敬宗又屢申勸請, 無忌嘗厲色折之。帝后又召無忌、左僕射于志寧、右僕射褚遂良, 謂曰: "武昭儀有令德, 朕欲立爲皇后, 卿等以爲如何?" 無忌曰: "自貞觀二十三年後, 先朝付托遂良, 望陛下問其可否。" 帝竟不從無忌等言而立昭儀爲皇后。皇后以無忌先受重賞而不助己, 心甚銜之。

顯慶元年, 無忌與史官國子祭酒令狐德棻綴集武德、貞觀二朝史爲八十卷, 表上之, 無忌以監領功, 賜物二千段, 封其子潤爲金城縣子。

四年, 中書令許敬宗遣人上封事, 稱監察御史李巢與無忌交通謀反, 帝令敬宗與侍中辛茂將鞫之。敬宗奏言無忌謀反有端, 帝曰: "我家不幸, 親戚中頻有惡事。高陽公主與朕同氣, 往年遂與房遺愛謀反, 今阿舅復作惡心。近親如此, 使我慚見萬姓。" 敬宗曰: "房遺愛乳臭兒, 與女子謀反, 豈得成事? 且無忌與先朝謀取天下, 衆人服其智, 作宰相三十年, 百姓畏其威, 可謂威能服物, 智能動衆。臣恐無忌知事露, 即爲急計, 攘袂一呼, 嘯命同惡, 必爲宗廟深憂。誠願陛下斷之, 不日即收捕, 准法破家。" 帝泣曰: "我決不忍處分與罪, 後代良史道我不能和其親戚, 使至於此。" 敬宗曰: "漢文帝漢室明主, 薄昭即是帝舅, 從代來日, 亦有大勳, 與無忌不別。於後惟坐殺人, 文帝惜國之法, 令朝臣喪服就宅, 哭而殺之, 良史不以爲失。今無忌忘先朝之大德, 捨陛下之至親, 聽受邪謀, 遂懷悖逆, 意在塗炭生靈。若比薄昭罪惡, 未可同年而語, 案諸刑典, 合誅五族。臣聞當斷不斷, 反受其亂, 大機之事, 間不容髮, 若少遲延, 恐即生變, 惟請早決!" 帝竟不親問無忌謀反所由, 惟聽敬宗誣構之說, 遂去其官爵, 流黔州, 仍遣使發次州府兵援送至流所。其子秘書監、駙馬都尉沖等並除名, 流於嶺外。

敬宗尋與吏部尚書李義府遣大理正袁公瑜就黔州重鞫無忌反狀, 公瑜逼令自縊而死, 籍沒其家。無忌既有大功, 而死非其罪, 天下至今哀之。上元元年, 優詔追復無忌官爵, 特令無忌孫延主齊獻公之祀。

無忌從父兄安世, 仕王世充, 署爲內史令, 東都平, 死於獄中。安世子祥, 以文德皇后近屬, 累除刑部尚書, 坐與無忌通書見殺。

史臣曰: 士廉才望素高, 操秉無玷, 保君臣終始之義, 爲子孫襲繼之謀。社稷之臣, 功亦隆矣; 獎遇之恩, 賞亦厚矣。及子真行, 手刃其子, 何兇忍也? 若是積慶之道, 不其惑哉! 無忌戚裡右族, 英冠人傑, 定立儲闈, 力安社稷, 勳庸茂著, 終始不渝。及黜廢中宮, 竟不阿旨, 報先帝之顧托, 爲敬宗之誣構。嗟乎! 忠信獲罪, 今古不免; 無名受戮, 族滅何辜! 主暗臣奸, 足貽後代。

贊曰: 嚴嚴申公, 功名始終。文皇題品, 信謂酌中。趙公右戚, 兩朝宣力。功成不去, 竟逢鬼域。

【출전】『신당서』 권105(「열전」 제30)

長孫無忌, 字輔機。性通悟, 博涉書史。始, 高祖兵度河, 進謁長春宮, 授渭北道行軍典簽。從秦王征討有功, 累擢比部郎中、上黨縣公。

皇太子建成毒王, 王病, 舉府危駭。房玄齡謂無忌曰: "禍隙已芽, 敗不旋踵矣。夫就大計者遺細行, 周公所以絀管、蔡也。" 遂俱入白王, 請先事誅之, 王未許。無忌曰: "大王以舜何如人?" 王曰: "浚哲文明, 爲子孝, 爲君仁, 又何議哉?" 對曰: "向使浚井弗出, 得爲孝乎? 塗廩弗下, 得爲仁乎? 大杖避, 小杖受, 良有以也。" 王未決。事益急, 乃遣無忌陰召房玄齡、杜如晦定計。無忌與尉遲敬德、侯君集、張公謹、劉師立、公孫武達、獨孤彥雲、杜君綽、鄭仁恭、李孟嘗討難, 平之。王爲皇太子, 授左庶子。即位, 遷吏部尚書, 以功第一, 進封齊國公。帝以無忌皇后兄, 又少相友, 眷倚日厚, 常出入臥內。進尚書右僕射。突厥頡利可汗已盟而政亂, 諸將請遂討之。帝顧新歃血, 不取爲失機, 取之失信, 計猶豫, 以問大臣。蕭瑀曰: "兼弱攻昧, 討之便。" 無忌曰: "今我務戢兵, 待夷狄至, 乃可擊。使遂弱, 且不能來, 我又何求? 臣謂按甲存信便。" 帝曰: "善。" 然卒取突厥。

或有言無忌權太盛者, 帝持表示無忌曰: "我與公君臣間無少疑, 使各懷所聞不言, 斯則蔽矣。" 因普示君臣曰: "朕子幼, 無忌於我有大功, 視之猶子也。疏間親、新間舊之謂不順, 朕無取焉。" 無忌亦自懼貴且亢, 後又數言之, 遂解僕射, 授開府儀同三司。與房玄齡、杜如晦、尉遲敬德皆以元勳封一子郡公。進冊司空, 知門下、尚書省事, 無忌辭, 又因高士廉口陳"以外戚位三公, 嫌議者謂天子以私後家"。帝曰: "朕任官必以才, 不者, 雖親若襄邑王神符, 不妄授; 若才, 雖仇如魏徵, 不棄也。夫緣後兄愛暱, 厚以子女玉帛, 豈不得? 以其兼文武兩器, 朕故相之, 公等孰不曰然?" 無忌固讓, 詔答曰: "黃帝得力牧, 爲五帝先; 夏禹得咎繇, 爲三王祖; 齊桓得管仲, 爲五伯長; 朕得公, 遂定天下。公其無讓!" 帝又思所與共艱難, 賴無忌以免, 作「威鳳賦」以賜, 且況其功。

帝欲功臣並世襲刺史, 貞觀十一年, 乃詔有司: "朕憑明靈之祐, 賢佐之力, 克翦多難, 清宇內。蓋時屯共資其力, 世安專享其利, 朕所不取。刺史, 古諸侯, 雖名不同, 而監統一也。無忌等義貫休戚, 效挺夷險, 嘉庸懿績, 簡在朕心。其改錫土宇, 用世及之制。" 乃以無忌爲趙州刺史, 以趙爲公國; 房玄齡宋州刺史, 國於梁; 杜如晦贈密州刺史, 國於萊; 李靖濮州刺史, 國於衛; 高士廉申州刺史, 國於申; 侯君集陳州刺史, 國於陳; 道宗鄂州刺史, 王江夏; 孝恭觀州刺史, 王河間; 尉遲敬德宣州刺史, 國於鄂; 李勣蘄州刺史, 國於英; 段志玄金州刺史, 國於褒; 程知節普州刺史, 國於盧; 劉弘基朗州刺史, 國於夔; 張亮澧州刺史, 國於鄖。凡十有四人。餘官食邑尚不在。無忌等辭曰: "群臣披荊刺, 事陛下。今四海混一, 誠不願違遠左右, 而使世牧外州, 與遷徙等。" 帝曰: "割地封功臣, 欲公等後嗣長爲籓翰, 而薄山河之誓, 反爲怨望, 朕亦安可強公土宇邪?" 遂止。後帝幸其第, 自家人姻婭勞賜皆有差。久之, 進位司徒。

太子承乾廢, 帝欲立晉王, 未決, 坐兩儀殿, 群臣已罷, 獨留無忌、玄齡、勣言東宮事, 因曰: "我三子一弟, 未知所立, 吾心亡聊。" 即投床, 取佩刀自向, 無忌等驚, 爭抱持, 奪刀授晉王, 而請帝所欲立。帝曰: "我欲立晉王。" 無忌曰: "謹奉詔, 異議者斬!" 帝顧王曰: "舅許汝矣, 宜即謝。" 王乃拜。帝復曰: "公等與我意合, 天下其謂何?" 答曰: "王以仁孝聞天下久矣, 固無異辭; 有如不同, 臣負陛下百死。" 於是遂定。以無忌爲太子太師、同中書門下三品, "同三品" 自此始。帝又欲立吳王恪, 無忌密爭止之。帝征高麗, 詔攝侍中。還, 辭師傅官, 聽罷太子太師, 遙領揚州都督。

帝嘗從容問曰: "朕聞君聖臣直, 人常苦不自知, 公宜面攻朕得失。" 無忌曰: "陛下神武聖文, 冠卓千古, 性與天道, 非臣等愚所及, 誠不見有所失。" 帝曰: "朕冀聞過, 公等乃相諛悅。朕當評公等可否以相規。" 謂: "高士廉心術警悟, 臨難不易節, 所乏者骨鯁耳。唐儉有辭, 善和解人, 酒杯流行, 發言可意, 事朕二十年, 未嘗一言國家事。楊師道性謹審, 自能無過, 而懦不更事, 緩急非可倚。岑文本敦厚, 文章、論議其所長也, 謀常經遠, 自當不負於物。劉洎堅正, 其言有益, 不輕然諾於人, 能自補闕。馬周敏銳而正, 評裁人物, 直道而行, 所任皆稱朕意。褚遂良鯁亮, 有學術, 竭誠親於朕, 若飛鳥依人, 自加憐愛。無忌應對機敏, 善避嫌, 求於古人, 未有其比; 總兵攻戰, 非所善也。”

二十三年, 帝疾甚, 召入臥內, 帝引手捫無忌頤, 無忌哭, 帝感塞, 不得有所言。翌日, 與遂良入受詔, 顧遂良曰: “我有天下, 無忌力也。爾輔政, 勿令讒毁者害之。” 有頃, 崩。方在離宮, 皇太子悲慟, 無忌曰: “大行以宗廟、社稷屬殿下, 宜速即位。” 因秘不發喪, 請還宮。

太子即位, 是爲高宗。進無忌太尉, 檢校中書令, 猶知門下、尚書二省。固辭尚書省, 許之。帝欲立武昭儀爲後, 無忌固言不可。帝密以寶器錦帛十餘車賜之, 又幸其第, 擢三子皆朝散大夫, 昭儀母復詣其家申請。許敬宗數勸之, 無忌厲色折拒。帝后召無忌、遂良及于志寧言後無息, 昭儀有子, 必欲立之者。無忌已數諫, 即曰: “先帝付托遂良, 願陛下訪之。” 遂良極道不可, 帝不聽。

后既立, 以無忌受賜而不助己, 銜之。敬宗揣後指, 陰使洛陽人李奉節上無忌變事, 與侍中辛茂將臨按, 傅致反狀。帝驚曰: “將妄人構間, 殆不其然。” 敬宗具言: “反跡已露, 陛下不忍, 非社稷之福。” 帝泣曰: “我家不幸, 高陽公主與我同氣, 往謀反, 今舅復爾, 使我重愧天下, 奈何?” 對曰: “房遺愛口乳臭, 與女子反, 安能就事? 無忌奸雄, 天下所畏伏, 一旦竊發, 陛下誰使御之? 今即急, 恐攘袂一呼, 以嘯同惡, 且爲宗廟憂。陛下不見隋室乎? 宇文化及父宰相, 弟尚主, 而身掌禁兵, 煬帝處之不疑, 然而起爲戎首, 遂亡隋。願陛下決之。” 帝猶疑, 更詔審核。明日, 敬宗言無忌反明甚, 請逮捕。帝泣曰: “舅果爾, 我決不忍殺, 後世其謂我何?” 敬宗曰: “漢文帝舅薄昭, 從代來有功, 後坐殺人, 帝惜撓法, 令朝臣喪服就哭之, 昭自殺, 良史不以爲失。今無忌忘先帝之德, 捨陛下至親, 乃欲移社稷、敗宗廟, 豈特昭比邪? 在法夷五族。臣聞當斷不斷, 反受其亂。乘機亟行, 緩必生變。無忌與先帝謀取天下,天下伏其智, 王莽、司馬懿之流。今逆徒自承, 何疑而不決?" 帝終不質問。遂下詔削官爵封戶, 以揚州都督一品俸置於黔州, 所在發兵護送; 流其子秘書監沖等於嶺外; 從弟渝州刺史知仁貶翼州司馬。後數月, 又詔司空勣、中書令敬宗、侍中茂將等覆按反獄。敬宗令大理正袁公瑜、御史宋之順等即黔州暴訊。無忌投繯卒, 沖免死, 殺族子祥, 流族弟思於檀口, 大抵期親皆謫徙。

初, 無忌與遂良悉心奉國, 以天下安危自任, 故永徽之政有貞觀風。帝亦賓禮老臣, 拱己以聽。綱紀設張, 此兩人維持之也。既二後廢立計不合, 奸臣陰圖, 帝暗於聽受, 卒, 以屠覆, 自是政歸武氏, 幾至亡國。

上元元年, 追復官爵, 以孫元翼襲封。初, 無忌自作墓昭陵塋中, 至是許還葬。文宗開成三年, 詔曰: "每覽國史至太尉無忌事, 未嘗不廢卷而歎。其以裔孫鈞爲猗氏令。"

2. 이효공李孝恭

【출전】『구당서』 권60(「열전」 제10)

河間王孝恭, 琛之弟也。高祖克京師, 拜左光祿大夫, 尋爲山南道招慰大使。自金州出於巴蜀, 招攜以禮, 降附者三十餘州。孝恭進擊硃粲, 破之, 諸將曰: "此食人賊也, 爲害實深, 請坑之。" 孝恭曰: "不可! 自此已東, 皆爲寇境, 若聞此事, 豈有來降者乎?" 盡赦而不殺, 由是書檄所至, 相繼降款。

武德二年, 授信州總管, 承製拜假。蕭銑據江陵, 孝恭獻平銑之策, 高祖嘉納之。三年, 進爵爲王。改信州爲夔州, 使拜孝恭爲總管, 令大造舟楫, 教習水戰, 以圖蕭銑。孝恭召巴蜀首領子弟, 量才授用, 致之左右, 外示引擢, 而實以爲質也。尋授荊湘道行軍總管, 統水陸十二總管, 發自硤州, 進軍江陵。

攻其水城, 克之, 所得船散於江中。諸將皆曰: "虜得賊船, 當藉其用, 何爲棄之, 無乃資賊耶?" 孝恭曰: "不然, 蕭銑僞境, 南極嶺外, 東至洞庭。若攻城未拔, 援兵復到, 我則內外受敵, 進退不可, 雖有舟楫, 何所用之? 今銑緣江州鎮忽見船舸亂下, 必知銑敗, 未敢進兵, 來去覘伺, 動淹旬月, 用緩其救, 克之必矣。" 銑救兵至巴陵, 見船被江而下, 果狐疑不敢輕進。既內外阻絕, 銑於是出降。高祖大悅, 拜孝恭荊州大總管, 使畫工貌而視之。於是開置屯田, 創立銅冶, 百姓利焉。

六年, 遷襄州道行臺尚書左僕射。時荊襄雖定, 嶺表尚未悉平。孝恭分遣使人撫慰, 嶺南四十九州皆來款附。及輔公祏據江東反, 發兵寇壽陽, 命孝恭爲行軍元帥以擊之。七年, 孝恭自荊州趣九江, 時李靖、李勣、黃君漢、張鎮州、盧祖尚並受孝恭節度。將發, 與諸將宴集, 命取水, 忽變爲血, 在座者皆失色。孝恭舉止自若, 徐諭之曰: "禍福無門, 唯人所召。自顧無負於物, 諸公何見憂之深! 公祏惡積禍盈, 今承廟算以致討, 碗中之血, 乃公祏授首之後征。" 遂盡飮而罷。時人服其識度而能安眾。公祏遣其僞將馮惠亮、陳當時領水軍屯於博望山, 陳正通、徐紹宗率步騎軍於青林山。孝恭至, 堅壁不與鬥, 使奇兵斷其糧道。賊漸食委, 夜薄我營, 孝恭安臥不動。明日, 縱羸兵以攻賊壘, 使盧祖尚率精騎列陣以待之。俄而攻壘者敗走, 賊出追奔數裡, 遇祖尚軍, 與戰, 大敗之。正通棄營而走, 復與馮惠亮保梁山。孝恭乘勝攻之, 破其梁山別鎮, 赴水死者數千人, 正通率陸軍夜遁。總管李靖又下廣陵城, 拔楊子鎮。公祏窮蹙, 棄丹陽東走。孝恭命騎將追之, 至武康, 擒公祏及其僞僕射西門君儀等數十人, 致於麾下, 江南悉平。璽書褒賞, 賜甲第一區、女樂二部、奴婢七百人、金寶珍玩甚眾, 授東南道行臺尚書左僕射。後廢行臺, 拜揚州大都督。

孝恭既破公祏, 江淮及嶺南皆統攝之。自大業末, 群雄競起, 皆爲太宗所平, 謀臣猛將並在麾下, 罕有別立勳庸者, 唯孝恭著方面之功, 聲名甚盛。厚自崇重, 欲以威名鎭遠, 築宅於石頭, 陳廬徼以自衛。尋征拜宗正卿。九年, 賜實封一千二百戶。貞觀初, 遷禮部尙書, 以功臣封河間郡王, 除觀州刺史, 與長孫無忌等代襲刺史。

孝恭性奢豪, 重游宴, 歌姬舞女百有餘人, 然而寬恕退讓, 無驕矜自伐之色。太宗甚加親待, 諸宗室中莫與爲比。孝恭嘗悵然謂所親曰: "吾所居宅微爲宏壯, 非吾心也, 當賣之, 別營一所, 粗令充事而已。身歿之後。諸子若才, 守此足矣; 如其不才, 冀免他人所利也。" 十四年, 暴薨, 年五十。太宗素服擧哀, 哭之甚慟, 贈司空、揚州都督, 陪葬獻陵, 謚曰元, 配享高祖廟庭。

子崇義嗣, 降爵爲譙國公, 歷蒲、同二州刺史, 益州大都督長史, 甚有威名。後卒於宗正卿。

孝恭次子晦, 乾封中, 累除營州都督, 以善政聞; 璽書勞問, 賜物三百段。轉右金吾將軍, 兼檢校雍州長史, 糾發奸豪, 無所容貸, 爲人吏畏服。晦私第有樓, 下臨酒肆, 其人嘗候晦言曰: "微賤之人, 雖則禮所不及, 然家有長幼, 不欲外人窺之。家迫明公之樓, 出入非便, 請從此辭。" 晦即日毁其樓。高宗將幸洛陽, 令在京居守, 顧謂之曰: "關中之事, 一以付卿。但令式跼人, 不可以成官政, 令式之外, 有利於人者, 隨事即行, 不須聞奏。" 晦累有異績。則天臨朝, 遷戶部尙書。垂拱初, 拜右金吾衛大將軍, 轉秋官尙書。永昌元年卒, 贈幽州都督。子榮, 爲酷吏所殺。

【출전】『신당서』 권78(「열전」 제3)

河間元王孝恭, 少沈敏, 有識量。

高祖已定京師, 詔拜山南招尉大使, 徇巴蜀, 下三十餘州。進擊硃粲, 破之, 俘其眾, 諸將曰: "粲徒食人, 摯賊也, 請坑之。" 孝恭曰: "不然, 今列城皆吾寇, 若獲之則殺, 後渠有降者乎?" 悉縱之。繇是騰檄所至輒下。

明年, 拜信州總管, 承製得拜假。當是時, 蕭銑據江陵, 孝恭數進策圖銑, 帝嘉納。進王趙郡, 以信州爲夔州。乃大治舟艦, 肄水戰。會李靖使江南, 孝恭倚其謀, 遂圖江陵, 盡召巴蜀首領子弟收用之, 外示引擢而內實質也。俄進荊湘道總管, 統水陸十二軍發夷陵, 破銑二鎭, 縱戰艦放江中。諸將曰: "得舟當濟吾用, 棄之反資賊, 奈何?" 孝恭曰: "銑之境, 南際嶺, 左薄洞庭, 地險士眾, 若城未拔而援至, 我且有內外憂, 舟雖多, 何所用之? 今銑瀕江鎭戍, 見艫舸蔽江下, 必謂銑已敗, 不即進兵, 覘候往返, 以引救期, 則吾既拔江陵矣。" 已而救兵到巴陵, 見船, 疑不進。銑內外阻絕, 遂降。帝悅, 遷荊州大總管, 詔圖破銑狀以進。

孝恭治荊, 爲置屯田, 立銅冶, 百姓利之。遷襄州道行臺左僕射。時嶺表未平, 乃分遣使者, 綏輯安慰, 其款附者四十有九州, 朝廷號令暢南海矣。

未幾, 輔公祏反, 寇壽陽, 詔孝恭爲行軍元帥討之。引兵趨九江, 李靖、李勣、黃君漢、張鎭州、盧祖尚皆稟節度。將發, 大饗士, 杯水變爲血, 坐皆失色, 孝恭自如, 徐曰: "禍福無基, 唯所召爾! 顧我不負於物, 無重諸君憂。公祏禍惡貫盈, 今仗威靈以問罪, 杯中血, 乃賊臣授首之祥乎!" 盡飲罷, 眾心爲安。公祏將馮惠亮等拒嶮邀戰, 孝恭堅壁不出, 遣奇兵絕餉道, 賊饑, 夜薄營, 孝恭臥不動。明日, 使羸兵扣賊壘挑之, 祖尚選精騎陣以待。俄而兵卻, 賊追北且躡, 遇祖尚軍, 薄戰, 遂大敗。惠亮退保梁山, 孝恭乘勝破其別鎭, 賊赴水死者數千計。公祏窮, 棄丹楊走, 騎窮追, 生禽之, 江南平。璽書褒美, 賜甲第一區、女樂二部、奴婢七百口、寶玩不貲。進授東南道行臺左僕射。行臺廢, 更爲揚州大都督。

孝恭再破巨賊, 北自淮, 東包江, 度嶺而南, 盡統之。欲以威重誇遠俗, 乃築第石頭城, 陳廬徼自衛。或誣其反, 召還, 頗爲憲司鐫詰, 既無狀, 赦爲宗正卿。賜實封千二百戶。歷涼州都督、晉州刺史。貞觀初, 爲禮部尚書, 改王河間。

性奢豪, 後房歌舞伎百餘, 然寬恕退讓, 無矜伐色, 太宗用是親重之, 宗室莫比也。嘗謂人曰: "吾所居頗壯麗, 非吾心也。當別營一區, 令粗足充事而已。吾歿後, 子也才, 易以守; 不才, 不爲他人所利。" 十四年, 中飮暴薨, 年五十。帝哭之慟, 贈司空、揚州都督及謚, 陪葬獻陵。

始, 隋亡, 盜賊遍天下, 皆太宗身自討定, 謀臣驍帥並隸麾下, 無特將專勳者, 惟孝恭獨有方面功以自見云。子崇義、晦。

崇義嗣王, 降封譙國公, 歷蒲、同二州刺史、益州都督府長史, 有威名。終宗正卿。

晦, 乾封中爲營州都督, 以治狀聞, 璽書勞賜。遷右金吾將軍, 檢校雍州長史, 摧擿奸伏無留隱, 吏下畏之。高宗將幸洛, 詔晦居守, 謂曰: "關中事一以屬公, 然法令牽制, 不可以成政, 法令外苟可以利人者行之, 毋須以聞。" 故晦治有異績。武後時, 遷秋官尚書。卒, 贈幽州都督。初, 晦第起觀閣, 下臨肆區, 其人候晦曰: "庶人不及以禮, 然室家之私, 不願外窺, 今將辭公。" 晦驚, 遽毁徹之。子榮, 奉吳王恪祀。

3. 두여회杜如晦

【출전】『구당서』 권66(「열전」 제16)

杜如晦, 字克明, 京兆杜陵人也。曾祖皎, 周贈開府儀同、大將軍、遂州刺史。高祖徽, 周河內太守。祖果, 周溫州刺史, 入隋, 工部尚書、義興公, 『周書』有傳。父吒, 隋昌州長史。如晦少聰悟, 好談文史。隋大業中以常調預選, 吏部侍郎高孝基深所器重, 顧謂之曰: "公有應變之才, 當爲棟樑之用, 願保崇令德。今欲俯就卑職, 爲須少祿俸耳。” 遂補滏陽尉, 尋棄官而歸。

太宗平京城, 引爲秦王府兵曹參軍, 俄遷陝州總管府長史。時府中多英俊, 被外遷者衆, 太宗患之。記室房玄齡曰: “府僚去者雖多, 蓋不足惜。杜如晦聰明識達, 王佐才也。若大王守籓端拱, 無所用之; 必欲經營四方, 非此人莫可。” 太宗大驚曰: “爾不言, 幾失此人矣!” 遂奏爲府屬。後從征薛仁杲、劉武周、王世充、竇建德, 嘗參謀帷幄。時軍國多事, 剖斷如流, 深爲時輩所服。累遷陝東道大行臺司勳郎中, 封建平縣男, 食邑三百戶。尋以本官兼文學館學士。天策府建, 以爲從事中郎, 畫像於丹青者十有八人, 而如晦爲冠首, 令文學褚亮爲之贊曰: “建平文雅, 休有烈光。懷忠履義, 身立名揚。” 其見重如此。

隱太子深忌之, 謂齊王元吉曰: “秦王府中所可憚者, 唯杜如晦與房玄齡耳。” 因譖之於高祖, 乃與玄齡同被斥逐。後又潛入畫策, 及事捷, 與房玄齡功等, 擢拜太子左庶子, 俄遷兵部尚書, 進封蔡國公, 賜實封千三百戶。貞觀二年, 以本官檢校侍中, 攝吏部尚書, 仍總監東宮兵馬事, 號爲稱職。三年, 代長孫無忌爲尚書右僕射, 仍知選事, 與房玄齡共掌朝政。至於臺閣規模及典章人物, 皆二人所定, 甚獲當代之譽, 談良相者, 至今稱房、杜焉。如晦以高孝基有知人之鑒, 爲其樹神道碑以紀其德。

其年冬, 遇疾, 表請解職, 許之, 祿賜特依舊。太宗深憂其疾, 頻遣使存問, 名醫上藥, 相望於道。四年, 疾篤, 令皇太子就第臨問, 上親幸其宅, 撫之流涕, 賜物千段; 及其未終, 見子拜官, 遂超遷其子左千牛構爲尚捨奉御。尋薨, 年四十六。太宗哭之甚慟, 廢朝三日, 贈司空, 徙封萊國公, 謚曰成。太宗手詔著作郎虞世南曰: “朕與如晦, 君臣義重。不幸奄從物化, 追念勳舊, 痛悼於懷。卿體吾此意, 爲制碑文也。” 太宗後因食瓜而美, 愴然悼之, 遂輟食之半, 遣使奠於靈座。又嘗賜房玄齡黃銀帶, 顧謂玄齡曰: “昔如晦與公同心輔朕, 今日所賜, 唯獨見公。” 因泫然流涕。又曰: “朕聞黃銀多爲鬼神所畏。” 命取黃金帶遣玄齡親送於靈所。其後太宗忽夢見如晦若平生, 及曉, 以告玄齡, 言之歔欷, 令送御饌以祭焉。明年如晦亡日, 太宗復遣尚宮至第慰問其妻子, 其國官府佐並不之罷。終始恩遇, 未之有焉。

子構襲爵, 官至慈州刺史, 坐弟荷謀逆, 徙於嶺表而卒。初, 荷以功臣子尚城陽公主, 賜爵襄陽郡公, 授尚乘奉御。貞觀中, 與太子承乾謀反, 坐斬。

【출전】『신당서』 권96(「열전」 제21)

杜如晦, 字克明, 京兆杜陵人。祖果, 有名周、隋間。如晦少英爽, 喜書, 以風流自命, 內負大節, 臨機輒斷。隋大業中, 預吏部選, 侍郎高孝基異之, 曰: “君當爲棟梁用, 願保令德。” 因補滏陽尉, 棄官去。

高祖平京師, 秦王引爲府兵曹參軍, 徙陝州總管府長史。時府屬多外遷, 王患之。房玄齡曰: “去者雖多, 不足吝, 如晦王佐才也。大王若終守藩, 無所事; 必欲經營四方, 捨如晦無共功者。” 王驚曰: “非公言, 我幾失之!” 因表留幕府。從征伐, 常參帷幄機秘。方多事, 裁處無留, 僚屬共才之, 莫見所涯。進陝東道大行臺司勳郎中, 封建平縣男, 兼文學館學士。天策府建, 爲中郎。王爲皇太子, 授左庶子, 遷兵部尚書, 進封蔡國公, 食三千戶, 別食益州千三百戶。俄檢校侍中, 攝吏部尚書, 總監東宮兵, 進位尚書右僕射, 仍領選。

與玄齡共筦朝政, 引士賢者, 下不肖, 鹹得職, 當時浩然歸重。監察御史陳師合上「拔士論」, 謂一人不可總數職, 陰剴諷如晦等。帝曰: “玄齡、如晦不以勳舊進, 特其才可與治天下者, 師合欲以此離間吾君臣邪?” 斥嶺表。

久之, 以疾辭職, 詔給常俸就第, 醫候之使道相屬。會病力, 詔皇太子就問, 帝親至其家, 撫之梗塞。及未亂, 擢其子左千牛構兼尚捨奉御。薨, 年四十六, 帝哭爲慟, 贈開府儀同三司。及葬, 加司空, 謚曰成。手詔虞世南勒文於碑, 使言君臣痛悼意。

它日, 食瓜美, 輟其半奠焉。嘗賜玄齡黃銀帶, 曰: "如晦與公同輔朕, 今獨見公。" 泫然流淚曰: "世傳黃銀鬼神畏之。" 更取金帶, 遣玄齡送其家。後忽夢如晦若平生, 明日爲玄齡言之, 敕所御饌往祭。明年之祥, 遣尚宮勞問妻子, 國府官佐亦不之罷, 恩禮無少衰。後詔功臣世襲, 追贈密州刺史, 徙國萊。

方爲相時, 天下新定, 臺閣制度, 憲物容典, 率二人討裁。每議事帝所, 玄齡必曰: "非如晦莫籌之。" 及如晦至, 卒用玄齡策也。蓋如晦長於斷, 而玄齡善謀, 兩人深相知, 故能同心濟謀, 以佐佑帝, 當世語良相, 必曰房、杜云。

構位慈州刺史。次子荷, 性暴詭不循法, 尚城陽公主, 官至尚乘奉御, 封襄陽郡公。承乾謀反, 荷曰: "琅邪顏利仁善星數, 言天有變, 宜建大事, 陛下當爲太上皇。請稱疾, 上必臨問, 可以得志。" 及敗, 坐誅。臨刑, 意象軒驁。構以累貶死嶺表。

4. 위징魏徵

【출전】『구당서』 권71(「열전」 제21)

魏徵, 字玄成, 鉅鹿曲城人也。父長賢, 北齊屯留令。徵少孤貧, 落拓有大志, 不事生業, 出家爲道士。好讀書, 多所通涉, 見天下漸亂, 尤屬意縱橫之說。

大業末, 武陽郡丞元寶藏擧兵以應李密, 召徵使典書記。密每見寶藏之疏, 未嘗不稱善, 旣聞徵所爲, 遽使召之。徵進十策以干密, 雖奇之而不能用。及王世充攻密於洛口, 徵說密長史鄭頲曰: "魏公雖驟勝, 而驍將銳卒死傷多矣; 又軍無府庫, 有功不賞。戰士心惰, 此二者難以應敵。未若深溝高壘, 曠日持久, 不過旬月, 敵人糧盡, 可不戰而退, 追而擊之, 取勝之道。且東都食盡, 世充計窮, 意欲死戰, 可謂窮寇難與爭鋒, 請慎無與戰。" 頵曰: "此老生之常談耳!" 徵曰: "此乃奇謀深策, 何謂常談?" 因拂衣而去。

及密敗, 徵隨密來降, 至京師, 久不見知。自請安輯山東, 乃授秘書丞, 驅傳至黎陽。時徐世勣尚爲李密擁衆, 徵與世勣書曰:

自隋末亂離, 群雄競逐, 跨州連郡, 不可勝數。魏公起自叛徒, 奮臂大呼, 四方響應, 萬裡風馳, 雲合霧聚, 衆數十萬。威之所被, 將半天下, 破世充於洛口, 摧化及於黎山。方欲西蹈鹹陽, 北淩玄闕, 揚旌瀚海, 飮馬渭川, 翻以百勝之威, 敗於奔亡之虜。固知神器之重, 自有所歸, 不可以力爭。是以魏公思皇天之乃睠, 入函谷而不疑。公生於擾攘之時, 感知己之遇。根本已拔, 確乎不動, 鳩合遺散, 據守一隅。世充以乘勝餘勇, 息其東略; 建德因侮亡之勢, 不敢南謀。公之英聲, 足以振於今古。然誰無善始, 終之慮難。去就之機, 安危大節。若策名得地, 則九族廕其餘輝; 委質非人, 則一身不能自保。殷鑒不遠, 公所聞見。孟賁猶豫, 童子先之, 知幾其神, 不俟終日。今公處必爭之地, 乘宜速之機, 更事遲疑, 坐觀成敗, 恐兇狡之輩, 先人生心, 則公之事去矣。

世勣得書, 遂定計遣使歸國, 開倉運糧, 以饋淮安王神通之軍。

俄而建德悉衆南下, 攻陷黎陽, 獲徵, 署爲起居捨人。及建德就擒, 與裴矩西入關。隱太子聞其名, 引直洗馬, 甚禮之。徵見太宗勳業日隆, 每勸建成早爲之所。及敗, 太宗使召之, 謂曰: "汝離間我兄弟, 何也?" 徵曰: "皇太子若從徵言, 必無今日之禍。" 太宗素器之, 引爲詹事主簿。及踐祚, 擢拜諫議大夫, 封鉅鹿縣男, 使安輯河北, 許以便宜從事。徵至磁州, 遇前宮千牛李志安、齊王護軍李思行錮送詣京師。徵謂副使李桐客曰: "吾等受命之日, 前宮、齊府左右, 皆令赦原不問。今復送思行, 此外誰不自疑? 徒遣使往, 彼必不信, 此乃差之毫厘, 失之千里。且公家之利, 知無不爲, 寧可慮身, 不可廢國家大計。今若釋遣思行, 不問其罪, 則信義所感, 無遠不臻。古者, 大夫出疆, 苟利社稷, 專之可也。況今日之行, 許以便宜從事, 主上既以國士見待, 安可不以國士報之乎?" 即釋遣思行等, 仍以啟聞, 太宗甚悅。

太宗新即位, 勵精政道, 數引徵入臥內, 訪以得失。徵雅有經國之才, 性又抗直, 無所屈撓。太宗與之言, 未嘗不欣然納受。徵亦喜逢知己之主, 思竭其用, 知無不言。太宗嘗勞之曰: "卿所陳諫, 前後二百餘事, 非卿至誠奉國, 何能若是?" 其年, 遷尚書左丞。或有言徵阿黨親戚者, 帝使御史大夫溫彥博案驗無狀, 彥博奏曰: "徵爲人臣, 須存形跡, 不能遠避嫌疑, 遂招此謗。雖情在無私, 亦有可責。" 帝令彥博讓徵, 且曰: "自今後不得不存形跡。" 他日, 徵入奏曰: "臣聞君臣協契, 義同一體。不存公道, 唯事形跡, 若君臣上下, 同遵此路, 則邦之興喪, 或未可知。" 帝瞿然改容曰: "吾已悔之。" 徵再拜曰: "願陛下使臣爲良臣, 勿使臣爲忠臣。" 帝曰: "忠、良有異乎?" 徵曰: "良臣, 稷、契、咎陶是也。忠臣, 龍逢、比干是也。良臣使身獲美名, 君受顯號, 子孫傳世, 福祿無疆。忠臣身受誅夷, 君陷大惡, 家國並喪, 空有其名。以此而言, 相去遠矣。" 帝深納其言, 賜絹五百匹。

貞觀二年, 遷秘書監, 參預朝政。徵以喪亂之後, 典章紛雜, 奏引學者校定四部書。數年之間, 秘府圖籍, 粲然畢備。

時高昌王麴文泰將入朝, 西域諸國鹹欲因文泰遣使貢獻, 太宗令文泰使人厭怛紇干往迎接之。徵諫曰: "中國始平, 瘡痍未復, 若微有勞役, 則不自安。往年文泰入朝, 所經州縣, 猶不能供, 況加於此輩。若任其商賈來往, 邊人則獲其利; 若爲賓客, 中國即受其弊矣。漢建武二十二年, 天下已寧。西域請置都護、送侍子, 光武不許, 蓋不以蠻夷勞弊中國也。今若許十國入貢, 其使不下千人, 欲使緣邊諸州何以取濟? 人心萬端, 後雖悔之, 恐無所及。" 上善其議。時厭怛紇干已發, 遽追止之。

後太宗幸九成宮, 因有宮人還京, 憩於湋川縣之官捨。俄又右僕射李靖、侍中王珪繼至, 官屬移宮人於別所而捨靖等。太宗聞之, 怒曰: "威福之柄, 豈由靖等? 何爲禮靖而輕我宮人!" 即令案驗湋川官屬及靖等。徵諫曰: "靖等, 陛下心膂大臣; 宮人, 皇后掃除之隸。論其委付, 事理不同。又靖等出外, 官吏訪朝廷法式, 歸來, 陛下問人間疾苦。靖等自當與官吏相見, 官吏亦不可不謁也。至於宮人, 供食之外, 不合參承。若以此罪責縣吏, 恐不益德音, 徒駭天下耳目。" 帝曰: "公言是也。" 乃釋官吏之罪, 李靖等亦寢而不問。

尋宴於丹霄樓, 酒酣。太宗謂長孫無忌曰: "魏徵、王珪, 昔在東宮, 盡心所事, 當時誠亦可惡。我能拔擢用之, 以至今日, 足爲無愧古人。然徵每諫我不從, 發言輒即不應, 何也?" 對曰: "臣以事有不可, 所以陳論, 若不從輒應, 便恐此事即行。" 帝曰: "但當時且應, 更別陳論, 豈不得耶?" 徵曰: "昔舜誡群臣: '爾無面從, 退有後言。' 若臣面從陛下方始諫, 此即'退有後言', 豈是稷、契事堯、舜之意耶?" 帝大笑曰: "人言魏徵擧動疏慢, 我但覺嫵媚, 適爲此耳。" 徵拜謝曰: "陛下導之使言, 臣所以敢諫, 若陛下不受臣諫, 豈敢數犯龍鱗?"

是月, 長樂公主將出降, 帝以皇后所生, 敕有司資送倍於永嘉長公主。徵曰: "不可。昔漢明欲封其子, 云'我子豈與先帝子等? 可半楚、淮陽。' 前史以爲美談。天子姊妹爲長公主, 子爲公主, 既加'長'字, 即是有所尊崇。或可情有淺深, 無容禮相逾越。" 上然其言, 入告長孫皇后, 後遣使齎錢四十萬、絹四百匹, 詣徵宅以賜之。尋進爵郡公。

七年, 代王珪爲侍中, 尚書省滯訟有不決者, 詔徵評理之。徵性非習法, 但存大體, 以情處斷, 無不悅服。

初, 有詔遣令狐德棻、岑文本撰『周史』, 孔穎達、許敬宗撰『隋史』, 姚思廉撰『梁』、『陳史』, 李百藥撰『齊史』。徵受詔總加撰定, 多所損益, 薦在簡正。『隋史』序論, 皆徵所作、『梁』、『陳』、『齊』各爲總論, 時稱良史。史成, 加左光祿大夫, 進封鄭國公, 賜物二千段。

徵自以無功於國, 徒以辯說, 遂參帷幄, 深懼滿盈, 後以目疾頻表遜位。太宗曰: "朕拔卿於讎虜之中, 任公以樞要之職, 見朕之非, 未嘗不諫。公獨不見金之在礦也, 何足貴哉? 良冶鍛而爲器, 便爲人所寶, 朕方自比於金, 以卿爲良匠。卿雖有疾, 未爲衰老, 豈得便爾?" 其年, 徵又面請遜位, 太宗難違之, 乃拜徵特進, 仍知門下事。其後又頻上四疏, 以陳得失。其一曰:

臣觀自古受圖膺運, 繼體守文, 控御英傑, 南面臨下, 皆欲配厚德於天地, 齊高明於日月, 本枝百代, 傳祚無窮。然而克終者鮮, 敗亡相繼, 其故何哉? 所以求之失其道也。殷鑒不遠, 可得而言。

昔在有隋, 統一寰宇, 甲兵強盛, 四十餘年, 風行萬裡, 威動殊俗; 一旦舉而棄之, 盡爲他人之有。彼煬帝豈惡天下之治安, 不欲社稷之長久, 故行桀虐, 以就滅亡哉? 恃其富強, 不虞後患。驅天下以從欲, 罄萬物以自奉, 採域中之子女, 求遠方之奇異。宮宇是飾, 臺榭是崇, 徭役無時, 干戈不戢。外示威重, 內多險忌。讒邪者必受其福, 忠正者莫保其生。上下相蒙, 君臣道隔, 人不堪命, 率土分崩。遂以四海之尊, 殞於匹夫之手, 子孫殄滅, 爲天下笑, 深可痛哉!

聖哲乘機, 拯其危溺, 八柱傾而復正, 四維絕而更張。遠肅邇安, 不逾於期月; 勝殘去殺, 無待於百年。今宮觀臺榭, 盡居之矣; 奇珍異物, 盡收之矣; 姬姜淑媛, 盡侍於側矣; 四海九州, 盡爲臣妾矣。若能鑒彼之所以亡, 念我之所以得, 日慎一日, 雖休勿休。焚鹿臺之寶衣, 毀阿房之廣殿, 懼危亡於峻宇, 思安處於卑宮, 則神化潛通, 無爲而理, 德之上也。若成功不毀, 即仍其舊, 除其不急, 損之又損。雜茅茨於桂棟, 參玉砌以土階, 悅以使人, 不竭其力, 常念居之者逸, 作之者勞, 億兆悅以子來, 群生仰而遂性, 德之次也。若惟聖罔念, 不慎厥終, 忘締構之艱難, 謂天命之可恃。忽彩椽之恭儉, 追雕牆之侈靡, 因其基以廣之, 增其舊而飾之。觸類而長, 不思止足, 人不見德, 而勞役是聞, 斯爲下矣。譬之負薪救火, 揚湯止沸, 以亂易亂, 與亂同道, 莫可則也, 後嗣何觀, 則人怨神怒; 人怨神怒, 則災害必下, 而禍亂必作。禍亂既作, 而能以身名令終者, 鮮矣! 順天革命之後, 隆七百之祚, 貽厥孫謀, 傳之萬世, 難得易失, 可不念哉!

其二曰:

臣聞求木之長者, 必固其根本; 欲流之遠者, 必浚其泉源; 思國之安者, 必積其德義。源不深而豈望流之遠, 根不固而何求木之長? 德不厚而思國之治, 雖在下愚, 知其不可, 而況於明哲乎! 人君當神器之重, 居域中之大, 將崇極天之峻, 永保無疆之休。不念於居安思危, 戒貪以儉; 德不處其厚, 情不勝其欲, 斯亦伐根以求木茂, 塞源而欲流長者也。

凡百元首, 承天景命, 莫不殷憂而道著, 功成而德衰。有善始者實繁, 能克終者蓋寡, 豈其取之易而守之難乎? 昔取之而有餘, 今守之而不足, 何也? 夫在殷憂必竭誠以待下, 既得志則縱情以傲物。竭誠則胡越爲一體, 傲物則骨肉爲行路。雖董之以嚴刑, 振之以威怒, 終苟免而不懷仁, 貌恭而不心服。怨不在大, 可畏惟人。載舟覆舟, 所宜深慎。奔車朽索, 其可忽乎?

君人者, 誠能見可欲則思知足以自戒, 將有所作則思知止以安人, 念高危則思謙沖而自牧, 懼滿溢則思江海而下百川, 樂盤游則思三驅以爲度, 恐懈怠則思慎始而敬終, 慮壅蔽則思虛心以納下, 想讒邪則思正身以黜惡, 恩所加則思無因喜以謬賞, 罰所及則思無因怒而濫刑。總此十思, 弘茲九德, 簡能而任之, 擇善而從之。則智者盡其謀, 勇者竭其力, 仁者播其惠, 信者效其忠。文武爭馳，君臣無事，可以盡豫游之樂，可以養松喬之壽，鳴琴垂拱，不言而化。何必勞神苦思，代下司職，役聰明之耳目，虧無爲之大道哉!

其三曰:

臣聞『書』曰: "明德愼罰，惟刑恤哉!" 『禮』云: "爲上易事，爲下易知，則刑不煩矣。上多疑則百姓惑，下難知則君長勞矣。" 夫上易事，下易知，君長不勞，百姓不惑。故君有一德，臣無二心; 上播忠厚之誠，下竭股肱之力，然後太平之基不墜，"康哉" 之詠斯起。當今道被華夷，功高宇宙，無思不服，無遠不臻。然言尚於簡大，志在於明察，刑賞之本，在乎勸善而懲惡。帝王之所以與天下爲畫一，不以親疏貴賤而輕重者也。今之刑賞，未必盡然。或申屈在乎好惡，輕重由乎喜怒。遇喜則矜其刑於法中，逢怒則求其罪於事外; 所好則鑽皮出其毛羽，所惡則洗垢求其瘢痕。瘢痕可求，則刑斯濫矣; 毛羽可出，則賞典謬矣。刑濫則小人道長，賞謬則君子道消。小人之惡不懲，君子之善不勸，而望治安刑措，非所聞也。

且夫豫暇淸談，皆敦尚於孔、老; 威怒所至，則取法於申、韓。直道而行，非無三黜，危人自安，蓋亦多矣。故道德之旨未弘，刻薄之風已扇。夫上風旣扇，則下生百端，人競趨時，則憲章不一，稽之王度，實虧君道。昔州黎上下其手，楚國之法遂差; 張湯輕重其心，漢朝之刑以弊。人臣之頗僻，猶莫能申其欺罔，況人君之高下，將何以措其手足乎! 以睿聖之聰明，無幽微而不燭，豈神有所不達，智有所不通哉? 安其所安，不以恤刑爲念; 樂其所樂，遂忘先笑之變。禍福相倚，吉兇同域，唯人所召，安可不思? 頃者責罰稍多，威怒微厲，或以供給不贍，或以人不從欲，皆非致治之所急，實乃驕奢之攸漸。是知貴不與驕期而驕自來，富不與奢期而奢自至，非徒語也。

且我之所代，實在有隋，隋氏亂亡之源，聖明之所臨照。以隋氏之甲兵，況當今之士馬; 以隋氏之府儲藏，譬今日之資儲; 以隋氏之戶口，校今時之百姓。度長計大, 曾何等級? 然隋氏以富強而喪敗, 動之也; 我以貧寡而安寧, 靜之也。靜之則安, 動之則亂, 人皆知之, 非隱而難見也, 微而難察也。鮮蹈平易之途, 多遵覆車之轍, 何哉? 在於安不思危, 治不念亂, 存不慮亡之所致也。昔隋氏之未亂, 自謂必無亂; 隋氏之未亡, 自謂必不亡。所以甲兵屢動, 徭役不息, 至於身將戮辱, 竟未悟其滅亡之所由也, 可不哀哉!

夫鑒形之美惡, 必就於止水; 鑒國之安危, 必取於亡國。『詩』曰: "殷鑒不遠, 在夏後之世。" 又曰: "伐柯伐柯, 其則不遠。" 臣願當今之動靜, 思隋氏以爲鑒, 則存亡治亂, 可得而知。若能思其所以危, 則安矣; 思其所以亂, 則治矣; 思其所以亡, 則存矣。存亡之所在, 節嗜欲以從人。省畋游之娛, 息靡麗之作, 罷不急之務, 慎偏聽之怒。近忠厚, 遠便佞, 杜悅耳之邪說, 聽苦口之忠言。去易進之人, 賤難得之貨。采堯、舜之誹謗, 追禹、湯之罪己, 惜十家之產, 順百姓之心。近取諸身, 恕以待物。思勞謙以受益, 不自滿以招損。有動則庶類以和, 出言而千里斯應, 超上德於前載, 樹風聲於後昆。此聖哲之宏規, 帝王之盛業, 能事斯畢, 在乎慎守而已。

夫守之則易, 取之實難, 既得其所以難, 豈不能保其所以易? 其或保之不固, 則驕奢淫泆動之也。慎終如始, 可不勉歟! 『易』云: "君子安不忘危, 存不忘亡, 治不忘亂, 是以身安而國家可保。" 誠哉斯言, 不可以不深察也。伏惟陛下欲善之志, 不減於昔時, 聞過必改, 少虧於曩日。若能以當今之無事, 行疇昔之恭儉, 則盡善盡美, 固無得而稱焉。

其四曰:

臣聞爲國之基, 必資於德禮; 君子所保, 惟在於誠信。誠信立則下無二心, 德禮形則遠人斯格。然則德禮誠信, 國之大綱, 在於父子君臣, 不可斯須而廢也。故孔子曰: "君使臣以禮, 臣事君以忠。" 又曰: "自古皆有死, 人無信不立。" 文子曰: "同言而信, 信在言前; 同令而行, 誠在令外。" 然則言而不行,言不信也; 令而不從, 令無誠也。不信之言, 無誠之令, 爲上則敗國, 爲下則危身, 雖在顚沛之中, 君子所不爲也。

自王道休明, 十有餘載, 威加海外, 萬國來庭, 倉稟日積, 土地日廣。然而道德未益厚, 仁義未益博者, 何哉? 由乎待下之情未盡於誠信, 雖有善始之勤, 未睹克終之美故也。其所由來者漸, 非一朝一夕之故。昔貞觀之始, 聞善若驚, 暨五六年間, 猶悅以從諫。自茲厥後, 漸惡直言, 雖或勉強, 時有所容, 非復曩時之豁如也。謇諤之士, 稍避龍鱗; 便佞之徒, 肆其巧辯。謂同心者爲朋黨, 謂告訐者爲至公, 謂強直者爲擅權, 謂忠讜者爲誹謗。謂之朋黨, 雖忠信而可疑; 謂之至公, 雖矯僞而無咎。強直者畏擅權之議, 忠讜者慮誹謗之尤。至於竊斧生疑, 投讜致惑, 正人不得盡其言, 大臣莫能與之諍。熒惑視聽, 郁於大道, 妨化損德, 其在茲乎? 故孔子惡利口之覆邦家, 蓋爲此也。

且君子小人, 貌同心異。君子掩人之惡, 揚人之善, 臨難無苟免, 殺身以成仁。小人不恥不仁, 不畏不義, 唯利之所在, 危人以自安。夫苟在危人, 則何所不至。今將求致治, 必委之於君子; 事有得失, 或訪之於小人。其待君子也, 則敬而疏; 遇小人也, 必輕而狎。狎則言無不盡, 疏則情或不通。是譽毁在於小人, 刑罰加於君子, 實興喪所在, 亦安危所系, 可不慎哉! 夫中智之人, 豈無小慧, 然才非經國, 慮不及遠, 雖竭力盡誠, 猶未免於傾敗; 況內懷奸利, 承顔順旨, 其爲患禍, 不亦深乎? 故孔子曰: “君子或有不仁者焉, 未見小人而仁者。” 然則君子不能無小惡, 惡不積, 無妨於正道; 小人或時有小善, 善不積, 不足以立忠。今謂之善人矣, 復慮其有不信, 何異夫立直木而疑其影之不直乎? 雖竭精神, 勞思慮, 其不可亦已明矣。

夫君能盡禮, 臣得竭忠, 必在於內外無私, 上下相信。上不信則無以使下, 下不信則無以事上。信之爲義, 大矣哉! 故自天祐之, 吉無不利。昔齊桓公問於管仲曰: “吾欲酒腐於爵, 肉腐於俎, 得無害於霸乎?” 管仲曰: “此極非其善者, 然亦無害霸也。” 公曰: “何如而害霸乎?” 曰: “不能知人, 害霸也; 知而不能用, 害霸也; 用而不能信, 害霸也; 既信而又使小人參之, 害霸也。” 晉中行穆伯攻鼓, 經年而不能下, 饋間倫曰: “鼓之嗇夫, 間倫知之, 請無疲士大夫而鼓可得。” 穆伯不應。左右曰: “不折一戟, 不傷一卒, 而鼓可得, 君奚爲不取?” 穆伯曰: “間倫之爲人也, 佞而不仁。若間倫下之, 吾不可以不賞。賞之, 是賞佞人也。佞人得志, 是使晉國之士捨仁而爲佞, 雖得鼓, 將何用之?” 夫穆伯列國大夫, 管仲霸者之佐, 猶慎於信任, 遠避佞人也如此, 況乎爲四海之大君, 應千齡之上聖, 而可使巍巍之盛德, 復將有所間然乎?

若欲令君子小人是非不雜, 必懷之以德, 待之以信, 厲之以義, 節之以禮, 然後善善而惡惡, 審罰而明賞, 則小人絕其佞邪, 君子自強不息。無爲之化, 何遠之有? 善善而不能進, 惡惡而不能去, 罰不及於有罪, 賞不加於有功, 則危亡之期, 或未可保。永錫祚胤, 將何望哉? 太宗手詔嘉美, 優納之。嘗謂長孫無忌曰: “朕即位之初, 上書者或言‘人主必須威權獨運, 不得委任群下’; 或欲耀兵振武, 慴服四夷。唯有魏徵勸朕‘偃革興文, 布德施惠, 中國既安, 遠人自服。’ 朕從其語, 天下大寧。絕域君長, 皆來朝貢, 九夷重譯, 相望於道。此皆魏徵之力也。”

太宗嘗嫌上封者眾, 不近事實, 欲加黜責。徵奏曰: “古者立誹謗之木, 欲聞己過。今之封事, 謗木之流也。陛下思聞得失, 祇可恣其陳道。若所言衷, 則有益於陛下; 若不衷, 無損於國家。” 太宗曰: “此言是也。” 並勞而遣之。

後太宗在洛陽宮, 幸積翠池, 宴群臣, 酒酣各賦一事。太宗賦『尚書』曰: “日昃玩百篇, 臨燈披「五典」。夏康既逸豫, 商辛亦流湎。恣情昏主多, 克己明君鮮。滅身資累惡, 成名由積善。” 徵賦西漢曰: “受降臨軹道, 爭長趣鴻門。驅傳渭橋上, 觀兵細柳屯。夜宴經柏谷, 朝游出杜原。終藉叔孫禮, 方知皇帝尊。” 太宗曰: “魏徵每言, 必約我以禮也。” 尋以修定『五禮』, 當封一子爲縣男, 請讓孤兄子叔慈。太宗愴然曰: “卿之此心, 可以勵俗。” 遂許之。

十二年, 禮部尚書王珪奏言: “三品以上遇親王於途, 皆降乘, 違法申敬, 有乖儀准。” 太宗曰: “卿輩皆自崇貴, 卑我兒子乎?” 徵進曰: “自古迄茲, 親王班次三公之下。今三品皆曰天子列卿及八座之長, 爲王降乘, 非王所宜當也。求諸故事, 則無可憑; 行之於今, 又乖國憲。” 太宗曰: “國家所以立太子者, 擬以爲君也。然則人之修短, 不在老少, 設無太子, 則母弟次立。以此而言, 安得輕我子耶?” 徵曰: “殷家尚質, 有兄終弟及之義; 自周以降, 立嫡必長, 所以絕庶孽之窺覦, 塞禍亂之源本, 有國者之所深慎。” 於是遂可珪奏。會皇孫誕育, 召公卿賜宴, 太宗謂侍臣曰: “貞觀以前, 從我平定天下, 周旋艱險, 玄齡之功, 無所與讓。貞觀之後, 盡心於我, 獻納忠讜, 安國利民, 犯顏正諫, 匡朕之違者, 唯魏徵而已。古之名臣, 何以加也!” 於是親解佩刀以賜二人。

徵以戴聖『禮記』編次不倫, 遂爲『類禮』二十卷, 以類相從, 削其重複, 採先儒訓注, 擇善從之, 研精覃思, 數年而畢。太宗覽而善之, 賜物一千段, 錄數本以賜太子及諸王, 仍藏之秘府。

先是, 遣使詣西域立葉護可汗, 未還, 又遣使多齎金銀帛歷諸國市馬。徵諫曰: “今以立可汗爲名, 可汗未定, 即詣諸國市馬, 彼必以爲意在市馬, 不爲專意立可汗。可汗得立, 則不甚懷恩。諸蕃聞之, 以爲中國薄義重利, 未必得馬, 而失義矣。昔漢文有獻千里馬者, 曰: 吾兇行日三十裡, 吉行五十裡, 鑾輿在前, 屬車在後, 吾獨乘千里馬將安之? 乃賞其道裡所費而返之。漢光武有獻千里馬及寶劍者, 馬以駕鼓車, 劍以賜騎士。陛下凡所施爲, 皆邈逾三王之上, 奈何至於此事, 欲爲孝文、光武之下乎? 又魏文帝欲求市西域大珠, 蘇則曰: ‘若陛下惠及四海, 則不求自至, 求而得之, 不足爲貴也。’ 陛下縱不能慕漢文之高行, 可不畏蘇則之言乎?" 太宗納其言而止。

時公卿大臣並請封禪, 唯徵以爲不可。太宗曰: "朕欲卿極言之。豈功不高耶? 德不厚耶? 諸夏未治安耶? 遠夷不慕義耶? 嘉瑞不至耶? 年谷不登耶? 何爲而不可?" 對曰: "陛下功則高矣, 而民未懷惠; 德雖厚矣, 而澤未滂流; 諸夏雖安, 未足以供事; 遠夷慕義, 無以供其求; 符瑞雖臻, 罻羅猶密; 積歲豐稔, 倉廩尚虛, 此臣所以竊謂未可。臣未能遠譬, 且借喻於人。今有人十年長患, 療治且愈, 此人應皮骨僅存, 便欲使負米一石, 日行百裡, 必不可得。隋氏之亂, 非止十年, 陛下爲之良醫, 疾苦雖已乂安, 未甚充實, 告成天地, 臣竊有疑。且陛下東封, 萬國鹹萃, 要荒之外, 莫不奔走。今自伊、洛以東, 暨乎海岱, 灌莽巨澤, 蒼茫千里, 人煙斷絕, 雞犬不聞, 道路蕭條, 進退艱阻, 豈可引彼夷狄, 示以虛弱? 竭財以賞, 未厭遠人之望; 重加給復, 不償百姓之勞。或遇水旱之災, 風雨之變, 庸夫橫議, 悔不可追。豈獨臣之懇誠, 亦有輿人之誦。" 太宗不能奪。是後, 右僕射缺, 欲拜之, 徵固讓乃止。

及皇太子承乾不修德業, 魏王泰寵愛日隆, 內外庶僚, 並有疑議。太宗聞而惡之, 謂侍臣曰: "當今朝臣忠謇, 無逾魏徵, 我遣傅皇太子, 用絕天下之望。" 十六年, 拜太子太師, 知門下省事如故。徵自陳有疾, 詔答曰: "漢之太子, 四皓爲助, 我之賴公, 即其義也。知公疾病, 可臥護之。"

其年, 稱綿惙, 中使相望。徵宅先無正寢, 太宗欲爲小殿, 輟其材爲徵營構, 五日而成, 遣中使齎素褥布被而賜之, 遂其所尚也。及病篤, 輿駕再幸其第, 撫之流涕, 問所欲言, 徵曰: "嫠不恤緯而憂宗周之亡。" 後數日, 太宗夜夢徵若平生, 及旦而奏徵薨, 時年六十四。太宗親臨慟哭, 廢朝五日, 贈司空、相州都督, 謚曰文貞。給羽葆鼓吹、班劍四十人, 賻絹布千段、米粟千石, 陪葬昭陵。及將祖載, 徵妻裴氏曰: "徵平生儉素, 今以一品禮葬, 羽儀甚盛, 非亡者之志。" 悉辭不受, 竟以布車載柩, 無文彩之飾。太宗登苑西樓, 望喪而哭, 詔百官送出郊外。帝親制碑文, 並爲書石。其後追思不已, 賜其實封九百戶。嘗臨朝謂侍臣曰: "夫以銅爲鏡, 可以正衣冠; 以古爲鏡, 可以知興替; 以人爲鏡, 可以明得失。朕常保此三鏡, 以防己過。今魏徵殂逝, 遂亡一鏡矣! 徵亡後, 朕遣人至宅, 就其書函得表一紙, 始立表草, 字皆難識, 唯前有數行, 稍可分辯, 云: '天下之事, 有善有惡, 任善人則國安, 用惡人則國亂。公卿之內, 情有愛憎, 憎者唯見其惡, 愛者唯見其善。愛憎之間, 所宜詳慎, 若愛而知其惡, 憎而知其善, 去邪勿疑, 任賢勿貳, 可以興矣。' 其遺表如此, 然在朕思之, 恐不免斯事。公卿侍臣, 可書之於笏, 知而必諫也。"

徵狀貌不逾中人, 而素有膽智, 每犯顏進諫, 雖逢王赫斯怒, 神色不移。嘗密薦中書侍郎杜正倫及吏部尙書侯君集有宰相之材。徵卒後, 正倫以罪黜, 君集犯逆伏誅, 太宗始疑徵阿黨。徵又自錄前後諫諍言辭往復以示史官起居郎褚遂良, 太宗知之, 愈不悅。先許以衡山公主降其長子叔玉, 於是手詔停婚, 顧其家漸衰矣。

徵四子, 叔琬、叔璘、叔瑜。叔玉襲爵國公, 官至光祿少卿; 叔瑜至潞州刺史, 叔璘禮部侍郎, 則天時爲酷吏所殺。

神龍初, 繼封叔玉子膺爲鄭國公。

【출전】『신당서』 권97(「열전」 제22)

魏徵, 字玄成, 魏州曲城人。少孤, 落魄, 棄貲產不營, 有大志, 通貫書術。

隋亂, 詭爲道士。武陽郡丞元寶藏擧兵應李密, 以徵典書檄。密得寶藏書, 輒稱善, 旣聞徵所爲, 促召之。徵進十策說密, 不能用。王世充攻洛口, 徵見長史鄭頲曰: "魏公雖驟勝, 而驍將銳士死傷略盡; 又府無見財, 戰勝不賞。此二者不可以戰。若浚池峭壘, 曠日持久, 賊糧盡且去, 我追擊之, 取勝之道也。" 頲曰: "老儒常語耳!" 徵不謝去。

後從密來京師, 久之未知名。自請安輯山東, 乃擢秘書丞, 馳驛至黎陽。時李勣尚爲密守, 徵與書曰: "始魏公起叛徒, 振臂大呼, 眾數十萬, 威之所被半天下, 然而一敗不振, 卒歸唐者, 固知天命有所歸也。今君處必爭之地, 不早自圖, 則大事去矣!" 勣得書, 遂定計歸, 而大發粟饋淮安王之軍。

會竇建德陷黎陽, 獲徵, 僞拜起居舍人。建德敗, 與裴矩走入關, 隱太子引爲洗馬。徵見秦王功高, 陰勸太子早爲計。太子敗, 王責謂曰: "爾鬩吾兄弟, 奈何?" 答曰: "太子蚤從徵言, 不死今日之禍。" 王器其直, 無恨意。

即位, 拜諫議大夫, 封鉅鹿縣男。當是時, 河北州縣素事隱、巢者不自安, 往往曹伏思亂。徵白太宗曰: "不示至公, 禍不可解。" 帝曰: "爾行安喻河北。" 道遇太子千牛李志安、齊王護軍李思行傳送京師, 徵與其副謀曰: "屬有詔, 宮府舊人普原之。今復執送志安等, 誰不自疑者? 吾屬雖往, 人不信。" 即貸而後聞。使還, 帝悅, 日益親, 或引至臥內, 訪天下事。徵亦自以不世遇, 乃展盡底蘊無所隱, 凡二百餘奏, 無不剴切當帝心者。由是拜尚書右丞, 兼諫議大夫。

左右有毀徵阿黨親戚者, 帝使溫彥博按訊, 非是。彥博曰: "徵爲人臣, 不能著形跡, 遠嫌疑, 而被飛謗, 是宜責也。" 帝謂彥博行讓徵。徵見帝, 謝曰: "臣聞君臣同心, 是謂一體, 豈有置至公, 事形跡? 若上下共由茲路, 邦之興喪未可知也。" 帝矍然, 曰: "吾悟之矣!" 徵頓首曰: "願陛下俾臣爲良臣, 毋俾臣爲忠臣。" 帝曰: "忠、良異乎?" 曰: "良臣, 稷、契、咎陶也; 忠臣, 龍逢、比干也。良臣, 身荷美名, 君都顯號, 子孫傳承, 流祚無疆; 忠臣, 己嬰禍誅, 君陷昏惡, 喪國夷家, 只取空名。此其異也。" 帝曰: "善。" 因問: "爲君者何道而明, 何失而暗?" 徵曰: "君所以明, 兼聽也; 所以暗, 偏信也。堯、舜氏辟四門, 明四目, 達四聰。雖有共, 玄, 不能塞也, 靖言庸違, 不能惑也。秦二世隱藏其身, 以信趙高, 天下潰叛而不得聞; 梁武帝信硃異, 侯景向關而不得聞; 隋煬帝信虞世基, 賊遍天下而不得聞。故曰, 君能兼聽, 則奸人不得壅蔽, 而下情通矣。”

鄭仁基息女美而才, 皇后建請爲充華, 典冊具。或言許聘矣。徵諫曰: “陛下處臺榭, 則欲民有棟宇; 食膏粱, 則欲民有飽適; 顧嬪御, 則欲民有室家。今鄭已約昏, 陛下取之, 豈爲人父母意!” 帝痛自咎, 即詔停冊。

貞觀三年, 以秘書監參豫朝政。高昌王曲文泰將入朝, 西域諸國欲因文泰悉遣使者奉獻。帝詔文泰使人厭怛紇干迎之。徵曰: “異時文泰入朝, 所過供擬不能具, 今又加諸國焉, 則瀕塞州縣以乏致罪者衆。彼以商賈來, 則邊人爲之利; 若賓客之, 中國蕭然耗矣。漢建武時, 西域請置都護、送侍子, 光武不許, 不以蠻夷敝中國也。” 帝曰: “善。” 追止其詔。

於是帝即位四年, 歲斷死二十九, 幾至刑措, 米斗三錢。先是, 帝嘗歎曰: “今大亂之後, 其難治乎?” 徵曰: “大亂之易治, 譬饑人之易食也。” 帝曰: “古不云善人爲邦百年, 然後勝殘去殺邪?” 答曰: “此不爲聖哲論也。聖哲之治, 其應如響, 期月而可, 蓋不其難。” 封德彝曰: “不然。三代之後, 澆詭日滋。秦任法律, 漢雜霸道, 皆欲治不能, 非能治不欲。徵書生, 好虛論, 徒亂國家, 不可聽。” 徵曰: “五帝、三王不易民以教, 行帝道而帝, 行王道而王, 顧所行何如爾。黃帝逐蚩尤, 七十戰而勝其亂, 因致無爲。九黎害德, 顓頊征之, 已克而治。桀爲亂, 湯放之; 紂無道, 武王伐之。湯、武身及太平。若人漸澆詭, 不復返樸, 今當爲鬼爲魅, 尚安得而化哉!” 德彝不能對, 然心以爲不可。帝納之不疑。至是, 天下大治。蠻夷君長襲衣冠, 帶刀宿衛。東薄海, 南逾嶺, 戶闔不閉, 行旅不齎糧, 取給於道。帝謂群臣曰: “此徵勸我行仁義, 既效矣。惜不令封德彝見之!”

俄檢校侍中, 進爵郡公。帝幸九成宮, 宮御舍湋川宮下。僕射李靖、侍中王珪繼至, 吏改館宮御以舍靖、珪。帝聞, 怒曰: “威福由是等邪! 何輕我宮人?”

詔並按之。徵曰: "靖、珪皆陛下腹心大臣, 宮人止後宮掃除隸耳。方大臣出, 官吏諮朝廷法式; 歸來, 陛下問人間疾苦。夫官捨, 固靖等見官吏之所, 吏不可不謁也。至宮人則不然, 供饋之餘無所參承。以此按吏, 且駭天下耳目。" 帝悟, 寢不問。

後宴丹霄樓, 酒中謂長孫無忌曰: "魏徵、王珪事隱太子、巢剌王時, 誠可惡, 我能棄怨用才, 無羞古人。然徵每諫我不從, 我發言輒不即應, 何哉?" 徵曰: "臣以事有不可, 故諫, 若不從輒應, 恐遂行之。" 帝曰: "弟即應, 須別陳論, 顧不得?" 徵曰: "昔舜戒群臣: '爾無面從, 退有後言。' 若面從可, 方別陳論, 此乃後言, 非稷、蒐所以事堯、舜也。" 帝大笑曰: "人言徵擧動疏慢, 我但見其嫵媚耳!" 徵再拜曰: "陛下導臣使言, 所以敢然; 若不受, 臣敢數批逆鱗哉!"

七年, 爲侍中。尚書省滯訟不決者, 詔徵平治。徵不素習法, 但存大體, 處事以情, 人人悅服。進左光祿大夫、鄭國公。多病, 辭職, 帝曰: "公獨不見金在廣何足貴邪? 善冶鍛而爲器, 人乃寶之。朕方自比於金, 以卿爲良匠而加礪焉。卿雖疾, 未及衰, 庸得便爾?" 徵懇請, 數卻愈牢。乃拜特進, 知門下省事, 詔朝章國典, 參議得失, 祿賜、國官、防閣並同職事。

文德皇后既葬, 帝即苑中作層觀, 以望昭陵, 引徵同升, 徵孰視曰: "臣眊昏, 不能見。" 帝指示之, 徵曰: "此昭陵邪?" 帝曰: "然。" 徵曰: "臣以爲陛下望獻陵, 若昭陵, 臣固見之。" 帝泣, 爲毀觀。尋以定五禮, 當封一子縣男, 徵請封孤兄子叔慈。帝愴然曰: "此可以勵俗。" 即許之。

後幸洛陽, 次昭仁宮, 多所譴責。徵曰: "隋惟責不獻食, 或供奉不精, 爲此無限, 而至於亡。故天命陛下代之, 正當兢懼戒約, 奈何令人悔爲不奢。若以爲足, 今不啻足矣; 以爲不足, 萬此寧有足邪?" 帝驚曰: "非公不聞此言。" 退又上疏曰:

『書』稱“明德愼罰”, “惟刑之恤。”『禮』曰: “爲上易事, 爲下易知, 則刑不煩。” “上多疑, 則百姓惑; 下難知, 則君長勞。” 夫上易事, 下易知, 君長不勞, 百姓不惑, 故君有一德, 臣無二心。夫刑賞之本, 在乎勸善而懲惡。帝王所與, 天下畫一, 不以親疏貴賤而輕重者也。今之刑賞, 或由喜怒, 或出好惡。喜則矜刑於法中, 怒則求罪於律外; 好則鑽皮出羽, 惡則洗垢索瘢。蓋刑濫則小人道長, 賞謬則君子道消。小人之惡不懲, 君子之善不勸, 而望治安刑措, 非所聞也。且暇豫而言, 皆敦尚孔、老; 至於威怒, 則專法申、韓。故道德之旨未弘, 而鍥薄之風先搖。昔州犁上下其手而楚法以敝, 張湯輕重其心而漢刑以謬, 況人主而自高下乎! 頃者罰人, 或以供張不贍, 或不能從欲, 皆非致治之急也。夫貴不與驕期而驕自至, 富不與奢期而奢自至, 非徒語也。

且我之所代, 實在有隋。以隋府藏況今之資儲, 以隋甲兵況今之士馬, 以隋戶口況今之百姓, 挈長度大, 曾何等級焉! 然隋以富強而喪, 動之也; 我以貧寡而安, 靜之也。靜之則安, 動之則亂, 人皆知之, 非隱而難見、微而難察也。不蹈平易之塗, 而遵覆車之轍, 何哉? 安不思危, 治不念亂, 存不慮亡也。方隋未亂, 自謂必無亂; 未亡, 自謂必不亡。所以甲兵亟動, 徭役不息, 以至戮辱而不悟滅亡之所由也, 豈不哀哉! 夫監形之美惡, 必就止水; 監‘政之安危, 必取亡國。『詩』曰: “殷鑒不遠, 在夏後之世。臣願當今之動靜, 以隋爲鑒, 則存亡治亂可得而知。思所以危則安矣, 思所以亂則治矣, 思所以亡則存矣。存亡之所在, 在節嗜欲, 省游畋, 息靡麗, 罷不急, 愼偏聽, 近忠厚, 遠便佞而已。夫守之則易, 得之實難。今既得其所難, 豈不能保其所易? 保之不固, 驕奢淫泆有以動之也。

帝宴群臣積翠池, 酣樂賦詩。徵賦「西漢」, 其卒章曰: “終藉叔孫禮, 方知皇帝尊。” 帝曰: “徵言未嘗不約我以禮。” 它日, 從容問曰: “比政治若何?” 徵見久承平, 帝意有所忽, 因對曰: “陛下貞觀之初, 導人使諫。三年以後, 見諫者悅而從之。比一二年, 勉強受諫, 而終不平也。” 帝驚曰: “公何物驗之?” 對曰: “陛下初即位, 論元律師死, 孫伏伽諫以爲法不當死, 陛下賜以蘭陵公主園, 直百萬。或曰: ‘賞太厚。’ 答曰: ‘朕即位, 未有諫者, 所以賞之。’ 此導人使諫也。後柳雄妄訴隋資, 有司得, 劾其僞, 將論死, 戴胄奏罪當徒, 執之四五然後赦。謂胄曰‘弟守法如此, 不畏濫罰。” 此悅而從諫也。近皇甫德參上書言‘修洛陽宮, 勞人也; 收地租, 厚斂也; 俗尚高髻, 宮中所化也。’ 陛下恚曰: ‘是子使國家不役一人, 不收一租, 宮人無發, 乃稱其意。’ 臣奏: ‘人臣上書, 不激切不能起人主意, 激切即近訕謗。’ 於時, 陛下雖從臣言, 賞帛罷之, 意終不平。此難於受諫也。” 帝悟曰: “非公, 無能道此者。人苦不自覺耳!”

先是, 帝作飛仙宮, 徵上疏曰:

隋有天下三十餘年, 風行萬裡, 威讋殊俗, 一旦擧而棄之。彼煬帝者, 豈惡治安、喜滅亡哉? 恃其富強, 不虞後患也。驅天下, 役萬物, 以自奉養, 子女玉帛是求, 宮宇臺榭是飾, 徭役無時, 干戈不休, 外示威重, 內行險忌, 讒邪者進, 忠正者退, 上下相蒙, 人不堪命, 以致殞匹夫之手, 爲天下笑。聖哲乘機, 拯其危溺。今宮觀臺榭, 盡居之矣; 奇珍異物, 盡收之矣; 姬姜淑媛, 盡侍於側矣; 四海九州, 盡爲臣妾矣。若能鑒彼所以亡, 念我所以得, 焚寶衣, 毀廣殿, 安處卑宮, 德之上也。若成功不廢, 即仍其舊, 除其不急, 德之次也。不惟王業之艱難, 謂天命可恃, 因基增舊, 甘心侈靡, 使人不見德而勞役是聞, 斯爲下矣。以暴易暴, 與亂同道。夫作事不法, 後無以觀。人怨神怒, 則災害生; 災害生, 則禍亂作; 禍亂作, 而能以身名令終鮮矣。

是歲, 大雨, 谷、洛溢, 毀宮寺十九, 漂居人六百家。徵陳事曰:

臣聞爲國基於德禮, 保於誠信。誠信立, 則下無二情; 德禮形, 則遠者來格。故德禮誠信, 國之大綱, 不可斯須廢也。傳曰: “君使臣以禮, 臣事君以忠。” “自古皆有死, 民無信不立。” 又曰: “同言而信, 信在言前; 同令而行, 誠在令外。” 然則言而不行, 言不信也; 令而不從, 令無誠也。不信之言, 不誠之令, 君子弗爲也。

自王道休明, 綿十餘載, 倉廩愈積, 土地益廣, 然而道德不日博, 仁義不日厚, 何哉? 由待下之情, 未盡誠信, 雖有善始之勤, 而無克終之美。故便佞之徒得肆其巧, 謂同心爲朋黨, 告訐爲至公, 強直爲擅權, 忠讜爲誹謗。謂之朋黨, 雖忠信可疑; 謂之至公, 雖矯僞無咎。強直者畏擅權而不得盡, 忠讜者慮誹謗而不敢與之爭。熒惑視聽, 郁於大道, 妨化損德, 無斯甚者。

今將致治則委之君子, 得失或訪諸小人, 是譽毁常在小人, 而督責常加君子也。夫中智之人, 豈無小惠, 然慮不及遠, 雖使竭力盡誠, 猶未免傾敗, 況內懷奸利, 承顔順旨乎? 故孔子曰: “君子而不仁者有矣, 未有小人而仁者。” 然則君子不能無小惡, 惡不積無害於正; 小人時有小善, 善不積不足以忠。今謂之善人矣, 復慮其不信, 何異立直木而疑其景之曲乎? 故上不信則無以使下, 下不信則無以事上。信之爲義大矣!

昔齊桓公問管仲曰: “吾欲使酒腐於爵, 肉腐於俎, 得無害霸乎?” 管仲曰: “此固非其善者, 然無害霸也。” 公曰: “何如而害霸?” 曰: “不能知人, 害霸也; 知而不能用, 害霸也; 用而不能任, 害霸也; 任而不能信, 害霸也; 既信而又使小人參之, 害霸也。” 晉中行穆伯攻鼓, 經年而不能下, 餽聞倫曰: “鼓之嗇夫, 聞倫知之, 請無疲士大夫, 而鼓可得。” 穆伯不應。左右曰: “不折一戟, 不傷一卒, 而鼓可得, 君奚不爲?” 穆伯曰: “聞倫之爲人也, 佞而不仁。若使聞倫下之, 吾不可以不賞, 若賞之, 是賞佞人也。佞人得志, 是使晉國捨仁而爲佞, 雖得鼓, 安用之!” 夫穆伯, 列國大夫, 管仲, 霸者之佐, 猶能愼於信任, 遠避佞人, 況陛下之上聖乎? 若欲令君子小人是非不雜, 必懷之以德, 待之以信, 厲之以義, 節之以禮, 然後善善而惡惡, 審罰而明賞, 無爲之化何遠之有! 善善而不能進, 惡惡而不能去, 罰不及有罪, 賞不加有功, 則危亡之期或未可保。

帝手詔嘉答。於是, 廢明德宮玄圃院賜遭水者。

它日, 宴群臣, 帝曰: "貞觀以前, 從我定天下, 間關草昧, 玄齡功也。貞觀之後, 納忠諫, 正朕違, 爲國家長利, 徵而已。雖古名臣, 亦何以加!" 親解佩刀, 以賜二人。帝嘗問群臣: "徵與諸葛亮孰賢?" 岑文本曰: "亮才兼將相, 非徵可比。" 帝曰: "徵蹈履仁義, 以弼朕躬, 欲致之堯、舜, 雖亮無以抗。時上封者眾, 或不切事, 帝厭之, 欲加譴黜, 徵曰: "古者立謗木, 欲聞己過。封事, 其謗木之遺乎! 陛下思聞得失, 當恣其所陳。言而是乎, 爲朝廷之益; 非乎, 無損於政。" 帝悅, 皆勞遣之。

十三年, 阿史那結社率作亂, 雲陽石然, 自冬至五月不雨, 徵上疏極言曰:

臣奉侍帷幄十餘年, 陛下許臣以仁義之道, 守而不失; 儉約樸素, 終始弗渝。德音在耳, 不敢忘也。頃年以來, 浸不克終。謹用條陳, 裨萬分一。

陛下在貞觀初, 清淨寡慾, 化被荒外。今萬裡遣使, 市索駿馬, 並訪怪珍。昔漢文帝卻千里馬, 晉武帝焚雉頭裘。陛下居常論議, 遠希堯、舜, 今所爲, 更欲處漢文、晉武下乎? 此不克終一漸也。子貢問治人。孔子曰: "懍乎若朽索之馭六馬。" 子貢曰: "何畏哉?" 對曰: "不以道導之, 則吾仇也, 若何不畏!" 陛下在貞觀初, 護民之勞, 煦之如子, 不輕營爲。頃既奢肆, 思用人力, 乃曰: "百姓無事則易驕, 勞役則易使。" 自古未有百姓逸樂而致傾敗者, 何有逆畏其驕而爲勞役哉? 此不克終二漸也。陛下在貞觀初, 役己以利物, 比來縱欲以勞人。雖憂人之言不絕於口, 而樂身之事實切諸心。無慮營構, 輒曰: "弗爲此, 不便我身。" 推之人情, 誰敢復爭? 此不克終三漸也。在貞觀初, 親君子, 斥小人。比來輕褻小人, 禮重君子。重君子也, 恭而遠之; 輕小人也, 狎而近之。近之莫見其非, 遠之莫見其是。莫見其是, 則不待間而疏; 莫見其非, 則有時而暱。暱小人, 疏君子, 而欲致治, 非所聞也。此不克終四漸也。

在貞觀初, 不貴異物, 不作無益。而今難得之貨雜然並進, 玩好之作無時而息。上奢靡而望下樸素, 力役廣而冀農業興, 不可得已。此不克終五漸也。貞觀之初, 求士如渴, 賢者所擧, 即信而任之, 取其所長, 常恐不及。比來由心好惡, 以衆賢擧而用, 以一人毁而棄, 雖積年任而信, 或一朝疑而斥。夫行有素履, 事有成跡, 一人之毁未必可信, 積年之行不應頓虧。陛下不察其原, 以爲臧否, 使讒佞得行, 守道疏間。此不克終六漸也。在貞觀初, 高居深拱, 無田獵畢弋之好。數年之後, 志不克固, 鷹犬之貢, 遠及四夷, 晨出夕返, 馳騁爲樂, 變起不測, 其及救乎? 此不克終七漸也。在貞觀初, 遇下有禮, 群情上達。今外官奏事, 顔色不接, 間因所短, 詰其細過, 雖有忠款, 而不得申。此不克終八漸也。在貞觀初, 孜孜治道, 常若不足。比恃功業之大, 負聖智之明, 長傲縱欲, 無事興兵, 問罪遠裔。親狎者阿旨不肯諫, 疏遠者畏威不敢言。積而不已, 所損非細。此不克終九漸也。貞觀初, 頻年霜旱, 畿內戶口並就關外, 攜老扶幼, 來往數年, 卒無一戶亡去。此由陛下矜育撫寧, 故死不攜貳也。比者疲於徭役, 關中之人, 勞弊尤甚。雜匠當下, 顧而不遣。正兵番上, 復別驅任。市物襁屬於塵, 遞子背望於道。脫有一谷不收, 百姓之心, 恐不能如前日之帖泰。此不克終十漸也。

夫禍福無門, 惟人之召, 人無釁焉, 妖不妄作。今旱熯之災, 遠被郡國, 兇醜之孽, 起於轂下, 此上天示戒, 乃陛下恐懼憂勤之日也。千載休期, 時難再得, 明主可爲而不爲, 臣所以郁結長歎者也!

疏奏, 帝曰: “朕今聞過矣, 願改之, 以終善道。有違此言, 當何施顔面與公相見哉! 方以所上疏, 列爲屛障, 庶朝夕見之, 兼錄付史官, 使萬世知君臣之義。” 因賜黃金十斤, 馬二匹。

高昌平, 帝宴兩儀殿, 歎曰: “高昌若不失德, 豈至於亡! 然朕亦當自戒, 不以小人之言而議君子, 庶幾獲安也。” 徵曰: “昔齊桓公與管仲、鮑叔牙、寧戚四人者飮, 桓公請叔牙曰: '盍起爲寡人壽?' 叔牙奉觴而起曰: '願公無忘在莒時, 使管仲無忘束縛於魯時, 使甯戚無忘飯牛車下時。' 桓公避席而謝曰: '寡人與二大夫能無忘夫子之言, 則社稷不危矣。'" 帝曰: "朕不敢忘布衣時, 公不得忘叔牙之爲人也。"

帝遣使者至西域立葉護可汗, 未還, 又遣使齎金帛諸國市馬。徵曰: "今立可汗未定, 即詣諸國市馬, 彼必以爲意在馬, 不在立可汗。可汗得立, 必不懷恩。諸蕃聞之, 以中國薄義重利, 未必得馬而先失義矣。魏文帝欲求市西域大珠, 蘇則以爲惠及四海, 則不求自至; 求而得之, 不足貴也。陛下可不畏蘇則言乎!" 帝遂止。

是後右僕射缺, 欲用徵, 徵讓, 得不拜。皇太子承乾與魏王泰交惡, 帝曰: "當今忠謇貴重無逾徵, 我遣傅皇太子, 一天下之望, 羽翼固矣。" 即拜太子太師。徵以疾辭, 詔答曰: "漢太子以四皓爲助, 我賴公, 其義也。公雖臥, 可擁全之。"

十七年, 疾甚。徵家初無正寢, 帝命輟小殿材爲營構, 五日畢, 並賜素褥布被, 以從其尚。令中郞將宿其第, 動靜輒以聞, 藥膳賜遺無算, 中使者綴道。帝親問疾, 屛左右, 語終日乃還。後復與太子臻至徵第, 徵加朝服, 拖帶。帝悲懣, 拊之流涕, 問所欲。對曰: "嫠不恤緯, 而憂宗周之亡!" 帝將以衡山公主降其子叔玉。時主亦從, 帝曰: "公強視新婦!" 徵不能謝。是夕, 帝夢徵若平生, 及旦, 薨。帝臨哭, 爲之慟, 罷朝五日。太子舉哀西華堂。詔內外百官朝集使皆赴喪, 贈司空、相州都督, 謚曰文貞, 給羽葆、鼓吹、班劍四十人, 陪葬昭陵。將葬, 其妻裴辭曰: "徵素儉約, 今假一品禮, 儀物褒大, 非徵志。" 見許, 乃用素車, 白布幨帷, 無塗車、芻靈。帝登苑西樓, 望哭盡哀。晉王奉詔致祭。帝作文於碑, 遂書之。又賜家封戶九百。

帝後臨朝歎曰: "以銅爲鑒, 可正衣冠; 以古爲鑒, 可知興替; 以人爲鑒, 可明得失。朕嘗保此三鑒, 內防己過。今魏徵逝, 一鑒亡矣。朕比使人至其家, 得書一紙, 始半稿, 其可識者曰: '天下之事, 有善有惡, 任善人則國安, 用惡人則國弊。公卿之內, 情有愛憎, 憎者惟見其惡, 愛者止見其善。愛憎之間, 所宜詳愼。若愛而知其惡, 憎而知其善, 去邪勿疑, 任賢勿猜, 可以興矣。' 其大略如此。朕顧思之, 恐不免斯過。公卿侍臣可書之於笏, 知而必諫也。"

徵狀貌不逾中人, 有志膽, 每犯顔進諫, 雖逢帝甚怒, 神色不徙, 而天子亦爲霽威。議者謂賁、育不能過。嘗上塚還, 奏曰: "向聞陛下有關南之行, 旣辦而止, 何也?" 帝曰: "畏卿, 遂停耳。" 始, 喪亂後, 典章湮散, 徵奏引諸儒校集秘書, 國家圖籍粲然完整。嘗以『小戴禮』綜匯不倫, 更作『類禮』二十篇, 數年而成。帝美其書, 錄寘內府。帝本以兵定天下, 雖已治, 不忘經略四夷也。故徵侍宴, 奏「破陣武德舞」, 則俯首不顧, 至「慶善樂」, 則諦玩無斁, 擧有所諷切如此。

徵亡, 帝思不已, 登凌煙閣觀畫像, 賦詩悼痛, 聞者媢之, 毁短百爲。徵嘗薦杜正倫、侯君集才任宰相, 及正倫以罪黜, 君集坐逆誅, 纖人遂指爲阿黨; 又言徵嘗錄前後諫爭語示史官褚遂良。帝滋不悅, 乃停叔玉昏, 而僕所爲碑, 顧其家衰矣。

遼東之役, 高麗、靺鞨犯陣, 李勣等力戰破之。軍還, 悵然曰: "魏徵若在, 吾有此行邪!" 卽召其家到行在, 賜勞妻子, 以少牢祠其墓, 復立碑, 恩禮加焉。

四子: 叔玉、叔琬、叔璘、叔瑜。叔玉襲爵爲光祿少卿。神龍初, 以其子膺紹封。叔璘, 禮部侍郎, 武後時, 爲酷吏所殺。叔瑜, 豫州刺史, 善草隸, 以筆意傳其子華及甥薛稷。世稱善書者"前有虞、褚, 後有薛、魏"。華爲檢校太子左庶子、武陽縣男。開元中, 寢堂火, 子孫哭三日, 詔百官赴吊。

5. 방현령房玄齡

【출전】『구당서』 권66(「열전」 제16)

房喬, 字玄齡, 齊州臨淄人。曾祖翼, 後魏鎮遠將軍、宋安郡守, 襲壯武伯。祖熊, 字子繹, 褐州主簿。父彦謙, 好學, 通涉『五經』, 隋涇陽令, 『隋書』有傳。

玄齡幼聰敏, 博覽經史, 工草隸, 善屬文。嘗從其父至京師, 時天下寧晏, 論者鹹以國祚方永, 玄齡乃避左右告父曰: "隋帝本無功德, 但誑惑黔黎, 不爲後嗣長計, 混諸嫡庶, 使相傾奪, 諸後藩枝, 競崇淫侈, 終當內相誅夷, 不足保全家國。今雖清平, 其亡可翹足而待。" 彦謙驚而異之。年十八, 本州舉進士, 授羽騎尉。吏部侍郎高孝基素稱知人, 見之深相嗟挹, 謂裴矩曰: "僕閱人多矣, 未見如此郎者。必成偉器, 但恨不睹其聳壑凌霄耳。" 父病綿歷十旬, 玄齡盡心藥膳, 未嘗解衣交睫。父終, 酌飲不入口者五日。後補隰城尉。

會義旗入關, 太宗徇地渭北, 玄齡杖策謁於軍門, 溫彦博又薦焉。太宗一見, 便如舊識, 署渭北道行軍記室參軍。玄齡既遇知己, 罄竭心力, 知無不爲。賊寇每平, 眾人競求珍玩, 玄齡獨先收人物, 致之幕府。及有謀臣猛將, 皆與之潛相申結, 各盡其死力。

既而隱太子見太宗勳德尤盛, 轉生猜間。太宗嘗至隱太子所, 食, 中毒而歸, 府中震駭, 計無所出。玄齡因謂長孫無忌曰: "今嫌隙已成, 禍機將發, 天下心匈恟, 人懷異志。變端一作, 大亂必興, 非直禍及府朝, 正恐傾危社稷。此之際會, 安可不深思也!

僕有愚計, 莫若遵周公之事, 外寧區夏, 內安宗社, 申孝養之禮。古人有云, "爲國者不顧小節", 此之謂歟! 孰若家國淪亡, 身名俱滅乎?" 無忌曰: "久懷此謀, 未敢披露, 公今所說, 深會宿心。" 無忌乃入白之。太宗召玄齡謂曰: "阽危之兆, 其跡已見, 將若之何?" 對曰: "國家患難, 今古何殊。自非睿聖欽明, 不能安輯。大王功蓋天地, 事鐘壓紐, 神贊所在, 匪藉人謀。" 因與府屬杜如晦同心戮力。仍隨府遷授秦王府記室, 封臨淄侯; 又以本職兼陝東道大行臺考功郎中, 加文學館學士。玄齡在秦府十餘年, 常典管記, 每軍書表奏, 駐馬立成, 文約理贍, 初無稿草。高祖嘗謂侍臣曰: "此人深識機宜, 足堪委任。每爲我兒陳事, 必會人心, 千里之外, 猶對面語耳。" 隱太子以玄齡、如晦爲太宗所親禮, 甚惡之, 譖之於高祖, 由是與如晦並被驅斥。

隱太子將有變也, 太宗令長孫無忌召玄齡及如晦, 令衣道士服, 潛引入閣計事。及太宗入春宮, 擢拜太子右庶子, 賜絹五千匹。貞觀元年, 代蕭瑀爲中書令。論功行賞, 以玄齡及長孫無忌、杜如晦、尉遲敬德、侯君集五人爲第一, 進爵邢國公, 賜實封千三百戶。太宗因謂諸功臣曰: "朕敘公等勳效, 量定封邑, 恐不能盡當, 各許自言。" 皇從父淮安王神通進曰: "義旗初起, 臣率兵先至。今房玄齡、杜如晦等刀筆之吏, 功居第一, 臣竊不服。" 上曰: "義旗初起, 人皆有心。叔父雖率得兵來, 未嘗身履行陣。山東未定, 受委專征, 建德南侵, 全軍陷沒。及劉黑闥翻動, 叔父望風而破。今計勳行賞, 玄齡等有籌謀帷幄、定社稷之功, 所以漢之蕭何, 雖無汗馬, 指蹤推轂, 故得功居第一。叔父於國至親, 誠無所愛, 必不可緣私, 濫與功臣同賞耳。" 初, 將軍丘師利等鹹自矜其功, 或攘袂指天, 以手畫地, 及見神道理屈, 自相謂曰: "陛下以至公行賞, 不私其親, 吾屬何可妄訴?"

三年, 拜太子少師, 固讓不受, 攝太子詹事, 兼禮部尚書。明年, 代長孫無忌爲尚書左僕射, 改封魏國公, 監修國史。既任總百司, 虔恭夙夜, 盡心竭節, 不欲一物失所。聞人有善, 若己有之。明達吏事, 飾以文學, 審定法令, 意在寬平。不以求備取人, 不以己長格物, 隨能收敘, 無隔卑賤。論者稱爲良相焉。或時以事被譴, 則累日朝堂, 稽顙請罪, 悚懼踧踖, 若無所容。九年, 護高祖山陵制度, 以功加開府儀同三司。十一年, 與司空長孫無忌等十四人並代襲刺史, 以本官爲宋州刺史, 改封梁國公, 事竟不行。

十三年, 加太子少師, 玄齡頻表請解僕射, 詔報曰: "夫選賢之義, 無私爲本; 奉上之道, 當仁是貴。列代所以弘風, 通賢所以協德。公忠肅恭懿, 明允篤誠。草昧霸圖, 綢繆帝道。儀刑黃閣, 庶政惟和; 輔翼春宮, 望實斯著。而忘彼大體, 徇茲小節, 雖恭教諭之職, 乃辭機衡之務, 豈所謂弼予一人, 共安四海者也?" 玄齡遂以本官就職。時皇太子將行拜禮, 備儀以待之, 玄齡深自卑損, 不敢修謁, 遂歸於家。有識者莫不重其崇讓。玄齡自以居端揆十五年, 女爲韓王妃, 男遺愛尚高陽公主, 實顯貴之極, 頻表辭位, 優詔不許。十六年, 又與士廉等同撰『文思博要』成, 錫賚甚優。進拜司空, 仍綜朝政, 依舊監修國史。玄齡抗表陳讓, 太宗遣使謂之曰: "昔留侯讓位, 竇融辭榮, 自懼盈滿, 知進能退, 善鑒止足, 前代美之。公亦欲齊蹤往哲, 實可嘉尚。然國家久相任使, 一朝忽無良相, 如失兩手。公若筋力不衰, 無煩此讓。" 玄齡遂止。

十七年, 與司徒長孫無忌等圖形於淩煙閣, 贊曰: "才兼藻翰, 思入機神。當官勵節, 奉上忘身。" 高宗居春宮, 加玄齡太子太傅, 仍知門下省事, 監修國史如故。尋以撰『高祖、太宗實錄』成, 降璽書褒美, 賜物一千五百段。其年, 玄齡丁繼母憂去職, 特敕賜以昭陵葬地。未幾, 起復本官。太宗親征遼東, 命玄齡京城留守, 手詔曰: "公當蕭何之任, 朕無西顧之憂矣。" 軍戎器械, 戰士糧廩, 並委令處分發遣。玄齡屢上言敵不可輕, 尤宜誡慎。尋與中書侍郎褚遂良受詔重撰『晉書』, 於是奏取太子左庶子許敬宗、中書捨人來濟、著作郎陸元仕、劉子翼、前雍州刺史令狐德棻、太子捨人李義府、薛元超、起居郎上官儀等八人, 分功撰錄, 以臧榮緒『晉書』爲主, 參考諸家, 甚爲詳洽。然史官多是文詠之士, 好采詭謬碎事, 以廣異聞; 又所評論, 競爲綺艷,不求篤實, 由是頗爲學者所議。唯李淳風深明星歷, 善於著述, 所修「天文」、「律歷」、「五行」三志, 最可觀采。太宗自著宣、武二帝及陸機、王羲之四論, 於是總題云御撰。至二十年, 書成, 凡一百三十卷, 詔藏於秘府, 頒賜加級各有差。

玄齡嘗因微譴歸第, 黃門侍郎褚遂良上疏曰: “君爲元首, 臣號股肱, 龍躍雲興, 不嘯而集, 苟有時來, 千年朝暮。陛下昔在布衣, 心懷拯溺, 手提輕劍, 仗義而起。平諸寇亂, 皆自神功, 文經之助, 頗由輔翼。爲臣之勲, 玄齡爲最。昔呂望之扶周武, 伊尹之佐成湯, 蕭何關中, 王導江外, 方之於斯, 可以爲匹。且武德初策名伏事, 忠勤恭孝, 眾所同歸。而前宮、海陵, 憑兇恃亂, 干時事主, 人不自安。居累卵之危, 有倒懸之急, 命視一刻, 身縻寸景, 玄齡之心, 終始無變。及九年之際, 機臨事迫, 身被斥逐, 闕於謨謀, 猶服道士之衣, 與文德皇后同心影助, 其於臣節, 自無所負。及貞觀之始, 萬物惟新, 甄吏事君, 物論推與, 而勳庸無比, 委質惟舊。自非罪狀無赦, 搢紳同尤, 不可以一犯一愆, 輕示遐棄。陛下必矜玄齡齒發, 薄其所爲, 古者有諷諭大臣遣其致仕, 自可在後, 式遵前事, 退之以禮, 不失善聲。今數十年勳舊, 以一事而斥逐, 在外云云, 以爲非是。夫天子重大臣, 則人盡其力; 輕去就, 則物不自安。臣以庸薄, 忝預左右, 敢冒天威, 以申管見。”

二十一年, 太宗幸翠微宮, 授司農卿李緯爲民部尚書。玄齡時在京城留守, 會有自京師來者, 太宗問曰: “玄齡聞李緯拜尚書如何?” 對曰: “玄齡但云李緯好髭鬚, 更無他語。” 太宗遽改授緯洛州刺史, 其爲當時准的如此。

二十二年, 駕幸玉華宮, 時玄齡舊疾發, 詔令臥總留臺。及漸篤, 追赴宮所, 乘擔輿入殿, 將至御座乃下。太宗對之流涕, 玄齡亦感咽不能自勝。敕遣名醫救療, 尚食每日供御膳。若微得減損, 太宗即喜見顏色; 如聞增劇, 便爲改容淒愴。玄齡因謂諸子曰: “吾自度危篤, 而恩澤轉深, 若孤負聖君, 則死有餘責。當今天下淸謐, 鹹得其宜, 唯東討高麗不止, 方爲國患。主上含怒意決, 臣下莫敢犯顔; 吾知而不言, 則銜恨入地。” 遂抗表諫曰:

臣聞兵惡不戢, 武貴止戈。當今聖化所覃, 無遠不屆, 洎上古所不臣者, 陛下皆能臣之, 所不制者, 皆能制之。詳觀今古, 爲中國患害者, 無如突厥。遂能坐運神策, 不下殿堂, 大小可汗, 相次束手, 分典禁衛, 執戟行間。其後延陀鴟張, 尋就夷滅; 鐵勒慕義, 請置州縣, 沙漠以北, 萬裡無塵。至如高昌叛渙於流沙, 吐渾首鼠於積石, 偏師薄伐, 俱從平蕩。高麗歷代逋誅, 莫能討擊。陛下責其逆亂, 弑主虐人, 親總六軍, 問罪遼、碣。未經旬月, 即拔遼東, 前後虜獲, 數十萬計, 分配諸州, 無處不滿。雪往代之宿恥, 掩崤陵之枯骨, 比功較德, 萬倍前王。此聖心之所自知, 微臣安敢備說。

且陛下仁風被於率土, 孝德彰於配天。睹夷狄之將亡, 則指期數歲; 授將帥之節度, 則決機萬裡。屈指而候驛, 視景而望書, 符應若神, 算無遺策。擢將於行伍之中, 取士於凡庸之末。遠夷單使, 一見不忘; 小臣之名, 未嘗再問。箭穿七札, 弓貫六鈞。加以留情墳典, 屬意篇什, 筆邁鐘、張, 辭窮班、馬。文鋒既振, 則管磬自諧; 輕翰暫飛, 則花葩競發。撫萬姓以慈, 遇群臣以禮。褒秋毫之善, 解吞舟之網。逆耳之諫必聽, 膚受之訴斯絕。好生之德, 焚障塞於江湖; 惡殺之仁, 息鼓刀於屠肆。鳧鶴荷稻粱之惠, 犬馬蒙帷蓋之恩。降乘吮思摩之瘡, 登堂臨魏徵之柩。哭戰亡之卒, 則哀動六軍; 負塡道之薪, 則精感天地。重黔黎之大命, 特盡心於庶獄。臣心識昏憒, 豈足論聖功之深遠, 談天德之高大哉! 陛下兼眾美而有之, 靡不備具, 微臣深爲陛下惜之重之, 愛之寶之。

『周易』曰: “知進而不知退, 知存而不知亡, 知得而不知喪。” 又曰: “知進退存亡, 不失其正者, 惟聖人乎!” 由此言之, 進有退之義, 存有亡之機, 得有喪之理, 老臣所以爲陛下惜之者, 蓋此謂也。老子曰: “知足不辱, 知止不殆。”

謂陛下威名功德, 亦可足矣; 拓地開疆, 亦可止矣。彼高麗者, 邊夷賤類, 不足待以仁義, 不可責以常禮。古來以魚鱉畜之, 宜從闊略。若必欲絶其種類, 恐獸窮則搏。且陛下每決一死囚, 必令三覆五奏, 進素食、停音樂者, 蓋以人命所重, 感動聖慈也。況今兵士之徒, 無一罪戾, 無故驅之於行陣之間, 委之於鋒刃之下, 使肝腦塗地, 魂魄無歸, 令其老父孤兒、寡妻慈母, 望轊車而掩泣, 抱枯骨以摧心, 足以變動陰陽, 感傷和氣, 實天下寃痛也。且兵者兇器, 戰者危事, 不得已而用之。向使高麗違失臣節, 陛下誅之可也; 侵擾百姓, 而陛下滅之可也; 久長能爲中國患, 而陛下除之可也。有一於此, 雖日殺萬夫, 不足爲愧。今無此三條, 坐煩中國, 內爲舊王雪恥, 外爲新羅報仇, 豈非所存者小, 所損者大?

願陛下遵皇祖老子止足之誡, 以保萬代巍巍之名。發霈然之恩, 降寬大之詔, 順陽春以布澤, 許高麗以自新。焚凌波之船, 罷應募之衆, 自然華夷慶賴, 遠肅邇安。臣老病三公, 旦夕入地, 所恨竟無塵露, 微增海岳。謹罄殘魂餘息, 預代結草之誠。倘蒙錄此哀鳴, 即臣死且不朽。

太宗見表, 謂玄齡子婦高陽公主曰: “此人危惙如此, 尙能憂我國家。”

後疾增劇, 遂鑿苑牆開門, 累遣中使候問。上又親臨, 握手敍別, 悲不自勝。皇太子亦就之與之訣。即日授其子遺愛右衛中郎將, 遺則中散大夫, 使及目前, 見其通顯。尋薨, 年七十。廢朝三日, 冊贈太尉、并州都督, 諡曰文昭, 給東園秘器, 陪葬昭陵。玄齡嘗誡諸子以驕奢沉溺, 必不可以地望凌人, 故集古今聖賢家誡, 書於屛風, 令各取一具, 謂曰: “若能留意, 足以保身成名。” 又云: “袁家累葉忠節, 是吾所尙, 汝宜師之。” 高宗嗣位, 詔配享太宗廟庭。

子遺直嗣, 永徽初爲禮部尙書、汴州刺史。次子遺愛, 尙太宗女高陽公主, 拜駙馬都尉, 官至太府卿、散騎常侍。初, 主有寵於太宗, 故遺愛特承恩遇,與諸主婿禮秩絕異。主既驕恣, 謀黜遺直而奪其封爵, 永徽中誣告遺直無禮於己。高宗令長孫無忌鞫其事, 因得公主與遺愛謀反之狀。遺愛伏誅, 公主賜自盡, 諸子配流嶺表。遺直以父功特宥之, 除名爲庶人。停玄齡配享。

【출전】『신당서』 권96(「열전」 제21)

房玄齡, 字喬, 齊州臨淄人。父彥謙, 仕隋, 歷司隸刺史。玄齡幼警敏, 貫綜墳籍, 善屬文, 書兼草隸。開皇中, 天下混壹, 皆謂隋祚方永, 玄齡密白父曰: "上無功德, 徒以周近親, 妄誅殺, 攘神器有之, 不爲子孫立長久計, 淆置嫡庶, 競侈僭, 相傾閱, 終當內相誅夷。視今雖平, 其亡, 跬可須也。" 彥謙驚曰: 無妄言!" 年十八, 舉進士。授羽騎尉, 校仇秘書省。吏部侍郎高孝基名知人, 謂裴矩曰: "僕觀人多矣, 未有如此郎者, 當爲國器, 但恨不見其聳壑昂霄雲。" 補隰城尉。漢王諒反, 坐累, 徙上郡。顧中原方亂, 慨然有憂天下志。會父疾, 綿十旬, 不解衣; 及喪, 勺飮不入口五日。

太宗以燉煌公徇渭北, 杖策上謁軍門, 一見如舊, 署渭北道行軍記室參軍。公爲秦王, 即授府記室, 封臨淄侯。征伐未嘗不從, 衆爭取怪珍, 玄齡獨收人物致幕府, 與諸將密相申結, 人人願盡死力。王嘗曰: "漢光武得鄧禹, 門人益親。今我有玄齡, 猶禹也。" 居府出入十年, 軍符府檄, 或駐馬即辦, 文約理盡, 初不著稿。高祖曰: "若人機識, 是宜委任。每爲吾兒陳事, 千里外猶對面語。"

隱太子與王有隙, 王召玄齡與計, 對曰: "國難世有, 惟聖人克之。大王功蓋天下, 非特人謀, 神且相之。" 乃引杜如晦協判大計。累進陝東道大行臺考功郎中、文學館學士。故太子忌二人者, 奇譖於帝, 皆斥逐還第。太子將有變, 王召二人以方士服入, 夜計事。事平, 王爲皇太子, 擢右庶子。太子即位, 爲中書令。第功班賞, 與如晦、長孫無忌、尉遲敬德、侯君集功第一, 進爵邗國公, 食邑千三百戶, 餘皆次敘封拜。帝顧群臣曰: "朕論公等功, 定封邑, 恐不能盡, 當無有諱, 各爲朕言之。" 淮安王神通曰: "義師起, 臣兵最先至, 今玄齡等以刀筆吏居第一, 臣所未喻。" 帝曰: "叔父兵誠先至, 然未嘗躬行陣勞, 故建德之南, 軍敗不振, 討黑闥反動, 望風輒奔。今玄齡等有決勝帷幄、定社稷功, 此蕭何所以先諸將也。叔父以親, 宜無愛者, 顧不可緣私與功臣競先後爾。" 初, 將軍丘師利等皆怙跋攘袂, 或指畫自陳說, 見神通愧屈, 乃曰: "陛下至不私其親, 吾屬可妄訴邪!"

進尙書左僕射, 監修國史, 更封魏。帝曰: "公爲僕射, 當助朕廣耳目, 訪賢材。此聞閱牒訟日數百, 豈暇求人哉?" 乃敕細務屬左右丞, 大事關僕射。

帝嘗問: "創業、守文孰難?" 玄齡曰: "方時草昧, 群雄競逐, 攻破乃降, 戰勝乃克, 創業則難。" 魏徵曰: "王者之興, 必乘衰亂, 覆昏暴, 殆天授人與者。既得天下, 則安於驕逸。人欲靜, 徭役毒之; 世方敝, 裒刻窮之。國繇此衰, 則守文爲難。" 帝曰: "玄齡從我定天下, 冒百死, 遇一生, 見創業之難。徵與我安天下, 畏富貴則驕, 驕則怠, 怠則亡, 見守文之不爲易。然創業之不易, 既往矣; 守文之難, 方與公等愼之。"

會詔大臣世襲, 授宋州刺史, 徙國梁, 而群臣讓世襲事, 故罷刺史, 遂爲梁國公。未幾, 加太子少師。始詣東宮, 皇太子欲拜之, 玄齡讓不敢謁, 乃止。居宰相積十五年, 女爲王妃, 男尙主, 自以權寵隆極, 累表辭位, 詔不聽。頃之, 進司空, 仍總朝政。玄齡固辭, 帝遣使謂曰: "讓, 誠美德也。然國家相眷賴久, 一日去良弼, 如亡左右手。顧公筋力未衰, 毋多讓!" 晉王爲皇太子, 改太子太傅, 知門下省事。以母喪, 賜塋昭陵園。起復其官。會伐遼, 留守京師。詔曰: "公當蕭何之任, 朕無西顧憂矣。" 凡糧械飛輸, 軍伍行留, 悉裁總之。玄齡數上書勸帝, 願毋輕敵, 久事外夷。固辭太子太傅, 見聽。

晩節多病, 時帝幸玉華宮, 詔玄齡居守, 聽臥治事。稍棘, 召許肩輿入殿,帝視流涕, 玄齡亦感咽不自勝。命尚醫臨候, 尚食供膳, 日奏起居狀。少損, 即喜見於色。玄齡顧諸子曰: “今天下事無不得, 惟討高麗未止, 上含怒意決, 群臣莫敢諫, 吾而不言, 抱愧沒地矣!” 遂上疏曰:

上古所不臣者, 陛下皆臣之; 所不制者, 陛下皆制之矣, 爲中國患, 無如突厥, 而大小可汗相次束手, 弛辮握刀, 分典禁衛。延陀、鐵勒, 披置州縣; 高昌、吐渾, 偏師掃除。惟高麗歷代逋命, 莫克窮討。陛下責其弑逆, 身自將六軍, 逕荒裔, 不旬日拔遼東, 虜獲數十萬, 殘眾、孽君縮氣不敢息, 可謂功倍前世矣。

『易』曰: “知進退存亡不失其正者, 其惟聖人乎!” 蓋進有退之義, 存有亡之機, 得有喪之理, 爲陛下惜者此也。傳曰: “知足不辱, 知止不殆。” 陛下威名功烈既云足矣, 拓地開疆亦可止矣。邊夷醜種, 不足待以仁義, 責以常禮, 古者以禽魚畜之。必絕其類, 恐獸窮則搏, 苟救其死。且陛下每決死罪, 必三覆五奏, 進疏食, 停音樂, 以人命之重爲感動也。今士無一罪, 驅之行陣之間, 委之鋒鏑之下, 使肝腦塗地, 老父孤子、寡妻慈母望轊車, 抱枯骨, 摧心掩泣, 其所以變動陰陽, 傷害和氣, 實天下之痛也。使高麗違失臣節, 誅之可也; 侵擾百姓, 滅之可也; 能爲後世患, 夷之可也。今無是三者, 而坐敝中國, 爲舊王雪恥, 新羅報仇, 非所存小、所損大乎? 臣願下沛然之詔, 許高麗自新, 焚陵波之船, 罷應募之眾, 即臣死骨不朽。

帝得疏, 謂高陽公主曰: “是已危惙, 尚能憂吾國事乎!”

疾甚, 帝命鑿苑垣以便候問, 親握手與決。詔皇太子就省。擢子遺愛右衛中郎將, 遺則朝散大夫, 令及見之。薨, 年七十一, 贈太尉、并州都督, 謚曰文昭, 給班劍、羽葆、鼓吹、絹布二千段、粟二千斛, 陪葬昭陵。高宗詔配享太宗廟廷。

玄齡當國, 夙夜勤強, 任公竭節, 不欲一物失所。無娼忌, 聞人善, 若己有之。明達吏治, 而緣飾以文雅, 議法處令, 務爲寬平。不以己長望人, 取人不求備, 雖卑賤皆得盡所能。或以事被讓, 必稽顙請罪, 畏惕, 視若無所容。

貞觀末年, 以譴還第, 黃門侍郎褚遂良言於帝曰: “玄齡事君自無所負, 不可以一眚便示斥外, 非天子任大臣意。” 帝悟, 遽召於家。後避位不出。久之, 會帝幸芙蓉園觀風俗, 玄齡敕子弟汛掃廷堂, 曰: “乘輿且臨幸。” 有頃, 帝果幸其第, 因載玄齡還宮。帝在翠微宮, 以司農卿李緯爲民部尚書, 會有自京師來者, 帝曰: “玄齡聞緯爲尚書謂何?” 曰: “惟稱緯好須, 無它語。” 帝遽改太子詹事。帝討遼, 玄齡守京師, 有男子上急變, 玄齡詰狀, 曰: “我乃告公。” 玄齡驛遣追帝, 帝視奏已, 斬男子。下詔責曰: “公何不自信!” 其委任類如此。

治家有法度, 常恐諸子驕侈, 席勢淩人, 乃集古今家誡, 書爲屏風, 令各取一具, 曰: “留意於此, 足以保躬矣! 漢袁氏累葉忠節, 吾心所尚, 爾宜師之。” 子遺直嗣。

次子遺愛, 誕率無學, 有武力。尚高陽公主, 爲右衛將軍。公主, 帝所愛, 故禮與它婿絕。主驕蹇, 疾遺直任嫡, 遺直懼, 讓爵, 帝不許。主稍失愛, 意怏怏。與浮屠辯機亂, 帝怒, 斬浮屠, 殺奴婢數十人, 主怨望, 帝崩, 哭不哀。高宗時, 出遺直汴州刺史, 遺愛房州刺史。主又誣遺直罪, 帝敕長孫無忌鞫治, 乃得主與遺愛反狀, 遺愛伏誅, 主賜死。遺直以先勳免, 貶銅陵尉。詔停配享。

6. 고사렴高士廉

【출전】『구당서』 권65(「열전」 제15)

高儉, 字士廉, 渤海修人。曾祖飛雀, 後魏贈太尉。祖岳, 北齊侍中、左僕射、太尉、淸河王。父勱, 字敬德, 北齊樂安王、尙書左僕射、隋洮州刺史。

士廉少有器局, 頗涉文史。隋司隸大夫薛道衡、起居捨人崔祖濬並稱先達, 與士廉結忘年之好, 由是公卿藉甚。大業中, 爲治禮郎。士廉妹先適隋右驍衛將軍長孫晟, 生子無忌及女。晟卒, 士廉迎妹及甥於家, 恩情甚重。見太宗潛龍時非常人, 因以晟女妻焉, 即文德皇后也。

隋軍伐遼, 時兵部尙書斛斯政亡奔高麗, 士廉坐與交遊, 謫爲硃鳶主簿。事父母以孝聞, 嶺南瘴癘, 不可同行, 留妻鮮於氏侍養, 供給不足。又念妹無所庇, 乃賣大宅, 買小宅以處之, 分其餘資, 輕裝而去。尋屬天下大亂, 王命阻絕, 交趾太守丘和署爲司法書佐。士廉久在南方, 不知母問, 北顧彌切。嘗晝寢, 夢其母與之言, 宛如膝下, 既覺而涕泗橫集。明日果得母訊, 議者以爲孝感之應。

時欽州寧長真率眾攻和, 和欲出門迎之, 士廉進說曰: “長真兵勢雖多, 懸軍遠至, 內離外蹙, 不能持久。且城中勝兵, 足以當之, 奈何而欲受人所制?” 和從之, 因命士廉爲行軍司馬, 水陸俱進, 逆擊破之, 長真僅以身免, 餘眾盡降。及蕭銑敗, 高祖使徇嶺南。

武德五年, 士廉與和上表歸國, 累遷雍州治中。時太宗爲雍州牧, 以士廉是文德皇后之舅, 素有才望, 甚親敬之。及將誅隱太子, 士廉與其甥長孫無忌並預密謀。六月四日, 士廉率吏卒釋系囚, 授以兵甲, 馳至芳林門, 備與太宗合勢。太宗升春宮, 拜太子右庶子。

貞觀元年, 擢拜侍中, 封義興郡公, 賜實封九百戶。士廉明辯, 善容止, 凡有獻納, 搢紳之士莫不屬目。時黃門侍郎王珪有密表附士廉以聞, 士廉寢而不言, 坐是出爲安州都督, 轉益州大都督府長史。蜀土俗薄, 畏鬼而惡疾, 父母病有危殆者, 多不親扶侍, 杖頭掛食, 遙以哺之。士廉隨方訓誘, 風俗頓改。秦時李冰守蜀, 導引汶江, 創浸灌之利, 至今地居水側者, 須直千金, 富強之家, 多相侵奪。士廉乃於故渠外別更疏決, 蜀中大獲其利。又因暇日汲引辭人, 以爲文會, 兼命儒生講論經史, 勉勵後進, 蜀中學校粲然復興。

蜀人朱桃椎者, 淡泊爲事, 隱居不仕, 披裘帶索, 沉浮人間。竇軌之鎮益州也, 聞而召見, 遺以衣服, 逼爲鄉正。桃椎口竟無言, 棄衣於地, 逃入山中, 結庵澗曲。夏則裸形, 冬則樹皮自覆, 人有贈遺, 一無所受。每爲芒履, 置之於路, 人見之者, 曰: "朱居士之履也"。爲鬻米置於本處, 桃椎至夕而取之, 終不與人相見。議者以爲焦先之流。士廉下車, 以禮致之, 及至, 降階與語, 桃椎不答, 直視而去。士廉每令存問, 桃椎見使者, 輒入林自匿。近代以來, 多輕隱逸, 士廉獨加褒禮, 蜀中以爲美談。

五年, 入爲吏部尚書, 進封許國公, 仍封一子爲縣公。獎鑒人倫, 雅諳姓氏, 凡所署用, 莫不人地俱允。高祖崩, 士廉攝司空, 營山陵制度。事畢, 加特進、上柱國。

是時, 朝議以山東人士好自矜誇, 雖復累葉陵遲, 猶恃其舊地, 女適他族, 必多求聘財。太宗惡之, 以爲甚傷教義, 乃詔士廉與御史大夫韋挺、中書侍郎岑文本、禮部侍郎令狐德棻等刊正姓氏。於是普責天下譜諜, 仍憑據史傳, 考其真僞, 忠賢者褒進, 悖逆者貶黜, 撰爲『氏族志』。士廉乃類其等第以進。太宗曰: "我與山東崔、盧、李、鄭, 舊既無嫌, 爲其世代衰微, 全無冠蓋, 猶自云士大夫, 婚姻之間, 則多邀錢幣。才識凡下, 而偃仰自高, 販鬻松檟, 依托富貴。我不解人間何爲重之? 祗緣齊家惟據河北, 梁、陳僻在江南, 當時雖有人物, 偏僻小國, 不足可貴, 至今猶以崔、盧、王、謝爲重。我平定四海, 天下一家。凡在朝士, 皆功效顯著, 或忠孝可稱, 或學藝通博, 所以擢用。見居三品以上, 欲共衰代舊門爲親, 縱多輸錢帛, 猶被偃仰。我今特定族姓者, 欲崇重今朝冠冕, 何因崔干猶爲第一等? 昔漢高祖止是山東一匹夫, 以其平定天下, 主尊臣貴。卿等讀書, 見其行跡, 至今以爲美談, 心懷敬重。卿等不貴我官爵耶? 不須論數世以前, 止取今日官爵高下作等級。" 遂以崔干爲第三等。及書成, 凡一百卷, 詔頒於天下。賜士廉物千段, 尋同中書門下三品。

十二年, 與長孫無忌等以佐命功, 並代襲刺史, 授申國公。其年, 拜尚書右僕射。士廉既任遇益隆, 多所表奏, 成輒焚稿, 人莫知之。攝太子少師, 特令掌選。十六年, 加授開府儀同三司, 尋表請致仕, 聽解尚書右僕射, 令以開府儀同三司依舊平章事。又正受詔與魏徵等集文學之士, 撰『文思博要』一千二百卷, 奏之, 賜物千段。十七年二月, 詔圖形淩煙閣。十九年, 太宗伐高麗, 皇太子定州監國, 士廉攝太子太傅, 仍典朝政。皇太子下令曰: "攝太傅、申國公士廉, 朝望國華, 儀刑攸屬, 寡人忝膺監守, 實資訓導。比聽政, 常屈同榻, 庶因諮白, 少祛蒙滯。但據案奉對, 情所未安, 已約束不許更進。太傅誨諭深至, 使遵常式, 辭不獲免, 輒復敬從。所司亦宜別以一案供太傅。" 士廉固讓不敢當。

二十年, 遇疾, 太宗幸其第問之, 因敘說生平, 流涕歔欷而訣。二十一年正月壬辰, 薨於京師崇仁裡私第, 時年七十二。太宗又命駕將臨之, 司空玄齡以上餌藥石, 不宜臨喪, 抗表切諫, 上曰: "朕之此行, 豈獨爲君臣之禮, 兼以故舊情深, 姻戚義重, 卿勿復言也。" 太宗從數百騎出興安門, 至延喜門, 長孫無忌馳至馬前諫曰: "餌石臨喪, 經方明忌。陛下含育黎元, 須爲宗社珍愛。臣亡舅士廉知將不救, 顧謂臣曰: '至尊覆戴恩隆, 不遺簪履, 亡歿之後, 或致親臨。內省凡才, 無益聖日, 安可以死亡之餘, 輒回宸駕, 魂而有靈, 負譴斯及。' 陛下恩深故舊, 亦請察其丹誠。" 其言甚切, 太宗猶不許。無忌乃伏於馬前流涕, 帝乃還宮。贈司徒、并州都督, 陪葬昭陵, 謚曰文獻。士廉祖、父洎身, 並爲僕射, 子爲尚書, 甥爲太尉, 當代榮之。六子: 履行、至行、純行、真行、審行、慎行。及喪柩出自橫橋, 太宗登故城西北樓望而慟。高宗即位, 追贈太尉, 與房玄齡、屈突通並配享太宗廟庭。

子履行, 貞觀初歷祠部郎中。丁母憂, 哀悴逾禮。太宗遣使諭之曰: “孝子之道, 毀不滅性。汝宜強食, 不得過禮。” 服闋, 累遷滑州刺史。尚太宗女東陽公主, 拜駙馬都尉。十九年, 除戶部侍郎, 加銀青光祿大夫。無幾, 遭父艱, 居喪復以孝聞, 太宗手詔敦喻曰: “古人立孝, 毀不滅身。聞卿絕粒, 殊乖大體, 幸抑摧裂之情, 割傷生之累。” 俄起爲衛尉卿, 進加金紫光祿大夫, 襲爵申國公。永徽元年, 拜戶部尚書、檢校太子詹事、太常卿。顯慶元年, 出爲益州大都督府長史。先是, 士廉居此職, 頗著能名。至是, 履行繼之, 亦有善政, 大爲人吏所稱。三年, 坐與長孫無忌親累, 左授洪州都督, 轉永州刺史, 卒於官。

履行弟真行, 官至右衛將軍。其子典膳丞岐, 坐與章懷太子陰謀, 事洩, 詔付真行令自懲誡。真行遂手刃之, 仍棄其屍於衢路。高宗聞而鄙之, 貶真行爲睦州刺史, 卒。

【출전】『신당서』 권95(「열전」 제20)

高儉, 字士廉, 以字顯, 齊清河王岳之孫, 父勱樂安王, 入隋爲洮州刺史。士廉敏惠有度量, 狀貌若晝, 觀書一見輒誦, 敏於占對。隋司隸大夫薛道衡、起居捨人崔祖濬皆宿臣顯重, 與爲忘年友, 繇是有名。自以齊宗室, 不欲廣交, 屏居終南山下。吏部侍郎高孝基勸之仕, 仁壽中, 舉文才甲科, 補治禮郎。斛斯政奔高麗, 坐與善, 貶爲硃鳶主簿, 以母老不可居瘴癘地, 乃留妻鮮於奉養而行。會世大亂, 京師阻絕, 交趾太守丘和署司法書佐。時欽州俚帥寧長真以兵侵交趾, 和懼, 欲出迎, 士廉曰: “長真兵雖多, 縣軍遠客, 勢不得久, 城中勝兵尚可戰, 奈何受制於人?” 和因命爲行軍司馬, 逆擊破之。

高祖遣使徇嶺南, 武德五年與和來降, 於是秦王領雍州牧, 薦士廉爲治中, 親重之。隱太子與王隙已燤, 乃與長孫無忌密計計定, 是日率吏卒釋囚授甲, 趨芳林門助戰。王爲皇太子, 授右庶子。進侍中, 封義興郡公。坐匿王珪奏不時上, 左授安州都督。

進益州大都督府長史。蜀人畏鬼而惡疾, 雖父母病皆委去, 望捨投餌哺之, 昆弟不相假財。士廉爲設條教, 辯告督勵, 風俗翕然爲變。又引諸生講授經藝, 學校復興。秦時李冰導汶江水灌田, 瀕水者頃千金, 民相侵冒。士廉附故渠厮引旁出, 以廣溉道, 人以富饒。

入爲吏部尚書, 進封許國公。雅負裁鑒, 又詳氏譜, 所署州, 人地無不當者。高祖崩, 攝司空, 營山陵; 加特進, 遷尚書右僕射。士廉三世居此官, 世榮其貴。

太宗幸洛陽, 太子監國, 命攝少師。手詔曰: "端拱三川, 不憂關中者, 以屬卿也。" 久之, 請致仕, 聽解僕射, 加開府儀同三司、同中書門下三品, 知政事。帝伐高麗, 皇太子監國駐定州, 又攝太傅, 同掌機務。太子令曰: "寡人資公訓道, 而比聽政, 據桉對公, 情所未安, 所司宜別設桉奉太傅。" 士廉固辭。

還至并州, 有疾, 帝即所捨問之。貞觀二十一年疾甚, 帝幸其第, 爲流涕, 卒年七十一。又欲臨吊, 房玄齡以帝餌金石, 諫不宜近喪。帝曰: "朕有舊故姻戚之重, 君臣之分, 卿置勿言。" 即從數百騎出。長孫無忌伏馬前, 陳士廉遺言, 乞不臨喪, 帝猶不許, 無忌至流涕, 乃還入東苑, 南向哭。詔贈司徒、并州都督, 謚曰文獻, 陪葬昭陵。方寒食, 敕尚宮以食四轝往祭, 帝自爲文。喪出橫橋, 又登城西北樓望哭以過喪。高宗即位, 加贈太尉, 配享太宗廟廷。

士廉進止詳華, 凡有獻納, 搢紳皆屬以目。奏議未嘗不焚稿, 家人無見者。士廉少識太宗非常人, 以所出女歸之, 是爲文德皇后。及遺令墓不得它藏, 惟置衣一襲與平生所好書示先王典訓可用終始者。

初, 太宗嘗以山東士人尚閥閱, 後雖衰, 子孫猶負世望, 嫁娶必多取貲, 故人謂之賣昏。由是詔士廉與韋挺、岑文本、令狐德棻責天下譜諜，參考史傳，檢正真僞，進忠賢，退悖惡，先宗室，後外戚，退新門，進舊望，右膏粱，左寒畯，合二百九十三姓，千六百五十一家，爲九等，號曰『氏族志』，而崔干仍居第一。帝曰："我於崔、盧、李、鄭無嫌，顧其世衰，不復冠冕，猶恃舊地以取貲，不肖子偃然自高，販鬻松檟，不解人間何爲貴之? 齊據河北，梁、陳在江南，雖有人物，偏方下國，無可貴者，故以崔、盧、王、謝爲重。今謀士勞臣以忠孝學藝從我定天下者，何容納貨舊門，向聲背實，買昏爲榮耶? 太上有立德，其次有立功，其次有立言，其次有爵爲公、卿、大夫，世世不絕，此謂之門戶。今皆反是，豈不惑邪? 朕以今日冠冕爲等級高下。" 遂以崔干爲第三姓，班其書天下。

高宗時，許敬宗以不敘武後世，又李義府恥其家無名，更以孔志約、楊仁卿、史玄道、呂才等十二人刊定之，裁廣類例，合二百三十五姓，二千二百八十七家，帝自敘所以然。以四後姓、酅公、介公及三公、太子三師、開府儀同三司、尚書僕射爲第一姓，文武二品及知政事三品爲第二姓，各以品位高下敘之，凡九等，取身及昆弟子孫，餘屬不入，改爲『姓氏錄』。當時軍功入五品者，皆升譜限，搢紳恥焉，目爲'勳格'。義府奏悉索『氏族志』燒之。又詔後魏隴西李寶，太原王瓊，滎陽鄭溫，范陽盧子遷、盧澤、盧輔，清河崔宗伯、崔元孫，前燕博陵崔懿，晉趙郡李楷，凡七姓十家，不得自爲昏; 三品以上納幣不得過三百匹，四品五品二百，六品七品百，悉爲歸裝，夫氏禁受陪門財。先是，後魏太和中，定四海望族，以寶等爲冠。其後矜尚門地，故『氏族志』一切降之。王妃、主婿皆取當世勳貴名臣家，未嘗尚山東舊族。後房玄齡、魏徵、李勣復與昏，故望不減，然每姓第其房望，雖一姓中，高下縣隔。李義府爲子求昏不得，始奏禁焉。其後天下衰宗落譜，昭穆所不齒者，皆稱"禁昏家"，益自貴，凡男女皆潛相聘娶，天子不能禁，世以爲敝云。

士廉六子, 履行、審行、眞行有名。

履行居母喪毁甚, 太宗諭使強食。尚東陽公主, 襲爵。繇戶部尚書爲益州大都督府長史, 政有名。坐長孫無忌, 左授洪州都督, 改永州刺史。

眞行至左衛將軍。其子岐連章懷太子事, 詔令自誠切, 眞行以佩刀刺殺之, 斷首棄道上, 高宗鄙其爲, 貶睦州刺史。

審行自戶部侍郎貶渝州刺史。

7. 울지경덕尉遲敬德

【출전】『구당서』 권68(「열전」 제18)

尉遲敬德, 朔州善陽人。大業末, 從軍於高陽, 討捕群賊, 以武勇稱, 累授朝散大夫。劉武周起, 以爲偏將, 與宋金剛南侵, 陷晉、澮二州。敬德深入, 至夏縣, 應接呂崇茂, 襲破永安王孝基, 執獨孤懷恩、唐儉等。武德三年, 太宗討武周於柏壁, 武周令敬德與宋金剛來拒王師於介休。金剛戰敗, 奔於突厥; 敬德收其餘衆, 城守介休。太宗遣任城王道宗、宇文士及往諭之。敬德與尋相擧城來降。太宗大悅, 賜以曲宴, 引爲右一府統軍, 從擊王世充於東都。

既而尋相與武周下降將皆叛, 諸將疑敬德必叛, 囚於軍中。行臺左僕射屈突通、尚書殷開山鹹言: "敬德初歸國家, 情志未附。此人勇健非常, 縶之又久, 既被猜貳, 怨望必生。留之恐貽後悔, 請即殺之。" 太宗曰: "寡人所見, 有異於此。敬德若懷翻背之計, 豈在尋相之後耶?" 遽命釋之, 引入臥內, 賜以金寶, 謂曰: "丈夫以意氣相期, 勿以小疑介意。寡人終不聽讒言以害忠良, 公宜體之。必應欲去, 今以此物相資, 表一時共事之情也。" 是日, 因從獵於榆窠, 遇王世充領步騎數萬來戰。世充驍將單雄信領騎直趨太宗, 敬德躍馬大呼, 橫刺雄信墜馬。賊徒稍卻, 敬德翼太宗以出賊圍。更率騎兵與世充交戰, 數合, 其眾大潰, 擒僞將陳智略, 獲排矟兵六千人。太宗謂敬德曰: "比眾人證公必叛, 天誘我意, 獨保明之, 福善有征, 何相報之速也!" 特賜金銀一篋, 此後恩眄日隆。

敬德善解避矟, 每單騎入賊陣, 賊矟攢刺, 終不能傷, 又能奪取賊矟, 還以刺之。是日, 出入重圍, 往返無礙。齊王元吉亦善馬矟, 聞而輕之, 欲親自試, 命去矟刃, 以竿相刺。敬德曰: "縱使加刃, 終不能傷。請勿除之, 敬德矟謹當卻刃。" 元吉竟不能中。太宗問曰: "奪矟、避矟, 何者難易?" 對曰: "奪矟難。" 乃命敬德奪元吉矟。元吉執矟躍馬, 志在刺之, 敬德俄頃三奪其矟。元吉素驍勇, 雖相歎異, 甚以爲恥。

及竇建德營於板渚, 太宗將挑戰, 先伏李勣、程知節、秦叔寶等兵。太宗持弓矢, 敬德執矟, 造建德壘下大呼致師。賊眾大驚擾, 出兵數千騎, 太宗逡巡漸卻, 前後射殺數人, 敬德所殺亦十數人, 遂引賊以入伏內。於是與勣等奮擊, 大破之。王世充兄子僞代王琬, 使於建德軍中, 乘隋煬帝所御驄馬, 鎧甲甚鮮, 迴出軍前以誇眾。太宗曰: "彼之所乘, 真良馬也。" 敬德請往取之, 乃與高甑生、梁建方三騎直入賊軍, 擒琬, 引其馬以歸, 賊眾無敢當者。

又從討劉黑闥於臨洺, 黑闥軍來襲李世勣, 太宗勒兵掩賊, 復以救之。既而黑闥眾至, 其軍四合, 敬德率壯士犯圍而入, 大破賊陣, 太宗與江夏王道宗乘之以出。又從破徐圓朗。累有戰功, 授秦王府左二副護軍。

隱太子、巢刺王元吉將謀害太宗, 密致書以招敬德曰: "願迂長者之眷, 敦布衣之交, 幸副所望也。" 仍贈以金銀器物一車。敬德辭曰: "敬德起自幽賤, 逢遇隋亡, 天下土崩, 竄身無所, 久淪逆地, 罪不容誅。實荷秦王惠以生命, 今又隸名籓邸, 唯當以身報恩。於殿下無功, 不敢謬當重賜。若私許殿下, 便是二心, 徇利忘忠, 殿下亦何所用?" 建成怒, 是後遂絕。敬德尋以啟聞, 太宗曰: "公之素心, 郁如山嶽, 積金至鬥, 知公情不可移。送來但取, 寧須慮也。若不然, 恐公身不安。且知彼陰計, 足爲良策。" 元吉等深忌敬德, 令壯士往刺之。敬德知其計, 乃重門洞開, 安臥不動, 賊頻至其庭, 終不敢入。元吉乃譖敬德於高祖, 下詔獄訊驗, 將殺之, 太宗固諫得釋。

會突厥侵擾烏城, 建成舉元吉爲將, 密謀請太宗同送於昆明池, 將加屠害。敬德聞其謀, 與長孫無忌遽啟太宗曰: "大王若不速正之, 則恐被其所害, 社稷危矣。" 太宗歎曰: "今二宮離阻骨肉, 滅棄君親, 危亡之機, 共所知委。寡人雖深被猜忌, 禍在須臾, 然同氣之情, 終所未忍。欲待其先起, 然後以義討之, 公意以爲何如?" 敬德曰: "人情畏死, 衆人以死奉王, 此天授也。若天與不取, 反受其咎。雖存仁愛之小情, 忘社稷之大計, 禍至而不恐, 將亡而自安, 失人臣臨難不避之節, 乏先賢大義滅親之事, 非所聞也。以臣愚誠, 請先誅之。王若不從, 敬德言請奔逃亡命, 不能交手受戮。且因敗成功, 明賢之高見; 轉禍爲福, 智士之先機。敬德今若逃亡, 無忌亦欲同去。" 太宗猶豫未決, 無忌曰: "王今不從敬德之言, 必知敬德等非王所有。事今敗矣, 其若之何?" 太宗曰: "寡人所言, 未可全棄, 公更圖之。" 敬德曰: "王今處事有疑, 非智; 臨難不決, 非勇。王縱不從敬德言, 請自決計, 其如家國何? 其如身命何? 且在外勇士八百餘人, 今悉入宮, 控弦被甲, 事勢已就, 王何得辭!" 敬德又與侯君集日夜進勸, 然後計定。

時房玄齡、杜如晦皆被高祖斥出秦府, 不得復入。太宗令長孫無忌密召之, 玄齡等報曰: "有敕不許更事王, 今若私謁, 必至誅滅, 不敢奉命。" 太宗大怒, 謂敬德曰: "玄齡、如晦豈背我耶?" 取所佩刀授敬德曰: "公且往, 觀其無來心, 可並斬其首持來也。" 敬德又與無忌喻曰: "王已決計克日平賊, 公宜即入籌之。我等四人不宜群行在道。" 於是玄齡、如晦著道士服隨無忌入, 敬德別道亦至。

六月四日, 建成既死, 敬德領七十騎躡踵繼至, 元吉走馬東奔, 左右射之墜馬。太宗所乘馬又逸於林下, 橫被所絓, 墜不能興。元吉遽來奪弓, 垂欲相扼, 敬德躍馬叱之, 於是步走, 欲歸武德殿, 敬德奔逐射殺之。其宮府諸將薛萬徹、謝叔方、馮立等率兵大至, 屯於玄武門, 殺屯營將軍。敬德持建成、元吉首以示之, 宮府兵遂散。是時, 高祖泛舟於海池。太宗命敬德侍衛高祖。敬德擐甲持矛, 直至高祖所。高祖大驚, 問曰: “今日作亂是誰? 卿來此何也?” 對曰: “秦王以太子、齊王作亂, 擧兵誅之, 恐陛下驚動, 遣臣來宿衛。” 高祖意乃安。南衙、北門兵馬及二宮左右猶相拒戰, 敬德奏請降手敕, 令諸軍兵並受秦王處分, 於是內外遂定。高祖勞敬德曰: “卿於國有安社稷之功。” 賜珍物甚衆。太宗升春宮, 授太子左衛率。時議者以建成等左右百餘人, 併合從坐籍沒, 唯敬德執之不聽, 曰: “爲罪者二兇, 今已誅訖, 若更及支黨, 非取安之策。” 由是獲免。及論功, 敬德與長孫無忌爲第一, 各賜絹萬匹; 齊王府財幣器物, 封其全邸, 盡賜敬德。

貞觀元年, 拜右武候大將軍, 賜爵吳國公, 與長孫無忌、房玄齡、杜如晦四人並食實封千三百戶。會突厥來入寇, 授涇州道行軍總管以擊之。賊至涇陽, 敬德輕騎與之挑戰, 殺其名將, 賊遂敗。敬德好訐直, 負其功, 每見無忌、玄齡、如晦等短長, 必面折廷辯, 由是與執政不平。三年, 出爲襄州都督。八年, 累遷同州刺史。嘗侍宴慶善宮, 時有班在其上者, 敬德怒曰: “汝有何功, 合坐我上?” 任城王道宗次其下, 因解喻之。敬德勃然, 拳毆道宗目, 幾至眇。太宗不懌而罷, 謂敬德曰: “朕覽漢史, 見高祖功臣獲全者少, 意常尤之。及居大位以來, 常欲保全功臣, 令子孫無絕。然卿居官輒犯憲法, 方知韓、彭夷戮, 非漢祖之愆。國家大事, 唯賞與罰, 非分之恩, 不可數行, 勉自修飭, 無貽後悔也。” 十一年, 封建功臣爲代襲刺史, 冊拜敬德宣州刺史, 改封鄂國公。後歷鄜、夏二州都督。十七年, 抗表乞骸骨, 授開府儀同三司, 令朝朔望。尋與長孫無忌等二十四人圖形於淩煙閣。

及太宗將征高麗, 敬德奏言: "車駕若自往遼左, 皇太子又在定州, 東西二京, 府庫所在, 雖有鎮守, 終是空虛。遼東路遙, 恐有玄感之變。且邊隅小國, 不足親勞萬乘, 伏請委之良將, 自可應時摧滅。" 太宗不納, 令以本官行太常卿, 爲左一馬軍總管, 從破高麗於駐蹕山。軍還, 依舊致仕。

敬德末年篤信仙方, 飛煉金石, 服食雲母粉, 穿築池臺, 崇飾羅綺, 嘗奏清商樂以自奉養, 不與外人交通, 凡十六年。顯慶三年, 高宗以敬德功, 追贈其父爲幽州都督。其年薨, 年七十四。高宗爲之舉哀, 廢朝三日, 令京官五品以上及朝集使赴宅哭, 冊贈司徒、并州都督, 謚曰忠武, 賜東園秘器, 陪葬於昭陵。

子寶琳嗣, 官至衛尉卿。

【출전】『신당서』 권89(「열전」 제14)

尉遲敬德名恭, 以字行, 朔州善陽人。隋大業末, 從軍高陽, 積閱爲朝散大夫。劉武周亂, 以爲偏將。與宋金剛南侵, 得晉、澮等州, 襲破永安王孝基, 執獨孤懷恩等。武德二年, 秦王戰柏壁, 金剛敗奔突厥, 敬德合餘眾守介休, 王遣任城王道宗、宇文士及諭之, 乃與尋相舉地降, 引爲右一府統軍, 從擊王世充。

會尋相叛, 諸將疑敬德且亂, 囚之。行臺左僕射屈突通、尚書殷開山曰: "敬德慓敢, 今執之, 猜貳已結, 不即殺, 後悔無及也。" 王曰: "不然。敬德必叛, 寧肯後尋相者邪?" 釋之, 引見臥內, 曰: "丈夫以氣相許, 小嫌不足置胸中, 我終不以讒害良士。" 因賜之金, 曰: "必欲去, 以爲汝資。" 是日獵榆窠, 會世充自將兵數萬來戰, 單雄信者, 賊驍將也, 騎直趨王, 敬德躍馬大呼橫刺, 雄信墜, 乃翼王出, 率兵還戰, 大敗之, 禽其將陳智略, 獲排矟兵六千。王顧曰: "比眾人意公必叛, 我獨保無它, 何相報速邪?" 賜金銀一篋。

竇建德營板渚, 王命李勣等爲伏, 親挾弓, 令敬德執矟, 略其壘, 大呼致師。建德兵出, 乃稍引卻, 殺數十人, 衆益進。伏發, 大破之。時世充兄子琬使於建德, 乘隋帝廏馬, 鎧甲華整, 出入軍中以誇衆。王望見, 問“誰可取者?” 敬德請與高甑生、梁建方三騎馳往, 禽琬, 引其馬以歸, 賊不敢動。從討劉黑闥, 賊以奇兵襲李勣, 王勒兵掩其後, 俄而賊衆四面合, 敬德率壯士馳入賊, 王乘陣亂乃得出。又破徐圓朗。以功授王府左二副護軍。

隱太子嘗以書招之, 贈金皿一車。辭曰: “敬德起幽賤, 會天下喪亂, 久陷逆地, 秦王實生之, 方以身徇恩。今於殿下無功, 其敢當賜? 若私許, 則懷二心, 徇利棄忠, 殿下亦焉用之哉?” 太子怒而止。敬德以聞。王曰: “公之心如山嶽然, 雖積金至鬥, 豈能移之? 然恐非自安計。” 巢王果遣壯士刺之。敬德開門安臥, 賊至, 不敢入。因譖於高祖, 將殺之, 王固爭, 得免。

其後隱、巢計日急, 敬德與長孫無忌入白曰: “大王不先決, 社稷危矣!” 王曰: “我惟同氣, 所未忍。伺其發, 而後以義討之, 如何?” 敬德曰: “人情畏死, 衆以死奉王, 此天授也。天與不取, 反得其咎。大王即不聽, 請從此亡, 不能交手蒙戮。” 無忌曰: “王不從敬德言, 敬德亦非王有, 今敗矣。” 王曰: “寡人之謀, 未可全棄, 公更圖之。” 敬德曰: “處事有疑非智, 臨難不決非勇。王今自計如何? 勇士八百人悉入宮控弦被甲矣, 尚何辭?” 後又與侯君集等懇熟勸進, 計乃定。時房玄齡、杜如晦被斥在外, 召不至。王怒曰: “是背我邪?” 因解所佩刀反授之。謂曰: “即不從, 可斬其首以來。” 敬德遂往諭玄齡等, 與入計議。

隱太子死, 敬德領騎七十趨玄武門, 王馬逸, 墜林下, 元吉將奪弓窘王, 敬德馳叱之, 元吉走, 遂射殺之。宮、府兵屯玄武門, 戰不解, 敬德持二首示之, 乃去。時帝泛舟海池, 王命敬德往侍, 不解甲趨行在。帝驚曰: “今日之亂爲誰? 爾來何邪?” 對曰: “秦王以太子、齊王作亂, 舉兵誅之, 恐陛下不安, 遣臣宿衛。” 帝意悅。於是南衙、北門兵與府兵尙雜鬥, 敬德請帝手詔諸軍聽秦王節度, 內外始定。

王爲皇太子, 授左衛率。時坐隱、巢者百餘家, 將盡沒入之。敬德曰: “爲惡者二人, 今已誅, 若又窮支黨, 非取安之道。” 由是普原。論功爲第一, 賜絹萬匹, 擧齊府金幣、什器賜焉。除右武候大將軍, 封吳國公, 實封千三百戶。

突厥入寇, 授涇州道行軍總管。虜至涇陽, 輕騎與戰, 敗之。敬德所得財, 必散之士卒。然婞直, 頗以功自負, 又廷質大臣得失, 與宰相不平。出爲襄州都督。累遷同州刺史。嘗侍宴慶善宮, 有班其上者, 敬德曰: “爾何功, 坐我上?” 任城王道宗解喩之, 敬德勃然, 擊道宗目幾眇。太宗不懌, 罷, 召讓曰: “朕觀漢史, 嘗怪高祖時功臣少全者。今視卿所爲, 乃知韓、彭夷戮, 非高祖過。國之大事, 惟賞與罰, 橫恩不可數得, 勉自脩飭, 悔可及乎!” 敬德頓首謝。後改封鄂國, 歷鄜、夏二州都督。老就第, 授開府儀同三司, 朝朔望。

帝將討高麗, 敬德上言: “乘輿至遼, 太子次定州, 兩京空虛, 恐有玄感之變。夷貊小國, 不足枉萬乘, 願委之將臣, 以時摧滅。” 帝不納。詔以本官行太常卿, 爲左一馬軍總管。師還, 復致仕。顯慶三年卒, 年七十四。高宗詔京官五品以上及朝集使赴第臨吊, 冊贈司徒、并州都督, 謚曰忠武。給班劍、羽葆、鼓吹, 陪葬昭陵。

敬德晩節, 謝賓客不與通。飭觀、沼, 奏淸商樂, 自奉養甚厚。又餌雲母粉, 爲方士術延年。其戰, 善避矟, 每單騎入賊, 雖群刺之不能傷, 又能奪取賊矟還刺之。齊王元吉使去刃與之校, 敬德請王加刃, 而獨去之, 卒不能中。帝嘗問: “奪矟與避矟孰難?” 對曰: “奪矟難。” 試使與齊王 戲, 少選, 王三失矟, 遂大愧服。

8. 이정李靖

【출전】『구당서』 권67(「열전」 제17)

李靖, 本名藥師, 雍州三原人也。祖崇義, 後魏殷州刺史、永康公。父詮, 隋趙郡守。靖姿貌瑰偉, 少有文武材略, 每謂所親曰: "大丈夫若遇主逢時, 必當立功立事, 以取富貴。" 其舅韓擒虎, 號爲名將, 每與論兵, 未嘗不稱善, 撫之曰: "可與論孫、吳之術者, 惟斯人矣。" 初仕隋爲長安縣功曹, 後歷駕部員外郎。左僕射楊素、吏部尚書牛弘皆善之。素嘗拊其床謂靖曰: "卿終當坐此。"

大業末, 累除馬邑郡丞。會高祖擊突厥於塞外, 靖察高祖, 知有四方之志, 因自鎖上變, 將詣江都, 至長安, 道塞不通而止。高祖克京城, 執靖將斬之, 靖大呼曰: "公起義兵, 本爲天下除暴亂, 不欲就大事, 而以私怨斬壯士乎!" 高祖壯其言, 太宗又固請, 遂捨之。太宗尋召入幕府。

武德二年, 從討王世充, 以功授開府。時蕭銑據荊州, 遣靖安輯之。輕騎至金州, 遇蠻賊數萬, 屯聚山谷。廬江王瑗討之, 數爲所敗。靖與瑗設謀擊之, 多所克獲。既至硤州, 阻蕭銑, 久不得進。高祖怒其遲留, 陰敕硤州都督許紹斬之。紹惜其才, 爲之請命, 於是獲免。會開州蠻首冉肇則反, 率衆寇夔州, 趙郡王孝恭與戰, 不利。靖率兵八百, 襲破其營, 後又要險設伏, 臨陣斬肇則, 俘獲五千餘人。高祖甚悅, 謂公卿曰: "朕聞使功不如使過, 李靖果展其效。" 因降璽書勞曰: "卿竭誠盡力, 功效特彰。遠覽至誠, 極以嘉賞, 勿憂富貴也。" 又手敕靖曰: "既往不咎, 舊事吾久忘之矣。"

四年, 靖又陳十策以圖蕭銑。高祖從之, 授靖行軍總管, 兼攝孝恭行軍長史。高祖以孝恭未更戎旅, 三軍之任, 一以委靖。其年八月, 集兵於夔州。銑以時屬秋潦, 江水泛漲, 三峽路險, 必謂靖不能進, 遂休兵不設備。九月, 靖乃率師而進, 將下峽, 諸將皆請停兵以待水退, 靖曰: "兵貴神速, 機不可失。今兵始集, 銑尚未知, 若乘水漲之勢, 倏忽至城下, 所謂疾雷不及掩耳, 此兵家上策。縱彼知我, 倉卒徵兵, 無以應敵, 此必成擒也。" 孝恭從之, 進兵至夷陵。銑將文士弘率精兵數萬屯清江, 孝恭欲擊之, 靖曰: "士弘, 銑之健將, 士卒驍勇, 今新失荊門, 盡兵出戰, 此是救敗之師, 恐不可當也。宜自泊南岸, 勿與爭鋒, 待其氣衰, 然後奮擊, 破之必矣。" 孝恭不從, 留靖守營, 率師與賊合戰。孝恭果敗, 奔於南岸。賊舟大掠, 人皆負重。靖見其軍亂, 縱兵擊破之, 獲其舟艦四百餘艘, 斬首及溺死將萬人。

孝恭遣靖率輕兵五千爲先鋒, 至江陵, 屯營於城下。士弘既敗, 銑甚懼, 始徵兵於江南, 果不能至。孝恭以大軍繼進, 靖又破其驍將楊君茂、鄭文秀, 俘甲卒四千餘人, 更勒兵圍銑城。明日, 銑遣使請降, 靖即入據其城, 號令嚴肅, 軍無私焉。時諸將鹹請孝恭云: "銑之將帥與官軍拒戰死者, 罪狀既重, 請籍沒其家, 以賞將士。" 靖曰: "王者之師, 義存吊伐。百姓既受驅逼, 拒戰豈其所願? 且犬吠非其主, 無容同叛逆之科, 此蒯通所以免大戮於漢祖也。今新定荊、郢, 宜弘寬大, 以慰遠近之心, 降而籍之, 恐非救焚拯溺之義。但恐自此已南城鎮, 各堅守不下, 非計之善。" 於是遂止。江、漢之域, 聞之莫不爭下。以功授上柱國, 封永康縣公, 賜物二千五百段。詔命檢校荊州刺史, 承製拜授。乃度嶺至桂州, 遣人分道招撫, 其大首領馮盎、李光度、寧長眞等皆遣子弟來謁, 靖承製授其官爵。凡所懷輯九十六州, 戶六十餘萬。優詔勞勉, 授嶺南道撫慰大使, 檢校桂州總管。

六年, 輔公祏於丹陽反, 詔孝恭爲元帥、靖爲副以討之, 李勣、任瓌、張鎮州、黃君漢等七總管並受節度。師次舒州, 公示石遣將馮惠亮率舟師三萬屯當塗, 陳正通、徐紹宗領步騎二萬屯青林山, 仍於梁山連鐵鎖以斷江路, 築卻月城, 延袤十餘裡, 與惠亮爲犄角之勢。孝恭集諸將會議, 皆云: "惠亮、正通並握強兵, 爲不戰之計, 城柵既固, 卒不可攻。請直指丹陽, 掩其巢穴, 丹陽既破, 惠亮自降。" 孝恭欲從其議。靖曰: "公祏精銳, 雖在水陸二軍, 然其自統之兵, 亦皆勁勇。惠亮等城柵尚不可攻, 公祏既保石頭, 豈應易拔? 若我師至丹陽, 留停旬月, 進則公祏未平, 退則惠亮爲患, 此便腹背受敵, 恐非萬全之計。惠亮、正通皆是百戰餘賊, 必不憚於野戰, 止爲公祏立計, 令其持重, 但欲不戰, 以老我師。今欲攻其城柵, 乃是出其不意, 滅賊之機, 唯在此舉。" 孝恭然之。靖乃率黃君漢等先擊惠亮, 苦戰破之, 殺傷乃溺死者萬餘人, 惠亮奔走。靖率輕兵先至丹陽, 公祏大懼。先遣僞將左游仙領兵守會稽以爲引援, 公祏擁兵東走, 以趨游仙, 至吳郡, 與惠亮、正通並相次擒獲, 江南悉平。於是置東南道行臺, 拜靖行臺兵部尚書, 賜物千段、奴婢百口、馬百匹。其年, 行臺廢, 又檢校揚州大都督府長史。丹陽連罹兵寇, 百姓凋弊, 靖鎮撫之, 吳、楚以安。

八年, 突厥寇太原, 以靖爲行軍總管, 統江淮兵一萬, 與張瑾屯大谷。時諸軍不利, 靖眾獨全。尋檢校安州大都督。高祖每云: "李靖是蕭銑、輔公祏膏肓, 古之名將韓、白、衛、霍, 豈能及也!" 九年, 突厥莫賀咄設寇邊, 征靖爲靈州道行軍總管。頡利可汗入涇陽, 靖率兵倍道趨豳州, 邀賊歸路, 既而與虜和親而罷。

太宗嗣位, 拜刑部尚書, 並錄前後功, 賜實封四百戶。貞觀二年, 以本官兼檢校中書令。三年, 轉兵部尚書。突厥諸部離叛, 朝廷將圖進取, 以靖爲代州道行軍總管, 率驍騎三千, 自馬邑出其不意, 直趨惡陽嶺以逼之。突利可汗不虞於靖, 見官軍奄至, 於是大懼, 相謂曰: "唐兵若不傾國而來, 靖豈敢孤軍而至?" 一日數驚。靖候知之, 潛令間諜離其心腹, 其所親康蘇密來降。四年, 靖進擊定襄, 破之, 獲隋齊王暕之子楊正道及煬帝蕭後, 送於京師, 可汗僅以身遁。以功進封代國公, 賜物六百段及名馬、寶器焉。太宗嘗謂曰: "昔李陵提步卒五千, 不免身降匈奴, 尚得書名竹帛。卿以三千輕騎深入虜庭, 克復定襄, 威振北狄, 古今所未有, 足報往年渭水之役。"

自破定襄後, 頡利可汗大懼, 退保鐵山, 遣使入朝謝罪, 請擧國內附。又以靖爲定襄道行軍總管, 往迎頡利。頡利雖外請朝謁, 而潛懷猶豫。其年二月, 太宗遣鴻臚卿唐儉、將軍安修仁慰諭, 靖揣知其意, 謂將軍張公謹曰: "詔使到彼, 虜必自寬。遂選精騎一萬, 齎二十日糧, 引兵自白道襲之。" 公謹曰: "詔許其降, 行人在彼, 未宜討擊。" 靖曰: "此兵機也, 時不可失, 韓信所以破齊也。如唐儉等輩, 何足可惜。" 督軍疾進, 師至陰山, 遇其斥候千餘帳, 皆俘以隨軍。頡利見使者, 大悅, 不虞官兵至也。靖軍將逼其牙帳十五裡, 虜始覺。頡利畏威先走, 部眾因而潰散。靖斬萬餘級, 俘男女十餘萬, 殺其妻隋義成公主。頡利乘千里馬將走投吐谷渾, 西道行軍總管張寶相擒之以獻。俄而突利可汗來奔, 遂復定襄、常安之地, 斥土界自陰山北至於大漠。

太宗初聞靖破頡利, 大悅, 謂侍臣曰: "朕聞主憂臣辱, 主辱臣死。往者國家草創, 太上皇以百姓之故, 稱臣於突厥, 朕未嘗不痛心疾首, 志滅匈奴, 坐不安席, 食不甘味。今者暫動偏師, 無往不捷, 單于款塞, 恥其雪乎!" 於是大赦天下, 酺五日。御史大夫溫彥博害其功, 譖靖軍無綱紀, 致令虜中奇寶, 散於亂兵之手。太宗大加責讓, 靖頓首謝。久之, 太宗謂曰: "隋將史萬歲破達頭可汗, 有功不賞, 以罪致戮。朕則不然, 當赦公之罪, 錄公之勳。" 詔加左光祿大夫, 賜絹千匹, 真食邑通前五百戶。未幾, 太宗謂靖曰: "前有人讒公, 今朕意已悟, 公勿以爲懷。" 賜絹二千匹, 拜尚書右僕射。靖性沉厚, 每與時宰參議, 恂恂然似不能言。

八年, 詔爲畿內道大使, 伺察風俗。尋以足疾上表乞骸骨, 言甚懇至。太宗遣中書侍郎岑文本謂曰: "朕觀自古已來, 身居富貴, 能知止足者甚少。不問愚智, 莫能自知, 才雖不堪, 強欲居職, 縱有疾病, 猶自勉強。公能識達大體, 深足可嘉, 朕今非直成公雅志, 欲以公爲一代楷模。” 乃下優詔, 加授特進, 聽在第攝養。賜物千段、尚乘馬兩匹, 祿賜、國官府佐, 並依舊給, 患若小瘳, 每三兩日至門下、中書平章政事。九年正月, 賜靖靈壽杖, 助足疾也。

未幾, 吐谷渾寇邊, 太宗顧謂侍臣曰: “得李靖爲帥, 豈非善也!” 靖乃見房玄齡曰: “靖雖年老, 固堪一行。” 太宗大悅, 即以靖爲西海道行軍大總管, 統兵部尚書、任城王道宗、涼州都督李大亮、右衛將軍李道彥、利州刺史高甑生等三總管征之。九年, 軍次伏俟城, 吐谷渾燒去野草, 以餒我師, 退保大非川, 諸將鹹言春草未生, 馬已羸瘦, 不可赴敵。唯靖決計而進, 深入敵境, 遂逾積石山。前後戰數十合, 殺傷甚眾, 大破其國。吐谷渾之眾遂殺其可汗來降, 靖又立大寧王慕容順而還。初, 利州刺史高甑生爲鹽澤道總管, 以後軍期, 靖薄責之, 甑生因有憾於靖。及是, 與廣州都督府長史唐奉義告靖謀反。太宗命法官按其事, 甑生等竟以誣罔得罪。靖乃闔門自守, 杜絕賓客, 雖親戚不得妄進。

十一年, 改封衛國公, 授濮州刺史, 仍令代襲, 例竟不行。十四年, 靖妻卒, 有詔墳塋制度, 依漢衛、霍故事; 築闕象突厥內鐵山、吐谷渾內積石山形, 以旌殊績。十七年, 詔圖畫靖及趙郡王孝恭等二十四人於凌煙閣。十八年, 帝幸其第問疾, 仍賜絹五百匹, 進位衛國公、開府儀同三司。太宗將伐遼東, 召靖入閣, 賜坐御前, 謂曰: “公南平吳會, 北清沙漠, 西定慕容, 唯東有高麗未服, 公意如何?” 對曰: “臣往者憑藉天威, 薄展微效, 今殘年朽骨, 唯擬此行。陛下不棄, 老臣病期瘳矣。” 太宗愍其羸老, 不許。二十三年, 薨於家, 年七十九。冊贈司徒、並州都督, 給班劍四十人、羽葆鼓吹, 陪葬昭陵, 謚曰景武。

子德謇嗣, 官至將作少匠。

【출전】『신당서』 권93(「열전」 제18)

李靖, 字藥師, 京兆三原人。姿貌魁秀, 通書史。嘗謂所親曰: “丈夫遭遇, 要當以功名取富貴, 何至作章句儒!” 其舅韓擒虎每與論兵, 輒歎曰: “可與語孫、吳者, 非斯人尚誰哉!” 仕隋爲殿內直長, 吏部尙書牛弘見之曰: “王佐才也!” 左僕射楊素拊其床謂曰: “卿終當坐此!”

大業末, 爲馬邑丞。高祖擊突厥, 靖察有非常志, 自囚上急變, 傳送江都, 至長安, 道梗。高祖已定京師, 將斬之, 靖呼曰: “公起兵爲天下除暴亂, 欲就大事, 以私怨殺誼士乎?” 秦王亦爲請, 得釋, 引爲三衛。從平王世充, 以功授開府。

蕭銑據江陵, 詔靖安輯, 從數輕騎道金州, 會蠻賊鄧世洛兵數萬屯山谷間, 廬江王瑗討不勝, 靖爲瑗謀, 擊卻之。進至峽州, 阻銑兵不得前。帝謂逗留, 詔都督許紹斬靖, 紹爲請而免。開州蠻冉肇則寇夔州, 趙郡王孝恭戰未利, 靖率兵八百破其屯, 要險設伏, 斬肇則, 俘禽五千。帝謂左右曰: “使功不如使過, 靖果然。” 因手敕勞曰: “既往不咎, 向事吾久已忘之。” 靖遂陳圖銑十策。有詔拜靖行軍總管, 兼攝孝恭行軍長史, 軍政一委焉。

武德四年八月, 大閱兵夔州。時秋潦, 濤瀨漲惡, 銑以靖未能下, 不設備。諸將亦請江平乃進。靖曰: “兵機事, 以速爲神。今士始集, 銑不及知, 若乘水傅壘, 是震霆不及塞耳, 有能倉卒召兵, 無以御我, 此必禽也。” 孝恭從之。

九月, 舟師叩夷陵, 銑將文士弘以卒數萬屯清江, 孝恭欲擊之, 靖曰: “不可。士弘健將, 下皆勇士, 今新失荊門, 悉銳拒我, 此救敗之師, 不可當。宜駐南岸, 待其氣衰乃取之。” 孝恭不聽, 留靖守屯, 自往與戰, 大敗還。賊委舟散掠, 靖視其亂, 縱兵擊破之, 取四百餘艘, 溺死者萬人。即率輕兵五千爲先鋒, 趨江陵, 薄城而營。破其將楊君茂、鄭文秀, 俘甲士四千。孝恭軍繼進, 銑大懼, 檄召江南兵, 不及到, 明日降。靖入其都, 號令靜嚴, 軍無私焉。

或請靖籍銑將拒戰者家貲以賞軍, 靖曰: "王者之兵, 吊人而取有罪, 彼其脅驅以來, 藉以拒師, 本非所情, 不容以叛逆比之。今新定荊、郢, 宜示寬大, 以慰其心, 若降而籍之, 恐自荊而南, 堅城劇屯, 驅之死守, 非計之善也。" 止不籍。由是江、漢列城爭下。以功封永康縣公, 檢校荊州刺史。乃度嶺至桂州, 分道招慰。酋領馮盎等皆以子弟來謁, 南方悉定。裁量款效, 承製補官。得郡凡九十六, 戶六十餘萬。詔書勞勉, 授嶺南撫慰大使、檢校桂州總管。以嶺海陋遠, 久不見德, 非震威武、示禮義, 則無以變風。即率兵南巡, 所過問疾苦, 延見長老, 宣佈天子恩意, 遠近歡服。

輔公祏據丹陽反, 詔孝恭爲帥, 召靖入朝受方略, 副孝恭東討, 李世勣等七總管皆受節度。公祏遣馮惠亮以舟師三萬屯當塗, 陳正通步騎二萬屯青林, 自梁山連鎖以斷江道。築卻月城, 延袤十餘裡, 爲犄角。諸將議曰: "彼勁兵連柵, 將不戰疲老我師。若直取丹陽, 空其巢窟, 惠亮等自降。" 靖曰: "不然。二軍雖精, 而公祏所自將亦銳卒也, 既保石頭, 則牢未可拔。我留不得志, 退有所忌, 腹背蒙患, 非百全計。且惠亮、正通百戰餘賊, 非怯野鬥, 今方持重, 特公祏立計爾。若出不意, 挑攻其城, 必破之。惠亮拔, 公祏禽矣。" 孝恭聽之。靖率黃君漢等水陸皆進, 苦戰, 殺傷萬餘人, 惠亮等亡去。靖將輕兵至丹陽, 公祏懼, 眾尚多, 不能戰, 乃出走, 禽之, 江南平。置東南道行臺, 以爲行臺兵部尚書。賜物千段、奴婢百口、馬百匹。行臺廢, 檢校揚州大都督府長史。帝歎曰: "靖乃銑、公祏之膏肓也, 古韓、白、衛、霍何以加!"

八年, 突厥寇太原, 爲行軍總管, 以江淮兵萬人屯大谷。時諸將多敗, 獨靖以完軍歸。俄權檢校安州大都督。太宗踐阼, 授刑部尚書, 錄功, 賜實封四百戶, 兼檢校中書令。突厥部種離畔, 帝方圖進取, 以兵部尚書爲定襄道行軍總管, 率勁騎三千繇馬邑趨惡陽嶺。頡利可汗大驚, 曰: "兵不傾國來, 靖敢提孤軍至此?" 於是帳部數恐。靖縱諜者離其腹心, 夜襲定襄, 破之, 可汗脫身遁磧口。進封代國公。帝曰: "李陵以步卒五千絕漠, 然卒降匈奴, 其功尚得書竹帛。靖以騎三千, 蹀血虜庭, 遂取定襄, 古未有輩, 足澡吾渭水之恥矣!"

頡利走保鐵山, 遣使者謝罪, 請舉國內附。以靖爲定襄道總管往迎之。又遣鴻臚卿唐儉、將軍安修仁慰撫。靖謂副將張公謹曰: "詔使到, 虜必自安, 若萬騎齎二十日糧, 自白道襲之, 必得所欲。" 公謹曰: "上已與約降, 行人在彼, 奈何?" 靖曰: "機不可失, 韓信所以破齊也。如唐儉輩何足惜哉!" 督兵疾進, 行遇候邏, 皆俘以從, 去其牙七里乃覺, 部衆震潰, 斬萬餘級, 俘男女十萬, 禽其子疊羅施, 殺義成公主。頡利亡去, 爲大同道行軍總管張寶相禽以獻。於是斥地自陰山北至大漠矣。帝因大赦天上, 賜民五日酺。

御史大夫蕭瑀劾靖持軍無律, 縱士大掠, 散失奇寶。帝召讓之, 靖無所辯, 頓首謝。帝徐曰: "隋史萬歲破達頭可汗, 不賞而誅, 朕不然, 赦公之罪, 錄公之功。" 乃進左光祿大夫, 賜絹千匹, 增戶至五百。既而曰: "向人譖短公, 朕今悟矣。" 加賜帛一千匹, 遷尚書右僕射。

靖每參議, 恂恂似不能言, 以沈厚稱。時遣使十六道巡察風俗, 以靖爲畿內道大使, 會足疾, 懇乞骸骨。帝遣中書侍郎岑文本諭旨曰: "自古富貴而知止者蓋少, 雖疾頓憊, 猶力於進。公今引大體, 朕深嘉之。欲成公美, 爲一代法, 不可不聽。" 乃授檢校特進, 就第, 賜物段千, 尚乘馬二, 祿賜、國官、府佐皆勿廢。若疾少間, 三日一至門下中書平章政事。加賜靈壽杖。

頃之, 吐谷渾寇邊。帝謂侍臣曰: "靖能復起爲帥乎?" 靖往見房玄齡, 曰: "吾雖老, 尚堪一行。" 帝喜, 以爲西海道行軍大總管, 任城王道宗、侯君集、李大亮、李道彥、高甑生五總管兵皆屬。軍次伏俟城, 吐谷渾盡火其莽, 退保大非川。諸將議, 春草未芽, 馬弱不可戰。靖決策深入, 遂逾積石山。大戰數十, 多所殺獲, 殘其國, 國人多降, 吐谷渾伏允愁蹙自經死。靖更立大寧王慕容順而還。甑生軍繇鹽澤道後期, 靖簿責之。既歸而憾, 與廣州長史唐奉義告靖謀反, 有司按驗無狀, 甑生等以誣罔論。靖乃闔門自守, 賓客親戚一謝遣。改衛國公。其妻卒, 詔墳制如衛、霍故事, 築闕象鐵山、積石山, 以旌其功, 進開府儀同三司。

帝將伐遼, 召靖入, 謂曰: "公南平吳, 北破突厥, 西定吐谷渾, 惟高麗未服, 亦有意乎?" 對曰: "往憑天威, 得效尺寸功。今疾雖衰, 陛下誠不棄, 病且瘳矣。" 帝憫其老, 不許。二十三年, 病甚, 帝幸其第, 流涕曰: "公乃朕生平故人, 於國有勞。今疾若此, 爲公憂之。" 薨, 年七十九, 贈司徒、并州都督, 給班劍、羽葆、鼓吹, 陪葬昭陵, 謚曰景武。子德謇嗣, 官至將作少匠, 坐善太子承乾, 流嶺南, 以靖故徙吳郡。

靖兄端, 字藥王, 以靖功襲永康公, 梓州刺史。

弟客師, 右武衛將軍, 累戰功封丹陽郡公。致仕, 居昆明池南。善騎射, 喜馳獵, 雖老猶未衰。自京南屬山, 西際灃水, 烏鵲皆識之, 每出, 從之翔噪, 人謂之"烏賊"。卒, 年九十, 贈幽州都督。

9. 소우蕭瑀

【출전】『구당서』 권63(「열전」 제13)

蕭瑀, 字時文。高祖梁武帝, 曾祖昭明太子, 祖詧, 後梁宣帝。父巋, 明帝。瑀年九歲, 封新安郡王, 幼以孝行聞。姊爲隋晉王妃, 從入長安。聚學屬文, 端正鯁亮。好釋氏, 常修梵行, 每與沙門難及苦空, 必詣微旨。常觀劉孝標「辯命論」, 惡其傷先王之教, 迷性命之理, 乃作「非辯命論」以釋之。大旨以爲: "人稟天地以生, 孰云非命, 然吉兇禍福, 亦因人而有, 若一之於命, 其蔽已甚。" 時晉府學士柳顧言、諸葛穎見而稱之曰: "自孝標後數十年間, 言性命之理者, 莫能詆詰。今蕭君此論, 足療劉子膏肓。”

煬帝爲太子也, 授太子右千牛。及踐祚, 遷尙衣奉御, 檢校左翊衛鷹揚郎將。忽遇風疾, 命家人不卽醫療, 仍云: “若天假餘年, 因此望爲棲遁之資耳。” 蕭後聞而誨之: “以爾才智, 足堪揚名顯親, 豈得輕毁形骸而求隱逸? 若以此致譴, 則罪在不測。” 病且愈, 其姊勸勉之, 故復有仕進志。累加銀靑光祿大夫、內史侍郎。旣以後弟之親, 委之機務, 後數以言忤旨, 漸見疏斥。

煬帝至雁門, 爲突厥所圍, 瑀進謀曰: “如聞始畢托校獵至此, 義成公主初不知其有違背之心。且北蕃夷俗, 可賀敦知兵馬事。昔漢高祖解平城之圍, 乃是閼氏之力。況義成以帝女爲妻, 必恃大國之援。若發一單使以告義成, 假使無益, 事亦無損。臣又竊聽輿人之誦, 乃慮陛下平突厥後更事遼東, 所以人心不一, 或致挫敗。請下明詔告軍中, 赦高麗而專攻突厥, 則百姓心安, 人自爲戰。” 煬帝從之, 於是發使詣可賀敦諭旨。俄而突厥解圍去, 於後獲其諜人, 云: 義成公主遣使告急於始畢, 稱北方有警, 由是突厥解圍, 蓋公主之助也。

煬帝又將伐遼東, 謂群臣曰: “突厥狂悖爲寇, 勢何能爲? 以其少時未散, 蕭瑀遂相恐動, 情不可恕。” 因出爲河池郡守, 卽日遣之。旣至郡, 有山賊萬餘人寇暴縱橫, 瑀潛募勇敢之士, 設奇而擊之, 當陣而降其衆。所獲財畜, 鹹賞有功, 由是人竭其力。薛擧遣衆數萬侵掠郡境, 瑀要擊之, 自後諸賊莫敢進, 郡中復安。

高祖定京城, 遣書招之。瑀以郡歸國, 授光祿大夫, 封宋國公, 拜民部尙書。太宗爲右元帥, 攻洛陽, 以瑀爲府司馬。武德五年, 遷內史令。時軍國草創, 方隅未寧, 高祖乃委以心腹, 凡諸政務, 莫不關掌。高祖每臨軒聽政, 必賜升御榻, 瑀旣獨孤氏之婿, 與語呼之爲蕭郎。國典朝儀, 亦責成於瑀, 瑀孜孜自勉, 繩違擧過, 人皆憚之。常奏便宜數十條, 多見納用, 手敕曰: “得公之言, 社稷所賴。運智者之策, 以能成人之美; 納諫者之言, 以金寶酬其德。今賜金一函, 以報智者, 勿爲推退。" 瑀固辭, 優詔不許。其年, 州置七職, 務取才望兼美者爲之。及太宗臨雍州牧, 以瑀爲州都督。

高祖常有敕而中書不時宣行, 高祖責其遲, 瑀曰: "臣大業之日, 見內史宣敕, 或前後相乖者, 百司行之, 不知何所承用。所謂易必在前, 難必在後, 臣在中書日久, 備見其事。今皇基初構, 事涉安危, 遠方有疑, 恐失機會。比每受一敕, 臣必勘審, 使與前敕不相乖背者, 始敢宣行。遲晚之愆, 實由於此。" 高祖曰: "卿能用心若此, 我有何憂?" 初, 瑀之朝也, 關內產業並先給勳人。至是特還其田宅, 瑀皆分給諸宗子弟, 唯留廟堂一所, 以奉烝嘗。及平王世充, 瑀以預軍謀之功, 加邑二千戶, 拜尚書右僕射。內外考績皆委之司會, 爲群僚指南, 庶務繁總。瑀見事有時偏駁, 而持法稍深, 頗爲時議所少。

瑀嘗薦封倫於高祖, 高祖以倫爲中書令。太宗即位, 遷尚書左僕射, 封倫爲右僕射。倫素懷險詖, 與商量將爲可奏者, 至太宗前盡變易之。於時房玄齡、杜如晦既新用事, 疏瑀親倫, 瑀心不能平, 遂上封事論之, 而辭旨寥落。太宗以玄齡等功高, 由是忤旨, 廢於家。俄拜特進、太子少師。未幾, 復爲尚書左僕射, 賜實封六百戶。

太宗常謂瑀曰: "朕欲使子孫長久, 社稷永安, 其理如何?" 瑀對曰: "臣觀前代國祚所以長久者, 莫若封諸侯以爲盤石之固。秦並六國, 罷侯置守, 二代而亡; 漢有天下, 郡國參建, 亦得年餘四百。魏、晉廢之, 不能永久。封建之法, 實可遵行。" 太宗然之, 始議封建。

尋坐與侍中陳叔達於上前忿諍, 聲色甚厲, 以不敬免。歲餘, 授晉州都督。明年, 徵授左光祿大夫, 兼領御史大夫。與宰臣參議朝政, 瑀多辭辯, 每有評議, 玄齡等不能抗。然心知其是, 不用其言, 瑀彌怏怏。玄齡、魏徵、溫彥博嘗有微過, 瑀劾之, 而罪竟不問, 因此自失。由是罷御史大夫, 以爲太子少傅, 不復預聞朝政。六年, 授特進, 行太常卿。八年, 爲河南道巡省大使, 人有坐當推劾苦未得其情者, 遂置格置繩, 以至於死, 太宗特免責之。九年, 拜特進, 復令參預政事。

太宗嘗從容謂房玄齡曰: "蕭瑀大業之日, 進諫隋主, 出爲河池郡守。應遭剖心之禍, 翻見太平之日, 北叟失馬, 事亦難常。" 瑀頓首拜謝。太宗又曰: "武德六年以後, 太上皇有廢立之心而不之定也, 我當此日, 不爲兄弟所容, 實有功高不賞之懼。此人不可以厚利誘之, 不可以刑戮懼之, 真社稷臣也。" 因賜瑀詩曰: "疾風知勁草, 版蕩識誠臣。" 又謂瑀曰: "卿之守道耿介, 古人無以過也。然而善惡太明, 亦有時而失。" 瑀再拜謝曰: "臣特蒙誡訓, 又許臣以忠諒, 雖死之日, 猶生之年也。" 魏徵進而言曰: "臣有逆眾以執法, 明主恕之以忠; 臣有孤特以執節, 明主恕之以勁。昔聞其言, 今睹其實, 蕭瑀不遇明聖, 必及於難!" 太宗悅其言。

十七年, 與長孫無忌等二十四人併圖形於凌煙閣。是歲, 立晉王爲皇太子, 拜瑀太子太保, 仍知政事。太宗之伐遼東也, 以洛邑沖要, 襟帶關、河, 以瑀爲洛陽宮守。車駕自遼還, 請解太保, 仍同中書門下。太宗以瑀好佛道, 嘗賚繡佛像一軀, 並繡瑀形狀於佛像側, 以爲供養之容。又賜王褒所書『大品般若經』一部, 並賜袈裟, 以充講誦之服焉。

瑀嘗稱: "玄齡以下同中書門下內臣, 悉皆朋黨比周, 無至心奉上。" 累獨奏云: "此等相與執權, 有同膠漆, 陛下不細諳知, 但未反耳。" 太宗謂瑀曰: "爲人君者, 驅駕英材, 推心待士, 公言不亦甚乎, 何至如此!" 太宗數日謂瑀曰: "知臣莫若君, 夫人不可求備, 自當捨其短而用其長。朕雖才謝聰明, 不應頓迷臧否。" 因數爲瑀信誓。瑀既不自得, 而太宗積久銜之, 終以瑀忠貞居多而未廢也。

會瑀請出家, 太宗謂曰: "甚知公素愛桑門, 今者不能違意。" 瑀旋踵奏曰:

"臣頃思量, 不能出家。" 太宗以對群臣吐言, 而取捨相違, 心不能平。瑀尋稱足疾, 時詣朝堂, 又不入見, 太宗謂侍臣曰: "瑀豈不得其所乎, 而自慊如此?" 遂手詔曰:

朕聞物之順也, 雖異質而成功; 事之違也, 亦同形而罕用。是以舟浮楫舉, 可濟千裡之川; 轅引輪停, 不越一毫之地。故知動靜相循易爲務, 曲直相反難爲功, 況乎上下之宜、君臣之際者矣。朕以無明於元首, 期托德於股肱, 思欲去僞歸真, 除澆反樸。至於佛教, 非意所遵, 雖有國之常經, 固弊俗之虛術。何則? 求其道者, 未驗福於將來; 修其教者, 翻受辜於既往。至若梁武窮心於釋氏, 簡文銳意於法門, 傾帑藏以給僧祗, 殫人力以供塔廟。及乎三淮沸浪, 五嶺騰煙, 假餘息於熊蹯, 引殘魂於雀谷。子孫覆亡而不暇, 社稷俄頃而爲墟, 報施之征, 何其繆也!

而太子太保、宋國公瑀踐覆車之餘軌, 襲亡國之遺風。棄公就私, 未明隱顯之際; 身俗口道, 莫辯邪正之心。修累葉之殃源, 祈一躬之福本, 上以違忤君主, 下則扇習浮華。往前朕謂張亮云: "卿既事佛, 何不出家?" 瑀乃端然自應, 請先入道, 朕即許之, 尋復不用。一回一惑, 在於瞬息之間; 自可自否, 變於帷扆之所。乖棟樑之大體, 豈具瞻之量乎? 朕猶隱忍至今, 瑀尚全無悛改。宜即去茲朝闕, 出牧小藩, 可商州刺史, 仍除其封。

二十一年, 徵授金紫光祿大夫, 復封宋國公。從幸玉華宮, 遘疾薨於宮所, 年七十四。太宗聞而輟膳, 高宗爲之舉哀, 遣使吊祭。太常謚曰"肅" 。太宗曰: "易名之典, 必考其行。瑀性多猜貳, 此謚失於不直, 更宜摭實。" 改謚曰貞褊公。冊贈司空、荊州都督, 賜東園秘器, 陪葬昭陵。臨終遺書曰: "生而必死, 理之常分。氣絕後可著單服一通, 以充小斂。棺內施單席而已, 冀其速朽, 不得別加一物。無假卜日, 惟在速辦。自古賢哲, 非無等例, 爾宜勉之。" 諸子遵其遺志, 斂葬儉薄。

子銳嗣, 尙太宗女襄城公主, 歷太常卿、汾州刺史。公主雅有禮度, 太宗每令諸公主, 凡厥所爲, 皆視其楷則。又令所司別爲營第, 公主辭曰: "婦人事舅姑如事父母, 若居處不同, 則定省多闕。" 再三固讓, 乃止, 令於舊宅而改創焉。永徽初, 公主薨, 詔葬昭陵。

【출전】『신당서』 권101(「열전」 제26)

蕭瑀, 字時文, 後梁明帝子也。九歲, 封新安王。國除, 以女兄爲隋晉王妃, 故入長安。瑀愛經術, 善屬文。性鯁急, 鄙遠浮華。嘗以劉孝標「辯命論」詭悖不經, 乃著論非之, 以爲: "人稟天地而生而謂之命, 至吉兇禍福則系諸人。今一於命, 非先王所以教人者。" 通儒柳顧言、諸葛穎歎曰: "是足針孝標膏肓矣!"

晉王爲太子, 授右千牛。即帝位, 妃爲後, 而瑀浸親寵, 頻遷尙衣奉御、檢校左翊衛鷹揚郎將。感末疾, 不呼醫, 曰: "天若假吾餘年, 因得爲遁階矣!" 後聞, 責誚曰: "爾亡國後不安小官, 而高爲怪語, 罪不測。" 瑀復治疾, 良已。拜內史侍郎, 數言事忤旨, 稍見忌。

帝至雁門, 爲突厥所圍, 瑀謀曰: "夷俗, 可賀敦與兵馬事, 況義成公主以帝女爲之。若走一介使鐫喻, 宜不戰而解。又眾商陛下已平突厥, 方復事遼東, 故怠不肯戰。願下詔赦高麗, 專討突厥, 則人自奮矣。" 帝從之。既而主詭辭謂突厥, 果解圍去。然帝素意伐遼, 又銜瑀以謀攄其機, 謂群臣曰: "突厥何能爲, 瑀乘未解時乃紿恐我!" 遂出瑀爲河池郡守。部有鈔賊萬人, 吏不制, 瑀募勇敢士擊降之, 悉捐貲畜賜有功。又擊走薛舉眾數萬。

高祖入京師, 招之, 挈郡自歸, 授光祿大夫, 封宋國公, 拜民部尙書。秦王領右元帥, 攻洛陽, 署瑀府司馬。武德元年遷內史令, 帝委以樞管, 內外百務悉關決。或引升御榻, 呼曰蕭郎。瑀自力孜孜, 抑過繩違無所憚。上便宜, 每見納用。手詔曰: "得公言, 社稷所賴, 朕既寶之, 故賜黃金一函, 公其勿辭。"

是歲, 州置七職, 秦王爲雍州牧, 以瑀爲州都督。詔嘗下中書, 未即行, 帝讓其稽, 瑀曰: "隋季內史詔敕多違舛, 百司不知所承。今朝廷初基, 所以安危者系號令。比承一詔, 必覆審, 使先後不謬, 始得下, 此所以稽留也。" 帝曰: "若爾, 朕何憂乎?" 初, 瑀關內田宅悉賜勳家, 至是, 還給之。瑀盡以分宗族, 獨留廟室奉祠。王世充平, 進尙書右僕射。七年, 以熒惑犯右執法, 避位, 不許。久之, 遷左僕射。

貞觀初, 房玄齡、杜如晦新得君, 事任稍分, 瑀不能無少望, 乘罅切詆, 辭旨疏躁。太宗怒, 廢於家。俄拜特進、太子少師, 復爲左僕射, 實封六百戶。帝問瑀: "朕欲長保社稷, 奈何?" 瑀曰: "三代有天下所以能長久者, 類封建諸侯以爲藩屛。秦置守令, 二世而絶。漢分王子弟, 享國四百年。魏、晉廢之, 亡不旋跬。此封建之有明效也。" 帝納之, 始議封建。坐與陳叔達忿爭御前不恭, 免。歲餘, 起爲晉州都督。入拜太常卿, 遷御史大夫, 參預朝政。瑀論議明辯, 然不能容人短, 意或偏駁不通, 而向法深, 房玄齡、魏徵、溫彦博頗裁正之, 其言多黜, 瑀亦不平。會玄齡等小過失, 瑀即痛劾, 不報, 由是自失, 罷爲太子少傅, 加特進, 復爲太常卿。拜河南道巡省大使。九年, 復參預政事。

帝嘗曰: "武德季, 太上皇有廢立議, 顧朕挾不賞之功, 於昆弟弗見容, 瑀於爾時不可以利怵死懼, 社稷臣也。" 因賜詩曰: "疾風知勁草, 版蕩識誠臣。" 又曰: "公守道耿介, 古無以過, 然善惡太明, 或有時而失。" 瑀頓首謝曰: "既蒙教, 又許以忠亮, 雖死日, 猶生年也。" 魏徵曰: "臣有逆眾持法, 主恕之以公; 孤特守節, 主恕之以介。昔聞其言, 乃今見之。使瑀不遇陛下, 庸能自保邪?" 晉王爲皇太子, 拜太子太保、同中書門下三品。帝曰: "三師, 以德導太子者也, 禮不尊, 則無所取法。" 乃詔: "師入謁, 太子出門迎拜, 師答拜; 每門, 讓乃入; 師坐, 然後坐; 書前後著名, 稱惶恐。”

瑀素貴, 但中狹。每燕見, 輒言: “玄齡輩朋黨盜權, 若膠固然, 特未反耳。帝曰: “知臣莫若君。朕雖不明, 寧頓懵臧否?” 因爲瑀曉解, 瑀以帝有所偏信, 帝積久亦不平。瑀好浮屠法, 間請捨家爲桑門, 帝許之矣, 復奏自度不能爲, 又足疾不入謁, 帝曰: “瑀豈不得其所邪?” 乃詔奪爵, 下除商州刺史。未幾, 復其封, 加特進。卒, 年七十四。遺命斂以單衣, 無卜日。詔贈司空、荊州都督, 陪葬昭陵。太常謚曰肅, 帝以其性忌, 改謚貞褊。

子銳, 尚襄城公主, 爲太常少卿。

10. 단지현段志玄

【출전】『구당서』 권68(「열전」 제18)

段志玄, 齊州臨淄人也。父偃師, 隋末爲太原郡司法書佐, 從高祖起義, 官至郢州刺史。志玄從父在太原, 甚爲太宗所接待。義兵起, 志玄募得千餘人, 授右領大都督府軍頭。從平霍邑, 下絳郡, 攻永豐倉, 皆爲先鋒, 歷遷左光祿大夫。從劉文靜拒屈突通於潼關, 文靜爲通將桑顯和所襲, 軍營已潰, 志玄率二十騎赴擊, 殺數十人而還。爲流矢中足, 慮衆心動, 忍而不言, 更入賊陣者再三。顯和軍亂, 大軍因此復振, 擊, 大破之。及屈突通之遁, 志玄與諸將追而擒之, 以功授樂游府驃騎將軍。

後從討王世充, 深入陷陣, 馬倒, 爲賊所擒。兩騎夾持其髻, 將渡洛水, 志玄踴身而奮, 二人俱墜馬, 馳歸, 追者數百騎, 不敢逼。及破竇建德, 平東都, 功又居多。遷秦王府右二護軍, 賞物二千段。

隱太子建成、巢剌王元吉競以金帛誘之, 志玄拒而不納, 密以白太宗, 竟與尉遲敬德等同誅建成、元吉。太宗即位, 累遷左驍衛大將軍, 封樊國公, 食實封九百戶。文德皇后之葬也, 志玄與宇文士及分統士馬出肅章門。太宗夜使宮官至二將軍所, 士及開營內使者, 志玄閉門不納, 曰: "軍門不可夜開。" 使者曰: "此有手敕。" 志玄曰: "夜中不辯真僞。" 竟停使者至曉。太宗聞而歎曰: "此真將軍也, 周亞夫無以加焉。"

十一年, 定世封之制, 授金州刺史, 改封褒國公。十二年, 拜右衛大將軍。十四年, 加鎮軍大將軍。十六年, 寢疾, 太宗親自臨視, 涕泣而別, 顧謂曰: "當與卿子五品。" 志玄頓首固請回授母弟志感, 太宗遂授志感左衛郎將。及卒, 上爲發哀, 哭之甚慟, 贈輔國將軍、揚州都督, 陪葬昭陵, 謚曰忠壯。十七年正月, 詔圖形於凌煙閣。

子瓚, 襲爵褒國公, 武太后時, 官至左屯衛大將軍。

子懷簡, 襲爵, 開元中, 官至太子詹事。

【출전】『신당서』 권89(「열전」 제14)

段志玄, 齊州臨淄人。父偃師, 仕隋爲太原司法書佐。從義師, 官至郢州刺史。志玄姿質偉岸, 少無賴, 數犯法。大業末, 從父客太原, 以票果, 諸惡少年畏之, 爲秦王所識。

高祖興, 以千人從, 授右領大都督府軍頭。下霍邑、絳郡, 攻永豐倉, 椎鋒最。歷左光祿大夫。從劉文靜拒屈突通於潼關。文靜爲桑顯和所襲, 軍且潰, 志玄率壯騎馳賊, 殺十餘人, 中流矢, 忍不言, 突擊自如, 賊衆亂, 軍乘之, 唐兵復振。通敗走, 與諸將躡獲於稠桑, 以多, 授樂游府車騎將軍。從討王世充, 深入, 馬跌, 爲賊禽。兩騎夾持其髻, 將度洛, 志玄忽騰而上, 二人者俱墮, 於是奪其馬馳歸, 尾騎數百不敢近。破竇建德, 平東都, 遷秦王府右二護軍。隱太子嘗以金帛誘之, 拒不納。秦王即位, 累遷左驍衛大將軍, 封樊國公, 實封九百戶。詔率兵至青海奪吐谷渾牧馬, 逗留, 免。未幾復職。

文德皇后之葬, 與宇文士及勒兵衛章武門, 太宗夜遣使至二將軍所, 士及披戶內使, 志玄拒曰: "軍門不夜開。" 使者示手詔, 志玄曰: "夜不能辨。" 不納。比曙, 帝歎曰: "真將軍, 周亞夫何以加!" 改封褒國公, 歷鎮軍大將軍。

貞觀十六年疾, 帝臨視, 泣顧曰: "當與卿子五品官。" 頓首謝, 請與母弟, 乃拜志感左衛郎將。及卒, 帝哭之慟。贈輔國大將軍、揚州都督, 陪葬昭陵, 謚曰壯肅。

11. 유홍기劉弘基

【출전】『구당서』 권58(「열전」 제8)

劉弘基, 雍州池陽人也。父升, 隋河州刺史。弘基少落拓, 交通輕俠, 不事家產, 以父廕爲右勳侍。大業末, 嘗從煬帝征遼東, 家貧不能自致, 行至汾陰, 度已後期當斬, 計無所出, 遂與同旅屠牛, 潛諷吏捕之, 系於縣獄, 歲餘, 竟以贖論。

事解亡命, 盜馬以供衣食, 因至太原。會高祖鎮太原, 遂自結托, 又察太宗有非常之度, 尤委心焉。由是大蒙親禮, 出則連騎, 入同臥起。義兵將舉, 弘基召募得二千人。王威、高君雅欲爲變, 高祖伏弘基及長孫順德於廳事之後, 弘基因麾左右執威等。又從太宗攻下西河。義軍次賈胡堡, 與隋將宋老生戰, 破之, 進攻霍邑。老生率眾陣於城外, 弘基從太宗擊之, 老生敗走, 棄馬投塹, 弘基下斬其首, 拜右光祿大夫。師至河東, 弘基以兵千人先濟河, 進下馮翊, 爲渭北道大使, 得便宜從事, 以殷開山爲副。西略地扶風, 有眾六萬。南渡渭水, 屯於長安故城, 威聲大振, 耀軍金光門。衛文升遣兵來戰, 弘基逆擊走之, 擒甲士千餘人、馬數百匹。時諸軍未至, 弘基先至, 一戰而捷。高祖大悅, 賜馬二十匹。及破京城, 功爲第一。

從太宗擊薛擧於扶風, 破之, 追奔至隴山而返。累拜右領都督, 封河間郡公。又從太宗經略東都, 戰於瓔珞門外, 破之。師旋, 弘基爲殿。隋將段達、張志陳於三王陵, 弘基擊敗之。武德元年, 拜右驍衛大將軍, 以元謀之勳, 恕其一死, 領行軍左一總管。又從太宗討薛擧。時太宗以疾頓於高庶城, 弘基、劉文靜等與擧接戰於淺水原, 王師不利, 八總管鹹敗; 唯弘基一軍盡力苦鬥, 矢盡, 爲擧所獲。高祖嘉其臨難不屈, 賜其家粟帛甚厚。仁杲平, 得歸, 復其官爵。會宋金剛陷太原, 遣弘基屯晉州。裴寂爲宋金剛所敗, 人情崩駭, 莫有固志。金剛以兵造城下, 弘基不能守, 復陷於賊。俄得逃歸, 高祖慰諭之, 授左一總管。從太宗屯於柏壁, 率兵二千自隰州趨西河, 斷賊歸路。時賊鋒甚勁, 弘基堅壁, 不能進。及金剛遁, 弘基率騎邀之, 至於介休, 與太宗會, 追擊大破之。累封任國公。尋從擊劉黑闥於洺州, 師旋, 授秉鉞將軍。會突厥入寇, 弘基率步騎一萬, 自豳州北界東拒子午嶺, 西接臨涇, 修營障塞, 副淮安王神通, 備胡寇於北鄙。九年, 以佐命功, 真食九百戶。

太宗即位, 顧待益隆。李孝常、長孫安業之謀逆也, 坐與交遊除名。歲餘, 起爲易州刺史, 復其封爵, 征拜衛尉卿。九年, 改封夔國公, 世襲朗州刺史, 例停不行。後以年老乞骸骨, 授輔國大將軍, 朝朔望, 祿賜同於職事。太宗征遼東, 以弘基爲前軍大總管。從擊高延壽於駐蹕山, 力戰有功, 太宗屢加勞勉。

永徽元年加實封通前一千一百戶。其年卒, 年六十九。高宗爲之擧哀, 廢朝三日, 贈開府儀同三司、并州都督, 陪葬昭陵, 仍爲立碑, 謚曰襄。弘基遺令給諸子奴婢各十五人、良田五頃, 謂所親曰: “若賢, 固不藉多財; 不賢, 守此可以免饑凍。” 餘財悉以散施。

子仁實襲, 官至左典戎衛郎將。

從子仁景, 神龍初, 官至司農卿。

【출전】『신당서』 권90(「열전」 제15)

劉弘基, 雍州池陽人。少以廕補隋右勳侍。大業末, 從征遼, 貲乏, 行及汾陰, 度後期且誅, 遂與其屬椎牛犯法, 諷吏捕系。歲餘, 以贖論, 因亡命, 盜馬自給。至太原, 陰事高祖。又察太宗資度非常, 益自托。由是蒙親禮, 出入連騎, 間至臥內。兵將舉, 弘基募士, 得二千人。王威等鯁大事, 弘基與長孫順德伏閤後, 麾左右執之。從攻下西河, 宋老生敗, 棄馬投塹, 弘基斬其首, 拜右光祿大夫。師至蒲, 引兵先濟河, 下馮翊。爲渭北道大使, 命殷開山副之。西徇扶風, 衆至六萬, 南度渭, 次長安故城, 振隊金光門。隋將衛文升來拒, 弘基逆擊, 擒甲士千餘, 馬數百。時諸軍尚未至, 弘基最先勝。高祖悅, 賜馬二十匹。京師平, 功第一, 授右驍衛大將軍。

討薛擧, 戰淺水原, 八總管軍皆沒, 唯弘基一軍戰力, 矢盡, 爲賊拘。帝以臨難不屈, 優護其家。仁杲平, 乃克歸, 官之如初。劉武周犯太原, 弘基屯平陽, 復陷賊。俄自拔歸, 授左一總管。從秦王屯柏壁, 以勁卒二千繇隰州趨西河, 躡賊歸路。賊銳甚, 弘基堅壁儲勇。及宋金剛遁走, 率騎尾之介休, 與王合擊, 大破之。累封任國公。從擊劉黑闥, 還, 除井鉞將軍。會突厥患邊, 督步騎萬人備塞, 自豳北東拒子午嶺, 西抵臨涇, 築障遮虜。

貞觀初, 李孝常等謀反, 坐與交, 除名爲民。歲餘, 起爲易州刺史, 復封爵。召授衛尉卿, 改封夔國。以老乞骸, 爲輔國大將軍, 朝朔望, 祿賜同職事。太宗征遼, 召爲前軍大總管, 戰駐蹕山, 有功, 累加封戶至千一百。卒, 贈開府儀同三司, 并州都督, 陪葬昭陵, 謚曰襄。

始, 弘基病, 給諸子奴婢各十五人, 田五頃, 謂所親曰: "使賢, 固不藉多財; 即不賢, 守此可以脫饑凍。" 餘悉散之親黨。子仁實, 襲封。

12. 굴돌통屈突通

【출전】『구당서』 권59(「열전」 제9)

屈突通, 雍州長安人。父長卿, 周邛州刺史。通性剛毅, 志尚忠慤, 檢身清正, 好武略, 善騎射。開皇中, 爲親衛大都督, 文帝遣通往隴西檢覆群牧, 得隱藏馬二萬餘匹。文帝盛怒, 將斬太僕卿慕容悉達及諸監官千五百人, 通諫曰: "人命至重, 死不再生, 陛下至仁至聖, 子育群下, 豈容以畜產之故, 而戮千有餘人? 愚臣狂狷, 輒以死請。"

文帝嗔目叱之, 通又頓首曰: "臣一身如死, 望免千餘人命。" 帝寤, 曰: "朕之不明, 以至於是。感卿此意, 良用惻然。今從所請, 以旌諫諍。" 悉達等竟以減死論。由是漸見委信, 擢爲右武候車騎將軍。奉公正直, 雖親戚犯法, 無所縱捨。時通弟蓋爲長安令, 亦以嚴整知名。時人爲之語曰: "寧食三斗艾, 不見屈突蓋, 寧服三斗葱, 不逢屈突通。" 爲人所忌憚如此。

及文帝崩, 煬帝遣通以詔征漢王諒。先是, 文帝與諒有密約曰: "若璽書召汝, 於敕字之傍別加一點, 又與玉麟符合者, 當就征。" 及發書無驗, 諒覺變, 詰通, 通占對無所屈, 竟得歸長安。大業中, 累轉左驍衛大將軍。時秦、隴盜賊蜂起, 以通爲關內討捕大使。有安定人劉迦論舉兵反, 據雕陰郡, 僭號建元, 署置百官, 有眾十餘萬。稽胡首領劉鷂子聚眾與迦論相影響。通發關中兵擊之, 師臨安定, 初不與戰, 軍中以通爲怯, 通乃揚聲旋師而潛入上郡。迦論不之覺, 遂進兵南寇, 去通七十裡而捨, 分兵掠諸城邑。通候其無備, 簡精甲夜襲之, 賊眾大潰, 斬迦論並首級萬餘, 於上郡南山築爲京觀, 虜男女數萬口而還。

煬帝幸江都, 令通鎮長安。義兵起, 代王遣通進屯河東。既而義師濟河, 大破通將桑顯和於飲馬泉, 永豐倉又爲義師所克。通大懼, 留鷹揚郎將堯君素守河東, 將自武關趨藍田以赴長安。軍至潼關, 爲劉文靜所遏, 不得進, 相持月餘。通又令顯和夜襲文靜, 詰朝大戰, 義軍不利。顯和縱兵破二柵, 惟文靜一柵獨存, 顯和兵復入柵而戰者往覆數焉。文靜爲流矢所中, 義軍氣奪, 垂至於敗。顯和以兵疲, 傳餐而食, 文靜因得分兵以實二柵。又有游軍數百騎自南山來擊其背, 三柵之兵復大呼而出, 表裡齊奮, 顯和軍潰, 僅以身免。悉虜其眾, 通勢彌蹙。或說通歸降, 通泣曰: "吾蒙國重恩, 歷事兩主, 受人厚祿, 安可逃難? 有死而已!" 每自摩其頸曰: "要當爲國家受人一刀耳!" 勞勉將士, 未嘗不流涕, 人亦以此懷之。高祖遣其家僮召之, 通遽命斬之。

通聞京師平, 家屬盡沒, 乃留顯和鎮潼關, 率兵東下, 將趨洛陽。通適進路, 而顯和降於劉文靜。遣副將竇琮、段志玄等率精騎與顯和追之, 及於稠桑。通結陣以自固, 竇琮縱通子壽令往諭之。通大呼曰: "昔與汝爲父子, 今與汝爲仇讎。" 命左右射之。顯和呼其眾曰: "京師陷矣, 汝並關西人, 欲何所去?" 眾皆釋仗。通知不免, 乃下馬東南向再拜號哭, 曰: "臣力屈兵敗, 不負陛下, 天地神祇, 實所鑒察。" 遂擒通送於長安。高祖謂曰: "何相見晚耶?" 通泣對曰: "通不能盡人臣之節, 力屈而至, 爲本朝之辱, 以愧代王。" 高祖曰: "隋室忠臣也。" 命釋之, 授兵部尚書, 封蔣國公, 仍爲太宗行軍元帥長史。

從平薛舉, 時珍物山積, 諸將皆爭取之, 通獨無所犯。高祖聞而謂曰: "公清正奉國, 著自終始, 名下定不虛也。" 特賜金銀六百兩、彩物一千段。尋以本官判陝東道行臺僕射, 復從太宗討王世充。時通有二子並在洛陽, 高祖謂通曰: "東征之事, 今以相屬, 其如兩子何?" 通對曰: "臣以老朽, 誠不足以當重任。但自惟疇昔, 執就軍門, 至尊釋其縲囚, 加之恩禮, 既不能死, 實荷再生。當此之時, 心口相誓, 暗以身命奉許國家久矣。今此行臣願先驅, 兩兒若死, 自是其命, 終不以私害義。" 高祖歎息曰: "徇義之夫, 一至於此!" 及大兵圍洛陽, 竇建德且至, 太宗中分麾下以屬通, 令與齊王元吉圍守洛陽。世充平, 通功爲第一, 尋拜陝東大行臺右僕射, 鎮於洛陽。

數歲, 征拜刑部尚書, 通自以不習文法, 固辭之, 轉工部尚書。隱太子之誅也, 通復檢校行臺僕射, 馳鎮洛陽。貞觀元年, 行臺廢, 授洛州都督, 賜實封六百戶, 加左光祿大夫。明年, 卒, 年七十二。太宗痛惜久之, 贈尚書右僕射, 謚曰忠。子壽襲爵。太宗幸洛陽宮, 思通忠節, 拜其少子詮果毅都尉, 賜束帛以恤其家焉。十七年, 詔圖形於凌煙閣。二十三年, 與房玄齡配饗太宗廟庭。永徽五年, 重贈司空。詮官至瀛州刺史。

詮子仲翔, 神龍中亦爲瀛州刺史。

【출전】『신당서』 권89(「열전」 제14)

屈突通, 其先蓋昌黎徒何人, 後家長安。仕隋爲虎賁郎將。文帝命覆隴西牧簿, 得隱馬二萬匹, 帝怒, 收太僕卿慕容悉達、監牧官史千五百人, 將悉殊死。通曰: "人命至重, 死不復生。陛下以至仁育四海, 豈容以畜產一日而戮千五百士?" 帝叱之, 通進頓首曰: "臣願身就戮, 以延眾死。" 帝寤, 曰: "朕不明, 乃至是。今當免悉達等, 旌爾善言。" 遂皆以減論。擢左武衛將軍。莅官勁正, 有犯法者, 雖親無所回縱。其弟蓋爲長安令, 亦以方嚴顯。時爲語曰: "寧食三斗艾, 不見屈突蓋; 寧食三斗葱, 不逢屈突通。"

煬帝即位, 遣持詔召漢王諒。先是, 文帝與諒約, 若璽書召, 驗視敕字加點, 又與玉麟符合, 則就道。及是, 書無驗, 諒覺變, 詰通, 通占對無屈, 竟得歸長安。大業中, 與宇文述共破楊玄感, 以功遷左驍衛大將軍。秦、隴盜起, 授關內討捕大使。安定人劉迦論反, 眾十餘萬據雕陰。通發關中兵擊之, 次安定, 初不與戰, 軍中意其怯。通陽言旋師, 而潛入上郡。賊未之覺, 引而南, 去通七十裡捨, 分兵徇地。通候其無備, 夜簡精甲襲破之, 斬迦論並首級萬餘, 築京觀於上郡南山, 虜老弱數萬口。後隋政益亂, 盜賊多, 士無鬥志, 諸將多覆。通每向必持重, 雖不大克, 亦不敗負。帝南幸, 使鎮長安。

高祖起, 代王遣通守河東, 戰久不下, 高祖留兵圍之, 遂濟河, 破其將桑顯和於飲馬泉。通大懼, 乃留鷹揚郎將堯君素守蒲, 將自武關趨藍田以援長安。至潼關, 阻劉文靜兵不得進, 相持月餘。通令顯和夜襲文靜, 詰朝大戰, 顯和縱兵破二壁, 唯文靜一壁獨完, 然數入壁, 短兵接, 文靜中流矢, 軍垂敗, 顯和以士疲, 乃傳餐食, 文靜因得分兵實二壁。會游軍數百騎自南山還, 擊其背, 三壁兵大呼, 奮而出, 顯和遂潰, 盡得其衆。通勢蹙, 或說之降, 曰: "吾蒙國厚恩, 事二主, 安可逃難? 獨有死報爾!" 每自摩其頸曰: "要當爲國家受人一刀!" 其訓勉士卒必流涕, 故力雖窮, 而人尚爲之感奮。帝遣其家僮往召, 通趣斬之。俄聞京師平, 家盡沒, 乃留顯和保潼關, 率兵將如洛。既行, 而顯和來降。文靜遣竇琮、段志玄精騎追及於稠桑, 通結陣拒之。琮縱其子壽往諭使降, 通大呼曰: "昔與汝父子, 今則仇也!" 命左右射之, 顯和呼其衆曰: "京師陷, 諸君皆家關西, 何爲復東?" 衆皆捨兵。通知不免, 遂下馬東南向, 再拜號哭曰: "臣力屈兵敗, 不負陛下。" 遂被禽, 送長安。帝勞曰: "何相見晚邪?" 泣曰: "通不能盡人臣之節, 故至此, 爲本朝羞。" 帝曰: "忠臣也!" 釋之, 授兵部尚書、蔣國公, 爲秦王行軍元帥長史。

從平薛仁杲, 時賊珍用山積, 諸將爭得之, 通獨無所取。帝聞, 曰: "清以奉國, 名定不虛。" 特賚金銀六百兩、彩千段。判陝東道行臺左僕射, 從討王世充。時通二子在洛, 帝曰: "今以東略屬公, 如二子何?" 通曰: "臣老矣, 不足當重任。然疇昔陛下釋俘累, 加恩禮, 以蒙更生, 是時口與心誓, 以死許國。今日之行, 正當先驅, 二兒死自其分, 終不以私害義。" 帝太息曰: "烈士徇節, 吾今見之。" 及竇建德來援賊, 秦王分麾下半以屬通, 俾與齊王圍洛。世充平, 論功第一, 拜陝東道大行臺右僕射, 鎮東都。數歲, 召爲刑部尚書。自以不習文, 固辭, 改工部。建成之變, 復檢校行臺僕射, 馳鎮洛。貞觀初, 行臺廢, 爲洛州都督, 進左光祿大夫。卒, 年七十二, 贈尚書左僕射, 謚曰忠。後詔配饗太宗廟廷。永徽中, 贈司空。

二子壽、詮, 壽襲爵。太宗幸洛, 思通忠節, 故詮以少子拜果毅都尉, 賜粟帛恤其家, 終瀛州刺史。詮子仲翔, 神龍中, 復守瀛州。

初, 桂州都督李弘節亦以清慎顯。既歿, 其家賣珠。太宗疑弘節實貪, 欲追坐舉者。魏徵曰: "陛下過矣! 且今號清白死不變者, 屈突通、張道源。通二子來調, 共一馬; 道源子不能自存。審其清者不加恤, 疑其濁者罪所舉, 亦好善不篤矣。" 帝曰: "朕未之思。" 置不問。故通之清益顯雲。

13. 은개산殷開山

【출전】『구당서』 권58(「열전」 제8)

殷嶠, 字開山, 雍州鄠縣人, 陳司農卿不害孫也。其先本居陳郡, 陳亡, 徙關中。父僧首, 隋秘書丞, 有名於世。嶠少以學行見稱, 尤工尺牘。仕隋太谷長, 有治名。義兵起, 召補大將軍府掾, 參預謀略, 授心腹之寄, 累以軍功拜光祿大夫。從隱太子攻克西河。太宗爲渭北道元帥, 引爲長史。時關中群盜往往聚結, 衆無適從, 令嶠招慰之, 所至皆下。又與統軍劉弘基率兵六萬屯長安故城, 隋將衛孝節自金光門出戰, 嶠與弘基擊破之。京城平, 賜爵陳郡公, 遷丞相府掾。尋授吏部侍郎。

從擊薛舉, 爲元帥府司馬。時太宗有疾, 委軍於劉文靜, 誡之曰: "賊衆遠來, 利在急戰, 難與爭鋒。且宜持久, 待糧盡, 然後可圖。" 嶠退謂文靜曰: "王體不安, 慮公不濟, 故發此言。宜因機破賊, 何乃以勍敵遺王也!" 久之, 言於文靜曰: "王不豫, 恐賊輕我, 請耀武以威之。" 遂陳兵於折墌, 爲舉所乘, 軍乃大敗。嶠坐減死除名。後從平薛仁杲, 復其爵位。

武德二年, 兼陝東道大行臺兵部尚書, 遷吏部尚書。從太宗討平王世充, 以功進爵鄖國公。復從征劉黑闥, 道病卒。太宗親臨喪, 哭之甚慟, 贈陝東道大行臺右僕射, 謚曰節。貞觀十四年, 詔與贈司空、淮安王神通, 贈司空、河間王孝恭, 贈民部尚書劉政會, 俱以佐命功配饗高祖廟庭。十七年, 又與長孫無忌、唐儉、長孫順德、劉弘基、劉政會、柴紹等十七人, 俱圖其形於淩煙閣。永徽五年, 追贈司空。

嶠從祖弟聞禮, 有文學, 武德中, 爲太子中捨人, 修梁史, 未就而卒。

聞禮子仲容, 亦知名, 則天深愛其才。官至申州刺史。

【출전】『신당서』 권90(「열전」 제15)

殷開山, 名嶠, 以字行, 世居江南。祖不害, 仕陳爲司農卿。陳亡, 徙京兆, 爲鄠人。

開山涉書, 工爲尺牘, 爲隋大谷長。高祖兵起, 召補大將軍掾, 從攻西河。爲渭北道元帥長史。時關輔群盜鷙力自張, 不相君, 命開山招慰, 皆下。與劉弘基屯故城, 破衛文升之兵, 賜爵陳郡公, 遷丞相府掾。

以吏部侍郎從秦王討薛舉。會王疾甚, 臥營, 委軍於劉文靜, 誡曰: "賊方熾, 邀速戰利。公等毋與爭, 糧盡眾枵, 乃可圖。" 開山銳立事, 說文靜曰: "王屬疾, 憂公弗克濟, 故不欲戰。今宜逗機制敵, 無專以賊遺王也。請勒兵以怖之。" 遂戰折庶, 爲舉所乘, 遂大敗。下吏當死, 詔貸之, 除名爲民。頃之, 從平仁杲, 復爵位, 兼陝東道行臺兵部尚書, 遷吏部。從討王世充, 以功進爵鄖國公。

征劉黑闥, 道病卒, 王哭之慟, 詔贈陝東道大行臺右僕射, 謚曰節。貞觀十四年, 與淮安王神通、河間王孝恭、民部尚書劉政會俱配饗高祖廟廷。永徽中, 加贈司空。

14. 시소柴紹

【출전】『구당서』 권58(「열전」 제8)

柴紹, 字嗣昌, 晉州臨汾人也。祖烈, 周驃騎大將軍, 歷遂、梁二州刺史, 封冠軍縣公。父慎, 隋太子右內率, 封鉅鹿郡公。紹幼趫捷有勇力, 任俠聞於關中。少補隋元德太子千牛備身。高祖微時, 妻之以女, 即平陽公主也。

義旗建, 紹自京間路趣太原。時建成、元吉自河東往, 會於道, 建成謀於紹曰: "追書甚急, 恐已起事。隋郡縣連城千有餘裡, 中間偷路, 勢必不全, 今欲且投小賊, 權以自濟。" 紹曰: "不可。追既急, 宜速去, 雖稍辛苦, 終當獲全。若投小賊, 知君唐公之子, 執以爲功, 徒然死耳。" 建成從之, 遂共走太原。入雀鼠谷, 知已起義, 於是相賀, 以紹之計爲得。授右領軍大都督府長史。大軍發晉陽, 兼領馬軍總管。將至霍邑, 紹先至城下, 察宋老生形勢, 白曰: "老生有匹夫之勇, 我師若到, 必來出戰, 戰則成擒矣。" 及義師至, 老生果出, 紹力戰有功。下臨汾, 平絳郡, 並先登陷陣, 授右光祿大夫。隋將桑顯和來擊, 孫華率精銳渡河以援之, 紹引軍直掩其背, 與史大奈合勢擊之, 顯和大敗, 因與諸將進下京城。

武德元年, 累遷左翊衛大將軍。尋從太宗平薛舉, 破宋金剛, 攻平王世充於洛陽, 擒竇建德於武牢, 封霍國公, 賜實封千二百戶, 轉右驍衛大將軍。吐谷渾與黨項俱來寇邊, 命紹討之。虜據高臨下, 射紹軍中, 矢下如雨。紹乃遣人彈胡琵琶, 二女子對舞, 虜異之, 駐弓矢而相與聚觀。紹見虜陣不整, 密使精騎自後擊之, 虜大潰, 斬首五百餘級。貞觀元年, 拜右衛大將軍。二年, 擊梁師都於夏州, 平之。轉左衛大將軍, 出爲華州刺史。七年, 加鎮軍大將軍, 行右驍衛大將軍, 改封譙國公。十二年, 寢疾, 太宗親自臨問。尋卒, 贈荊州都督, 謚曰襄。

【출전】『신당서』 권90(「열전」 제15)

柴紹, 字嗣昌, 晉州臨汾人。幼矯悍, 有武力, 以任俠聞。補隋太子千牛備身。高祖妻以平陽公主。將起兵, 紹走間道迎謁。時太子建成、齊王元吉亦自河東往, 遇諸塗。建成曰: "追書急, 恐吏逮捕, 請依劇賊, 冀自全。" 紹曰: "不可。賊知君唐公子, 必執以爲功, 徒死爾。不如疾走太原。" 既入雀鼠谷, 聞義兵起, 謂紹有謀, 乃相賀。授右領軍大都督府長史, 領彀騎, 發晉陽。先抵霍邑城下, 覘形勢。還白: "宋老生一夫敵, 我兵到必出戰, 可虜也。" 大師至, 老生果出, 紹力戰有功。從下臨汾、絳郡, 隋將桑顯和來戰, 紹引軍繚其背, 與史大奈合攻之。顯和敗, 遂平京師。進右光祿大夫, 封臨汾郡公。高祖即位, 拜左翊衛大將軍, 累從征討, 以多, 進封霍國公, 遷右驍衛大將軍。

吐谷渾、黨項寇邊, 敕紹討之, 虜據高射紹軍, 雨矢, 士失色。紹安坐, 遣人彈胡琵琶, 使二女子舞。虜疑之, 休射觀。紹伺其懈, 以精騎從後掩擊, 虜大潰, 斬首五百級。

貞觀二年, 平梁師都, 轉左衛大將軍。出爲華州刺史, 加鎮軍大將軍, 徙譙國。既病, 太宗親問之。卒, 贈荊州都督, 謚曰襄。二子: 哲威、令武。

哲威爲右屯衛將軍, 襲封。坐弟謀反, 免死, 流邵州。起爲交州都督, 卒。

令武尚巴陵公主, 遷太僕少卿、衛州刺史、襄陽郡公。與房遺愛謀反, 貶嵐州刺史, 自殺。公主亦賜死。

15. 장손순덕長孫順德

【출전】『구당서』 권58(「열전」 제8)

長孫順德, 文德順聖皇后之族叔也。祖澄, 周秦州刺史。父愷, 隋開府。順德仕隋右勳衛, 避遼東之役, 逃匿於太原, 深爲高祖、太宗所親委。時群盜並起, 郡縣各募兵爲備。太宗外以討賊爲名, 因令順德與劉弘基等召募, 旬月之間, 衆至萬餘人, 結營於郭下, 遂誅王威、高君雅等。義兵起, 拜統軍。從平霍邑, 破臨汾, 下絳郡, 俱有戰功。尋與劉文靜擊屈突通於潼關, 每戰摧鋒。及通將奔洛陽, 順德追及於桃林, 執通歸京師, 仍略定陝縣。高祖即位, 拜左驍衛大將軍, 封薛國公。

武德九年, 與秦叔寶等討建成餘黨於玄武門。太宗踐祚, 真食千二百戶, 特賜以宮女, 每宿內省。

後, 順德監奴, 受人饋絹事發, 太宗謂近臣曰: "順德地居外戚, 功即元勳, 位高爵厚, 足稱富貴。若能勤覽古今, 以自鑒誡, 弘益我國家者, 朕當與之同有府庫耳。何乃不遵名節, 而貪冒發聞乎!" 然惜其功, 不忍加罪, 遂於殿庭賜絹數十匹, 以愧其心。

大理少卿胡演進曰: "順德枉法受財, 罪不可恕, 奈何又賜之絹?" 太宗曰: "人生性靈, 得絹甚於刑戮; 如不知愧, 一禽獸耳, 殺之何益!" 尋坐與李孝常交通除名。歲餘, 太宗閱功臣圖, 見順德之像, 閔然憐之, 遣宇文士及視其所爲, 見順德頹然而醉, 論者以爲達命。召拜澤州刺史, 復其爵邑。

順德素多放縱, 不遵法度, 及此折節爲政, 號爲明肅。先是, 長吏多受百姓饋餉, 順德糾擿, 一無所容, 稱爲良牧。前刺史張長貴、趙士達並占境內膏腴之田數十頃, 順德並劾而追奪, 分給貧戶。尋又坐事免。發疾, 太宗聞而鄙之, 謂房玄齡曰: “順德無慷慨之節, 多兒女之情, 今有此疾, 何足問也!” 未幾而卒, 太宗爲之罷朝, 遣使吊祭, 贈荊州都督, 謚曰襄。貞觀十三年, 追改封爲邳國公。永徽五年, 重贈開府儀同三司。

【출전】『신당서』 권105(「열전」 제30)

無忌族叔順德。

順德仕隋爲右勳衛, 征遼當行, 亡命太原, 素爲高祖親厚。太宗將起兵, 令與劉弘基募士於外, 聲備賊, 至數萬人, 乃結隊按屯。大將軍府建, 授統軍, 從平霍邑、臨汾、絳郡有功。與劉文靜擊屈突通於潼關, 通將奔洛陽, 順德跳追桃林, 執通以獻, 遂定陝縣。以多進左驍衛大將軍, 封薛國公。討建成餘黨, 食千二百戶, 賜宮女, 詔宿內省。

俄以受賕爲有司劾發, 帝曰: “順德元勳外戚, 爵隆位厚至矣。若令觀古今自鑒, 有以益國家者, 朕當與共府庫, 何至以貪冒聞乎?” 因賜帛數十愧切之。大理少卿胡演曰: “順德以賂破法, 不可赦, 奈何又賜之?” 帝曰: “使有恥者, 得賜甚於戮; 如不能, 乃禽獸也, 殺之何益?”

李孝常謀反, 坐與交, 削籍爲民。歲餘, 帝閱功臣圖, 見其像, 憐之, 遣宇文士及視順德, 順德方頹然醉, 遂召爲澤州刺史, 復爵邑。順德素少檢, 侈放自如, 至是折節爲政, 以嚴明稱。先時守長多通餉問, 順德繩擿無所容, 遂爲良吏。前刺史張長貴、趙士達占部中腴田數十頃, 奪之以給貧單。尋坐累還第。喪息女, 感疾甚, 帝薄之, 謂房玄齡曰: “順德無剛氣, 以兒女牽愛至大病, 胡足恤?” 未幾, 卒, 遣使吊之, 贈荊州都督, 謚曰襄。貞觀十三年, 封邳國公。永徽中, 加贈開府儀同三司。

16. 장량張亮

【출전】『구당서』 권69(「열전」 제19)

張亮, 鄭州滎陽人也。素寒賤, 以農爲業。倜儻有大節, 外敦厚而內懷詭詐, 人莫之知。大業末, 李密略地滎、汴, 亮杖策從之, 未被任用。屬軍中有謀反者, 亮告之, 密以爲至誠, 署驃騎將軍, 隸於徐勣。及勣以黎陽歸國, 亮頗贊成其事, 乃授鄭州刺史。會王世充陷鄭州, 亮不得之官, 孤軍無援, 遂亡命於共城山澤。

後房玄齡、李勣以亮倜儻有智謀, 薦之於太宗, 引爲秦府車騎將軍。漸蒙顧遇, 委以心膂。會建成、元吉將起難, 太宗以洛州形勝之地, 一朝有變, 將出保之。遣亮之洛陽, 統左右王保等千餘人, 陰引山東豪傑以俟變, 多出金帛, 恣其所用。元吉告亮欲圖不軌, 坐是屬吏, 亮卒無所言。事釋, 遣還洛陽。及建成死, 授懷州總管, 封長平郡公。

貞觀五年, 歷遷御史大夫, 轉光祿卿, 進封鄅國公, 賜實封五百戶。後歷豳、夏、鄜三州都督。七年, 魏王泰爲相州都督而不之部, 進亮金紫光祿大夫, 行相州大都督長史。十一年, 改封鄖國公。亮所莅之職, 潛遣左右伺察善惡, 發手適奸隱, 動若有神, 抑豪強而恤貧弱, 故所在見稱。初, 亮之在州也, 棄其本妻, 更娶李氏。李素有淫行, 驕妒特甚, 亮寵憚之。後至相州, 有鄴縣小兒, 以賣筆爲業, 善歌舞, 李見而悅之, 遂與私通。假言亮先與其母野合所生, 收爲亮子, 名曰慎幾。亮前婦子慎微, 每以養慎幾致諫, 亮不從。李尤好左道, 所至巫覡盈門, 又干預政事, 由是亮之聲稱漸損。

十四年, 又爲工部尚書。明年, 遷太子詹事, 出爲洛州都督。及侯君集誅, 以亮先奏其將反, 優詔褒美, 遷刑部尚書, 參預朝政。太宗將伐高麗, 亮頻諫不納, 因自請行。以亮爲滄海道行軍大總管, 管率舟師。自東萊渡海, 襲沙卑城, 破之, 俘男女數千口。進兵頓於建安城下, 營壘未固, 士卒多樵牧。賊眾奄至, 軍中惶駭。亮素怯懦, 無計策, 但踞胡床, 直視而無所言, 將士見之, 翻以亮爲有膽氣。其副總管張金樹等乃鳴鼓令士眾擊賊, 破之。太宗知其無將帥材而不之責。

有方術人程公穎者, 亮親信之。初, 在相州, 陰召公穎謂曰: "相州形勝之地, 人言不出數年有王者起, 公以爲何如?" 公穎知其有異志, 因言亮臥似龍形, 必當大貴。又有公孫常者, 頗擅文辭, 自言有黃白之術, 尤與亮善。亮謂曰: "吾嘗聞圖讖'有弓長之君當別都', 雖有此言, 實不願聞之。" 常又言亮名應圖錄, 亮大悅。二十年, 有陝人常德玄告其事, 並言亮有義兒五百人。太宗遣法官按之, 公穎及常證其罪, 亮曰: "此二人畏死見誣耳。" 又自陳佐命之舊, 冀有寬貸。太宗謂侍臣曰: "亮有義兒五百, 畜養此輩, 將何爲也? 正欲反耳。" 命百僚議其獄, 多言亮當誅, 唯將作少匠李道裕言亮反形未具, 明其無罪。太宗既盛怒, 竟斬於市, 籍沒其家。歲餘, 刑部侍郎有闕, 令執政者妙擇其人, 累奏皆不可。太宗曰: "朕得其人也。往者李道裕議張亮云'反形未具', 此言當矣。雖不即從, 至今追悔。" 遂授道裕刑部侍郎。

【출전】『신당서』 권94(「열전」 제19)

張亮, 鄭州滎陽人。起畎畝, 志趣奇譎, 雖外敦厚而內不情。隋大業末, 李密略地滎、汴, 亮從之, 未甚甄識。時軍中有謀叛去者, 亮輒以告, 密愛其誠, 乃署驃騎將軍, 隸李勣。勣以黎陽歸, 亮頗佐佑之, 擢鄭州刺史。會王世充取鄭, 亮提孤軍不敢入, 亡命共城山。俄檢校定州別駕。勣討劉黑闥, 使亮守相州, 賊方盛, 棄城遁。

房玄齡以亮沈果有謀, 白秦王, 引爲車騎將軍。隱太子將作難, 命亮統左右千人之洛陽, 陰結山東豪傑以備變。齊王告亮反, 高祖以屬吏詰訊, 終無所言, 乃得釋。王即位, 除右衛將軍, 封長平郡公。累遷御史大夫, 進封鄅國公, 食益州戶五百。歷豳夏汭鄜三州都督、相州長史, 徙鄖國。召拜工部尚書。亮爲政多伺察, 發擿隱微, 示神明, 抑強恤弱, 所至有績。拜太子詹事, 出爲洛州都督。侯君集已誅, 以刑部尚書參預朝政。

時茂州俚童張仲文自稱天子, 有司論斥乘輿有罪當死, 攝刑部尚書韋挺奏: "童乃妖言, 無死坐。" 帝怒曰: "爾作威福於下, 而歸虐朕耶!" 挺失據趨出。亮爲挺直之, 帝曰: "公欲取剛正名乎?" 亮不謝, 帝寤曰: "寧屈我, 以申公之請。" 童免死。

帝將伐高麗, 亮頻諫, 不納, 因自請行, 詔爲平壤道行軍大總管。引兵自東萊浮海, 襲破沙卑城, 進至建安, 營壁未立, 賊奄至, 亮不知所爲, 踞胡床直視無所言, 衆謂其勇, 得自安。於是副將張金樹鼓於軍, 士奮擊, 因破賊。及從帝還, 至并州, 乃得罪。

初, 亮棄故妻, 更娶李氏。李妒悍, 私通歌兒, 養爲子, 名慎幾。亮子顗數諫止, 亮不納。李好左道, 交通巫覡, 橈政事。亮爲相州, 假子公孫節以讖有 "弓長之主當別都", 亮自以相舊都, "弓長" 其姓, 陰有怪謀。術家程公穎者, 亮素與厚, 陰謂曰: "君前言陛下真天下主, 何其神邪!" 公穎內曉, 即稱亮臥若龍, 當大貴。亮曰: "國家殆必亂, 吾臂龍鱗奮矣, 慎幾且大貴。" 公孫常者, 節兄也, 亮謂曰: "吾有妾, 相者云必爲諸王姬。" 常曰: "我兄子大品言, 有神告公名在讖書。" 亮悅。會陝人常德發其謀, 並言亮養假子五百。帝使馬周案之, 亮讕辭曰: "囚等畏死, 見誣耳。" 因自陳佐命舊臣。帝曰: "亮養子五百將何爲? 正欲反耳。" 詔百官議, 皆言亮當誅。帝遣長孫無忌、房玄齡就獄謂曰: "法者, 天下平, 與公共爲之。公不自修, 乃至此, 將奈何?" 於是斬西市, 籍其家。

貞觀初, 突厥降者言世讓無逆謀, 乃原其妻子。

17. 후군집侯君集

【출전】『구당서』 권69(「열전」 제19)

侯君集, 豳州三水人也。性矯飾, 好矜誇, 玩弓矢而不能成其藝, 乃以武勇自稱。太宗在藩, 引入幕府, 數從征伐, 累除左虞侯、車騎將軍, 封全椒縣子。漸蒙恩遇, 參預謀議。建成、元吉之誅也, 君集之策居多。太宗即位, 遷左衛將軍, 以功進封潞國公, 賜邑千戶, 尋拜右衛大將軍。貞觀四年, 遷兵部尚書, 參議朝政。時將討吐谷渾伏允, 命李靖爲西海道行軍大總管, 以君集及任城王道宗並爲之副。九年三月, 師次鄯州, 君集言於靖曰: "大軍已至, 賊虜尚未走險, 宜簡精銳, 長驅疾進, 彼不我虞, 必有大利。若此策不行, 潛遁必遠, 山障爲阻, 討之實難。" 靖然其計, 乃簡精銳, 輕齎深入。道宗追及伏允之眾於庫山, 破之。伏允輕兵入磧, 以避官軍。靖乃中分士馬爲兩道並入, 靖與薛萬均、李大亮趣北路, 使侯君集、道宗趣南路。歷破邏真谷, 逾漢哭山, 經途二千餘里, 行空虛之地。盛夏降霜, 山多積雪, 轉戰過星宿川, 至於柏海, 頻與虜遇, 皆大克獲。北望積玉山, 觀河源之所出焉。乃旋師, 與李靖會於大非川, 平吐谷渾而還。

十一年, 與長孫無忌等俱受世封, 授君集陳州刺史, 改封陳國公。明年, 拜吏部尚書, 進位光祿大夫。君集出自行伍, 素無學術, 及被任遇, 方始讀書。典選舉, 定考課, 出爲將領, 入參朝政, 並有時譽。

高昌王麴文泰時遏絕西域商賈, 太宗徵文泰入朝, 而稱疾不至, 詔以君集爲交河道行軍大總管討之。文泰聞王師將起, 謂其國人曰: "唐國去此七千里, 涉磧闊二千里, 地無水草, 冬風凍寒, 夏風如焚。風之所吹, 行人多死,當行百人不能得至, 安能致大軍乎? 若頓兵於吾城下, 二十日食必盡, 自然魚潰, 乃接而虜之, 何足憂也!" 及軍至磧口, 而文泰卒, 其子智盛襲位。君集率兵至柳谷, 候騎言文泰克日將葬, 國人咸集。諸將請襲之, 君集曰: "不可, 天子以高昌驕慢無禮, 使吾恭行天罰, 今襲人於墟墓之間, 非問罪之師也。" 於是鼓行而前, 攻其田地。賊嬰城自守, 君集諭之, 不行。先是, 大軍之發也, 上召山東善爲攻城器械者, 悉遣從軍。君集遂刊木填隍, 推撞車撞其睥睨, 數丈頹穴, 抛車石擊其城中, 其所當者無不糜碎, 或張氈被, 用障抛石, 城上守陴者不復得立。遂拔之, 虜其男女七千餘口, 仍進兵圍其都城。智盛窮蹙, 致書於君集曰: "有罪於天子者, 先王也。天罰所加, 身已喪背。智盛襲位未幾, 不知所以愆闕, 冀尚書哀憐。" 君集報曰: "若能悔禍, 宜束手軍門。" 智盛猶不出, 因命士卒填其隍塹, 發抛車以攻之。又爲十丈高樓, 俯視城內, 有行人及飛石所中處, 皆唱言之, 人多入室避石。初, 文泰與西突厥欲谷設約, 有兵至, 共爲表裡。及聞君集至, 欲谷設懼而西走千餘里, 智盛失援, 計無所出, 遂開門出降。君集分兵略地, 遂平其國, 俘智盛及其將吏, 刻石紀功而還。

君集初破高昌, 曾未奏請, 輒配沒無罪人, 又私取寶物。將士知之, 亦競來盜竊, 君集恐發其事, 不敢制。及京師, 有司請推其罪, 詔下獄。中書侍郎岑文本以爲, 功臣大將不可輕加屈辱, 上疏曰:

君集等或位居輔佐, 或職惟爪牙, 並蒙拔擢, 受將帥之任, 不能正身奉法, 以報陛下之恩。舉措肆情, 罪負盈積, 實宜繩之刑典, 以肅朝倫。但高昌昏迷, 人神共棄, 在朝議者, 以其地在遐荒, 鹹欲置之度外。唯陛下運獨見之明, 授決勝之略, 君集等奉行聖算, 遂得指期平殄。若論事實, 並是陛下之功, 君集等有道路之勞, 未足稱其勳力。而陛下天德弗宰, 乃推功於將帥。露布初至, 便降大恩, 從征之人, 皆沾滌蕩。及其凱旋, 特蒙曲宴, 又對萬國, 加之重賞。內外文武, 鹹欣陛下賞不逾時。而不經旬日, 並付大理, 雖乃君集等自掛網羅, 而在朝之人未知所犯, 恐海內又疑陛下唯錄其過, 似遺其功。臣以下才, 謬參近職, 既有所見, 不敢默然。

臣聞古之人君, 出師命將, 克敵則獲重賞, 不克則受嚴刑。是以賞其有功也, 雖貪殘淫縱, 必蒙青紫之寵; 當其有罪也, 雖勤躬潔己, 不免鈇鉞之誅。故『周書』曰: “記人之功, 忘人之過, 宜爲君者也。” 昔漢貳師將軍李廣利損五萬之師, 糜億萬之費, 經四年之勞, 唯獲駿馬三十匹。雖斬宛王之首, 而貪不愛卒, 罪惡甚多。武帝爲萬裡征伐, 不錄其過, 遂封廣利海西侯, 食邑八千戶。又校尉陳湯矯詔興師, 雖斬郅支單于, 而湯素貪盜, 所收康居財物, 事多不法, 爲司隸所系。湯乃上疏曰: “與吏士共誅郅支, 幸得擒滅。今司隸乃收系案驗, 是爲郅支報仇也。” 元帝赦其罪, 封湯關內侯, 賜黃金百斤。又晉龍驤將軍王浚有平吳之功, 而王渾等論浚違詔, 不受節度, 軍人得孫皓寶物, 並燒皓宮及船。浚上表曰: “今年平吳, 誠爲大慶, 於臣之身, 更爲咎累。” 武帝赦而不推, 拜輔國大將軍, 封襄陽侯, 賜絹萬匹。近隋新義郡公韓擒虎平陳之日, 縱士卒暴亂叔寶宮內, 文帝亦不問罪, 雖不進爵, 拜擒虎上柱國, 賜物八千段。由斯觀之, 將帥之臣, 廉慎者寡, 貪求者眾, 是以黃石公『軍勢』曰: “使智, 使勇, 使貪, 使愚。故智者樂立其功, 勇者好行其志, 貪者邀趨其利, 愚者不計其死。” 是知前聖莫不收人之長, 棄人之短, 良爲此也。

臣又聞, 夫天地之道, 以覆載爲先; 帝王之德, 以含弘爲美。夫以區區漢武及歷代諸帝, 猶能宥廣利等, 況陛下天縱神武, 振宏圖以定六合, 豈獨正茲刑網, 不行古人之事哉! 伏惟聖懷, 當自已有斟酌。臣今所以陳聞, 非敢私君集等, 庶以螢爝末光, 增暉日月。倘陛下降雨露之澤, 收雷電之威, 錄其微勞, 忘其大過, 使君集重升朝列, 復預驅馳, 雖非清貞之臣, 猶是貪愚之將。斯則陛下聖德, 雖屈法而德彌顯; 君集等愆過, 雖蒙宥而過更彰。足使立功之士, 因茲而皆勸; 負罪之將, 由斯而改節矣。

疏奏, 乃釋。

君集自以有功於西域, 而以貪冒被囚, 志殊怏怏。十七年, 張亮以太子詹事出爲洛州都督, 君集激怒亮曰: “何爲見排?” 亮曰: “是公見排, 更欲誰冤!” 君集曰: “我平一國, 還觸天子大嗔, 何能抑排!” 因攘袂曰: “郁郁不可活, 公能反乎? 當與公反耳。” 亮密以聞, 太宗謂亮曰: “卿與君集俱是功臣, 君集獨以語卿, 無人聞見, 若以屬吏, 君集必言無此。兩人相證, 事未可知。” 遂寢其事, 待君集如初。尋與諸功臣同畫像於凌煙閣。

時庶人承乾在東宮, 恐有廢立, 又知君集怨望, 遂與通謀。君集子婿賀蘭楚石時爲東宮千牛, 承乾令數引君集入內, 問以自安之術。君集以承乾劣弱, 意欲乘釁以圖之, 遂贊承乾陰圖不軌, 嘗舉手謂承乾曰: “此好手, 當爲用之。” 君集或慮謀洩, 心不自安, 每中夜蹶然而起, 歎吒久之。其妻怪而謂之曰: “公, 國之大臣, 何爲乃爾? 必當有故。若有不善之事, 孤負國家, 宜自歸罪, 首領可全。” 君集不能用。

及承乾事發, 君集被收, 楚石又詣闕告其事。太宗親臨問曰: “我不欲令刀筆吏辱公, 故自鞫驗耳。” 君集辭窮。太宗謂百僚曰: “往者家國未安, 君集實展其力, 不忍置之於法。我將乞其性命, 公卿其許我乎?” 群臣爭進曰: “君集之罪, 天地所不容, 請誅之以明大法。” 太宗謂君集曰: “與公長訣矣, 而今而後, 但見公遺像耳!” 因歔欷下泣。遂斬於四達之衢, 籍沒其家。君集臨刑, 容色不改, 謂監刑將軍曰: “君集豈反者乎, 蹉跌至此! 然嘗爲將, 破滅二國, 頗有微功。爲言於陛下, 乞令一子以守祭祀。” 由是特原其妻及一子, 徙於嶺南。

【출전】『신당서』 권94(「열전」 제19)

侯君集, 豳州三水人。以材雄稱。少事秦王幕府, 從征討有功, 擢累左虞候、車騎將軍, 封全椒縣子。預誅隱太子尤力。王即位, 拜左衛將軍, 進封潞國公, 邑千戶。貞觀四年, 遷兵部尚書, 俄檢校吏部尚書, 參議朝政。

李靖討吐谷渾, 以君集爲積石道行軍總管。師次鄯州, 議所向。君集曰: "王師已至, 而賊不走險, 天贊我也。若以精兵掩不備, 彼不我虞, 必有大利。若遁岨山谷, 克之實難。" 靖然其計, 簡銳士, 約齎深入, 追及其眾於庫山, 大戰, 破之, 進會大非川, 平其國。

會詔世封功臣, 授陳州刺史, 更封陳; 群臣不願封, 進吏部尚書。君集本以行伍奮, 不知學; 後貴, 益自喜, 好書。及典選, 分明課最, 有譽於時。

吐蕃圍松州, 授當彌道行軍大總管以擊之。高昌不臣, 拜交河道行軍大總管出討。王曲文泰笑曰: "唐去我七千里, 磧鹵二千里無水草, 冬風裂肌, 夏風如焚, 行賈至者百之一, 安能致大兵乎? 使能頓吾城下一再旬, 食盡當潰, 吾且系而虜之。" 君集次磧口, 而文泰死, 子智盛襲位。進營柳谷, 候騎言國方葬死君, 諸將請襲之。君集曰: "不可, 天子以高昌驕慢, 使吾龔行天罰, 今襲人於墟墓間, 非問罪也。" 於是鼓而前。賊嬰城自守, 遣諭之, 不下。乃刊木塞塹, 引撞車毀其堞, 飛石如雨, 所向無敢當, 因拔其城, 俘男女七千, 進圍都城, 初, 文泰與西突厥欲谷設約, 有急相援。及是, 欲谷設益懼, 西走, 智盛失援, 乃降。高昌平, 君集刻石紀功還。

初, 君集配沒罪人不以聞, 又私取珍寶、婦女, 將士因亦盜入, 不能制。及還京師, 有司劾之, 詔君集詣獄簿對。中書侍郎岑文本諫曰: "高昌之罪, 議者以其遐遠, 欲置度外, 唯陛下奮獨見之明, 授決勝之略, 君集得指期平殄。今推勞將帥, 從征之人悉蒙重賞, 未逾數日, 更以屬吏, 天下聞之, 謂陛下錄過遺功, 無以勸後。且古之出師, 克敵有重賞, 不勝蒙顯戮。當其有功也, 雖貪財縱欲, 尚蒙爵邑; 其無功也, 雖勤躬潔己, 不免鈇鉞。故曰: ‘記人之功, 忘人之過, 宜爲君者也。’ 昔李廣利貪不愛卒, 陳湯盜所收康居財物, 二主皆赦其罪, 封侯賜金。夫將帥之臣, 廉慎少而貪沒多。軍法曰: ‘使智, 使勇, 使貪, 使愚。故智者樂立其功, 勇者好行其志, 貪者邀趨其利, 愚者不計其死。’ 是以前聖使人, 必收所長而棄所短。陛下宜申宥君集, 俾復朝列, 以勸有功。” 帝寤, 釋不問。

君集自恃有功, 以它罪被系, 居怏怏不平。會張亮出洛州都督, 君集謬激說曰: “何爲見排?” 亮曰: “公排我, 尚誰咎?” 君集曰: “我平一國還, 觸天子嗔, 何能排君?” 因攘袂曰: “郁郁不可活, 能反乎? 當與公反。” 亮密以聞。帝曰: “卿與君集皆功臣, 今獨相語而無左驗, 奈何?” 秘不發, 待君集如初。皇太子承乾數有過, 慮廢, 知君集犯望, 因其婿賀蘭楚石爲千牛, 私引君集入, 問自安計。君集擧手謂曰: “此手當爲殿下用之。” 又遣楚石語承乾曰: “魏王得愛, 陛下若有詔召, 願毋輕入。” 承乾納之。然君集常畏謀洩, 忽忽不自安, 或中夕驚吒, 妻怪之, 曰: “公, 國大臣, 何爲爾? 若有所負, 宜自歸, 首領尚可全。” 不從。

承乾事覺, 捕君集下獄。楚石告狀, 帝自臨問, 曰: “我不欲令刀筆吏辱公。君集辭窮不能對。帝語群臣曰: “君集於國有功, 朕不忍置諸法, 將丐其命, 公卿其許我乎?” 君臣皆曰: “君集罪大逆不道, 請論如法。” 帝乃謂曰: “與公訣矣, 今而後, 徒見公遺像已!” 因泣下, 遂斬之, 籍其家。君集臨刑色不變, 謂監吏曰: “我豈反者乎? 蹉跌至此。然嘗爲將, 破二國, 若言之陛下, 丐一子以守祭祀。” 帝聞, 原其妻及一子, 徙嶺表。

始, 帝命李靖教君集兵法, 既而奏: “靖且反, 兵之隱微, 不以示臣。” 帝以讓靖, 靖曰: “方中原無事, 臣之所教, 足以制四夷, 而求盡臣術, 此君集欲反耳。靖爲右僕射, 君集爲兵部尚書, 同還省, 君集馬過門數步乃覺, 靖語人曰: “君集其有異慮乎?” 後果如言。

18. 장공근張公謹

【출전】『구당서』 권68(「열전」 제18)

張公謹, 字弘愼, 魏州繁水人也。初爲王世充洧州長史。武德元年, 與王世充所署洧州刺史崔樞以州城歸國, 授鄒州別駕, 累除右武候長史。初未知名, 李勣尉遲敬德亦言之, 乃引入幕府。

時太宗爲隱太子建成、巢王元吉所忌, 因召公謹, 問以自安之策, 對甚合旨, 漸見親遇。及太宗將討建成、元吉, 遣卜者灼龜占之, 公謹自外來見, 遽投於地而進曰: “凡卜筮者, 將以決嫌疑, 定猶豫, 今既事在不疑, 何卜之有? 縱卜之不吉, 勢不可已。願大王思之。” 太宗深然其言。六月四日, 公謹與長孫無忌等九人伏於玄武門以俟變。及斬建成、元吉, 其黨來攻玄武門, 兵鋒甚盛。公謹有勇力, 獨閉門以拒之。以功累授左武候將軍, 封定遠郡公, 賜實封一千戶。

貞觀元年, 拜代州都督, 上表請置屯田以省轉運, 又前後言時政得失十餘事, 並見納用。後遣李靖經略突厥, 以公謹爲副, 公謹因言突厥可取之狀曰: “頡利縱欲肆情, 窮兇極暴, 誅害良善, 暱近小人, 此主昏於上, 其可取一也。又其別部同羅、僕骨、回紇、延陀之類, 並自立君長, 將圖反噬, 此則衆叛於下, 其可取二也。突厥被疑, 輕騎自免; 拓設出討, 匹馬不歸; 欲谷喪師, 立足無地, 此則兵挫將敗, 其可取三也。塞北霜早, 糧餱乏絕, 其可取四也。頡利疏其突厥, 親委諸胡, 胡人翻覆, 是其常性, 大軍一臨, 內必生變, 其可取五也。華人入北, 其類實多, 比聞自相嘯聚, 保據山險, 師出塞垣, 自然有應, 其可取六也。” 太宗深納之。破定襄, 敗頡利, 璽書慰勞, 進封鄒國公。

轉襄州都督, 甚有惠政。卒官, 年三十九。太宗聞而嗟悼, 出次發哀, 有司奏言: "准『陰陽書』, 日子在辰, 不可哭泣, 又爲流俗所忌。" 太宗曰: "君臣之義, 同於父子, 情發於衷, 安避辰日?" 遂哭之。贈左驍衛大將軍, 謚曰襄。十三年, 追思舊功, 改封鄒國公。十七年, 圖形於淩煙閣。永徽中, 又贈荊州都督。

長子大象嗣, 官至戶部侍郎。

次子大素、大安, 並知名。大素, 龍朔中歷位東臺捨人, 兼修國史, 卒於懷州長史, 撰『後魏書』一百卷、『隋書』三十卷。

大安, 上元中歷太子庶子、同中書門下三品。時章懷太子在春宮, 令大安與太子洗馬劉訥言等注范曄『後漢書』。宮廢, 左授普州刺史。光宅中, 卒於橫州司馬。

大安子兌, 開元中爲國子祭酒。

【출전】『신당서』 권89(「열전」 제14)

張公謹, 字弘慎, 魏州繁水人。爲王世充洧州長史, 與刺史崔樞挈城歸天子, 授檢校鄒州別駕, 遷累右武候長史, 未知名。李勣、尉遲敬德數啟秦王, 乃引入府。王將討隱、巢亂, 使卜人占之, 公謹自外至, 投龜於地曰: "凡卜以定猶豫, 決嫌疑。今事無疑, 何卜之爲? 卜而不吉, 其可已乎?" 王曰: "善。" 隱太子死, 其徒攻玄武門, 銳甚, 公謹獨閉關拒之。以功授左武候將軍, 封定遠郡公, 實封一千戶。

貞觀初, 爲代州都督, 置屯田以省饋運。數言時政得失, 太宗多所采納。後副李靖經略突厥, 條可取狀於帝曰: "頡利縱欲肆兇, 誅害善良, 暱近小人, 此主昏於上, 可取一也。別部同羅、僕骨、回紇、延陀之屬, 皆自立君長, 圖爲反噬, 此眾叛於下, 可取二也。突利被疑, 以輕騎免, 拓設出討, 眾敗無餘, 欲谷喪師, 無托足之地, 此兵挫將敗, 可取三也。北方霜旱, 稟糧乏絕, 可取四也。頡利疏突厥, 親諸胡, 胡性翻覆, 大軍臨之, 內必生變, 可取五也。華人在北者甚眾, 比聞屯聚, 保據山險, 王師之出, 當有應者, 可取六也。" 帝然所謀。及破定襄, 敗頡利, 璽詔慰勞, 進封鄒國公, 改襄州都督, 以惠政聞。卒官下, 年四十九。帝將出次哭之, 有司奏: "日在辰, 不可。" 帝曰: "君臣猶父子也, 情感於內, 安有所避。" 遂哭之。詔贈左驍衛大將軍, 謚曰襄。十三年, 追改郯國公。永徽中, 加贈荊州都督。

子大素, 龍朔中, 歷東臺捨人, 兼修國史, 著書百餘篇, 終懷州長史。

次子大安, 上元中, 同中書門下三品。章懷太子令與劉訥言等共注范曄『漢書』。太子廢, 故貶爲普州刺史, 終橫州司馬。子悱, 仕玄宗時爲集賢院判官, 詔以其家所著『魏書』、『說林』入院, 綴修所闕, 累擢知圖書、括訪異書使, 進國子司業, 以累免官。

19. 정지절程知節

【출전】『구당서』 권68(「열전」 제18)

程知節, 本名齩金, 濟州東阿人也。少驍勇, 善用馬矟。大業末, 聚徒數百, 共保鄉里, 以備他盜。後依李密, 署爲內軍驃騎。時密於軍中簡勇士尤異者八千人, 隸四驃騎, 分爲左右以自衛, 號爲內軍。自云: "此八千人可當百萬。" 知節既領其一, 甚被恩遇。及王世充出城決戰, 知節領內馬軍, 與密同營在北邙山上, 單雄信領外馬軍, 營在偃師城北。世充來襲雄信營, 密遣知節及裴行儼助之。行儼先馳赴敵, 爲流矢所中, 墜於地。知節救之, 殺數人, 世充軍披靡, 乃抱行儼重騎而還。爲世充騎所逐, 刺矟洞過, 知節回身搌折其矟, 兼斬獲追者, 於是與行儼俱免。

及密敗, 世充得之, 接遇甚厚。知節謂秦叔寶曰: “世充器度淺狹, 而多妄語, 好爲咒誓, 乃巫師老嫗耳, 豈是撥亂主乎?” 及世充拒王師於九曲, 知節領兵在其陣, 與秦叔寶等馬上揖世充曰: “荷公接待, 極欲報恩。公性猜貳, 傍多扇惑, 非僕托身之所, 今謹奉辭。” 於是躍馬與左右數十人歸國, 世充懼, 不敢追之。

授秦王府左三統軍。破宋金剛, 擒竇建德, 降王世充, 並領左一馬軍總管。每陣先登, 以功封宿國公。武德七年, 建成忌之, 構之於高祖, 除康州刺史。知節白太宗曰: “大王手臂今並翦除, 身必不久。知節以死不去, 願速自全。” 六月四日, 從太宗討建成、元吉。事定, 拜太子右衛率, 遷右武衛大將軍, 賜實封七百戶。

貞觀中, 歷瀘州都督、左領軍大將軍。與長孫無忌等代襲刺史, 改封盧國公, 授普州刺史。十七年, 累轉左屯衛大將軍, 檢校北門屯兵, 加鎮軍大將軍。永徽六年, 遷左衛大將軍。顯慶二年, 授蔥山道行軍大總管以討賀魯。師次怛篤城, 有胡人數千家開門出降, 知節屠城而去, 賀魯遂即遠遁。軍還, 坐免官。未幾, 授岐州刺史。表請乞骸骨, 許之。麟德二年卒, 贈驃騎大將軍、益州大都督, 陪葬昭陵。

子處默, 襲爵盧國公。

處亮, 以功臣子尚太宗女清河長公主, 授駙馬都尉、左衛中郎將。

少子處弼, 官至右金吾將軍。

處弼子伯獻, 開元中, 左金吾大將軍。

【출전】『신당서』 권90(「열전」 제15)

程知節本名嚙金, 濟州東阿人。善馬矟。隋末, 所在盜起, 知節聚眾數百保鄉里。後事李密, 而密料士八千隸四驃騎, 分左右以自衛, 號“內軍”, 常曰:

“此可當百萬。” 知節領驃騎之一, 恩遇隆特。王世充與密戰, 知節以內騎營北邙, 單雄信以外騎營偃師。世充襲雄信, 密遣知節及裴行儼助之。行儼中流矢墜馬, 知節馳救之, 殺數人, 軍辟易, 乃抱行儼重騎馳。追兵以矟撞之, 知節折其矟, 斬追者, 乃免。後密敗, 爲世充所獲。惡其爲人, 與秦叔寶來奔, 授秦王府左三統軍。從破宋金剛、竇建德、王世充, 並領左一馬軍總管, 搴旗先登者不一, 以功封宿國公。

七年, 隱太子譖之, 出爲康州刺史, 白秦王曰: “大王去左右手矣, 身欲久全, 得乎? 知節有死, 不敢去!” 事平, 拜太子右衛率。尋遷右武衛大將軍, 實封七百戶。貞觀中, 歷瀘州都督、左領軍大將軍, 改封盧國。

顯慶二年, 授蔥山道行軍大總管, 以討賀魯。師次怛篤城, 胡人數千出降, 知節屠其城去, 賀魯因遠遁。軍還, 坐免。未幾, 起爲岐州刺史, 致仕。卒, 贈驃騎大將軍、益州大都督, 陪葬昭陵。

子處亮, 尚清河公主。

20. 우세남虞世南

【출전】『구당서』 권72(「열전」 제22)

虞世南, 字伯施, 越州餘姚人, 隋內史侍郎世基弟也。祖檢, 梁始興王諮議; 父荔, 陳太子中庶子, 俱有重名。叔父寄, 陳中書侍郎, 無子, 以世南繼後, 故字曰伯施。世南性沈靜寡慾, 篤志勤學, 少與兄世基受學於吳郡顧野王, 經十餘年, 精思不倦, 或累旬不盥櫛。善屬文, 常祖述徐陵, 陵亦言世南得己之意。又同郡沙門智永, 善王羲之書, 世南師焉, 妙得其體, 由是聲名籍甚。

天嘉中, 荔卒, 世南尚幼, 哀毀殆不勝喪。陳文帝知其二子博學, 每遣中使至其家將護之。及服闋，召爲建安王法曹參軍。寄陷於陳寶應，在閩、越中，世南雖除喪，猶布衣蔬食。至太建末，寶應破，寄還，方令世南釋布食肉。至德初，除西陽王友。陳滅，與世基同入長安，俱有重名，時人方之二陸。時煬帝在藩，聞其名，與秦王俊辟書交至，以母老固辭，晉王令使者追之。大業初，累授秘書郎，遷起居捨人。時世基當朝貴盛，妻子被服擬於王者。世南雖同居，而躬履勤儉，不失素業。及至隋滅，宇文化及弑逆之際，世基爲內史侍郎，將被誅，世南抱持號泣，請以身代，化及不納，因哀毁骨立，時人稱焉。從化及至聊城，又陷於竇建德，僞授黃門侍郎。

太宗滅建德，引爲秦府參軍。尋轉記室，仍授弘文館學士，與房玄齡對掌文翰。太宗嘗命寫『列女傳』以裝屏風，於時無本，世南暗疏之，不失一字。太宗升春宮，遷太子中捨人。及即位，轉著作郎，兼弘文館學士。時世南年已衰老，抗表乞骸骨，詔不許。遷太子右庶子，固辭不拜，除秘書少監。上「聖德論」，辭多不載。七年，轉秘書監，賜爵永興縣子。太宗重其博識，每機務之隙，引之談論，共觀經史。世南雖容貌懦曌，若不勝衣，而志性抗烈，每論及古先帝王爲政得失，必存規諷，多所補益。太宗嘗謂侍臣曰: "朕因暇日，與虞世南商略古今，有一言之失，未嘗不悵恨，其懇誠若此，朕用嘉焉。群臣皆若世南，天下何憂不理!"

八年，隴右山崩，大蛇屢見，山東及江淮多大水。太宗以問世南，對曰: "春秋時山崩，晉侯召伯宗而問焉，對曰: '國主山川，故山川崩竭，君爲之不舉，降服、乘縵、徹樂、出次、祝幣以禮焉.' 梁山，晉所主也，晉侯從之，故得無害。漢文帝元年，齊、楚地二十九山同日崩，水大出，令郡國無來貢獻，施惠於天下，遠近歡洽，亦不爲災。後漢靈帝時，青蛇見御座。晉惠帝時，大蛇長三百步，見齊地，經市入朝。案蛇宜在草野，而入市朝，所以可爲怪耳。今蛇見山澤，蓋深山大澤必有龍蛇，亦不足怪也。又山東足雨，雖則其常，然陰淫過久, 恐有寃獄, 宜省系囚, 庶幾或當天意。且妖不勝德, 唯修德可以銷變。" 太宗以爲然, 因遣使者賑恤饑餒, 申理獄訟, 多所原宥。

後有星孛於虛、危, 歷於氐, 百餘日乃滅。太宗謂群臣曰: "天見彗星, 是何妖也?" 世南曰: "昔齊景公時有彗星見, 公問晏嬰, 對曰: '穿池沼畏不深, 起臺榭畏不高, 行刑罰畏不重, 是以天見彗爲公誡耳。' 景公懼而修德, 後十六日而星沒。臣聞'天時不如地利, 地利不如人和', 若德義不修, 雖獲麟鳳, 終是無補; 但政事無闕, 雖有災星, 何損於時? 然願陛下勿以功高古人而自矜伐, 勿以太平漸久而自驕怠, 愼終如始, 彗星雖見, 未足爲憂。" 太宗斂容謂曰: "吾之撫國, 良無景公之過。但吾才弱冠擧義兵, 年二十四平天下, 未三十而居大位, 自謂三代以降, 撥亂之主, 莫臻於此。重以薛擧之驍雄, 宋金剛之鷙猛, 竇建德跨河北, 王世充據洛陽, 當此之時, 足爲勍敵, 皆爲我所擒。及逢家難, 復決意安社稷, 遂登九五, 降服北夷, 吾頗有自矜之意, 以輕天下之士, 此吾之罪也。上天見變, 良爲是乎? 秦始皇平六國, 隋煬帝富四海, 既驕且逸, 一朝而敗, 吾亦何得自驕也。言念於此, 不覺惕焉震懼。" 四月, 康國獻獅子, 詔世南爲之賦, 命編之東觀, 辭多不載。

後高祖崩, 有詔山陵制度, 准漢長陵故事, 務從隆厚。程限既促, 功役勞弊。世南上封事諫曰:

臣聞古之聖帝明王所以薄葬者, 非不欲崇高光顯, 珍寶具物, 以厚其親。然審而言之, 高墳厚壟, 珍物畢備, 此適所以爲親之累, 非曰孝也。是以深思遠慮, 安於菲薄, 以爲長久萬代之計, 割其常情以定耳。昔漢成帝造延、昌二陵, 制度甚厚, 功費甚多。諫議大夫劉向上書, 其言深切, 皆合事理。其略曰: "孝文居霸陵, 淒愴悲懷, 顧謂群臣曰: '嗟乎! 以北山石爲槨, 用紵絮斮陳漆其間, 豈可動哉?' 張釋之進曰: '使其中有可欲, 雖錮南山猶有隙; 使其中無可欲, 雖無石槨, 又何戚焉!' 夫死者無終極, 而國家有廢興, 釋之所言, 爲無窮計也。孝文寤焉, 遂以薄葬。" 又漢氏之法, 人君在位, 三分天下貢賦, 以一分入山陵。武帝歷年長久, 比葬, 陵中不復容物, 霍光暗於大體, 奢侈過度。其後至更始之敗, 赤眉賊入長安, 破茂陵取物, 猶不能盡。無故聚斂百姓, 爲盜之用, 甚無謂也。魏文帝於首陽東爲壽陵, 作終制, 其略曰: "昔堯葬壽陵, 因山爲體, 無封樹, 無立寢殿園邑, 爲棺槨足以藏骨, 爲衣衾足以朽肉。吾營此不食之地, 欲使易代之後, 不知其處, 無藏金銀銅鐵, 一以瓦器。自古及今, 未有不亡之國, 無有不發之墓, 至乃燒取玉匣金縷, 骸骨並盡, 乃不重痛哉! 若違詔妄有變改, 吾爲戮屍於地下, 死而重死, 不忠不孝, 使魂而有知, 將不福汝。以爲永制, 藏之宗廟。" 魏文帝此制, 可謂達於事矣。

向使陛下德止如秦、漢之君, 臣則緘口而已, 不敢有言。伏見聖德高遠, 堯、舜猶所不逮, 而俯與秦、漢之君同爲奢泰, 捨堯、舜、殷、周之節儉, 此臣所以尤戚也。今爲丘壠如此, 其內雖不藏珍寶, 亦無益也。萬代之後, 但見高墳大墓, 豈謂無金玉耶? 臣之愚計, 以爲漢文霸陵, 既因山勢, 雖不起墳, 自然高顯。今之所卜, 地勢即平, 不可不起, 宜依『白虎通』所陳周制, 爲三仞之墳, 其方中制度, 事事減少。事竟之日, 刻石於陵側, 明丘封大小高下之式。明器所須, 皆以瓦木, 合於禮文, 一不得用金銀銅鐵。使萬代子孫, 並皆遵奉, 一通藏之宗廟, 豈不美乎! 且臣下除服用三十六日, 已依霸陵, 今爲墳壠, 又以長陵爲法, 恐非所宜。伏願深覽古今, 爲長久之慮, 臣之赤心, 唯願萬歲之後, 神道常安, 陛下孝名, 揚於無窮耳。

書奏不報。世南又上疏曰: "漢家即位之初, 便營陵墓, 近者十餘歲, 遠者五十年方始成就。今以數月之間而造數十年之事, 其於人力, 亦已勞矣。又漢家大郡五十萬戶, 即目人眾未及往時, 而功役與之一等, 此臣所以致疑也。" 時公卿又上奏請遵遺詔, 務從節儉, 因下其事付所司詳議, 於是制度頗有減省焉。

太宗後頗好獵, 世南上疏諫曰: "臣聞秋獮冬狩, 蓋惟恆典; 射隼從禽, 備乎前誥。伏惟陛下因聽覽之餘辰, 順天道以殺伐, 將欲躬摧班掌, 親御皮軒, 窮猛獸之窟穴, 盡逸材於林藪。夷兇剪暴, 以衛黎元; 收革擢羽, 用充軍器; 舉旗效獲, 式遵前古。然黃屋之尊, 金輿之貴, 八方之所仰德, 萬國之所系心, 清道而行, 猶戒銜橛, 斯蓋重慎防微, 爲社稷也。是以馬卿直諫於前, 張昭變色於後, 臣誠微淺, 敢忘斯義? 且天弧星畢, 所殪已多, 頒禽賜獲, 皇恩亦溥。伏願時息獵車, 且韜長戟, 不拒芻蕘之請, 降納涓澮之流, 袒裼徒搏, 任之群下, 則貽范百王, 永光萬代。" 其有犯無隱, 多此類也。太宗以是益親禮之。嘗稱世南有五絕: 一曰德行, 二曰忠直, 三曰博學, 四曰文辭, 五曰書翰。

十二年, 又表請致仕, 優制許之, 仍授銀青光祿大夫、弘文館學士, 祿賜防閤, 並同京官職事。尋卒, 年八十一。太宗舉哀於別次, 哭之甚慟。賜東園秘器, 陪葬昭陵, 贈禮部尚書, 謚曰文懿。手敕魏王泰曰: "虞世南於我, 猶一體也。拾遺補闕, 無日暫忘, 實當代名臣, 人倫准的。吾有小失, 必犯顏而諫之。今其雲亡, 石渠、東觀之中, 無復人矣, 痛惜豈可言耶!" 未幾, 太宗爲詩一篇, 追述往古興亡之道, 既而歎曰: "鐘子期死, 伯牙不復鼓琴。朕之此詩, 將何以示?" 令起居郎褚遂良詣其靈帳讀訖焚之, 冀世南神識感悟。後數歲, 太宗夜夢見之, 有若平生。翌日, 下制曰: "禮部尚書、永興文懿公虞世南, 德行淳備, 文爲辭宗, 夙夜盡心, 志在忠益。奄從物化, 倏移歲序, 昨因夜夢, 忽睹其人, 兼進讜言, 有如平生之日。追懷遺美, 良增悲歎。宜資冥助, 申朕思舊之情, 可於其家爲設五百僧齋, 並爲造天尊像一區。" 又敕圖其形於淩煙閣。有集三十卷, 令褚亮爲之序。

世南子昶, 官至工部侍郎。

【출전】『신당서』 권102(「열전」 제27)

虞世南, 越州餘姚人。出繼叔陳中書侍郎寄之後, 故字伯施。性沉靜寡慾, 與兄世基同受學於吳顧野王餘十年, 精思不懈, 至累旬不盥櫛。文章婉縟, 慕僕射徐陵, 陵自以類己, 由是有名。陳天嘉中, 父荔卒, 世南毁不勝喪。文帝高荔行, 知二子皆博學, 遣使至其家護視, 召爲建安王法曹參軍。時寄陷於陳寶應, 世南雖服除, 仍衣布飯蔬; 寄還, 乃釋布啖肉。至德初, 除西陽王友。陳滅, 與世基入隋。世基辭章清勁過世南, 而贍博不及也, 俱名重當時, 故議者方晉二陸。煬帝爲晉王, 與秦王俊交辟之。大業中, 累至秘書郎。煬帝雖愛其才, 然疾峭正, 弗甚用, 爲七品十年不徙。世基佞敏得君, 日貴盛, 妻妾被服擬王者, 而世南躬貧約, 一不改。宇文化及已弑帝, 間殺世基, 而世南抱持號訴請代, 不能得, 自是哀毁骨立。從至聊城, 爲竇建德所獲, 署黃門侍郎。秦王滅建德, 引爲府參軍, 轉記室, 遷太子中捨人。王踐祚, 拜員外散騎侍郎、弘文館學士。時世南已衰老, 屢乞骸骨, 不聽, 遷太子右庶子, 固辭改秘書監, 封永興縣子。

世南貌儒謹, 外若不勝衣, 而中抗烈, 論議持正。太宗嘗曰: "朕與世南商略古今, 有一言失, 未嘗不悵恨, 其懇誠乃如此!"

貞觀八年, 進封縣公。會隴右山崩, 大蛇屢見, 山東及江、淮大水, 帝憂之, 以問世南, 對曰: "春秋時, 梁山崩, 晉侯召伯宗問焉。伯宗曰: '國主山川, 故山崩川竭, 君爲之不擧, 降服, 乘縵, 徹樂, 出次, 祝幣以禮焉。' 梁山, 晉所主也, 晉侯從之, 故得無害。漢文帝元年, 齊、楚地二十九山同日崩, 水大出, 詔郡國無來貢, 施惠天下, 遠近洽穆, 亦不爲災。後漢靈帝時, 青蛇見御坐。晉惠帝時, 大蛇長三百步, 見齊地, 經市入廟。蛇宜在草野, 而入市, 此所以爲怪耳。今蛇見山澤, 適其所居。又山東淫雨, 江、淮大水, 恐有冤獄枉系, 宜省錄累囚, 庶幾或當天意。" 帝然之, 於是遣使賑饑民, 申挺獄訟, 多所原赦。

後星孛虛、危, 歷氐, 餘百日, 帝訪群臣。世南曰: “昔齊景公時, 彗見, 公問晏嬰, 嬰曰: ‘公穿池沼畏不深, 起臺榭畏不高, 行刑罰畏不重, 是以天見彗爲戒耳。’ 景公懼而修德, 後十六日而滅。臣願陛下勿以功高而自矜, 勿以太平久而自驕, 慎終於初, 彗雖見, 猶未足憂。” 帝曰: “誠然, 吾良無景公之過, 但年十八舉義兵, 二十四平天下, 未三十即大位, 自謂三王以來, 撥亂之主莫吾若, 故負而矜之, 輕天下士。上天見變, 其爲是乎? 秦始皇劃除六國, 隋煬帝有四海之富, 卒以驕敗, 吾何得不戒邪?”

高祖崩, 詔山陵一准漢長陵故事, 厚送終禮, 於是程役峻暴, 人力告弊。世南諫曰:

古帝王所以薄葬者, 非不欲崇大光顯以榮其親, 然高墳厚隴, 寶具珍物, 適所以累之也。聖人深思遠慮, 安於菲薄, 爲長久計。昔漢成帝造延、昌二陵, 劉向上書曰: “孝文居霸陵, 淒愴悲懷, 顧謂群臣曰: ‘嗟乎! 以北山石爲槨, 用絲寧絮斮陳漆其間, 豈可動哉? ’ 張釋之曰: ‘使其中有可欲, 雖錮南山猶有隙; 使無可欲, 雖無石槨, 又何戚焉? ’ 夫死者無終極, 而國家有廢興。孝文寤焉, 遂以薄葬。”

又漢法, 人君在位, 三分天下貢賦之一以入山陵。武帝歷年長久, 比葬, 方中不復容物。霍光暗於大體, 奢侈過度, 其後赤眉入長安, 破茂陵取物, 猶不能盡。無故聚斂, 爲盜之用, 甚無謂也。

魏文帝爲壽陵, 作終制曰: “堯葬壽陵, 因山爲體, 無封樹、寢殿、園邑, 棺槨足以藏骨, 衣衾足以朽肉。吾營此不食之地, 欲使易代之後不知其處。無藏金銀銅鐵, 一以瓦器。喪亂以來, 漢氏諸陵無不發者, 至乃燒取玉匣金縷, 骸骨並盡, 乃不重痛哉! 若違詔妄有變改, 吾爲戮屍地下, 死而重死, 不忠不孝, 使魂而有知, 將不福汝。以爲永制, 藏之宗廟。” 魏文此制, 可謂達於事矣。

陛下之德, 堯、舜所不逮, 而俯與秦、漢君同爲奢泰, 此臣所以尤戚也。今爲丘隴如此, 其中雖不藏珍寶, 後世豈及信乎? 臣愚以爲霸陵因山不起墳, 自然高顯。今所卜地勢即平, 宜依周制爲三仞之墳, 明器一不得用金銀銅鐵, 事訖刻石陵左, 以明示大小高下之式, 一藏宗廟, 爲子孫萬世法, 豈不美乎!

書奏, 未報。又上疏曰: "漢家即位之初, 便營陵墓, 近者十餘歲, 遠者五十年。今以數月之程, 課數十年之事, 其於人力不亦勞矣。漢家大郡, 戶至五十萬, 今人衆不逮往時, 而功役一之, 此臣所以致疑也。" 時議者頗言宜奉遺詔, 於是稍稍裁抑。

帝嘗作宮體詩, 使賡和。世南曰: "聖作誠工, 然體非雅正。上之所好, 下必有甚者, 臣恐此詩一傳, 天下風靡。不敢奉詔。" 帝曰: "朕試卿耳!" 賜帛五十匹。帝數出畋獵, 世南以爲言, 皆蒙嘉納。嘗命寫『列女傳』於屏風, 於時無本, 世南暗疏之, 無一字謬。帝每稱其五絕: 一曰德行, 二曰忠直, 三曰博學, 四曰文詞, 五曰書翰。世南始學書於浮屠智永, 究其法, 爲世秘愛。

十二年, 致仕, 授銀青光祿大夫, 弘文館學士如故, 祿賜防閤視京官職事者。卒, 年八十一, 詔陪葬昭陵, 贈禮部尚書, 謚曰文懿。帝手詔魏王泰曰: "世南於我猶一體, 拾遺補闕, 無日忘之, 蓋當代名臣, 人倫准的。今其雲亡, 石渠、東觀中無復人矣!" 後帝爲詩一篇, 述古興亡, 既而歎曰: "鐘子期死, 伯牙不復鼓琴。朕此詩將何所示邪?" 敕起居郎褚遂良即其靈坐焚之。後數歲, 夢進讜言若平生, 翌日, 下制厚恤其家。

子昶, 終工部侍郎。

21. 유정회劉政會

【출전】『구당서』 권58(「열전」 제8)

劉政會, 滑州胙城人也。祖環雋, 北齊中書侍郎。政會, 隋大業中爲太原鷹揚府司馬。高祖爲太原留守, 政會率兵隸於麾下。太宗與劉文靜謀起義兵, 副留守王威、高君雅獨懷猜貳。後數日, 將大會於晉祠, 威與君雅謀危高祖。有人以白, 太宗既知迫急, 欲先事誅之, 因遣政會爲急變之書, 詣留守告威等二人謀反。是日, 高祖與威、君雅同坐視事, 文靜引政會入, 至庭中, 云有密狀, 知人欲反。高祖指威等令視之, 政會不肯, 曰: "所告是副留守事, 唯唐公得省之耳。" 君雅攘袂大呼曰: "此是反人, 欲殺我也!" 時太宗已列兵馬佈於街巷, 文靜因令左右引威等囚於別室。既拘威等, 竟得舉兵, 政會之功也。

大將軍府建, 引爲戶曹參軍。從平長安, 除丞相府掾。武德初, 授衛尉少卿, 留守太原。政會內輯軍士, 外和戎狄, 遠近莫不悅服。

尋而劉武周進逼并州, 晉陽豪右薛深等以城應賊, 政會爲賊所擒, 於賊中密表論武周形勢。賊平, 復其官爵。歷刑部尚書、光祿卿, 封邢國公。貞觀初, 累轉洪州都督, 賜實封三百戶。九年卒, 太宗手敕曰: "舉義之日, 實有殊功, 所葬並宜優厚。" 贈民部尚書, 謚曰襄。後與殷開山同配饗高祖廟庭。

子玄意襲爵, 改封渝國公, 尚南平公主, 授駙馬都尉。高宗時爲汝州刺史。

次子奇, 長壽中爲天官侍郎, 爲酷吏所陷也。

【출전】『신당서』 권90(「열전」 제15)

劉政會, 滑州胙人。隋大業中, 爲太原鷹揚府司馬, 以兵隸高祖麾下。王威等既貳, 秦王欲先事除之, 遣政會爲急變書告其反。時募士已集, 乃執威等囚之, 然後舉兵, 政會功也。

大將軍府建, 爲戶曹參軍, 遷丞相府掾。武德初, 授衛尉少卿, 留守太原, 調輯戎政, 遠近歡服。會劉武周寇并州, 晉陽豪傑舉應之, 政會爲武周所擒, 每密表賊形勢。既平, 復官爵, 歷光祿卿, 封邢國公。貞觀初, 轉洪州都督, 卒。太宗手詔: “政會昔預義舉, 有殊功, 葬宜異等。” 於是贈民部尚書, 謚曰襄。後追徙渝國。

子玄意襲爵, 尚南平公主。高宗時爲汝州刺史。

次子奇, 長壽中, 爲天官侍郎, 薦張鷟、司馬鍠爲監察御史, 二人因申屠瑒以謝, 奇正色曰: “舉賢本無私, 何見謝?” 聞者皆竦。後爲酷吏陷, 被誅。

22. 당검唐儉

【출전】『구당서』 권58(「열전」 제8)

唐儉, 字茂約, 并州晉陽人, 北齊尚書左僕射邕之孫也。父鑒, 隋戎州刺史。儉落拓不拘規檢, 然事親頗以孝聞。初, 鑒與高祖有舊, 同領禁衛。高祖在太原留守, 儉與太宗周密, 儉從容說太宗以隋室昏亂, 天下可圖。太宗白高祖, 乃召入, 密訪時事。儉曰: “明公日角龍庭, 李氏又在圖牒, 天下屬望, 非在今朝。若開府庫, 南嘯豪傑, 北招戎狄, 東收燕、趙, 長驅濟河, 據有秦、雍, 海內之權, 指麾可取。願弘達節, 以順群望, 則湯、武之業不遠。” 高祖曰: “湯、武之事, 非所庶幾。今天下已亂, 言私則圖存, 語公則拯溺。卿宜自愛, 吾將思之。” 及開大將軍府, 授儉記室參軍。太宗爲渭北道行軍元帥, 以儉爲司馬。平京城, 加光祿大夫、相國府記室, 封晉昌郡公。武德元年, 除內史舍人, 尋遷中書侍郎, 特加授散騎常侍。

王行本守蒲州城不降, 敕工部尚書獨孤懷恩率兵屯於其東, 以經略之。尋又夏縣人呂崇茂以城叛, 降於劉武周, 高祖遣永安王孝基、工部尚書獨孤懷恩、陝州總管於筠等率兵討之。時儉使至軍所, 屬武周遣兵援崇茂, 儉與孝基、筠等並爲所獲。初, 懷恩屯兵蒲州, 與其屬元君實謀反, 時君實亦陷於賊中, 與儉同被拘執, 乃謂儉曰: "古人有言: '當斷不斷, 反受其亂。' 獨孤尚書近者欲舉兵圖事, 遲疑之間, 遂至今日, 豈不由不斷耶?" 俄而懷恩脫身得還, 仍令依前屯守, 君實又謂儉曰: "獨孤尚書今遂拔難得還, 復在蒲州屯守, 可謂王者不死。" 儉聞之, 懼懷恩爲逆, 乃密令親信劉世讓以懷恩之謀奏聞。適遇王行本以蒲州歸降, 高祖將入其城, 浮舟至中流, 世讓謁見, 高祖讀奏, 大驚曰: "豈非天命也!" 回舟而歸, 分捕反者按驗之, 懷恩自縊, 餘黨伏誅。俄而太宗擊破武周部將宋金剛, 追至太原, 武周懼而北走, 儉乃封其府庫, 收兵甲, 以待太宗。高祖嘉儉身沒虜庭, 心存朝闕, 復舊官, 仍爲并州道安撫大使, 以便宜從事, 並賜獨狐懷恩田宅貲財等。使還, 拜禮部尚書, 授天策府長史, 兼檢校黃門侍郎, 封莒國公, 與功臣等元勳恕一死, 仍除遂州都督, 食綿州實封六百戶, 圖形凌煙閣。

貞觀初, 使於突厥, 說誘之, 因以隋蕭後及楊正道以歸。太宗謂儉曰: "卿觀頡利可圖否?" 對曰: "銜國威恩, 亦可望獲。" 遂令儉馳傳至虜庭, 示之威信。頡利部落歡然定歸款之計, 因而兵眾弛懈。李靖率輕騎掩襲破之, 頡利北走, 儉脫身而還。歲餘, 授民部尚書。後從幸洛陽苑射猛獸, 群豕突出林中, 太宗引弓四發, 殪四豕, 有雄彘突及馬鐙, 儉投馬搏之, 太宗拔劍斷豕, 顧笑曰: "天策長史, 不見上將擊賊耶! 何懼之甚?" 對曰: "漢祖以馬上得之, 不以馬上治之; 陛下以神武定四方, 豈復逞雄心於一獸。" 太宗納之, 因爲罷獵。尋加光祿大夫, 又特令其子善識尚豫章公主。

儉在官每盛修餚饌, 與親賓縱酒爲樂, 未嘗以職務留意。又嘗托鹽州刺史張臣合收其私羊, 爲御史所劾, 以舊恩免罪, 貶授光祿大夫。永徽初, 致仕於家, 加特進。顯慶元年卒, 年七十八。高宗爲之舉哀, 罷朝三日, 贈開府儀同三司、并州都督, 賻布帛一千段、粟一千石, 賜東園秘器, 陪葬昭陵, 謚曰襄, 官爲立碑。

儉少子觀, 最知名, 官至河西令, 有文集三卷。

儉孫從心, 神龍中, 以子晙娶太平公主女, 官至殿中監。

晙, 先天中爲太常少卿, 坐與太平連謀, 伏誅。

【출전】『신당서』 권89(「열전」 제14)

唐儉, 字茂約, 并州晉陽人。祖邕, 北齊尚書左僕射。父鑒, 隋戎州刺史; 與高祖善, 嘗偕典軍衛, 故儉雅與秦王游, 同在太原。儉爽邁少繩檢, 然事親以孝聞。見隋政浸亂, 陰說秦王建大計。高祖嘗召訪之, 儉曰: "公日角龍庭, 姓協圖讖, 系天下望久矣。若外嘯豪傑, 北招戎狄, 右收燕、趙, 濟河而南, 以據秦、雍, 湯、武之業也。" 高祖曰: "湯、武之事豈可幾? 然喪亂方剡, 私當圖存, 公欲拯溺者, 吾方爲公思之。" 及大將軍府開, 授記室參軍、渭北道元帥司馬。從定京師, 爲相國府記室, 晉昌郡公。

武德初, 進內史捨人, 遷中書侍郎、散騎常侍。呂崇茂以夏縣反, 與劉武周連和, 詔永安王孝基、獨孤懷恩, 於筠率兵致討, 儉以使適至軍。會孝基等爲武周所虜, 儉亦見禽。始, 懷恩屯蒲州, 陰與部將元君實謀反, 會俱在賊中, 君實私語儉曰: "獨孤尚書將舉兵圖大事, 猶豫不發, 故及此。所謂當斷不斷而受亂者。" 俄而懷恩脫歸, 詔復守蒲。君實曰: "獨孤拔難歸, 再戍河上, 寧其王者不死乎?" 儉恐必亂, 密遣劉世讓歸白髮其謀。會高祖幸蒲津, 舟及中流而世讓至, 帝驚, 曰: "豈非天也!" 命趨還舟, 捕反者, 懷恩自殺, 餘黨皆誅。俄而武周敗, 亡入突厥。儉封府庫、籍兵甲以待秦王。帝嘉儉身幽辱而不忘朝廷, 詔復舊官, 仍爲并州道安撫大使, 許以便宜。盡簿懷恩貲產賜儉。還爲禮部尚書、天策府長史、檢校黃門侍郎、莒國公。仍爲遂州都督, 食綿州六百戶。

貞觀初, 使突厥還, 太宗謂儉曰: "卿觀頡利可取乎?" 對曰: "銜國威靈, 庶有成功。" 四年, 馳傳往誘使歸款, 頡利許之, 兵懈弛, 李靖因襲破之, 儉脫身還。

歲餘, 爲民部尚書。從獵洛陽苑, 群豕突出於林, 帝射四發, 輒殪四豕。豕躍及鐙, 儉投馬搏之。帝拔劍斷豕, 顧笑曰: "天策長史不見上將擊賊邪, 何懼之甚?" 對曰: "漢祖以馬上得之, 不以馬上治之。陛下神武定四方, 豈復快心於一獸?" 帝爲罷獵。詔其子善識尚豫章公主。

檢居官不事事, 與賓客縱酒爲樂。坐小法, 貶光祿大夫。永徽初, 致仕, 加特進。顯慶初卒, 年七十八。贈開府儀同三司、并州都督, 陪葬昭陵, 謚曰襄。

少子觀, 爲河西令, 知名。

23. 이적李勣

【출전】『구당서』 권67(「열전」 제17)

李勣, 曹州離狐人也。隋末徙居滑州之衛南。本姓徐氏, 名世勣, 永徽中, 以犯太宗諱, 單名勣焉。家多僮僕, 積粟數千鐘, 與其父蓋皆好惠施, 拯濟貧乏, 不問親疏。

大業末, 韋城人翟讓聚眾爲盜, 勣往從之, 時年十七, 謂讓曰: "今此土地是公及勣鄉壤, 人多相識, 不宜自相侵掠。且宋、鄭兩郡, 地管御河, 商旅往還, 船乘不絕, 就彼邀截, 足以自相資助。" 讓然之, 於是劫公私船取物, 兵眾大振。隋遣齊郡通守張須陀率師二萬討之, 勣與頻戰, 竟斬須陀於陣。

初, 李密亡命在雍丘, 浚儀人王伯當匿於野, 伯當共勣說翟讓奉密爲主。隋令王世充討密, 勣以奇計敗世充於洛水之上, 密拜勣爲東海郡公。時河南、山東大水, 死者將半, 隋帝令饑人就食黎陽, 開倉賑給。時政教已紊, 倉司不時賑給, 死者日數萬人。勣言於密曰: "天下大亂, 本是爲饑, 今若得黎陽一倉, 大事濟矣。" 密乃遣勣領麾下五千人自原武濟河掩襲, 即日克之, 開倉恣食, 一旬之間, 勝兵二十萬餘。經歲餘, 宇文化及於江都弑逆, 擁兵北上, 直指東郡。時越王侗即位於東京, 赦密之罪, 拜爲太尉, 封魏國公; 授勣右武候大將軍, 命討化及。密遣勣守倉城, 勣於城外掘深溝以固守, 化及設攻具, 四面攻倉, 阻塹不得至城下, 勣於塹中爲地道, 出兵擊之, 大敗而去。

武德二年, 密爲王世充所破, 擁衆歸朝。其舊境東至於海, 南至於江, 西至汝州, 北至魏郡, 勣並據之, 未有所屬, 謂長史郭孝恪曰: "魏公既歸大唐, 今此人衆土地, 魏公所有也。吾若上表獻之, 即是利主之敗, 自爲己功, 以邀富貴, 吾所恥也。今宜具錄州縣名數及軍人戶口, 總啟魏公, 聽公自獻, 此則魏公之功也。" 乃遣使啟密。使人初至, 高祖聞其無表, 惟有啟與密, 甚怪之。使者以勣意聞奏, 高祖大喜曰: "徐世勣感德推功, 實純臣也。" 詔授黎陽總管、上柱國, 萊國公。尋加右武候大將軍, 改封曹國公, 賜姓李氏, 賜良田五十頃, 甲第一區。封其父蓋爲濟陰王, 蓋固辭王爵, 乃封舒國公, 授散騎常侍、陵州刺史。令勣總統河南、山東之兵以拒王世充。及李密反叛伏誅, 高祖以勣舊經事密, 遣使報其反狀。勣表請收葬, 詔許之。勣服衰絰, 與舊僚吏將士葬密於黎山之南, 墳高七仞, 釋服而散, 朝野義之。

尋而竇建德擒化及於魏縣, 復進軍攻勣, 力屈降之。建德收其父, 從軍爲質, 令勣復守黎陽。三年, 自拔歸京師。四年, 從太宗伐王世充於東都, 累戰大捷。又東略地至武牢, 僞鄭州司兵沈悅請翻武牢, 勣夜潛兵應接, 克之。擒其僞刺史荊王行本。又從太宗平竇建德, 降王世充, 振旅而還。論功行賞, 太宗爲上將, 勣爲下將, 與太宗俱服金甲, 乘戎輅, 告捷於太廟。其父自洺州與裴矩入朝, 高祖見之大喜, 復其官爵。勣又從太宗破劉黑闥、徐圓朗, 累遷左監門大將軍。圓朗重據兗州反, 授勣河南大總管以討之, 尋獲圓朗, 斬首以獻, 兗州平。

七年, 詔與趙郡王孝恭討輔公祏, 孝恭領舟師巡江而下, 勣領步卒一萬渡淮, 拔其壽陽, 至硤石。公祏之將陳正通率兵十萬屯於梁山, 又遣其大將馮惠亮帥水軍十萬, 鎖連大艦以斷江路, 仍於江西結壘, 分守水陸, 以御王師。勣攻其壘, 尋克之。惠亮單舸而遁。勣乘勝逼正通, 大潰, 以十餘騎奔於丹陽。公祏棄城夜遁, 勣縱騎追斬之於武康, 江南悉定。

八年, 突厥寇并州, 命勣爲行軍總管, 擊之於太谷, 走之。太宗即位, 拜并州都督, 賜實封九百戶。貞觀三年, 爲通漠道行軍總管。至雲中, 與突厥頡利可汗兵會, 大戰於白道。突厥敗, 屯營於磧口, 遣使請和。詔鴻臚卿唐儉往赦之。勣時與定襄道大總管李靖軍會, 相與議曰: "頡利雖敗, 人衆尚多, 若走渡磧, 保於九姓, 道遙阻深, 追則難及。今詔使唐儉至彼, 其必弛備, 我等隨後襲之, 此不戰而平賊矣。" 靖扼腕喜曰: "公之此言, 乃韓信滅田橫之策也。" 於是定計。靖將兵逼夜而發, 勣勒兵繼進。靖軍既至, 賊營大潰, 頡利與萬餘人欲走渡磧。勣屯軍於磧口, 頡利至, 不得渡磧, 其大酋長率其部落並降於勣, 虜五萬餘口而還。

時高宗爲晉王, 遙領并州大都督, 授勣光祿大夫, 行并州大都督府長史。父憂解, 尋起復舊職。十一年, 改封英國公, 代襲蘄州刺史, 時並不就國, 復以本官遙領太子左衛率。勣在并州凡十六年, 令行禁止, 號爲稱職。太宗謂侍臣曰: "隋煬帝不能精選賢良, 安撫邊境, 惟解築長城以備突厥, 情識之惑, 一至於此! 朕今委任李世勣於并州, 遂使突厥畏威遁走, 塞垣安靜, 豈不勝遠築長城耶?"

十五年, 征拜兵部尙書, 未赴京, 會薛延陀遣其子大度設帥騎八萬南侵李思摩部落。命勣爲朔州行軍總管, 率輕騎三千追及延陀於青山, 擊大破之,斬其名王一人, 俘獲首領, 虜五萬餘計, 以功封一子爲縣公。勣時遇暴疾, 驗方云, 須灰可以療之, 太宗乃自翦須, 爲其和藥。勣頓首見血, 泣以懇謝, 帝曰: “吾爲社稷計耳, 不煩深謝。”

十七年, 高宗爲皇太子, 轉勣太子詹事兼左衛率, 加位特進, 同中書門下三品。太宗謂曰: “我兒新登儲貳, 卿舊長史, 今以宮事相委, 故有此授。雖屈階資, 可勿怪也。” 太宗又嘗閒宴, 顧勣曰: “朕將屬以幼孤, 思之無越卿者。公往不遺於李密, 今豈負於朕哉!” 勣雪涕致辭, 因噬指流血。俄而沉醉, 乃解御服覆之, 其見委信如此。

十八年, 太宗將親征高麗, 授勣遼東道行軍大總管, 攻破蓋牟、遼東、白崖等數城, 又從太宗摧殄駐蹕陣, 以功封一子爲郡公。二十年, 延陀部落擾亂, 詔勣將二百騎便發突厥兵討擊。至烏德鞬山, 大戰破之。其大首領梯真達於率衆來防, 其可汗咄摩支南竄於荒谷, 遣通事舍人蕭嗣業招慰部領, 送於京師, 磧北悉定。

二十二年, 轉太常卿, 仍同中書門下三品。旬日, 復除太子詹事。二十三年, 太宗寢疾, 謂高宗曰: “汝於李勣無恩, 我今將責出之。我死後, 汝當授以僕射, 即荷汝恩, 必致其死力。” 乃出爲疊州都督。高宗即位, 其月, 召拜洛州刺史, 尋加開府儀同三司, 令同中書門下, 參掌機密。是歲, 冊拜尚書左僕射。永徽元年, 抗表求解僕射, 仍令以開府儀同三司依舊知政事。四年, 冊拜司空。初, 貞觀中, 太宗以勳庸特著, 嘗圖其形於凌煙閣, 至是, 帝又命寫形焉, 仍親爲之序。顯慶三年, 從幸東都, 在路遇疾, 帝親臨問。麟德初, 東封泰山, 詔勣爲封禪大使, 乃從駕。次滑州, 其姊早寡, 居勣舊閭, 皇后親自臨問, 賜以衣服, 仍封爲東平郡君。又墜馬傷足, 上親降問, 以所乘賜之。

乾封元年, 高麗莫離支男產爲其弟男建所逐, 保於國內城, 遣子獻城詣闕乞師。總章元年, 命勣爲遼東道行軍總管, 率兵二萬略地至鴨綠水。賊遣其弟來拒戰, 勣縱兵擊敗之, 追奔二百裡, 至於平壤城。男建閉門不敢出, 賊中諸城駭懼, 多拔人眾遁走, 降款者相繼。勣又引兵圍平壤, 遼東道副大總管劉仁軌、郝處俊、將軍薛仁貴並會於平壤, 犄角圍之。經月餘, 克其城, 虜其王高藏及男建、男產, 裂其諸城, 並爲州縣, 振旅而旋。令勣便道以高藏及男建獻於昭陵, 禮畢, 備軍容入京城, 獻太廟。

二年, 加太子太師, 增食實封通前一千一百戶。其年寢疾, 詔以勣爲司衛正卿, 使得視疾。尋薨, 年七十六。帝爲之舉哀, 輟朝七日, 贈太尉、揚州大都督, 謚曰貞武, 給東園秘器, 陪葬昭陵。令司平太常伯楊昉攝同文正卿監護。及葬日, 帝幸未央古城, 登樓臨送, 望柳車慟哭, 並爲設祭。皇太子亦從駕臨送, 哀慟悲感左右。詔百官送至故城西北, 所築墳一准衛、霍故事, 像陰山、鐵山及烏德鞬山, 以旌破突厥、薛延陀之功。光宅元年, 詔勣配享高宗廟庭。

勣前後戰勝所得金帛, 皆散之於將士。初得黎陽倉, 就倉者數十萬人。魏徵、高季輔、杜正倫、郭孝恪皆游其所, 一見於眾人中, 即加禮敬, 引之臥內, 談謔忘倦。及平武牢, 獲僞鄭州長史戴胄, 知其行能, 尋釋於竟, 推薦鹹至顯達, 當時稱其有知人之鑒。又, 初平王世充, 獲其故人單雄信, 依例處死, 勣表稱其武藝絕倫, 若收之於合死之中, 必大感恩, 堪爲國家盡命, 請以官爵贖之。高祖不許, 臨將就戮, 勣對之號慟, 割股肉以啖之, 曰: “生死永訣, 此肉同歸於土矣。” 仍收養其子。每行軍用師, 頗任籌算, 臨敵應變, 動合事機。與人圖計, 識其臧否, 聞其片善, 扼腕而從。事捷之日, 多推功於下, 以是人皆爲用, 所向多克捷。洎勣之死, 聞者莫不淒愴。

與弟弼特存友愛, 閨門之內, 肅若嚴君。自遇疾, 高宗及皇太子送藥, 即取服之; 家中召醫巫, 皆不許入門。子弟固以藥進, 勣謂曰: “我山東一田夫耳, 攀附明主, 濫居富貴, 位極三臺, 年將八十, 豈非命乎? 修短必是有期, 寧容浪就醫人求活!” 竟拒而不進。忽謂弼曰: “我似得小差, 可置酒以申宴樂。” 於是堂上奏女妓, 簷下列子孫。宴罷, 謂弼曰: “我自量必死, 欲與汝一別耳。恐汝悲哭, 誑言似差, 可未須啼泣, 聽我約束。我見房玄齡、杜如晦、高季輔辛苦作得門戶, 亦望垂裕後昆, 並遭癡兒破家蕩盡。我有如許豚犬, 將以付汝, 汝可防察, 有操行不倫、交遊非類, 急即打殺, 然後奏知。又見人多埋金玉, 亦不須爾。惟以布裝露車, 載我棺柩, 棺中斂以常服, 惟加朝服一副, 死倘有知, 望著此奉見先帝。明器惟作馬五六匹, 下帳用幔布爲頂, 白紗爲裙, 其中著十個木人, 示依古禮芻靈之義, 此外一物不用。姬媵已下, 有兒女而願住自養者, 聽之; 餘並放出。事畢, 汝即移入我堂, 撫恤小弱。違我言者, 同於戮屍。” 此後略不復語, 弼等遵行遺言。

【출전】『신당서』 권93(「열전」 제18)

李勣, 字懋功, 曹州離狐人。本姓徐氏, 客衛南。家富, 多僮僕, 積粟常數千鍾。與其父蓋皆喜施貸, 所周給無親疏之間。

隋大業末, 韋城翟讓爲盜, 勣年十七, 往從之。說曰: “公鄉壤不宜自剽殘, 宋、鄭商旅之會, 御河在中, 舟艦相屬, 往邀取之, 可以自資。” 讓然之。劫公私船取財, 繇是兵大振。李密亡命雍丘, 勣與浚儀王伯當共說讓, 推密爲主。以奇計破王世充。密署勣右武候大將軍、東海郡公。當是時, 河南、山東大水, 隋帝令饑人就食黎陽倉, 吏不時發, 死者日數萬。勣說密曰: “天下之亂本於饑, 今若取黎陽粟以募兵, 大事濟矣。” 密以麾下兵五千付勣, 與郝孝德等濟河, 襲黎陽, 守之。開倉縱食, 旬日, 勝兵至二十萬。宇文化及擁兵北上, 密使勣守倉, 周掘塹以自環。化及攻之, 勣爲地道出鬥, 化及敗, 引去。

武德二年, 密歸朝廷, 其地東屬海, 南至江, 西直汝, 北抵魏郡, 勣統之, 未有所屬。謂長史郭孝恪曰: “人衆土宇, 皆魏公有也。吾若獻之, 是利主之敗爲己功, 吾所羞也。” 乃錄郡縣戶口以啟密, 請自上之。使至, 高祖訝無表, 使者以意聞。帝喜曰: “純臣也。” 詔授黎州總管, 封萊國公。賜姓, 附宗正屬籍, 徙封曹, 給田五十頃, 甲第一區。封蓋濟陰王, 固辭, 改舒國公。詔勣總河南、山東兵以拒王世充。及密以謀反誅, 帝遣使示密反狀。勣請收葬, 詔從之。勣爲密服縗絰, 葬訖乃釋。

俄爲竇建德所陷, 質其父, 使復守黎陽。三年, 自拔來歸。從秦王伐東都, 戰有功。東略地至虎牢, 降鄭州司兵沈悅。平建德, 俘世充, 乃振旅還, 秦王爲上將, 勣爲下將, 皆服金甲, 乘戎輅, 告捷於廟。蓋亦自洺州與裴矩入朝, 詔復其官。

又從破劉黑闥、徐圓朗, 累遷左監門大將軍。圓朗復反, 詔勣爲河南大總管, 討平之。趙郡王孝恭討輔公祏也, 遣勣以步卒一萬度淮, 拔壽陽, 攻江西賊壁, 馮惠亮、陳正通相次潰, 公祏平。

太宗即位, 拜并州都督, 賜實封九百戶。貞觀三年, 爲通漠道行軍總管, 出雲中, 與突厥戰, 走之。引兵與李靖合。因曰: “頡利若度磧, 保於九姓, 果不可得, 我若約齎薄之, 不戰縛虜矣。” 靖大喜, 以與己合, 於是意決。靖率衆夜發, 勣勒兵從之。頡利慾走磧, 勣前屯磧口, 不得度, 由是酋長率部落五萬降於勣。詔拜光祿大夫, 行并州大都督府長史。父喪解, 奪哀還官, 徙封英, 治并州十六年, 以威肅聞。帝嘗曰: “煬帝不擇人守邊, 勞中國築長城以備虜。今我用勣守並, 突厥不敢南, 賢長城遠矣!” 召爲兵部尚書, 未至, 會薛延陀子大度設以八萬騎侵李思摩。詔勣爲朔方道行軍總管, 將輕騎六千, 擊度設青山, 斬名王一, 俘口五萬。以功封一子爲縣公。

晉王爲皇太子, 授詹事, 兼左衛率, 俄同中書門下三品。帝曰: “吾兒方位東宮, 公舊長史, 以宮事相委, 勿以資屈爲嫌也。” 後帝自將征高麗, 以勣爲遼東道行軍大總管。破蓋牟、遼東、白崖等城, 從戰駐蹕山, 功多, 封一子爲郡公。延陀部落亂，詔將二百騎發突厥兵討之，大戰烏德鞬山，破之，降其首領梯真達干，而可汁咄摩支遁入荒谷，磧北遂定。改太常卿，仍同中書門下三品，復爲詹事。

勣旣忠力，帝謂可托大事。嘗暴疾，醫曰："用須灰可治。" 帝乃自翦須以和藥。及愈，入謝，頓首流血。帝曰："吾爲社稷計，何謝爲!" 後留宴，顧曰："朕思屬幼孤，無易公者。公昔不遺李密，豈負朕哉?" 勣感涕，因嚙指流血。俄大醉，帝親解衣覆之。帝疾，謂太子曰："爾於勣無恩，今以事出之，我死，宜卽授以僕射，彼必致死力矣!" 乃授疊州都督。

高宗立，召授檢校洛州刺史、洛陽宮留守，進開府儀同三司、同中書門下，參掌機密，遂爲尚書左僕射。永徽元年，求解僕射，聽之，仍以開府儀同三司知政事。四年，冊進司空。始太宗時，勣已畫像凌煙閣，至是，帝覆命圖其形，自序之。又詔得乘小馬出入東、西臺，卑官日一人迎送。

帝欲立武昭儀爲皇后，畏大臣異議，未決。李義府、許敬宗又請廢王皇后。帝召勣與長孫無忌、于志寧、褚遂良計之，勣稱疾不至。帝曰："皇后無子。罪莫大於絕嗣，將廢之。" 遂良等持不可，志寧顧望不對。帝后密訪勣，曰："將立昭儀，而顧命之臣皆以爲不可，今止矣!" 答曰："此陛下家事，無須問外人。" 帝意遂定，而王后廢。詔勣、志寧奉冊立武氏。帝東封泰山，爲封禪大使。嘗墜馬傷足，帝以所乘馬賜之。

高麗莫離支男生爲其弟所逐，遣子乞師。詔勣爲遼東道行軍大總管，率兵二萬討之。破其國，執高藏、男建等，裂其地州縣之。詔勣獻俘昭陵，明先帝意，具軍容告於廟。進位太子太師，增食千一百戶。

總章二年，卒，年八十六。帝曰："勣奉上忠，事親孝，歷三朝未嘗有過，性廉慎，不立產業。今亡，當無贏貲。有司其厚賵恤之。" 因泣下。舉哀光順門，七日不視朝。贈太尉、揚州大都督，謚貞武。給秘器，陪葬昭陵。起冢象陰、鐵、烏德鞬山, 以旌功烈。葬日, 帝與皇太子幸未央古城, 哭送, 百官送古城西北。

初, 勣拔黎陽倉, 就食者衆, 高季輔、杜正倫往客焉, 及平虎牢, 獲戴冑, 鹹引見臥內, 推禮之, 後皆爲名臣, 世以勣知人。平洛陽, 得單雄信, 故人也。表其材武, 且言: "若貸死, 必有以報, 請納官爵以贖。" 不許。乃號慟, 割股肉啗之曰: "生死永訣, 此肉同歸於土!" 爲收養其子焉。性友愛, 其姊病, 嘗自爲粥而燎其須。姊戒止。答曰: "姊多疾, 而勣且老, 雖欲數進粥, 尙幾何?"

其用兵多籌算, 料敵應變, 皆契事機。聞人善, 抵掌嗟歎。及戰勝, 必推功於下。得金帛, 盡散之士卒, 無私貯。然持法嚴, 故人爲之用。臨事選將, 必訾相其奇厖福艾者遣之。或問故, 答曰: "薄命之人, 不足與成功名。" 旣沒, 士皆爲流涕。

自屬疾, 帝及皇太子賜藥即服, 家欲呼醫巫, 不許。諸子固以藥進, 輒曰: "我山東田夫耳, 位三公, 年逾八十, 非命乎! 生死系天, 寧就醫求活耶?" 弟弼, 始爲晉州刺史。以勣疾, 召爲司衛卿, 使省視。忽語曰: "我似少愈, 可置酒相樂。" 於是奏樂宴飮, 列子孫於下。將罷, 謂弼曰: "我即死, 欲有言, 恐悲哭不得盡, 故一訣耳! 我見房玄齡、杜如晦、高季輔皆辛苦立門戶, 亦望詒後, 悉爲不肖子敗之。我子孫今以付汝, 汝可愼察, 有不厲言行、交非類者, 急榜殺以聞, 毋令後人笑吾, 猶吾笑房、杜也。我死, 布裝露車載柩, 斂以常服, 加朝服其中, 儻死有知, 庶著此奉見先帝。明器惟作五六寓馬, 下帳施幔, 爲皁頂白紗裙, 中列十偶人, 它不得以從。衆妾願留養子者聽, 餘出之。葬已, 徙居我堂, 善視小弱。苟違我言, 同戮屍矣!" 乃不復語。弼等遵焉。勣本二名, 至高宗時, 避太宗偏諱, 故但名勣。後配享高宗廟廷。

季弟感, 年十五, 有奇操。李密敗, 陷於世充。世充令作書召勣, 對曰: "兄尙節義, 今巳事主, 昆弟不能移也。" 固不從, 殺之。

勣子震嗣, 終桂州刺史。震子敬業、敬猷。

24. 진숙보秦叔寶

【출전】『구당서』 권68(「열전」 제18)

秦叔寶, 名瓊, 齊州歷城人。大業中, 爲隋將來護兒帳內。叔寶喪母, 護兒遣使吊之, 軍吏怪曰: "士卒死亡及遭喪者多矣, 將軍未嘗降問, 獨吊叔寶何也?" 答曰: "此人勇悍, 加有志節, 必當自取富貴, 豈得以卑賤處之?"

隋末群盜起, 從通守張須陀擊賊帥盧明月於下邳。賊衆十餘萬, 須陀所統才萬人, 力勢不敵, 去賊六七里立柵, 相持十餘日, 糧盡將退, 謂諸將士曰: "賊見兵卻, 必輕來追我。其衆既出, 營內即虛, 若以千人襲營, 可有大利。此誠危險, 誰能去者?" 人皆莫對, 唯叔寶與羅士信請行。於是須陀委柵遁, 使二人分領千兵伏於蘆葦間。既而明月果悉兵追之, 叔寶與士信馳至其柵, 柵門閉不得入, 二人超升其樓, 拔賊旗幟, 各殺數人, 營中大亂。叔寶、士信又斬關以納外兵, 因縱火焚其三十餘柵, 煙焰漲天。明月奔還, 須陀又回軍奮擊, 大破賊衆。明月以數百騎遁去, 餘皆虜之。由是勇氣聞於遠近。

又擊孫宣雅於海曲, 先登破之。以前後累勳授建節尉。從須陀進擊李密於滎陽, 軍敗, 須陀死之, 叔寶以餘衆附裴仁基。會仁基以武牢降於李密, 密得叔寶大喜, 以爲帳內驃騎, 待之甚厚。密與化及大戰於黎陽童山, 爲流矢所中, 墮馬悶絕。左右奔散, 追兵且至, 唯叔寶獨捍衛之, 密遂獲免。叔寶又收兵與之力戰, 化及乃退。後密敗, 又爲王世充所得, 署龍驤大將軍。叔寶薄世充之多詐, 因其出抗官軍, 至於九曲, 與程咬金、吳黑闥、牛進達等數十騎西馳百許步, 下馬拜世充曰: "雖蒙殊禮, 不能仰事, 請從此辭。" 世充不敢逼, 於是來降。

高祖令事秦府, 太宗素聞其勇, 厚加禮遇。從鎮長春宮, 拜馬軍總管。又從征於美良川, 破尉遲敬德, 功最居多。高祖遣使賜以金瓶, 勞之曰: "卿不顧妻子, 遠來投我, 又立功效。朕肉可爲卿用者, 當割以賜卿, 況子女玉帛乎? 卿當勉之。" 尋授秦王右三統軍。又從破宋金剛於介休。錄前後勳, 賜黃金百斤、雜彩六千段, 授上柱國。從討王世充, 每爲前鋒。太宗將拒竇建德於武牢, 叔寶以精騎數十先陷其陣。世充平, 進封翼國公, 賜黃金百斤、帛七千段。從平劉黑闥, 賞物千段。

叔寶每從太宗征伐, 敵中有驍將銳卒, 炫耀人馬, 出入來去者, 太宗頗怒之, 輒命叔寶往取。叔寶應命, 躍馬負槍而進, 必刺之萬衆之中, 人馬辟易, 太宗以是益重之, 叔寶亦以此頗自矜尚。

六月四日, 從誅建成、元吉。事寧, 拜左武衛大將軍, 食實封七百戶。其後每多疾病, 因謂人曰: "吾少長戎馬, 所經二百餘陣, 屢中重瘡。計吾前後出血亦數斛矣, 安得不病乎?" 十二年卒, 贈徐州都督, 陪葬昭陵。太宗特令所司就其塋內立石人馬, 以旌戰陣之功焉。十三年, 改封胡國公。十七年, 與長孫無忌等圖形於淩煙閣。

【출전】『신당서』 권89(「열전」 제14)

秦瓊, 字叔寶, 以字顯, 齊州歷城人。始爲隋將來護兒帳內, 母喪, 護兒遣使襚吊之。吏怪曰: "士卒死喪, 將軍未有所問, 今獨吊叔寶何也?" 護兒曰: "是子才而武, 志節完整, 豈久處卑賤邪?"

俄從通守張須陀擊賊盧明月下邳, 賊衆十餘萬, 須陀所統才十之一, 堅壁水敢進, 糧盡, 欲引去。須陀曰: "賊見兵卻, 必悉衆追我, 得銳士襲其營, 且有利, 誰爲吾行者?" 衆莫對。惟叔寶與羅士信奮行。乃分勁兵千人伏莽間, 須陀委營遁, 明月悉兵追躡。叔寶等馳叩賊營, 門閉不得入, 乃升樓拔賊旗幟, 殺數十人, 營中亂, 即斬關納外兵, 縱火焚三十餘屯。明月奔還, 須陀回擊, 大破之。又與孫宣雅戰海曲, 先登。以前後功擢建節尉。

從須陀擊李密滎陽。須陀死, 率殘兵附裴仁基。仁基降密, 密得叔寶大喜, 以爲帳內驃騎, 待之甚厚。密與宇文化及戰黎陽, 中矢墮馬, 濱死, 追兵至, 獨叔寶捍衛得免。

後歸王世充, 署龍驤大將軍。與程咬金計曰: "世充多詐, 數與下咒誓, 乃巫嫗, 非撥亂主也。" 因約俱西走, 策其馬謝世充曰: "自顧不能奉事, 請從此辭。" 賊不敢逼, 於是來降。

高祖俾事秦王府, 王尤獎禮。從鎮長春宮, 拜馬軍總管。戰美良川, 破尉遲敬德, 功多, 帝賜以黃金瓶, 勞曰: "卿不恤妻子而來歸我, 且又立功, 使朕肉可食, 當割以啖爾, 況子女玉帛乎!" 尋授秦王右三統軍, 走宋金剛於介休, 拜上柱國。從討世充、建德、黑闥三盜, 未嘗不身先鋒鏖陣, 前無堅對。積賜金帛以千萬計, 進封翼國公。每敵有驍將銳士震耀出入以誇眾者, 秦王輒命叔寶往取之, 躍馬挺槍刺於萬眾中, 莫不如志, 以是頗自負。及平隱、巢, 功拜左武衛大將軍, 實封七百戶。

後稍移疾, 嘗曰: "吾少長戎馬間, 歷二百餘戰, 數重創, 出血且數斛, 安得不病乎?" 卒, 贈徐州都督, 陪葬昭陵。太宗詔有司琢石爲人馬立墓前, 以旌戰功。貞觀十三年, 改封胡國公。

後四年, 詔司徒、趙國公無忌, 司空、河間王孝恭, 司空、萊國公如晦, 司空、太子太師、鄭國公徵, 司空、梁國公玄齡, 開府儀同三司、鄂國公敬德, 特進、衛國公靖, 特進、宋國公瑀, 輔國大將軍、褒國公志玄, 輔國大將軍、夔國公弘基, 尚書左僕射、蔣國公通, 陝東道行臺右僕射、鄖國公開山, 荊州都督、譙國公紹, 荊州都督、邳國公順德, 洛州都督、鄖國公亮, 吏部尚書、陳國公君集, 左驍衛大將軍、郯國公公謹, 左領軍大將軍、盧國公知節, 禮部尚書、永興郡公世南, 戶部尙書、渝國公政會, 戶部尙書、莒國公儉, 兵部尙書、英國公勣, 幷叔寶, 並圖形凌煙閣。高宗永徽六年, 遣使致祭名臣圖形凌煙閣者凡七人, 徵、士廉、瑀、志玄、弘基、世南、叔寶, 皆始終著名者也。

| 후 기 |

당태종 이세민은 워낙 유명한 역사인물이라 모르는 사람이 거의 없을 정도이다. 이에 걸맞게 그에 관해서는 이미 학술적 연구도 많이 되었거니와, 관련 서적도 적지 않은 편이다. 이에 비해, 그를 도와서 당나라를 창건하고 또 그를 황제로 등극시키는데 결정적인 공헌을 한 사람들에 대해서는 그다지 소개가 되어 있지 못한 것도 사실이다.

이에 본서에서는 중국 역대 최고의 황제라고 일컬어지는 당태종 이세민을 있게 한 스물 네 명의 인물들, 즉 능연각 이십사공신에 대해서 소개를 하였다. 이들은 모두 역사적으로 실재했던 영웅적인 인물들이라 중국의 정사인 『구당서』와 『신당서』의 열전에 전기가 수록되어 있다. 본서에서도 이 정사의 내용에 의거해서 특히 『구당서』를 중심으로 해서 내용을 엮었다. 권말부록으로 두 책의 열전 부분을 모두 수록하였으므로 참고할 수 있다. 제1부의 '당태종은 누구인가' 부분은 추원초의 『중국역대황제』(박이정, 2002)를 참조하고 약간의 설명 및 보충을 하였고, '이십사절기'를 설명하는 부분에 있어서는 오늘날의 기후와 반드시 일치하지는 않지만 동양 전통의 칠십이후를 중심으로 이야기를 전개하였다.

좀 더 쉽고, 상세하고, 치밀하고, 포괄적인 내용 구성이 되지 못해 아쉬움이 많으나 무녀리의 노력으로 이해해 주기 바란다. 앞으로 기회가 주어진다면 좀 더 충분히 자료조사를 하여 진일보한 모습을 선보이고 싶은 마음 간절하다.

어쨌든 이 방면에 관심을 갖고 있는 독자들이 본서를 작은 읽을거리로 활용하면 더 바랄 것이 없겠고, 관련 저작이 더 많이 나오는 계기가 되었으면 하는 바람이다.

두서없는 원고가 이나마 꼴을 갖추는 데는 많은 분들의 열과 성이 필요했다. 특히 상생출판의 전재우 부장님은 기획 단계부터 많은 조언을 하고, 약 한 달 동안의 작업 막바지에는 밤을 낮으로 삼아 헌신적인 모습을 보여주었다. 이 자리를 통해 도움주신 분들에게 심심한 감사의 말씀을 드린다.